Terapia Existencial

Teoría y Práctica Relacional para un Mundo post-Cartesiano

Volumen 1
2ª Edición

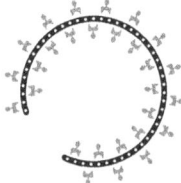

Círculo de Estudios
en Terapia Existencial

POR UNA CO-EXISTENCIA
APASIONADA

Yaqui Andrés Martínez Robles

Terapia Existencial

Teoría y Práctica Relacional para un Mundo post-Cartesiano

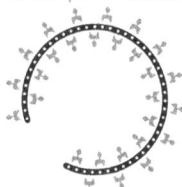

Círculo de Estudios
en Terapia **Existencial**

POR UNA CO-EXISTENCIA
APASIONADA

VOLUMEN 1
2ª Edición

Terapia Existencial
Teoría y Práctica Relacional para un Mundo post-Cartesiano
Volumen 1

Portada: *PAISAJE RELACIONAL*
Pintura de Guy-Pierre Tur

Primera edición: noviembre, 2012
Segunda edición: diciembre, 2016
ISBN: 978-607-95932-3-0

Impreso en México/*Printed in Mexico*

Al sueño que representa el
Círculo de Estudios en Terapia Existencial;
y a todos los que colaboran para realizarlo.
'*Por una co-existencia apasionada*'

Y a Ela, por atreverse a soñar a mi lado.

Tabla de contenido

Agradecimientos para esta 2ª edición

Este libro (tanto la 1ª como esta 2ª edición) fue escrito durante un período de mucho trabajo y actividad tanto en México como en otros países. He tenido la fortuna de que mis escritos anteriores me han abierto puertas en diferentes lugares. Haber podido realizar este trabajo en paralelo con mis otras actividades, requirió del apoyo de muchas personas, con quienes me siento muy agradecido.

Deseo expresar mi agradecimiento en particular a un grupo de personas que fueron fundamentales durante la preparación del libro. Tanto por su paciencia y sostén emocional, como por su apoyo para leer el borrador y hacerme comentarios (e incluso correcciones ortográficas o de dactilografía).

- A Diana Reyes, por confiar en el proyecto y entusiasmarse junto conmigo para hacerlo realidad. El apoyo de Diana ha sido indispensable para que tanto la 1ª como la 2ª edición de este libro vieran finalmente la luz.
- A Arturo Arreola, Silvia Poplawsky, y otros alumnos y miembros del Círculo de Estudios en Terapia Existencial, por señalarme algunas correcciones dactilográficas de la primera edición, así como su apoyo para precisar algunos conceptos.
- A Ernesto Spinelli, por su apoyo y amistad, y por escribir el prólogo de la presente obra.
- A mis maestros: colegas y amigos con quienes mantengo frecuentes conversaciones; así como consultantes y alumnos que me confrontan con sus reflexiones sobre la existencia, o sobre la perspectiva existencial de la terapia.
- A Guy-Pierre Tur, por su incondicional apoyo, y por pintar ex profeso la obra para la portada.
- Para esta segunda edición, el apoyo de Eliana Báez y Rosa Velia Martínez fue fundamental para "limpiar" errores de formato y ortográficos de la 1ª.

- A mi hermano Luis (Güicho), por su apoyo para conseguir el ISBN.
- Al equipo de trabajo del Círculo Existencial, especialmente Max Jiménez y Juan Castellanos, por su apoyo, su confianza y su energía, para el desarrollo y crecimiento de la Escuela Mexicana de Análisis y Terapia Existencial.

Las voces de todos ellos se encuentran impresas en este libro. Les agradezco y dedico su publicación por estar presentes, pero sobre todo porque me recuerdan que mi propia voz es un coro enriquecido por sus diferentes timbres y tonalidades.

Prefacio a la 2ª edición

La primera edición de este libro se imprimió especialmente para el VI Congreso Latinoamericano de Psicoterapia Existencial, realizado en la Ciudad de México en noviembre del 2012. Esta segunda edición reelabora partes importantes de aquel texto original.

Desde el congreso latinoamericano hasta ahora, segundo semestre del 2016, la *Escuela Mexicana de Terapia Existencial* (propuesta que se intenta presentar en esta obra) se ha enriquecido y afinado. Lo anterior es resultado, en gran parte, del creciente intercambio internacional que hemos mantenido desde entonces. En buena medida, los intercambios con la comunidad internacional de la terapia existencial se incrementaron en torno a la organización, realización, y posterior comunicación de lo que fue el 1er Congreso Mundial de Terapia Existencial, celebrado en Londres Inglaterra, en mayo del 2015.

Meses previos al congreso, durante y posterior al mismo, tuve la oportunidad de participar en una serie de debates cuyo objetivo era intentar llegar a una respuesta a la pregunta "¿Qué es la Terapia Existencial?".

Tales debates iniciaron desde varios meses antes del congreso. Fueron propuestos inicialmente por Ernesto Spinelli y Stephen Diamond, entre otros. Durante el congreso tuve el honor de participar en una mesa redonda con respecto al mismo tema junto a personalidades como Emmy van Deurzen, Alfried Langle, Stephen Diamond, Gianfranco Buffardi, Lodovico Berra, y Dmitry Leontiev. Debo decir que, aunque se trató de un ejercicio estimulante y enriquecedor, evidenció la falta de acuerdos con respecto a esta cuestión fundamental dentro de nuestra comunidad.

Los debates continuaron durante más de un año después del congreso, a través de medios electrónicos, sumándose a los participantes de dicha mesa redonda figuras como Susana Signorelli, Betty Cannon, Ken Bradford, Todd DuBose, Kirk Schneider, Miles Groth, Verity

Gavin, Mick Cooper, Jacqueline Aug, Laura Barnett, Ernesto Spinelli y Digby Tantam –por mencionar sólo a algunos de los más activos en el intercambio. La lista de participantes en el debate llegó a ser de 73 personas, por lo que suplico me disculpen aquellos que, por falta de espacio y memoria, no alcancé a mencionar–.

Un fruto importante de estos encuentros y debates (y ocasionales desencuentros también), ha sido el reconocimiento internacional de que en Latinoamérica existen perspectivas originales sobre la Terapia Existencial. Susana Signorelli y yo recibimos la invitación por parte de Emmy van Deurzen y Simon du Plock para presentar un par de ensayos elaborados de manera conjunta, uno sobre la historia de la terapia existencial en Latinoamérica, publicado en el número monográfico de la International Journal of Psychotherapy sobre terapia existencial, y otro sobre las diferencias y similitudes entre las perspectivas latinoamericanas de este enfoque terapéutico, que será incluido en un libro cuya aparición se espera para finales del 2016.

Otro fruto importante, es que nuestra perspectiva Mexicana –la Escuela Mexicana de Análisis y Terapia Existencial– ha seguido madurando y afinándose, en ocasiones enriqueciéndose al descubrir nuestras similitudes con otros enfoques, y en otros momentos aclarándose a partir del contraste y las diferencias con respecto a las propuestas hermanas.

Cada vez más nuestra perspectiva se muestra como una escuela original, por derecho propio, que no intenta imponerse ni competir con las demás, sino que aspira a aportar nuestros propios hilos en el hermoso y gran tejido que es la Terapia Existencial.

La presente obra, distribuida en tres volúmenes, representa mi intento de presentar a los interesados las propuestas de nuestro estilo de aproximación a la terapia. Espero que los lectores no sólo lo encuentren enriquecedor e interesante, sino que lo disfruten y, si lo desean, se sumen a esta ola o, al menos, a la conversación.

Este Volumen 1 trata de describir los fundamentos filosóficos y epistemológicos de la Terapia Existencial en general, y de la escuela Mexicana en particular, presentando las ideas e intuiciones que inspiran nuestra aproximación a la existencia humana.

El Volumen 2 profundiza en la perspectiva de la escuela Mexicana, presentando algunas de las propuestas más enfocadas hacia la práctica terapéutica. De acuerdo con mis planes, el Volumen 2 estará listo a más tardar a mediados del 2017. El Volumen 3 se enfoca particularmente sobre algunas aplicaciones de la terapia existencial, como por ejemplo, la terapia existencial de grupo o de parejas. Esta última parte del proyecto, está planeada para el 2019, cuando se celebre en Buenos Aires, Argentina, el 2º Congreso Mundial de Terapia Existencial, el cual será organizado por la Asociación Latinoamericana de Psicoterapia Existencial.

Esta segunda edición me ha permitido corregir algunas de las fallas que presentaba la primera. Quizá el cambio más evidente, es que eliminé casi por completo el prefijo *psique* de las palabras *psico*terapia o *psico*terapeutas. A partir de los intercambios anteriormente mencionados, me percaté de que el uso de este prefijo no hace justicia a nuestro enfoque. En primer lugar, la Terapia Existencial no se enfoca sobre la *psique*, sino sobre la existencia entera; tampoco trabaja exclusivamente a partir de herramientas psicológicas. Además, esta palabra puede promover la idea de que se trata de una perspectiva individualista, cuando la propuesta se enmarca dentro de un paradigma relacional.

Así mismo, cambié también el nombre de algunos capítulos, ya que una segunda lectura de los mismos me hizo pensar que el nombre original no era del todo preciso. El capítulo 4 de la primera edición resultaba demasiado largo, por lo que para esta segunda decidí dividirlo y presentarlo como dos capítulos separados. Así mismo, cambié la redacción de algunos párrafos intentado hacerlos más comprensibles. Modifiqué el orden de segmentos enteros, en ocasiones invirtiéndolos, procurando tener una mayor claridad en mi exposición. Agregué algunas secciones que olvidé incluir en la primera edición, y eliminé algunas partes que me parecieron poco claras o que podrían conducir a equívocos, sobre todo en lo referente al estilo específico de la *Escuela Mexicana de Análisis y Terapia Existencial.*

Con respecto a este último punto, las discusiones e intercambios internacionales me ayudaron a comprender mejor nuestra originalidad y las diferencias (y similitudes) entre nuestra perspectiva y las otras, inclusive de Latinoamérica. Espero en esta segunda edición estar logrando acercarme un poco más a la claridad necesaria para comprender nuestra propuesta.

Quizá el cambio más importante es la adición para esta segunda edición de un prólogo escrito por Ernesto Spinelli. Ernesto es, además de un gran amigo, una importante inspiración para el desarrollo de la perspectiva que enseñamos y desarrollamos en el Círculo de Estudios en Terapia Existencial, por lo que contar con un prólogo de su autoría es una inmensa alegría para mí.

En los meses anteriores al congreso en Londres, recibí la oferta de Diana Reyes –a quien aprovecho para expresar mi profundo agradecimiento– de realizar la traducción al inglés y posterior impresión de la primera edición de este libro. La generosidad e iniciativa de Diana ha permitido que los lectores de habla inglesa tengan acceso a las propuestas para una terapia fenomenológico-existencial-hermenéutica que aparecen en este libro. Ante su publicación en inglés, solicité a Ernesto si podría escribir un prólogo, a lo cual accedió amablemente, por lo que podemos leerlo ahora en esta segunda edición en español.

Así que, estimado lector o lectora, espero de todo corazón que la lectura de este texto te mueva, te provoque preguntas, te inspire, y te convoque a seguir conversando; especialmente si te invita a *conversaciones poderosas.*

Yaqui Andrés Martínez Robles
www.yaquiandresmartinez.com
yaqui@circuloexistencial.org
Ciudad de México, Agosto de 2016.

Prólogo

Por Ernesto Spinelli

Una de las muchas razones que me han atraído a un enfoque existencial de la terapia es, precisamente, que batalla de manera continua con su propia tendencia a aseverar verdades e imponer creencias mistificadoras. Como alguien dijo alguna vez: "los puntos de vista existenciales son muy buenos para plantear preguntas importantes, pero no ayudan mucho cuando se trata de proporcionar respuestas". Creo que el gran dilema que enfrenta la terapia contemporánea en general, es que se ha vuelto demasiado apresurada, y ansiosa por proporcionar respuestas, y que ha perdido gran parte de su entendimiento sobre el valor de plantear preguntas. Por fortuna, la deficiente actuación de la terapia existencial al tratar de proporcionar respuestas, permite a las personas como yo seguir planteando las preguntas más básicas de nuestra profesión: ¿Qué significa ser terapeuta? Y, ¿qué significa hacer terapia? Estas preguntas me parecen pertinentes no sólo para quienes desean ser terapeutas existenciales y practicar la terapia existencial, sino que pueden y deben ser planteadas por todos los terapeutas en todas las fases de su carrera.

La terapia existencial tiene una historia larga y variada (Cooper, 2003). Actualmente es un movimiento multicultural y mundial, ya que cada continente (con la posible excepción de la Antártida) cuenta con terapeutas, institutos de entrenamiento y organizaciones profesionales dedicadas al avance del pensamiento y prácticas existenciales. Esto quizás se deba a que, a diferencia de la gran mayoría de los otros acercamientos terapéuticos, la terapia existencial no tiene un sólo 'padre o madre fundador/a', lo que le ha permitido abrirse a una gran variedad de perspectivas y énfasis temáticos.

Para mí, esta diversidad en las 'voces' que conforman la terapia existencial contemporánea, es, a la vez, su mayor fortaleza y su mayor debilidad. Por sí misma, esta tensión no es exclusiva de la terapia existencial. La diversidad prolifera no sólo *entre* los modelos de terapia, sino *adentro* de los mismos, lo que es igualmente importante. Basta con un mínimo de investigación para que se ponga de manifiesto que, la mayoría de los modelos contemporáneos –siendo quizás los ejemplos más obvios el psicoanálisis y la terapia cognitivo-conductual–, también comparten y sostienen enormes variaciones, tanto al nivel de la teoría como de la práctica. Dichos aspectos no-uniformes, en ningún sentido son superficiales; abundan las controversias y contradicciones respecto a todos y cada uno de los aspectos de las interpretaciones del modelo en cuestión. En esto, la terapia existencial no es diferente. Lo que *sí* considero distinto, es que si bien la diversidad les ha servido muy bien a los otros modelos para establecerse y expandir su presencia dentro de la profesión en su conjunto, éste no ha sido el caso para la terapia existencial. De hecho, parecería que la diversidad en la terapia existencial continúa generando y manteniendo, innecesariamente, un impacto y una posición limitada dentro del campo de la terapia contemporánea.

¿Por qué sucede esto? Extrañamente, creo que tiene que ver con los tipos de *diálogo* que suelen tener entre sí las diferentes perspectivas y énfasis en la terapia existencial. Dichos diálogos han tendido a centrarse en la lealtad dominante de cada uno hacia una vertiente del pensamiento existencial por encima del otro y, en consecuencia, sobre las diferencias en la comprensión y praxis teóricas que emergen a partir de los distintos énfasis promovidos por estas lealtades. Rara vez se ha hecho alguna exploración u observación de los principios que pueden permitir ubicar a estas perspectivas contrapuestas, a menudo contradictorias, dentro de un mismo contexto o estructura unificadora. Afortunadamente, como descubrirán por sí mismos los lectores del libro *Terapia Existencial: Teoría y Práctica Relacional para un Mundo post-Cartesiano*, estas circunstancias desequilibradas están siendo retadas cada vez más.

No me corresponde detallar aquí mis propias contribuciones a dichos desafíos (Spinelli, 2015); sin embargo, me parece adecuado explicar brevemente mi propia postura. La terapia existencial, como yo la entiendo, está representada por una amplia variedad de actitudes y acercamientos terapéuticos que, aunque comparten la reconocida influencia de distintas suposiciones, temáticas y actitudes; también tienden a revelar importantes diferencias en sus énfasis. Al reconocer esto, me parece que cualquier discusión que busque presentar a la terapia existencial como un acercamiento unificado, deberá no sólo darle un valor equitativo a sus puntos de enfoque, tanto convergentes como divergentes; también deberá observarlos desde una perspectiva incluyente, del tipo 'ambas/y', en lugar de buscar alguna exclusividad preferente como: 'la una o la otra'. Estoy convencido de que un diálogo que se dirija a ambas, respetándolas como igualmente válidas, independientemente de los puntos de convergencia o divergencia que podrían surgir, sería creativo, benéfico e iluminador de formas que aún no han sido previstas –y quizás no puedan serlo–, pero cuyo valor resultará de inmediato aparente. En resumen, dicho ejercicio partiría de una postura que, al mismo tiempo que respeta y valora sus distintas expresiones, también reconoce la necesidad de discernir cuál puede ser la unidad que, inherentemente, proporciona la base para tal diversidad. Reconocer esto no es una tarea sencilla, sin embargo me parece que el futuro mismo de la terapia existencial depende de ello.

Solidarizándose ampliamente con esta tarea, a lo largo de varios años, distintos terapeutas existenciales se han preguntado a sí mismos y a sus colegas, de maneras tanto formales como informales: "¿Qué *es* la terapia existencial?"

La pregunta es tan obvia... ¡Pero tan difícil de responder!

Aunque cada uno de los que se han planteado esta pregunta ha tenido su propio enfoque y su perspectiva particular, lo que ha resultado de máxima importancia es la disposición compartida –e incluso el ánimo–, de abrirse a lo que pudiera surgir. En mi opinión, esta postura abierta y aceptante –que, después de todo, no debería ser extraña para una indagación en sintonía con la fenomenología–, permite que la discusión progrese y se profundice, de modo que sea cada vez más obvio que solamente preguntar *¿qué es...?,* puede considerarse, a la

19

vez, útil y limitante en su capacidad para expresar y capturar otras cualidades igualmente importantes. Abordar solamente el 'qué' de la terapia existencial, reduce sus posibilidades dinámicas y en constante actualización.

Aceptar lo anterior nos permite plantear una pregunta igualmente pertinente: "*¿Cómo* es la terapia existencial?". Desde mi punto de vista, este planteamiento nos permite ir en una dirección que reconoce como lo principal, no al 'qué' hacen los terapeutas existenciales, sino a su 'modo' o actitud para expresarse como terapeutas; esto es, entonces, lo que constituye la riqueza –quizá incluso lo fundamental– de cualquier enfoque existencial. La manera en que cada uno de nosotros encarna y brinda una expresión viva a la terapia existencial, ilumina la forma de *estar-con,* tanto con uno mismo como con el otro, cuyo foco descansa sobre el cuidado, el respeto y la honestidad mutuos (es decir, sobre las maneras de *ser-para* uno mismo y para el otro). Es a través de este 'cómo' en la forma de ser, que el 'qué' de la terapia puede ser, tanto clarificado como contextualizado.

En el trabajo del analista relacional Leslie Farber, podemos ver un ejemplo breve pero poderoso del argumento que estoy planteando. Muchas de las críticas coherentes y apasionadas que hace Farber de la terapia, son recorridas por el siguiente hilo conductor: el tema (o el 'qué') del diálogo terapéutico, puede ser 'acerca' de cualquier cosa –su contenido en realidad no importa–. En lugar de ello, argumenta Farber, los intereses dialógicos de la terapia deben centrarse en una *manera de hablar* que conduzca, tanto al terapeuta como al cliente, hacia un "diálogo honesto" consigo mismos y con el otro (Farber, 1967, 2000). Este concepto de "diálogo honesto" va paralelo a las ideas planteadas por el filósofo fenomenológico George Gadamer. Gadamer contraponía la honestidad que emerge a través de un diálogo con enfoques e intención pre-establecidos, por al menos uno de los participantes, de uno que está inicialmente abierto o ambiguo en cuanto a la intención o dirección, por al menos uno de los mismos. Gadamer reconocía que todos los diálogos tienen o, más bien, *encuentran* una dirección; pero existe una cualidad de honestidad en un diálogo abierto, que moldea su propia forma y su foco, la cual no puede determinarse –o experimentarse– en un diálogo que está siendo dirigido activamente hacia una cierta meta preestablecida. Como escribió Gadamer, una consecuencia de esto es que "la manera en que una palabra sigue a la otra, con la conversación dando sus propios giros y alcanzando su propia conclusión, aunque puede ser dirigida de alguna manera, los participantes que conversan no son tanto los que dirigen, como los dirigidos por la conversación. Nadie sabe por adelantado lo que va a 'resultar' de dicha conversación" (Gadamer, 2004: 383). Paradójicamente, esta 'abdicación del control' sobre los aspectos directivos del diálogo, permite una mayor sensación de 'apropiación' del mismo por parte de los participantes.

Desde mi punto de vista, al promover esta postura actitudinal, la terapia existencial cambia el foco de la terapia de varias formas. Primero, se vuelve mucho más interesada en la investigación descriptiva de *cómo es estar en una serie de circunstancias y condiciones relacionales dadas,* y menos en cualquier tratamiento directivo e intervencionista de las disfunciones. En este sentido, la terapia existencial se parece más a una investigación indagadora, enfocada en la comprensión, que a los intentos cuasi-médicos de sanar. Por otra parte, está mucho menos ocupada en subrayar cualquier tema en específico que se considere apropiado –o inapropiado– para la conversación terapéutica (ya sea verbal o basada en la acción); de lo que está en procurar una manera o modo particular de relacionarse con cualquier asunto que se presente en el diálogo, *en la forma* en que se presenta, sin tratar de enmendarlo, amplificarlo o reconfigurarlo. En breve, esta labor facilita los medios para comprometerse en una conversación mutuamente honesta, enfocada en la clarificación de quién y cómo está siendo el cliente, en lugar de estar predominantemente interesada en el cambio, dirigido por el terapeuta, respecto a quién y cuan diferente ha sido o se ha vuelto el cliente.

Pero nótese: aunque los terapeutas existenciales podrían encontrar la anterior descripción de su empresa terapéutica lo suficientemente exacta y agradable, es cada vez más claro que han sido laxos al aplicar dicha postura actitudinal a temas más amplios, relacionados con la unidad y la diversidad dentro del enfoque. Conforme han comenzado a hacerlo, los terapeutas existenciales han discernido que, como cada una de nuestras formas de ser tiene componentes únicos, cada uno de los que nos vinculamos a la terapia existencial aportamos nuevas posibilidades para definirla. Todos aquellos que nos involucramos con los intereses y los temas identificados con el pensamiento existencial, estamos contribuyendo con la evolución de la forma de definir a la práctica existencial.

Como en cualquier investigación fenomenológica estructurada, al inicio nos enfocamos en lo que hace única a una experiencia vivida, y en las diversas formas en las que se expresa. Al mismo tiempo, esta forma de enfocar la experiencia puede, paradójicamente, mostrar algunos elementos –o principios básicos– que pueden ser vistos como recurrentes, o que se comparten en los diferentes ejemplos de la experiencia. De esta manera, no sólo cada vez es más posible identificar el contexto que unifica, o las estructuras comunes que subyacen en las diversas expresiones de tal experiencia, sino que, de manera mucho más significativa, se hace evidente la *inseparabilidad relacional* de estas polaridades unificadoras y divergentes.

Durante los últimos veinte años, los terapeutas existenciales han expresado un creciente deseo y disposición a involucrarse y aprender unos de otros. Gracias a los dramáticos avances en la tecnología de la comunicación, así como a la relativa facilidad y velocidad de los viajes modernos, tenemos cada vez más los medios, no sólo para hacer realidad dichos deseos, sino también para experimentar nuestra mutua interconexión mediante conversaciones que buscan clarificar la forma como nuestras ideas y prácticas en torno a la terapia existencial, resultan tanto convergentes como divergentes. Mi esperanza es que, como practicantes existenciales, hagamos un uso sabio y generoso de estos regalos; y que nuestro deseo de compartir y aprender, de desafiar y ser desafiados, no disminuya nunca. A nivel personal, durante estos años he sido enormemente bendecido con la oportunidad de viajar a muchos países y continentes para reunirme con colegas y discutir cara-a-cara nuestras maneras de ser terapeutas existenciales. Aunque casi siempre la 'excusa' para dichos viajes y encuentros es que me han invitado a enseñar y entrenar, siempre he regresado al Reino Unido con la experiencia de haber aprendido mucho a través de nuestros mutuos encuentros. Todo esto me trae –¡finalmente!– al libro –o su equivalente electrónico– que tienes en tus manos.

Conocí por primera vez a su autor, el Dr. Yaqui Martínez, en el 2007. Yaqui es el fundador del *Círculo de Estudios en Terapia Existencial* que tiene su sede en la Ciudad de México. Fue a través de Yaqui que me enteré de la relevante presencia de la terapia existencial en América Latina y de los importantes avances para la unificación de esta presencia a través de la *Asociación Latinoamericana de Psicoterapia Existencial (ALPE)*. Nuestras discusiones abrieron mis ojos a nuevas posibilidades de una perspectiva existencial que, aun siendo conocedora e influenciada por puntos de vista tanto europeos como norteamericanos, no era, sin embargo, ni un híbrido, ni una extensión de ninguno de estos. En vez de ello, aquí hay otro ejemplo de una terapia existencial viva que refleja las realidades culturales, sociales y medioambientales de quienes encarnan sus ideas y prácticas. El libro *Terapia Existencial: Teoría y Práctica Relacional para un mundo post-Cartesiano*, ofrece a sus lectores un punto de entrada a esta particular cosmovisión existencial. Como escribe Yaqui en su introducción al texto, el objetivo de este libro es ofrecer a los lectores un encuentro inicial con lo que podría llamarse la *Escuela Mexicana de Terapia Existencial*. Como lo expresa él:

> *(...) la Escuela Mexicana de Terapia Existencial,*
> *en virtud de que integramos aspectos de la*

> *Psicoterapia Existencial americana con la Terapia
> Existencial inglesa, junto con nuestros propios
> aprendizajes, entendimientos y desarrollos. Quizá
> nuestra herencia mestiza, mezcla de varias culturas
> indígenas con la cultura española, nos ha permitido
> elaborar una perspectiva propia e integradora de
> algunas de las diferentes posturas que conforman
> el espectro de la Terapia Existencial en Occidente.
> Después de todo, llevamos en la sangre una mezcla
> de razas y culturas que abonan el terreno para la
> síntesis y las integraciones.* (Martínez Robles, 2016:
> p. 33).

Lector, prepárate para ser desafiado, sorprendido y... hechizado. Aunque, como podrías esperar, *Terapia Existencial: Teoría y Práctica Relacional para un Mundo post-Cartesiano* trata y explora los temas y tópicos que serían esperables en cualquier texto existencial serio –y por cierto, lo hace de manera brillante–, es a través de esa manera *mestiza* de presentar dichos temas, que la novedad y la riqueza de su voz, y lo que esa voz nos comunica, resplandece para nosotros.

Así que..... aquí tenemos, otra –excepcional– voz para unirse a ese coro de voces que es la terapia existencial. Su presencia e interacción, al mismo tiempo, tanto lo cambia todo, como ilumina lo que siempre ha sido.

Profesor Ernesto Spinelli.
Londres, Inglaterra, Enero de 2015.
(Traducción de Yaqui Andrés Martínez y Belinda Cornejo).

Bibliografía

Cooper, M. (2003). *Existential Therapies*. London: Sage.

Farber, L. (1967). Martin Buber and psychotherapy. *The Philosophy of Martin Buber.* Schilpp, P. A. & Friedman, M. (eds.). LaSalle, Illinois: Open Court. 577-601

_____ (2000). *The Ways Of The Will: Selected Essays*. New York: Basic Books.

Gadamer, H. G. (2004). *Truth and Method*. London: Continuum.

Martinez, Y. (2015). *Existential Therapy: Relational Theory and Practice for a post-Cartesian world*. Mexico: Círculo de Estudios en Terapia Existencial.

Spinelli, E. (2015). *Practising Existential Therapy: The Relational World, 2nd ed*. London: Sage.

Introducción

Recuerdo que cuando terminaba mis estudios de preparatoria, el profesor de la materia de psicología le pidió al grupo la lectura del libro *"El hombre en busca de sentido"* de Viktor Frankl. Nunca antes me había sentido interesado por la psicología, sin embargo, la lectura de este texto me dejó profundamente marcado. Cuando terminé de leerlo me dije: "yo quiero dedicarme a esto el resto de mi vida". Y como profecía auto cumplida, ahora me encuentro con más de 20 años de práctica profesional en el campo de la terapia.

Este recorrido no lo he transitado sobre una línea exclusiva. En la universidad, la psicología que se me enseñó fue predominantemente de orientación psicoanalítica. De hecho, recuerdo que una profesora que tenía a cargo una materia de orientación conductual, también se identificaba a sí misma como psicoanalista, al grado de comentar que "el conductismo no servía" y que, por lo tanto, nos tendría que impartir una "materia inútil".

Conforme transcurrían mis estudios, le solía preguntar a mis profesores acerca de aquel Viktor Frankl, el autor del libro que me había conmovido y que me impulsó a estudiar la carrera de psicología. La mayoría de las respuestas que me ofrecían me desilusionaban, aunque no lo suficiente como para que abandonara mi búsqueda. Las respuestas de los maestros iban desde "no lo conozco", hasta "no te metas en esos rollos", "es psicología barata" o "sólo se trata de *apapachoterapia*"[1]. Estas afirmaciones me motivaron a proseguir investigando hasta que, finalmente, me encontré con algunos profesores que supieron orientarme. Me comentaron que, si sentía interés por esas perspectivas, debía emprender la búsqueda por mi propia cuenta. Me mencionaron algunos otros autores de líneas de pensamiento parecidas y me desearon buena suerte.

Después de haber incursionado en una gran variedad de cursos y

---

[1] O terapia a través de mimos.

talleres sobre diferentes versiones de la terapia como son: la psico-corporal, la hipnosis ericksoniana, el psicoanálisis frommiano, la psicología transpersonal, el enfoque centrado en la persona, el psicodrama, etc., me encontré con la Terapia Gestalt y me sentí como en casa, por lo que decidí formarme en dicho enfoque.

Posteriormente, cuando iniciaba mi práctica como terapeuta Gestalt, Martín Villanueva me recomendó el libro *Psicoterapia Existencial,* de Irvin Yalom, el cual compré de inmediato, ya que los libros que él me sugería solían gustarme de manera particular. Sin embargo, cuando descubrí que su extensión era mayor de 600 páginas, lo acomodé elegantemente en mi librero para una lectura posterior.

Dos años después, finalmente me animé a leer el libro. Lo devoré en menos de una semana. Su contenido y la forma en que estaba escrito me transportaron a aquella emoción que sentí años atrás, cuando había leído el texto de Frankl.

De regreso a mi práctica terapéutica, después de haber leído dicho texto, me percaté de que ésta había cambiado. De hecho, todo yo era diferente. La manera de verme a mí mismo, a los demás, a la vida y, por supuesto, a la terapia, se había transformado radicalmente aportándome una sensación de profundidad que mis clientes notaron con bastante aceptación.

A partir de ese momento comencé el estudio sistemático de las obras de Irvin Yalom. Cuando las leí todas, continué con los libros de Rollo May y de James Bugental que, a mi parecer, compartían hasta cierto punto su perspectiva y profundidad.

Una vez que terminé de leer los textos que pude conseguir, continué mi búsqueda por internet. Ahora quería encontrar alguna maestría, doctorado o escuela de entrenamiento en terapia que apoyara la continuación de mis estudios y mi formación en el campo de la **Terapia Existencial**. Encontré varias instituciones que se enfocaban a las *terapias existenciales* y esto hizo que me sintiera muy entusiasmado al grado de que busqué inscribirme en algunas de ellas. Pero fue lamentable reconocer que, una vez inscrito en dos de ellas, no era exactamente lo que yo buscaba y decidí retirarme de los estudios.

Le llamaban "terapias existenciales" a una mezcla de enfoques, dentro de los cuales destacaban las orientaciones humanistas-existenciales, tales como el enfoque centrado en la persona de Rogers, la psicología de Maslow, la terapia Gestalt y la logoterapia de Frankl, todas ellas con algunos añadidos de PNL, hipnosis ericksoniana, terapias corporales, Jung, psicología transpersonal y de algunas otras. No obstante, las referencias a Yalom o a May eran escasas, y eso era lo que yo estaba buscando de manera específica.

Al continuar mi búsqueda, hallé una página de internet de Irvin Yalom, al parecer su página personal. Descubrí que al igual que en muchas otras páginas de internet, ésta contaba con un vínculo para contactar, así que lo intenté y escribí un correo electrónico para solicitar información sobre programas de formación y/o entrenamiento en Terapia Existencial. Debo confesar que yo esperaba una respuesta automática o realizada por algún asistente, pero mi sorpresa fue inmensa cuando vi que el mismo Irvin Yalom firmaba la respuesta a mi correo. En ella me comentaba que, hasta donde él estaba enterado, no existían programas de ese tipo. Una vez repuesto de lo atónito que me dejó esta agradable sorpresa —por encontrarme en comunicación con el terapeuta que tanto admiraba—, le volví a escribir para preguntarle si él mismo enseñaba o guiaba algún tipo de formación en este enfoque. De nuevo su respuesta fue negativa, mas me comentó que participaría en la próxima *Conferencia de la Evolución de la Psicoterapia* que se llevaría a cabo el siguiente mayo del año 2000 en Anaheim, California, EUA.

Esta conferencia, que se realiza cada cinco años, es considerada por varias personalidades del medio, como el "Woodstock" de la psicoterapia, donde acuden más de 5000 participantes y los expositores son las "vacas sagradas" de los principales enfoques terapéuticos de la actualidad. Entre algunos de los expositores que han participado en este evento se encuentran, por ejemplo: Carl Rogers, Viktor Frankl, Rollo

May, Virginia Satir, Ronald Laing, James Bugental, Salvador Minuchin, Bert Hellinger, Alexander Lowen, Paul Watzlawick, Jeffrey Zeig, Aaron Beck, Albert Ellis, Eugene Gendlin, Robert Dilts, Ernest Rossi, Otto Kernberg, James Hillman, Erving y Myriam Polster, Thomas Szasz, Jay Haley y, por supuesto, Irvin Yalom.

Decidí asistir a la conferencia de ese año y tener la oportunidad de conocer en persona a algunos de los grandes de la psicología. En esa ocasión pude acercarme personalmente a algunos de mis grandes ídolos del mundo de la terapia. El formato del evento permitía que los asistentes pudiéramos acercarnos a conversar, al menos brevemente, con varios de ellos. Tuve la oportunidad de acercarme a personalidades como Erving y Myriam Polster, James Bugental, Paul Watzlawick y Thomas Szasz, entre otras grandes figuras. También pude acercarme a Yalom y platicar un poco más con él, ahora personalmente.

Le comenté mi búsqueda y el deseo de formarme como terapeuta existencial. También le hice extensivo mi recorrido por la lectura y mi intención de profundizar en dicho enfoque. Su respuesta me sacudió en un primer momento aunque, hoy por hoy, le estoy profundamente agradecido por ella. Me dijo: "¿Y por qué no lo haces tú? ¿Por qué no enseñas eso que ahora sabes y que te parece tan importante aprender?"

Para entonces, ya contaba con la experiencia de ser profesor. Además de impartir clases en la facultad de psicología de un par de universidades privadas, fungía como maestro en algunas materias de terapia Gestalt en el instituto en el que me había formado. Esta experiencia me había fascinado, no sólo por la posibilidad de tener contacto con la gente y con la academia, sino porque descubrí que *nunca había aprendido tanto de terapia Gestalt como cuando intenté enseñarla.* Me di cuenta de que *enseñar* (o, al menos, intentarlo) *era una excelente forma de aprender.*

Le solicité a Yalom que me auxiliara con algunas sugerencias acerca del programa de estudios. Quería que me indicara contenidos, autores que debería revisar, el orden que se tenía que seguir y otros aspectos que le dieran solidez a este proyecto. Yalom se mostró enteramente dispuesto, y me sugirió de inmediato que dicho curso debería arrancar con una buena inmersión en la filosofía existencial.

A partir de ese momento mantuvimos algunos intercambios vía correo electrónico, en los cuales yo le mostraba algunos de mis avances en la elaboración del programa para el curso y él, amablemente, realizaba algunas sugerencias que me llevaban a seguir ampliando mis lecturas sobre la perspectiva existencial.

Aproximadamente en octubre del año 2002, me respondió a la última versión del programa que yo había realizado. Me dijo: "Ya se ve muy bien. Adelante. Te deseo mucha suerte".

El primer grupo de estudios inició la formación en noviembre del año 2002 con catorce personas. Las reuniones se celebraban por un lapso de diez horas, un sábado al mes, de modo que entre reunión y reunión tuviéramos el tiempo necesario para realizar las lecturas indicadas. En total, el plan inicial fue cumplir con catorce reuniones.

Conforme fuimos avanzando, otro grupo de personas se sintió interesado en la formación en Terapia Existencial. La mayoría de ellos habían estudiado previamente otras formas de terapia. En tan sólo tres meses fue posible la existencia de dos grupos en formación.

Cuando llevábamos aproximadamente seis meses de haber iniciado con el primer grupo, otras seis personas se aproximaron a mí para solicitarme su ingreso a alguno de los grupos. Como ya llevábamos un avance considerable, les comenté que eso no era posible. Entonces, estas personas me preguntaron: —¿Con cuántas personas podríamos abrir un nuevo grupo? Yo les respondí, sintiéndome a la vez un tanto halagado y abrumado: —Con doce. En realidad, yo creí que con esa condición ya no podrían formar el grupo y, así, podría seguir concentrado en los dos grupos originales. No obstante, mi sorpresa fue mayúscula cuando supe que, al cabo de dos semanas, ya se había juntado un grupo de 16 personas. Al ver el interés que generaba el estudio de la perspectiva existencial, me decidí a formalizarlo y, así, nació el *Círculo de Estudios en Terapia Existencial* (Círculo Existencial).

Desde entonces, en el Círculo Existencial nos dedicamos a impartir la formación en Análisis y Terapia Existencial, en sus versiones de asesoramiento filosófico (coaching existencial), de terapia uno-a-uno y de terapia grupal.

Originalmente la formación constaba de dos partes. En la primera realizábamos una revisión de la filosofía existencial y de sus aplicaciones a la terapia y a la vida cotidiana. Las bases teóricas de aquel programa se encuentran resumidas en el texto *Filosofía Existencial para Terapeutas y uno que otro curioso (2008)*, publicado por la editorial LAG. En la segunda parte, profundizábamos sobre la perspectiva de Rollo May y se revisaba casi toda la obra de Irvin Yalom.

Durante varios meses le insistí a Yalom sobre la posibilidad de que visitara nuestro país para realizar un taller de 16 horas sobre su trabajo, pero lo saturado de su agenda, así como algunas otras dificultades, se lo impidieron. Esto me condujo a volver a sumergirme en el internet y a buscar otras perspectivas que pudieran enriquecernos.

Fue así como encontré la escuela inglesa de Terapia Existencial y conocimos en el Círculo Existencial a personalidades como Emmy van Deurzen, Ernesto Spinelli, Simon du Plock, y Greg Madison, entre otros, quienes no sólo respondieron con mucha amabilidad, sino que también mostraron un gran interés por apoyarnos e incluso, nos visitaron para impartir diversos talleres. Cada uno de ellos nos ha compartido su trabajo y hemos tenido la oportunidad de aprender e incorporar su perspectiva. En la actualidad es posible encontrar una influencia amplia de la perspectiva inglesa en nuestro programa de formación.

Así mismo volteamos hacia nuestros compañeros latinoamericanos y encontramos desarrollos importantes tanto en Argentina (a través de Pablo Rispo y Susana Signorelli, principalmente) como en Colombia (con Jaime Sánchez, en un primer momento, y, posteriormente, con Alberto de Castro, entre otros) y Brasil (donde figuras como Emilio Romero y Ana María López Calvo de Feijoo han dado un empuje importante a la perspectiva existencial). Con esto, no sólo hemos conseguido establecer diferentes lazos académicos, sino también hemos ido consolidando paulatinamente la Asociación Latinoamericana de Psicoterapia Existencial (ALPE) y la primer revista latinoamericana dedicada específicamente al desarrollo, estudio y divulgación de este enfoque la: *Revista Latinoamericana de Psicología Existencial.*

Como resultado de todos estos intercambios y aprendizajes, la formación en Terapia Existencial se ha logrado enriquecer y consolidar, al grado de haber conformado actualmente lo que me gusta llamar *La Mezcla Mexicana*, y que algunos han empezado a nombrar como *La Escuela Mexicana de Terapia Existencial*, en virtud de que integramos aspectos de la Psicoterapia Existencial americana con la Terapia Existencial inglesa, junto con nuestros propios aprendizajes, entendimientos y desarrollos. Quizá nuestra herencia *mestiza*, mezcla de varias culturas indígenas con la cultura española, nos ha permitido elaborar una perspectiva propia e integradora de algunas de las diferentes posturas que conforman el espectro de la Terapia Existencial en Occidente. Después de todo, llevamos en la sangre una mezcla de razas y culturas que abonan el terreno para la síntesis y las integraciones.

La presente obra aparece ante la necesidad natural de realizar una primera presentación de este modelo, *nuestra propia versión de la Terapia Existencial.* No intenta ser definitivo ni mucho menos completo, sino simplemente aspira a difundir la perspectiva de dicha *Escuela Mexicana de Terapia Existencial*; la visión que se practica, difunde y enseña en el Círculo de Estudios en Terapia Existencial. A su vez intenta promover los aportes y las comprensiones de este enfoque, tan profundo y necesario en nuestros días, para que más personas se puedan beneficiar de él.

En otro escrito: *Sobre la integración de los modelos en Psicoterapia Existencial* (Martínez Robles, 2011), advertí acerca de los riesgos de buscar una "única" forma de integrar el pensamiento existencial, puesto que esto no corresponde con una perspectiva que se decanta por una mirada cercana a lo posmoderno, donde la variedad de perspectivas sobre una misma cuestión se considera más una ventaja que un defecto.

Aunque en el Círculo Existencial se ha ido formando un sólido grupo de colaboradores que están interesados en el desarrollo de la visión existencial, el modelo que aquí comparto seguramente tiene claras influencias de mi propia perspectiva y de las experiencias profesionales que yo he vivido en el campo de la psicología, por lo que, de antemano, me hago responsable de cualquier diferencia que pueda surgir ante mi particular estilo de integración.

Promover una nueva y particular manera de aproximarse a la Terapia Existencial, es congruente con las propuestas fenomenológico-existenciales que impulsan la posibilidad de acercarse al conocimiento de la experiencia humana validando diferentes perspectivas. Estas ideas se encuentran en sintonía con las del biólogo chileno Humberto Maturana sobre nuestras formas de conocer. La epistemología que propone este científico, tiene un extraordinario paralelismo con las propuestas fenomenológicas[2].

Desde su perspectiva, los seres humanos solemos actuar como si fuéramos observadores de entidades presentes en un mundo objetivo externo e independiente de nosotros:

> *[...] si reflexionamos acerca de nuestra experiencia como observadores, descubrimos que cualquier cosa que hagamos como tales nos ocurre a nosotros. En otras palabras, descubrimos que nuestra experiencia es que nos encontramos a nosotros mismos observando, hablando o actuando, y que cualquier explicación o descripción de lo que hacemos es secundaria a nuestra experiencia de encontrarnos a nosotros mismos en el hacer de lo que hacemos.*

---

[2] Quizá la principal diferencia entre la perspectiva de Maturana y la Fenomenología-Existencial, consiste en que esta última subraya el carácter inter-relacional de la existencia, aportando las bases para un paradigma relacional (como se verá más adelante en este libro), mientras que la perspectiva del biólogo chileno permanece más centrada en la posición individual.

[...] Usualmente no nos damos cuenta de esto pues habitualmente confundimos la experiencia con la explicación de la experiencia, en la explicación de la experiencia (Maturana, 2005, p. 53).

A partir de este punto, Maturana (2005) propone que hay dos distintos *caminos explicativos* que se acercan al problema de la "realidad" y que resultan mutuamente excluyentes: la *objetividad sin paréntesis* (o como también le llama: camino de las ontologías[3] trascendentes) y la *objetividad con paréntesis* (o camino de las ontologías constitutivas).

En la *objetividad sin paréntesis,* el terapeuta o investigador asume —implícita o explícitamente— que la existencia tiene lugar independientemente de lo que las personas hagan, que las cosas existen independientemente de que él las conozca o no, y que él puede conocerlas a través de la percepción o de la razón.

Ante el famoso Koan del budismo Zen que pregunta: —*¿si un árbol cae en el desierto, hace algún sonido al caer?,* esta forma de acercamiento a la reflexión sobre la realidad suele no dudar en responder afirmativamente, ya que la supuesta "realidad" existe independientemente del observador, quien no la modifica en absoluto mientras no ejerza una acción directa sobre la misma.

En este camino explicativo, el investigador/terapeuta utiliza una referencia a alguna entidad a priori, tal como la materia, la energía, la mente, la conciencia, la naturaleza, o Dios, como su argumento fundamental para validar su experiencia, a la que denomina *realidad.*

En consecuencia, desde esta perspectiva, el terapeuta/investigador está ciego (o sordo) a su propia participación en la co-construcción de aquello que acepta como realidad o como explicación de la misma: "este

---

[3] La palabra *ontología* hace referencia al estudio del *Ser*. En el contexto de Maturana, *ontologías trascendentes* se refiere a considerar que el *ser* de las cosas que se observan, trasciende al observador; en otras palabras, que es previo e independiente a él. Mientras que la *ontología constitutiva* se refiere a concebir que el *ser* de las cosas se va constituyendo a partir del ojo del observador, es decir, que la observación misma constituye o colabora con la constitución de aquello que observa.

camino explicativo lleva necesariamente a que el observador requiera un solo dominio de realidad, un Universo, un referente transcendental, como la fuente fundamental de validación que el acepta" (Maturana, 2005, p. 57)

En otras palabras, la objetividad sin paréntesis se corresponde con la manera tradicional de acercarse a la realidad, con la tradición racional-positivista. Desde este estilo de acercamiento al conocimiento, la existencia de diferentes modelos de Terapia Existencial revela una debilidad de nuestro campo del saber, porque la diversidad de puntos de vista sólo podría significar que hay una gran mayoría de perspectivas equivocadas, y solamente una certera (si es que la hay).

Mientras tanto, en la *objetividad con paréntesis*, el investigador/ terapeuta: "no posee base operacional alguna para efectuar aseveraciones o planteos acerca de objetos, entidades o relaciones, como si estos existieran independientemente de lo que él haga." (Maturana, 2005, p. 58-59).

> *[...] en este camino explicativo, las explicaciones son constitutivamente no reduccionistas y no trascendentales, ya que en este camino no hay búsqueda de una explicación fundamental para todo. Del mismo modo, cuando un observador acepta este camino explicativo, se da cuenta de que dos observadores que traen a la mano dos explicaciones mutuamente excluyentes, frente a lo que para un tercer observador parece ser la misma situación, no están dando diferentes explicaciones de una misma situación, sino que los tres observadores están operando en diferentes, aunque igualmente legítimos, dominios de realidad, y están explicando diferentes aspectos de sus respectivas praxis del vivir. El observador que sigue este camino explicativo se da cuenta de que <u>él vive en un multiverso</u>, es decir, <u>en muchas realidades</u>*

> *explicativas diferentes, igualmente legítimas, pero no igualmente deseables, y que en el multiverso un desacuerdo explicativo constituye una invitación a una reflexión responsable acerca de la coexistencia y no a una negación irresponsable del otro [subrayado añadido]* (Maturana, 2005, p. 60-61).

En la objetividad **con** paréntesis hay tantas realidades legítimas como posibilidades de explicación con respecto a un fenómeno o grupo de fenómenos. Toda afirmación que proporcione un investigador o terapeuta (o su consultante), es válida en algún dominio de realidad, y ninguna es intrínsecamente falsa. La tarea, en vez de tratar de comprobar su veracidad, o de refutarla con base a una supuesta falsedad (lo que si ocurre en la objetividad sin paréntesis), consiste en tratar de distinguir el contexto, marco y perspectiva desde la cual dicha afirmación resulta no solamente válida, sino lógica.

Si se plantea el mismo Koan que mencioné anteriormente, las respuestas desde esta posición serían dos: o no hay ningún sonido —porque para que lo hubiera se requiere la presencia de un escucha que lo oiga—, o es una respuesta absolutamente imposible de conocer. Y ambas respuestas son válidas.

La Terapia Existencial que aquí planteo intenta inscribirse dentro de la objetividad con paréntesis, es decir, se plantea como una perspectiva que pertenece a un cierto estilo de praxis profesional dentro de la terapia, a un paradigma relacional, y a un marco de referencia fundamentalmente: Filosófico, Fenomenológico, Hermenéutico, Existencial, Post-Cartesiano, Relacional, y Estético (esto se profundizará en el Volumen 2 de la presente obra).

No trata de imponerse como *EL* modelo a seguir, sino como una opción válida para aquellos que deseen formarse como terapeutas existenciales, o para aquellos terapeutas ya formados que deseen enriquecer su práctica profesional a partir de nuevas perspectivas.

A pesar de que la filosofía existencial no es algo novedoso, como tampoco lo son los primeros desarrollos existenciales en psicología y terapia, resulta interesante subrayar que quizá en estos inicios del siglo XXI, época en que encontramos múltiples tensiones que van desde lo bélico y económico hasta lo médico y ecológico, es cuando más se requiere su presencia y cuando mejor comprendida puede resultar, ya que, como veremos más adelante, el enfoque existencial responde a los *tiempos de crisis*, tanto a crisis y dilemas que se presentan de forma particular como a aquellas que nos confrontan *ontológicamente,* es decir, de manera universal. Por este tipo de razones, la Terapia Existencial resulta particularmente relevante en estos días.

Otro aspecto que posiciona a la Terapia Existencial como una orientación particularmente importante para estos tiempos, es su carácter relacional. La perspectiva relacional ubica a la existencia como algo que está *ocurriendo entre las personas y su mundo,* y no de una manera intrapsíquica o intrapersonal, además coloca a la Terapia Existencial dentro del campo de los enfoques posmodernos, porque su perspectiva *intenta* deconstruir *al sujeto* y/o *des-ubicar al self.* Este movimiento de re-ubicar al 'yo' y a la existencia pertenece a un buen número de campos del saber, como puede leerse en Zizek (2001):

> *Un espectro ronda la academia occidental... el espectro del sujeto cartesiano. Todos los poderes académicos han entrado en una santa alianza para exorcizarlo: [...] el deconstructivismo posmoderno (para el cual el sujeto cartesiano es una función discursiva, un efecto de mecanismos descentrados); los teóricos habermasianos de la comunicación [que insisten en querer pasar de la subjetividad monológica cartesiana a una intersubjetividad discursiva] y los defensores heideggerianos del pensamiento del ser (quienes subrayan la necesidad de "atravesar" el horizonte de la subjetividad moderna que ha culminado en el actual nihilismo*

> *devastador) [...] los ecólogos profundos (quienes acusan al materialismo mecanicista cartesiano de proporcionar el fundamento filosófico para la explotación implacable de la naturaleza); los (pos) marxistas críticos (quienes sostienen que la libertad ilusoria del sujeto pensante burgués arraiga en la división de clases) y las feministas (quienes observan que el cogito supuestamente asexuado es en realidad una formación patriarcal masculina)* (citado por Feinmann, 2009, p. 29).

Es posible agregarle más perspectivas a esta lista, como la de los biólogos y filósofos chilenos H. Maturana y F. Varela que mencioné más arriba, o la de muchos otros científicos como Alva Noë, etcétera; así mismo hay algunos ejemplos de este modo de pensar propiamente en el campo de la terapia. Algunos ejemplos de ello son, en la terapia Gestalt: especialmente aquellos estilos que siguen la línea de P. Goodman e I. From (entre los que destacan los de G. Wheeler, J.M. Robine, L. Jacobs, G. Yontef, M. Spagnuolo, P. Phillipson, M. Parlett, etc.); del psicoanálisis intersubjetivo o relacional de W.R.D. Fairbairn, J. Bowlby y H. Loewald (continuado por G. E. Atwood, R. D. Stolorow, P. Wachtel, S. A. Mitchell, D. Orange, etc.); y de otros enfoques terapéuticos apoyados en el construccionismo social desarrollado por K. Gergen y J. Shotter entre otros, como las terapias narrativas de White y Epston, y especialmente la terapia colaborativa que propone H. Anderson.

Todos estos enfoques del saber comparten la necesidad de re-plantearse el modo de entender la realidad y la existencia humana. Llamo *relacional* a esta perspectiva porque, de alguna manera, pone atención en la existencia y la entiende como fundamentalmente en interconexión con su mundo y con otras existencias, aunque los diversos pensadores le llamen de distintas formas y no siempre le den el mismo énfasis ni entiendan dicha interconexión de la misma forma.

Sin embargo, la perspectiva existencial es prácticamente desconocida entre los programas académicos de las licenciaturas en psicología, no sólo de México sino de muchos países. Aunado a lo anterior, existen muy pocos textos sobre esta perspectiva que se hayan publicado en español durante los últimos diez años y, menos aún, que sean escritos por autores latinoamericanos. Son excepcionales los esfuerzos de P. Rispo y S. Signorelli en Argentina, de E. Romero, A.M. Lopez-Calvo de Feijoo y otros en Brasil, que ya se mencionaron anteriormente, y de M. Jarquín en México. A ellos les ha correspondido el mérito de empezar a dar a conocer esta perspectiva en Latinoamérica. Los libros de I. Yalom son cada vez más difíciles de encontrar en nuestra lengua. Además, con excepción de algunos textos de E. van Deurzen y E. Spinelli, son raros los textos que presentan de manera clara la metodología de sus respectivos enfoques.

De la misma manera, los congresos y conferencias sobre las temáticas existenciales se ven cada vez con mayores dificultades para convocar participantes menores de 50 años. Probablemente esto se deba, entre otras cosas, a que las personas más jóvenes suelen verse atraídas hacia enfoques pragmáticos que son resultado de las modas terapéuticas, las cuales al cabo de 15 a 20 años, cuando mucho, son suplantadas por otras.

Por otra parte, hablar de Terapia Existencial puede dar la imagen de que se trata de un enfoque completamente unificado. Pero lo cierto es que, al igual que en el psicoanálisis, donde encontramos múltiples tipos y estilos como por ejemplo: ortodoxos, kleinianos, relaciones objetales, lacanianos, del "yo", intersubjetivos, etc., en la Terapia Existencial también se pueden reconocer, por lo menos, cinco escuelas claramente distinguibles (Cooper, 2003).

Todo lo anterior hace necesaria una presentación clara y sintética del modelo existencial de Terapia (o al menos sumar esfuerzos en esa dirección). De esta necesidad ha nacido la idea del presente libro. Espero que esta obra logre brindar un primer acercamiento a este enfoque que, en mi opinión, ofrece mucha pasión y apoyo, además de nuevas formas de comprensión de la realidad humana.

Esta obra se presenta dividida en tres volúmenes. El primer volumen está dedicado a los fundamentos filosóficos y epistemológicos de la Terapia Existencial, es decir a las bases teóricas de la misma, con especial hincapié en la relación terapéutica que se desprende de este modelo, así como en la visión existencial del ser humano y su existencia.

El segundo volumen profundiza en las bases teóricas del primer volumen, poniendo especial atención an su aplicación práctica.

El tercer y último volumen se proyecta para examinar algunas de las aplicaciones específicas de este modelo terapéutico, como la terapia de grupos o la de parejas.

Originalmente, tenía preconcebido el título: *Terapia Existencial: Fenomenología, Hermenéutica y Posmodernidad. Filosofía práctica y relacional para un mundo post-cartesiano.* Mas me parecía demasiado técnico y largo, además de que se prestaba a confusiones, o podría alejar a lectores que no desearan una lectura en extremo teórica y alejada de la vida cotidiana.

Dicho título obedecía a mi interés de que las palabras *fenomenología, hermenéutica y posmodernidad* aparecieran explícitamente señaladas, debido a que el estilo terapéutico existencial que aquí expongo es, en buena medida, un enfoque que se apoya en tales acercamientos al conocimiento: una perspectiva fenomenológica y hermenéutica dentro de la línea posmoderna de aplicación de ambas.

A la vez deseaba proyectar que, en primer lugar, la Terapia Existencial es una filosofía práctica, un enfoque reflexivo y cooperativo que se inserta en el paradigma relacional post-cartesiano, el cual se encuentra cada vez más presente en diferentes áreas del saber. Este paradigma consiste, básicamente, en dudar de que nuestra existencia se encuentre aislada y separada de los otros y del mundo, proponiendo una manera novedosa de vernos a nosotros mismos y a los que nos rodean, como fundamental e inherentemente relacionados. Durante este primer volumen se describen estas concepciones.

Finalmente he decidido cambiar el título a *Terapia Existencial: Teoría y Práctica Relacional para un Mundo post-Cartesiano*. Para subrayar que el modelo de terapia que propongo aquí es un enfoque en permanente evolución y desarrollo, ya que en congruencia con los planteamientos existenciales no podría haber una mirada válida de la existencia humana que no estuviera constantemente en movimiento y co-construcción. Así mismo he elegido el subtítulo: *Teoría y Práctica Relacional para un Mundo post-Cartesiano,* puesto que de cierta forma resume la propuesta de la presente obra.

Comienzo el recorrido con una reflexión sobre los *fundamentos filosóficos de la Terapia Existencial*, lo cual la convierte en una perspectiva altamente original. La Terapia Existencial es un modelo más filosófico que médico y esto la acerca a los nuevos desarrollos de relación de ayuda conocidos como *asesoramiento filosófico* y que, en otros contextos más conectados con el ámbito empresarial, se conocen como *coaching*. En definitiva, este enfoque se aleja de las posturas psicopatologizantes que son muy comunes en gran parte de las psicologías, psiquiatrías y terapias de la actualidad. Por esto, dedicaremos un espacio a comentar las diversas críticas y posturas que, desde la posición fenomenológica existencial, se realizan al uso del diagnóstico psicopatológico. En el mismo capítulo inicial se revisa de manera general un concepto fundamental para la visión existencial de la terapia: el *Mundo-Terapéutico*, o *Mundo-de-la-Terapia*, aclarando algunas de sus propiedades y características. Se trata apenas de una primera introducción a este importante concepto que se profundizará en el Volumen 2 de esta obra.

Acto seguido, en el segundo capítulo realizo un breve repaso sobre la historia de la fenomenología, el existencialismo y, específicamente, sobre la Terapia Existencial-Fenomenológica, destacando el estudio de las principales figuras que han hecho aportes a este enfoque. Así mismo, reviso los aspectos que hacen distinta y original a la mirada existencial con respecto a otros enfoques, tales como el psicoanálisis o la psicología humanista.

A continuación, para el tercer capítulo hago un breve recorrido sobre las bases de la *fenomenología existencial* y los fundamentos filosóficos del pensamiento existencial, poniendo un énfasis especial en la *visión del ser humano* y de la realidad que de ello se desprende.

En el capítulo cuarto reviso las principales características del *paradigma relacional* y sus diferencias con el paradigma individualista e intrapsíquico. Este concepto es fundamental para la *Escuela Mexicana de Terapia Existencial*, por lo que el capítulo quinto continúa con la revisión de este paradigma, sobre todo en lo que atañe a la *relación terapéutica* y al *diálogo*. La relación terapéutica es una aspecto fundamental de este enfoque: *el corazón mismo de la terapia,* por lo que dedico un espacio importante para revisar las principales implicaciones de la misma en la perspectiva existencial.

Estos dos capítulos son centrales para este libro, puesto que la temática que tocan es de suma relevancia dentro del paradigma fenomenológico-existencial.

El capítulo sexto cierra el primer volumen de esta obra. En él, presento las características de un terapeuta de esta orientación, propongo las razones por las que este modelo corresponde con las posturas posmodernas y post-Cartesianas, y algunos de los propósitos y alcances del estilo de Terapia Existencial que sugiero en esta obra, y que son resultado de los planteamientos que se describen a lo largo de este volumen.

Propositivamente, a lo largo del texto hay un número considerable de citas de otros autores. Esto es, en primer lugar, porque reconozco su influencia sobre las ideas que este libro contiene y, en segundo término, porque deseo expresar la importancia que para la perspectiva existencial representa el reconocimiento de la multiplicidad de voces presentes, así como el diálogo entre ellas. En los casos en que la cita original se encontraba en inglés, la traducción es mía. De la misma forma, a lo largo del texto aparecen un número importante de epígrafes, en la mayoría de los casos aparecen junto con el nombre de su autor. Cuando no es así, es debido a que son de mi autoría. En escritos anteriores, los lectores me han preguntado acerca del origen de algunos de los epígrafes que coloco en el texto. Debido a ello, aunque sé que no suele acostumbrarse, en varios de los epígrafes he incluido a pie de página la fuente del mismo (cuando lo tuve a la mano), para que los lectores puedan referirse a ella si lo desean.

Incluyo muchas citas y comentarios realizados por líderes de enfoques terapéuticos no propiamente existenciales ni necesariamente orientados existencialmente, por ejemplo, autores psicoanalistas, miembros de las terapias narrativas, la terapia colaborativa y el construccionismo social. Espero que el lector no se confunda con ello. Decidí incluirlas, por las razones de co-construcción que expuse previamente, y porque en muchos casos me encontré con que estos autores expresaban *las mismas ideas propuestas por la fenomenología-existencial,* sólo que en ocasiones lo hacían con un lenguaje más accesible que algunos pensadores existenciales. Así que incluyo sus voces directas, como una forma de engrosar nuestra mirada.

Sólo una advertencia: el presente libro que tiene usted, amable lector, en sus manos, es algo así como *la versión del autor.* Falta aún aplicársele corrección de estilo y ortográfica para poder ofrecer una versión limpia y relativamente terminada. Decidí ofrecer esta primer versión, por la necesidad cada vez mayor por parte de los centros de entrenamiento en Terapia Existencial, de que exista un texto en español que describa y explique la manera cómo este estilo terapéutico se está desarrollando en México y otros países de Latinoamérica. Solicito su comprensión y paciencia por cualquier inconsistencia en ese sentido. Una vez que el Volumen 3 esté terminado, podré ofrecer una versión más refinada de ellos.

Toda teoría o perspectiva teórica está conformada por múltiples influencias, ya sea que sean reconocidas o no. La *Escuela Mexicana de Terapia Existencial* es una voz más, así como la mía en particular. Ojalá

Capítulo 1 Más allá de la clínica: la Terapia Existencial como conversación poderosa y filosófica

No hay verdadera transformación
ni liberación sin comprensión filosófica.
Mónica Cavallé.

El primer asunto que destaca cuando nos adentramos en el estudio de la **Terapia Existencial** es que nos encontramos con una postura que va más allá de la clínica. Se trata de una forma específica de conversación, una conversación que busca ser poderosa, en el sentido de su potencial transformador: un enfoque más filosófico que médico.

En los últimos tiempos, a la terapia se le ha considerado como un conocimiento y una práctica perteneciente a las llamadas *ciencias de la salud*[4], junto con la medicina y la odontología. La definición ordinaria de la palabra *clínica* hace referencia al diagnóstico médico, y al posterior tratamiento que realiza éste del enfermo y su sintomatología. De hecho, la palabra 'clínica' tiene su raíz etimológica en el griego *Kliní* = lecho o cama; por la situación de muchos enfermos de necesitar permanecer recostados.

La "Wikipedia en español" —enciclopedia en línea que de cierta manera expresa la *'vox pópuli'*–, refiere sobre la palabra 'Clínica' lo siguiente (el diccionario de la RAE presenta una definición similar):

> *(...) proceso indagatorio orientado al diagnóstico de una situación patológica (enfermedad, síndrome, trastorno, etc.), basado en la integración e interpretación de los síntomas*

---

[4] La disciplina psicológica ha entrado frecuentemente en debates con respecto a su identidad epistemológica. Algunas personas consideran que no puede considerarse siquiera dentro del llamado *conocimiento científico*, mientras que otros centran la discusión en si puede ser considerada una ciencia *natural*, o si en cambio se trata de una ciencia *social* (o si debe pensarse como una ciencia *humana* o del *espíritu* como lo proponía el filósofo Dilthey).

> *y otros datos aportados por la anamnesis durante la entrevista clínica con el paciente, los signos de la exploración física y la ayuda de exploraciones complementarias de laboratorio y de pruebas de imagen. Con el diagnóstico de una enfermedad se pauta un tratamiento.*
>
> *Tradicionalmente la clínica es el diagnóstico realizado al pie de la cama del enfermo a través del relato de su sintomatología y de los signos obtenidos en la exploración física.*
>
> *El clínico es aquel médico que diagnostica y trata a sus pacientes.*
>
> *También se llama clínica al hospital o al centro de salud donde el médico diagnostica y trata a personas con problemas de salud.* (Clínica, s.f.)[5]

Aunque muchos colegas dentro del campo de la Terapia Existencial continúan usando la palabra 'clínica/o' para referirse a su labor profesional, y suelen entenderla como "el proceso de atención y observación directa", en la perspectiva de la *Escuela Mexicana de Análisis y Terapia Existencial* –punto de vista que presentamos en esta obra–, preferimos evitar el uso de dicho término, ya que puede conducir a equívocos y, además, inducir en el terapeuta una actitud reparadora o que observa desde una posición superior a su consultante, lo que no corresponde con nuestra propuesta. Por ello, en una posición Fenomenológico-Existencial como la que intentamos desarrollar aquí, no pensamos en términos *clínicos* ya que, como veremos más adelante, nos proponemos salir de la dicotomía salud-enfermedad y de los modelos psicopatológicos.

La imagen caricaturizada de un psicoterapeuta suele representarse

---

[5] Decidí incluir aquí la perspectiva de la Wikipedia porque es uno de los medios más comúnmente recurridos en la actualidad por muchas personas, cuando desean una aproximación rápida a ciertos conceptos. De cualquier forma, la definición que aporta el Diccionario de la Real Academia Española de la Lengua no dista mucho de la que aquí se presenta.

como alguien con pipa, de lentes, con una abundante barba blanca y generalmente sentado detrás de un sofá o diván, donde se recuesta su paciente, o como una persona con una bata blanca que realiza experimentos de comportamiento con ratas o con algún tipo de simios.

Ambas imágenes caricaturizan, más que al psicólogo o al terapeuta, a una forma específica de enfocar los conocimientos psicológicos y terapéuticos. Las dos escenas están basadas, cada una por su lado, en una cierta filosofía y visión del ser humano y su mundo. Tanto el primer caso, que sería una simplificación del trabajo del psicoanalista, como el segundo, que equivaldría al intento de representar la labor del conductista, son muy diferentes de la verdadera función que tienen la mayoría de los terapeutas en la actualidad, sin importar el enfoque al que se adhieran.

La unión de la terapia en general, y de la llamada específicamente *psicoterapia, con la ciencia* médica no es azarosa. Durante mucho tiempo, las personas que experimentaban dificultades en su relación con el mundo, con otras personas o consigo mismas, acudían a sacerdotes, ministros, hechiceros y gurús a recibir ayuda para resolver tales problemáticas que aquejaban a su *alma*. De hecho, muchos de los actuales terapeutas emplean el prefijo *psic* en palabras como *psic*ología, *psic*uiatría, *psic*oterapia, *psic*opatología, etc., lo cual denota la presencia de dicha perspectiva, porque este prefijo es el equivalente griego de *alma*.

No es extraño que durante muchos siglos la psicología, y con ella todo el rubro concerniente al tratamiento de los problemas emocionales, relacionales y mentales, estuviera en manos de personas vinculadas con el arte, la filosofía o, con aquellos que tenían que ver directa o indirectamente con lo religioso. Después de todo, se trataba de situaciones donde no asomaba una relación directa, o al menos no una relación fácilmente reconocible, con aspectos somáticos, físicos u "objetivos", y por lo tanto no presentaban datos fácticos o hechos *duros* con los cuales se pudiera establecer un manejo o control.

Las reflexiones que tenían que ver con aspectos de la existencia profundamente íntimos, como la libertad, la espontaneidad, el amor, la creatividad, la búsqueda de sentido e inspiración, las aspiraciones y la relación con lo trascendente, por mencionar sólo unos cuantos, así como todo el género de las crisis y las problemáticas humanas, solían desarrollarse entre artistas, filósofos o religiosos.

> *Clásicamente, y por buenas razones, estos aspectos de la vida humana han sido parte del dominio de las artes, la religión y la filosofía, más que de las ciencias. Las artes se reservaban para la expresión creativa de las luchas de las personas con la condición humana, mientras que la religión regulaba y controlaba estas luchas, con lo cual les daba un propósito. Normalmente la filosofía se usaba para supervisar a ambas, tanto a las expresiones artísticas como a las prescripciones religiosas, y proveía el espacio para reflexionar sobre ellas y darle sentido al mundo* (van Deurzen, 2008, p. 2).

Si en la época clásica los asuntos concernientes a la vida emocional y psicológica eran principalmente atendidos por filósofos, en la edad media dichos asuntos pasaron a manos de los sacerdotes y hechiceros. Más tarde, a partir del pensamiento de la Ilustración del siglo XVIII que apela a la razón y rechaza las creencias religiosas, la ciencia alcanzó un gran prestigio por su eficacia cognoscitiva y sus posibilidades de *comprobación* de hipótesis y resultados. La nueva forma de acercarse al conocimiento tenía a Isaac Newton[6] (1643-1727), como uno de sus principales íconos, considerado uno de los más grandes científicos de todos los tiempos por sus aportes a la física y la matemática (por ejemplo, las famosas leyes de Newton). Ahora la realidad podía explicarse con

---

[6] La personalidad de Newton dista mucho de ser la de un *científico* en el sentido que actualmente le damos a la palabra. Sus textos sobre temas esotéricos, alquímicos y religiosos son más abundantes que los científicos.

mucha mayor claridad, puesto que se podían describir sus movimientos y causas, y predecir sus efectos.

Con el advenimiento de la Revolución Industrial en el siglo XIX, la ciencia adquirió mucho prestigio en virtud de su capacidad utilitaria. Este avance le permitió al ser humano no sólo conocer la realidad, sino construir maquinaria para manejarla y manipularla . La actividad científica se asoció al progreso y a la búsqueda de comodidad y seguridad. A partir de entonces, la ciencia se colocó a la cabeza de la sociedad contemporánea. Cualquier persona que quisiera que su voz fuera tomada en cuenta, tenía que apoyar sus opiniones en los descubrimientos y planteamientos científicos. De esta manera surge el positivismo, que más que una filosofía o un método científico funge como una cosmovisión, es decir, como una forma de ver y entender tanto a la vida como a la realidad. Lozano (2006) explica este aspecto del positivismo:

> *Más que un movimiento filosófico o una corriente científica, el positivismo es una mentalidad. Es la convicción de que no se puede entender la ciencia como una forma más de conocimiento, sino que el conocimiento se tiene que identificar con la ciencia... Las reglas de constitución y de comprobación de las teorías científicas se convierten en el garante seguro y legítimo de todo conocimiento que pretenda ser verdadero, que pretenda decir algo sobre la realidad. La idea de verdad se reduce así a la idea de verificabilidad: sólo es válido o real aquello que puede ser verificado utilizando el método de las ciencias físicas, aquello que puede ser medido y repetido mediante diferentes experiencias comunicables e intercambiables. Mientras que todo lo que no es susceptible de este proceso es rechazado como mera ilusión, como fantasía, o como carente de importancia. (Lozano, 2006, p. 7).*

Esta nueva forma de entender la realidad dejó en segundo plano, si no es que en último lugar, a otras formas del saber entre las que se encontraban el arte, la religión y, por supuesto, la filosofía. Los artistas pasaron a ser concebidos como personas llenas de creatividad cuya producción sólo se limitaba al rubro de la fantasía y de la imaginación y, por lo tanto, su trabajo se consideró alejado de la realidad o fuera de ella. El conocimiento religioso se convirtió en un saber que, aunque podía ser válido e importante, sólo era aplicable para una realidad posterior que se encontraba más allá de la existencia cotidiana. Dicho conocimiento dictaba una serie de preceptos morales, que convenía seguir con el objetivo de alcanzar una buena vida posterior. De manera similar, la filosofía se concibió como una serie de conocimientos necesarios para el entrenamiento de las habilidades cognoscitivas, y como una mera cuestión de importancia histórica porque solamente podía actuar como memoria del desarrollo de la humanidad, o para meditar sobre cuestiones meramente abstractas. Sin embargo, a partir del desarrollo del positivismo, esta importancia se consideró secundaria con respecto al conocimiento que se identificaba con lo *científico*.

Desde entonces resultó fácil perder de vista que cualquier ciencia requería el apoyo de una filosofía de base y de una visión filosófica sobre la realidad. Aun cuando nunca se puede evitar partir de alguna perspectiva filosófica, la idea que prevaleció entre la mayoría de la población en Occidente fue que el saber científico era el fundamento de cualquier forma de conocimiento, al menos de aquellas disciplinas que deseaban ser consideradas como válidas.

Con ello, la idea de verdad quedó reducida a la de verificabilidad: sólo se consideró real, válido o verdadero aquello que podía verificarse, medirse y repetirse bajo circunstancias similares y a través de los métodos claros y definidos de las ciencias duras como la física, las matemáticas, la estadística, etc., y todo aquello que no entrara en este terreno, como la experiencia subjetiva, los sentimientos y gran parte de lo que se ocupaba la psicología, fue rápidamente desechado como poco importante e, incluso, como falso o ilusorio.

Actualmente es posible ver esto cuando solicitamos un punto de vista externo a nuestra situación, y le pedimos al otro que sea *objetivo* porque este criterio se considera más cercano de la realidad. Si alguien opina sobre algún comentario que es *muy subjetivo*, esta denominación le resta validez a lo dicho. El adjetivo de *subjetivo* resulta en muchas ocasiones peyorativo y denuncia la posible falsedad del comentario.

Para finales del siglo XIX, el positivismo se convirtió en la mentalidad de la mayoría. Resultó lógico, hasta cierto punto, que los psicólogos y todos los interesados en conocer más acerca del alma humana se sintieran tentados a acercarse a la forma *positivista* de entender la realidad. Después de todo, esta postura era la más cercana al *conocimiento verdadero* de la época.

Cualquier conocimiento psicológico digno de ser tomado en cuenta como científico requería pasar la prueba del positivismo. Esto ayudó a que la psicología, y la psiquiatría como especialidad médica relacionada, ganaran un lugar dentro del campo del saber válido de nuestra sociedad. Sin embargo, esto tuvo un alto costo: se ignoró gran parte de la experiencia subjetiva que, en un primer momento, había sido su principal interés de estudio.

Es innegable que el conocimiento científico resulta útil y necesario. Después de todo, este conocimiento ha comprobado repetidamente su eficacia. El problema es que mucha de su eficiencia se ha conseguido a costa de renunciar a los aspectos más humanos de la existencia. El conocimiento científico permite conocer cantidades, medidas, estructuras, regularidades e irregularidades, ayuda a responder preguntas muy concretas y facilita el entendimiento de los hechos y el lugar que ocupan en la cadena de causas y efectos. Sin embargo, se dejan de lado las cuestiones sobre el sentido y la teleología de los eventos, es decir, sobre los fines u objetivos últimos[7], así como las cuestiones relativas a cómo los seres humanos pueden relacionarse con

---

[7] La teleología es el estudio de los últimos fines o las causas finales de las cosas y situaciones, es decir de los fines o propósitos de los objetos o seres.

dichos sucesos y sobre sus posibilidades de significación y experiencia. En otras palabras, hay aspectos psicológicos que escapan por completo a los intentos de la ciencia por explicarlos, como por ejemplo, aquellas situaciones que podrían caer en el ámbito de lo llamado *espiritual* y/o *trascendente*.

Es real que podemos acercarnos al estudio del ser humano subrayando sus aspectos físicos y concretos, como por ejemplo, el cerebro, el sistema nervioso, las conexiones neuronales, los neurotransmisores, etc., pero con ello corremos el riesgo de no tomar en cuenta otras situaciones como los valores, los significados, las elecciones y las decisiones, así como todo el resto de características de la llamada *experiencia subjetiva*. Aunado a lo anterior, con el estudio de los aspectos *duros* o concretos del ser humano perdemos la posibilidad de contemplar, estudiar y analizar la experiencia inter-subjetiva.

Por ello, muchos autores consideran que "la aspiración de que el conocimiento de las ciencias se erija en el único conocimiento posible y se aplique a todos los ámbitos de la realidad, incluido el ámbito de las relaciones sociales y humanas, acaba despersonalizando al sujeto humano" (Lozano, 2006, p. 10).

Después de todo, el éxito de este tipo de estudios se basa en las posibilidades de generalizar, colectivizar y formalizar los resultados con el fin de volverlos repetibles, con lo cual se despoja a la persona de su singularidad y de los aspectos íntimos y únicos de su existencia porque se le reduce a su materialidad, a meros datos y a estadísticas. Para estos métodos, todo aquello que es propio y exclusivo de un sujeto se le considera secundario o sin importancia. Un médico, por ejemplo, no estudia el cuerpo humano de su paciente para conocerlo en sí mismo, en su particularidad, sino sólo para compararlo con su conocimiento sobre la estructura corporal humana en general y determinar qué función u órgano no sigue la regularidad, con el objeto de intentar 'arreglarlo', 'curarlo' o regresarlo a la normalidad.

Como es posible reconocer, resulta maravilloso que el médico recurra al positivismo y a la ciencia naturalista para realizar su labor. El asunto es que la aplicación de este mismo método a las cuestiones que involucran la individualidad y la subjetividad de cada persona quizá no resulte lo más adecuado. Esto es parte de lo que el movimiento filosófico de la fenomenología y hermenéutica existencial proponen y que es retomado por la Terapia Existencial.[8]

De hecho, a pesar de todos los progresos logrados, sigue siendo cierto que —en gran parte— la ciencia médica aún resulta un arte. Esto lo podemos notar en muchos casos donde el concepto de un médico eficaz, o incluso genial, sigue aproximándose más a la imagen del artista que a la del científico (Gadamer, 2001). Aquel que es un maestro en el arte de diagnosticar.

Por su parte, la filosofía fue considerada como "el camino por excelencia a la plenitud, y una fuente inagotable de inspiración en el complejo camino del vivir" (Cavallé, 2006, p. 13). Sin embargo, con el paso del tiempo, llegó a ser concebida como un conocimiento árido y arduo, sólo asequible a especialistas e intelectuales, cuyos temas poco o nada tienen que ver con los asuntos importantes de la vida, con los problemas cotidianos y, mucho menos, con aquellos aspectos que nos hacen sonreír o que nos permiten sentir que la vida está llena de sentido. La filosofía dejó de ser un *saber terapéutico* y "[…] fue progresivamente abandonando su función terapéutica. Poco a poco, fue dejando de ser *arte de vida,* para convertirse en una actividad estrictamente teórica o especulativa" (Cavallé, 2006, p. 14). Por esta razón, los filósofos suelen ser vistos como pensadores que viven *en su cabeza,* alejados del mundo de lo real y sin que sus conocimientos tengan efectos sobre la existencia cotidiana. Para Onfray (2009), los filósofos han caído en el "egotismo, solipsismo, elitismo o bandidaje" (ob. cit.), desarrollando sus ideas para otros filósofos y no para la gente común:

---

[8] Más adelante en este mismo texto, explico la manera existencial de entender y aplicar la fenomenología y hermenéutica. Esta visión también puede revisarse en el libro *Filosofía Existencial para Terapeutas y uno que otro curioso,* de mi autoría, publicado por la editorial LAG.

[Para los filósofos] no hay necesidad de hacerse entender por los oyentes, pues el proyecto no es ése; se trata, ante todo, de hacerse admirar por ellos a la manera de fetiche de las religiones primitivas. No se pretende transmitir un saber que libere y abra caminos, sino que el objeto es difundir signos de reconocimiento que avasallen y luego permitan crear tribus con sus cabecillas, hordas y jaurías de machos dominantes. (Onfray, 2009, p. 25).

Puede comprenderse por qué, para muchos, la filosofía es algo separado de la psicología y la terapia, cuando podría ser su principal fuente y fundamento.

Resulta sorprendente que la filosofía y la terapia no tengan una mayor historia de co-operación. Ambas disciplinas están relacionadas con el bienestar del ser humano y con su vida, una de manera teorética (la filosofía), y la otra de una forma mucho más pragmática (la terapia). Uno podría esperar que los terapeutas reconocieran la importancia central de la filosofía en la práctica de su propia profesión, y se apoyaran en la filosofía como una fuente de comprensión de los predicamentos de sus clientes. Desafortunadamente no es el caso. La mayoría de los terapeutas rechazan estudiar filosofía, a la que frecuentemente descartan como irrelevante y dirigen su interés hacia la medicina y la psicología como disciplinas de referencia teórica para su dominio.

Esto debe ser, en parte, a causa de la aridez y del alto nivel de abstracción de mucha de la filosofía occidental.

En gran medida la filosofía perdió el camino de su propia misión que trataba de comprender, clarificar y sostener las realidades concretas de la gente común, y ha generado que las ciencias se vuelvan cada vez más abstractas y desapegadas de sus propósitos originales. Esto es particularmente evidente en el positivismo lógico (van Deurzen, 2008).

Originalmente, la filosofía nació como una forma de sabiduría vital con poder para sanar al individuo y dar plenitud de sentido a su existencia (Cavallé, 2007). Por ello, la unión entre filosofía y terapia no debería ser en absoluto algo extraño. Se podría decir que *la filosofía es la psicoterapia por excelencia* (Romero J., 2007).

El problema se manifiesta en la tendencia de la filosofía a reflexionar sobre situaciones *abstractas* y eso la convierte en algo alejado de la vida práctica y cotidiana:

> *La filosofía [...] es una especial automodificación de la vida que pretende orientar la vida misma hacia su forma lograda, hacia la felicidad. Por otro lado, debido a su concentración en las cosas últimas, la filosofía nos aleja del mundo de la práctica, nos desvía de la vida concreta, de sus problemas, ocupaciones y quehaceres. Desde Tales, que absorto en la contemplación de las estrellas, cayó en un pozo y acabó puesto en ridículo por una joven tracia, hasta Husserl, Heidegger o Wittgenstein, torpes e incapaces en la simple normalidad, la historia de la filosofía abunda en ejemplos y anécdotas que documentan la aparente inutilidad de la filosofía para la vida. [...]*
>
> *La gente desconfía de esta disciplina, glorificada en otro tiempo como la reina de las ciencias, y ríe cuando se da cuenta que los filósofos se contradicen. Es difícil hacerle entender a la gente que la filosofía, precisamente, es el arte de contradecirse uno al otro sin anularse. La sabiduría popular siempre se ha burlado y siempre se burlará de la filosofía pues la considera un saber abstracto, inconcluyente, ineficaz. Para el hombre de la calle, la filosofía no es sino la lógica de aquel discurso que tiene por tema lo absurdo. O el arte de inventar razones para dudar de lo evidente. Peor aún: es un menú de mil páginas sin nada para comer. O bien la tentativa de capturar un gato negro en un cuarto oscuro sin lograrlo jamás,*

pero exclamando cada tanto 'lo hemos atrapado, lo hemos atrapado'. (Volpi, 2009, p. 7, 9).

En la Universidad Nacional Autónoma de México (UNAM), por ejemplo, durante muchos años la Facultad de Psicología, que anteriormente era Colegio de Psicología, perteneció a la Facultad de Filosofía y Letras. Sin embargo, en 1973 se separó y esto generó que la psicología llegara a considerarse una disciplina autónoma y, en algunos casos, hasta opuesta a la filosofía. Lo mismo ocurrió en muchas otras universidades del país y del mundo. Esta separación representa algo más que una *simplificación administrativa*. En realidad nos muestra un movimiento que comenzó desde muchos años atrás y fue demarcando una distinción entre el conocimiento científico y el filosófico.

Aunque algunos desarrollos filosóficos del siglo XIX, XX y XXI se han visto fuertemente influenciados por el espíritu científico de la lógica racional que busca respuestas definitivas (como ocurre en las ciencias naturales), siempre ha permanecido al menos una parte de la filosofía preocupada por los asuntos humanos de la vida cotidiana, como la filosofía de la ética, la fenomenología, el existencialismo y la hermenéutica. Esto es fácilmente reconocible en las discusiones entre el estilo de filosofía llamado *filosofía analítica* y el llamado *filosofía continental,* donde el primero agrupa a las filosofías que se caracterizan por sus fuertes vínculos con el pensamiento racional-positivista que se acredita como conocimiento *científico*, y el segundo agrupa a las que tienden más hacia la reflexión subjetiva e inter-subjetiva, y rechazan el cientificismo.

Lo anterior tiene similitudes con la distinción que estableció Dilthey (1883; 1911) con respecto a las *ciencias de la naturaleza* y a las *ciencias del espíritu*. Las primeras corresponden a las que suelen considerarse *ciencias*, tales como la física, la biología, la química, etc., y se caracterizan por seguir metodologías *explicativas* que intentan llegar a conocimientos y conclusiones "objetivas". Por su parte, las *ciencias del espíritu* son aquellas que hoy llamamos *humanidades*, dentro de las cuales se incluyen la historia, varios tipos de arte como la literatura, y en donde podríamos incluir a la filosofía. Según Dilthey, estas ciencias no intentan *explicar* lo que se estudia. Más bien los investigadores, estudiosos o científicos que siguen esta línea, recurren a métodos *comprensivos* porque su interés primordial está centrado en la *comprensión* de su tarea de actividad reflexiva. No tratan el foco de su investigación como algo externo e independiente, sino como algo profundamente vinculado con la realidad vital del sujeto. Por esto cuando el investigador comprensivo intenta comprender aquello que estudia, a la vez está intentando comprenderse a sí mismo. Dilthey también sugiere que debería formularse una psicología fundada en la *ciencia comprensiva,* o sea, con menores pretensiones *explicativas;* porque un giro de esta naturaleza haría mayor justicia a la realidad del ser humano como ser social que vive en permanente interacción con el mundo. Estas reflexiones lo llevaron a formular el concepto de *vivencia (Erlebnis)* o *proceso en flujo de la experiencia vivida,* que hace referencia al objetivo de las *ciencias del espíritu,* a saber, la característica propia y singular del sujeto en relación con su existencia (Lozano, 2006). Posteriormente, este mismo concepto será retomado y desarrollado por la fenomenología existencial.

El énfasis en la experiencia vivida y, por lo tanto, en la subjetividad, como después lo será en la inter-subjetividad, encontró un lugar privilegiado entre las reflexiones de los filósofos de la existencia, también llamada filosofía existencial. Específicamente es posible mencionar a dos filósofos existenciales, o pioneros del pensamiento existencial, del siglo XIX: Kierkegaard y Nietzsche. Ambos ponen su énfasis en la subjetividad de cada persona y abren un nuevo campo de reflexión que resulta extraordinariamente útil para la psicología y la terapia. Posteriormente, ya en el siglo XX, la fenomenología de Husserl aportó una metodología para el estudio de los aspectos plenamente humanos como la conciencia y la experiencia, en oposición con aquellos relacionados con situaciones globales o que atañen a la física y/o química del universo, por mencionar sólo unos ejemplos. A continuación, hombres como Heidegger, Sartre, Jaspers y Merleau-Ponty, por mencionar sólo algunos de los más sobresalientes, comenzaron a aplicar esta metodología para profundizar sus reflexiones sobre la existencia. En cierta medida, el movimiento existencial devolvió a la filosofía la pasión por reflexionar sobre la vida humana, y aportó ideas y meditaciones importantes sobre las crisis, paradojas y dilemas que enfrentamos cotidianamente.

Por ello, la unión entre filosofía existencial y terapia resulta tan natural. Después de todo, ambas disciplinas centran sus reflexiones en las crisis y en los conflictos propios de la existencia humana.

En la vida humana, el tiempo no es más que un instante.
La sustancia del ser humano cambia sin cesar,
sus sentidos se degradan, su carne está sujeta a la descomposición,
su alma es turbulenta, la suerte, difícil de prever
y la fama, un signo de interrogación.
En breve, su cuerpo es un arroyo fugitivo,
su alma, un sueño insustancial.
La vida es una guerra y el individuo, un forastero en tierra extraña.
Además, a la fama sigue el olvido.
¿Cómo puede hallar el ser humano una manera sensata de vivir?
Hay una sola respuesta: en la filosofía.
Marco Aurelio.

La Terapia Existencial como enfoque filosófico

> *Es hora de abandonar la filosofía como ámbito de expertos,*
> *como especialidad académica, como aristocracia recluida*
> *en cualquiera de los ámbitos que ha privilegiado...*
> *y devolverla a la calle, al riesgo, habitando una vez más...*
> *[la cotidianidad] del barro de la historia.*
> José Pablo Feinmann.

La **Terapia Existencial** se caracteriza principalmente, a diferencia de otros enfoques Terapéuticos, por estar directamente inspirada y apoyada en la filosofía más que en la medicina, la psicología o en cualquier otra ciencia de las llamadas *naturales*. Sus reflexiones se apoyan en un cierto número de ideas y conclusiones heredadas de la tradición existencial en filosofía, en concreto del movimiento que ha sido llamado *fenomenología existencial*. Por ello resulta imposible alcanzar una cabal comprensión de los planteamientos de este modelo terapéutico sin referenciar los fundamentos filosóficos que la sustentan, los cuales serán revisados más adelante en este escrito.

Lo anterior provoca que, aunque se trata de un enfoque terapéutico *muy sencillo de realizar* —ya que su práctica se basa en la comprensión de los fundamentos filosóficos, fenomenológicos, existenciales y hermenéuticos— al mismo tiempo se vuelve un modelo *muy difícil de enseñar y de aprender (o aprehender)*, puesto que no puede *demostrarse* con claridad, y mucho menos *explicarse* en términos sencillos.

Lo que un terapeuta existencial *hace* en su práctica cotidiana, las intervenciones que realiza, las preguntas que formula y su estilo de aproximación a las diferentes problemáticas que le plantean sus clientes, pueden diferir enormemente con respecto a cualquier otro terapeuta existencial, incluso de aquellos formados en la misma escuela.

El estilo terapéutico existencial se encuentra: *más apoyado en el ser, que en el hacer del terapeuta*.

Cada terapeuta existencial de hecho re-inventa su propio estilo terapéutico de acuerdo con cada persona con la que trabaja y cada nueva situación que enfrenta. De tal forma que un mismo terapeuta puede intervenir de maneras muy diversas ante diferentes relaciones terapéuticas, o ante el mismo cliente en diferentes momentos. Como lo expresó Yalom: "Hay que inventar una nueva terapia para cada nuevo paciente" (Yalom, 1997, p. 17). De tal manera que si seguimos la perspectiva existencial —que propone que estamos cambiando y modificándonos todo el tiempo— la frase de Yalom se aplicaría constantemente, pues inclusive la misma persona es, de cierta forma, una nueva persona en cada sesión.

Una de las principales dificultades a las que se enfrentan los futuros terapeutas existenciales, mientras se encuentran en su formación para tal tarea, consiste en que requieren desarrollar, no una serie de habilidades para hacer, realizar, aplicar, o intervenir; sino la habilidad de *dejar de hacer*. A esto se refiere la expresión: *reducción fenomenológica*. Se le llama reducción porque más que tratarse de una actividad a realizar, se trata de una *suspensión* de los haceres cotidianos, o de las prácticas terapéuticas comunes.

Todas las teorías terapéuticas se encuentran basadas en principios y postulados filosóficos aunque, como ocurre en muchos casos, estos cimientos permanezcan implícitos o estén poco reflexionados por quienes se adhieren a la práctica de tales modelos. La Terapia Existencial es diferente, no tanto por estar basada directamente en la filosofía, sino porque reconoce, abierta y explícitamente, la aplicación de reflexiones filosóficas como marco de referencia. A su vez, el enfoque filosófico base de esta forma de terapia no es la filosofía en general, sino en particular la *filosofía existencial,* aunque pueda retomar aprendizajes de cualquier orientación filosófica disponible.

Como he mencionado en otro escrito (Martínez Robles, 2012), la filosofía existencial no es un sistema unificado de pensamiento, sino un conjunto de sistemas y reflexiones que comparten una metodología y un interés por comprender la existencia desde la forma cómo el ser humano la vive. Por ello el propósito principal de la Terapia Existencial no es que la persona "cambie" en sus conductas y patrones de pensamiento, ni tampoco que "aprenda", "mejore", se "cure" o "sane"; sino que se genere una búsqueda conjunta, entre el cliente y su terapeuta, que contribuya a la mayor comprensión posible sobre el significado de la existencia en su contexto vivencial —único y particular— mediante la ampliación de la conciencia de sus posibilidades y de la forma de relacionarse con ellas.

Esta posición *existencial* resulta congruente con uno de los significados originales de la palabra *terapia*, proveniente del término griego *therapeia* (o *therapeutikós)* que significa *servicio, cuidado* o también *atender a, ponerle atención a,* como otra forma de decir *estar con y para el otro, en su forma de ser y estar en el mundo* (Gadamer, 2001; Cavallé, 2007; Spinelli, 2007).

El hecho de que la fenomenología existencial no sea una escuela de pensamiento cohesionada y unificada (en virtud de que los diversos pensadores tienen a menudo ideas y reflexiones que se contraponen entre sí), promueve que lo mismo ocurra en el terreno de la terapia.

Cualquier persona que realice una investigación sobre la Terapia Existencial, se verá confrontada con la diversidad de formas con que se practica.

Esta variedad ha llevado a los terapeutas existenciales a concluir, y tal vez a 'celebrar', que no hay una sola forma de pensar, teorizar, experimentar y practicar esta forma de terapia. Aún más allá, sus conclusiones reconocen la convicción —indudablemente derivada de la fenomenología existencial— de que es inevitable realizar ciertas variaciones y aplicar diferentes énfasis, porque existe un amplio número de diferencias culturales, históricas, profesionales y de perspectiva individual. Así mismo, también se reconoce que existen tantas formas únicas de expresión de esta terapia, como seres únicos que se comprometen con ella y que la practican (Spinelli, 2007).

Los practicantes de este estilo terapéutico reconocen que, un principio clave de la fenomenología existencial, es el que subraya la unicidad y la particularidad de cada ser humano, lo irrepetible de cada existencia y su relación con el mundo, lo distintivo de cada forma particular de construir significados, lo único de cada relación, de cada encuentro entre cliente y terapeuta. Por esta razón, a la perspectiva existencial le resulta difícil, y tal vez contradictorio, generar una serie de categorías diagnósticas aplicables a un grupo específico de personas, sólo porque lleguen a compartir una serie de rasgos, respuestas emocionales, experiencias o conductas determinadas.

Una terapia sin técnicas

> *La psicoterapia, en orden de sobrevivir,*
> *debe cambiar de intentar curar a intentar cuidar.*
> *El modelo patológico está dejando el camino*
> *a un modelo de desarrollo y crecimiento.*
> Robert J. Willis.

Una consecuencia que arroja la construcción de un enfoque filosófico de la terapia es que, al no plantearse el objetivo de *curar* o *sanar* al cliente, lo que es propio de un enfoque médico, se reduce considerablemente el interés por la aplicación de técnicas específicas de *tratamiento*. Esto concuerda con la perspectiva de Heidegger, quien considera que ciertas formas de acercarse a la técnica pueden alejarnos de nuestra realidad humana porque tiende a mecanizarnos (Heidegger, 2007).

De hecho, algunos autores como Irvin Yalom han llegado a expresiones como *"Mi técnica es abandonar todas las técnicas"* o *"Mi técnica es decir la verdad"* (Yalom, 1997, p. 18, 21). En la corriente inglesa de **Terapia Existencial**, esto es particularmente importante. Autores como Spinelli (2005; 2007), enfatizan que el terapeuta evite el uso de técnicas en favor de un encuentro humano más directo, honesto y profundo para que puedan realizar conjuntamente con sus clientes, una investigación del mundo inter-relacional que van co-construyendo.

En otras palabras, la tarea terapéutica existencial se encuentra basada y apoyada principalmente sobre aquello que promueve y facilita un diálogo existencial entre los participantes, y pone atención en lo que lo dificulta u obstaculiza. En esta misma línea se encuentra la propuesta de la Terapia Dialogal, estilo terapéutico existencial que promovió Maurice Friedman a partir de la obra del filósofo Martín Buber.

Otros autores como van Deurzen (1995), destacan el trabajo filosófico por encima del abordaje técnico:

> *El abordaje existencial es bien conocido por su orientación sin técnicas. Prefiere la descripción, el entendimiento y la interpretación de la realidad en lugar del diagnóstico, el tratamiento y el pronóstico. Los terapeutas existenciales generalmente no utilizan habilidades, estrategias o técnicas específicas, pero sí siguen un método de cuestionamiento filosófico específico que requiere una actitud profesional.* (van Deurzen, 1995, p. 14).

Una perspectiva sin técnicas no significa que carezca de método o de dirección, o que sea *no profesional*. Simplemente nos presenta un enfoque que coloca en primer lugar el encuentro, y el diálogo, de persona a persona, en donde el principal foco del proceso está centrado en la humanidad de los involucrados y en las diversas formas de co-construirse mutuamente y a sí mismos.

Alejándonos de la patología

Entrega al pueblo los martillos del déficit mental
y el mundo social estará lleno de clavos.
Kenneth Gergen.

Como hemos visto, otra consecuencia directa de que la **Terapia Existencial** sea un enfoque que se apoye preponderantemente en la filosofía, es que no desarrolla una visión que valide ningún modelo de psicopatología ni de salud.

En los últimos años ha habido un incremento de investigaciones que muestran que la división entre salud y enfermedad es absolutamente arbitraria. Especialmente tratándose de aspectos psicológicos, emocionales y/o mentales, en donde cada vez hay más estudios críticos que señalan falacias presentes en los manuales diagnósticos como el DSM, y en el uso de fármacos para 'sanar', o controlar la psicopatología. La industria farmacéutica experimenta mayores cuestionamientos, incluso con respecto a su ética por la forma como maneja la información en relación con los productos que comercializa. Sin embargo, en general, sigue siendo muy amplia la tendencia de la psicología por explicar la realidad humana y la subjetividad en términos de enfermedades. Al respecto, van Deurzen señala:

> *Hay una tendencia en el campo del counselling [orientación psicológica] y la psicoterapia, a considerar aquellos momentos de complicaciones y de necesidad de asistencia, como consecuencia de algún problema personal intrínseco, el cual sólo puede ser enfrentado por un experto en la psique o en las relaciones humanas. Tendemos a asumir que la gente debería ser inmune a las dificultades a las que su vida les expone, y que deberían ser capaces de resolverlas y sobrepasarlas en todo momento. Si*

> *no son capaces de hacerles frente, concluimos que es porque hay algo malo o defectuoso en ellos, en vez de en la situación per se. Asumimos que aquello que está mal, puede ser corregido a través de cierta clase de intervención curativa.* (van Deurzen, 2001, p. 2).

Dichas explicaciones sobre la subjetividad y experiencia humana, al estar orientadas a señalar deficiencias, generan una perspectiva sobre la realidad humana que, lejos de promover bienestar, pueden incrementar nuestra experiencia de minusvalía o, como señaló Gergen (2007), de miseria:

> *Existen razones para creer que en su esfuerzo por suministrar medios efectivos para aliviar el sufrimiento humano, los profesionales de la salud mental simultáneamente generan una red de enredos cada vez mayores para la cultura en general. Dichos enredos no sólo están puestos al servicio de las profesiones, sino que también incrementan exponencialmente el sentido de la miseria humana.* (Gergen K., 2007, p. 281-282).

Esta inclinación surge de la gran necesidad humana de clasificar el mundo para así intentar ganar un poco de control y de certidumbre. Quizá los primeros grandes clasificadores fueron nuestros antepasados, es decir, el hombre de las cavernas, quien se encargó de nombrar las distintas experiencias y fenómenos con los que se enfrentaba, para tener la posibilidad de comunicarse con aquellos que compartían su tiempo y su espacio existencial. En las sagradas escrituras de algunas de las religiones o tradiciones místicas y trascendentes del mundo, se encuentra la narración de cómo, en el principio de los tiempos, Dios encargó al hombre que *nombrara* todas las cosas sobre la tierra.

La tarea de clasificar crea la sensación de poner orden al caos y aporta, al menos de manera parcial, la experiencia de dominio. Después de todo, si somos capaces de clasificar la comida, los animales, incluso las estrellas… ¿por qué no clasificar también al ser humano? A partir de esta tendencia de clasificar, los seres humanos terminamos clasificándolo todo, desde las tormentas hasta los insectos.

Una persona que no se encuentre debidamente clasificada, es vista como una amenaza. Sartre (1998) nos advierte que al no clasificar al otro, se reconoce su autonomía y se respeta su libertad, lo cual puede ser un gran inconveniente para nosotros.

Clasificamos a las personas, al igual que a los objetos, en nuestra búsqueda por comprenderlos y aprehenderlos. El problema es que no se puede comprender al ser humano como si se tratara de una cosa. Para empezar, cuando se clasifica una mesa o una silla como rudimentarias, clásicas, cómodas o incómodas, por ejemplo, tales objetos no sufren ninguna repercusión porque hayan sido clasificados. Podemos decir que una mesa es fea o hermosa sin que esto repercuta en la mesa misma. Pero esto no sucede en el caso de los seres humanos: la persona puede modificarse, y de hecho se modifica, en su experiencia y en su actitud hacia sí misma. Por ejemplo si clasificamos a una persona como *fea* o como *hermosa*, y la persona lo sabe, algo ocurre en su experiencia que no pasa en los objetos. Así mismo, mi propia experiencia y actitud hacia ella se ve transformada dependiendo de cómo la clasifique. Probablemente tienda a acercarme o a alejarme más de ella.

Cuando se recurre a la clasificación, se impone de inmediato una jerarquía diferencial entre el clasificador y el clasificado. El clasificador se coloca en una posición "superior" con respecto a aquello que clasifica. Es el observador el que determina el diagnóstico del observado.

También es importante recordar que para la perspectiva existencial, el ser humano es inclasificable porque si sumamos 1 ser humano + 1 ser humano siempre obtendremos 1 ser humano + 1 ser humano. Las personas no pueden sumarse como si se tratara de una misma categoría o como si sumáramos manzanas o sillas. Esto equivaldría a negar una de las características principales y básicas de la existencia humana: la unicidad. Aquello que nos hace ser nosotros mismos es algo que no puede generalizarse, ya que es único e irrepetible, por lo que no puede ser sometido a un intento de categorización.

Cualquier cosa que digamos de los seres humanos en general, carece de importancia o validez mientras la persona en particular no responda a esto de manera única. A cada persona le corresponde ser partícipe y co-constructora de su propia definición. Por ello, las clasificaciones y los diagnósticos resultan escasamente existenciales: ambos parten de generalizaciones poco fenomenológicas.

Esto se encuentra en concordancia con la opinión de Jung (2002) y Yalom (1997) sobre la importancia de generar una terapia única para cada paciente, así como un lenguaje específico para cada cual:

> *La psicoterapia y los análisis son tan distintos como los mismos individuos. Yo trato a cada paciente lo más individualmente posible, pues la solución del problema es siempre personal. Las reglas válidas en general sólo se pueden formular "cum grano salis"[9]. Una verdad psicológica es solamente válida cuando se puede cambiar. Una solución que a mí no se me ocurra puede ser para otro precisamente la correcta. Naturalmente un médico debe conocer los denominados «métodos». Pero debe evitar el anquilosarse en lo rutinario. Las premisas teóricas sólo deben aplicarse con mucho cuidado. Hoy quizás son válidas, mañana pueden serlo otras. En mis análisis no juegan ningún papel. Intencionadamente no soy sistemático. Frente al individuo no hay para mí más que la comprensión individual. Para cada paciente se requiere un lenguaje distinto. (Jung, 2002, p. 142).*

---

[9] *Cum grano salis* = Expresión en latín que significa: *con un grano de sal*. Y que usa Jung en esta cita para acentuar que cada acción es única, que corresponde para una circunstancia específica y para una persona exacta, para ninguna otra.

Y también con la de Anderson (1999) que nos invita a "ver lo singular de cada cliente y de sus circunstancias, lo singular de cada situación clínica, lo singular de cada relación terapeuta-cliente" (Anderson, 1999, p. 101).

Al mismo tiempo, la postura existencial de la relación terapéutica intenta promover el encuentro genuino *Yo-Tú*, como fue señalado por Buber (1994) y Friedman (1984),[10] mientras que la utilización de categorías diagnósticas es una modalidad de la relación *Yo-Ello*.

Además de las diversas críticas que aún hoy se realizan a las categorías diagnósticas como: la inestabilidad científica de sus aseveraciones, el sexismo implícito en sus categorías, los efectos deshumanizantes a los que conducen con los respectivos tratamientos, la miopía cultural de las teorías dominantes, etc. (Gergen K., 2007); desde una postura netamente fenomenológica existencial, resulta en extremo difícil hablar de categorías diagnósticas.

Tales sistemas nosológicos[11] presentan múltiples problemas:

1) Aunque sean hipótesis, suelen presentarse como si se trataran de realidades de hecho.

2) Se refieren a aspectos subjetivos y dinámicos en términos objetivos y fijos o fijados en el tiempo. Como si se tratara de una sustancia concreta y absolutamente estable. Esto lleva fácilmente a una visión del ser humano objetivizante, un punto de vista que lo ubica como si se tratara de un objeto o una cosa.

---

[10] Profundizaré estas ideas más adelante en este mismo escrito. También han sido revisadas en otro libro de mi misma autoría: *Filosofía Existencial para terapeutas y uno que otro curioso*. Editorial LAG.

[11] Nosología (Del gr. νόσος, enfermedad, y -logía). 1. f. Med. Parte de la medicina que tiene por objeto describir, diferenciar y clasificar las enfermedades. (Real Academia Española).

Podemos considerar como reificante[12] el supuesto de que el lenguaje mental refleja, representa o refiere estados reales dentro del individuo. Dicha orientación trata como real (como existentes ontológicos) aquello a lo cual el lenguaje parece referir. (Gergen K., 2007, p. 284).

Este aspecto opera en contra del ideal de la perspectiva existencial, porque *esencializa* la naturaleza de la persona que es descrita. Cuando se nombra el *rasgo disfuncional* en términos de categoría diagnóstica, se le imprime un carácter que perdura a través del tiempo y los diferentes contextos.

Los términos del déficit mental informan así al receptor que el "problema" no se circunscribe ni limita en el tiempo ni el espacio, ni a un dominio particular de su vida, es completamente general. Carga con el déficit de una situación a otra, y como una marca de nacimiento o una huella digital, como dicen los libros, el déficit inevitablemente se manifestará. [...] Ser etiquetado por la terminología del déficit mental es encararse a una potencial desconfianza de sí mismo, de por vida. (Gergen K., 2007, p. 290).

Así, la persona se convierte en un *fóbico*, en una *anoréxica*, un *adicto*, etcétera, en vez de ser alguien que se encuentra experimentando problemas o dificultades con alguna situación en particular de su vida.

3) Igualan el funcionamiento de la psique con el del cuerpo, el cual puede enfermarse y recuperar la salud, y adoptan una perspectiva

---

[12] Reificante.- término filosófico que suele utilizarse para hacer referencia a algo que se trata como objetivo y concreto, como si tuviera una existencia material, cuando en primer lugar se trataba de una abstracción y por lo tanto se encuentra más allá de la existencia concreta.

materialista de la mente. Así como la medicina ha intentado descubrir el contexto causal de la enfermedad física, los expertos en enfermedades emocionales han tratado de conocer las causas del malestar psicológico. Es esta tradición científica positivista la que los críticos posmodernos han cuestionado, particularmente en relación con las ciencias *blandas* como la psicología (Hoffman, 1999, p. 13).

4) Generalmente los diagnósticos se realizan cuando se empieza a conocer a la persona a quien, de cualquier forma, nunca se le podrá conocer completamente, porque es un ser en proceso y evolución. Recuerdo un maestro de la licenciatura en psicología que se ufanaba de "ser capaz de realizar un diagnóstico acertado, simplemente por observar la forma como su paciente camina". ¡Sin haber siquiera cruzado media palabra con la persona en cuestión!

5) Tienden a *normativizar* porque generan una imagen de "normalidad" como algo deseable, promoviendo la sensación de que *deberíamos* ser más normales para estar mejor.

6) Están basadas en lo *peor*, y no en lo mejor del ser *humano*. Resulta interesante la actual cantidad de textos centrados en la psicopatología, sobre todo cuando se comparan con aquellos que están dedicados a la *salud* y al bienestar psicológico.

7) Pertenecen al lenguaje de la difamación (Romero E., 2000), o del déficit (Gergen K., 2007). Nadie se siente ofendido si le dicen por la calle *diabético* o *agripada*. Otra cosa sucede si le dicen *neurótico* o *histérica*. La terminología de las disfunciones mentales ha llegado a usarse como herramienta para insultar y/o agredir. Por ello, Szasz define al *diagnosticador* psiquiátrico como un *calumniador con licencia* (Szasz, Herejias, 1987, p. 91). Inclusive si uno mismo se auto aplica cualquiera de esas características, el resultado inmediato es un fuerte golpe a la autoestima. En el interior de las relaciones interpersonales, resultan importantes armas para mostrarle al otro lo deficiente que es (o viceversa):

> *¿De qué modos te puedo fallar? Déjame contar las formas: personalidad impulsiva, fingirme enfermo, depresión reactiva, anorexia, manía, desorden de déficit de atención, psicopatía, orientación de control externo, baja autoestima, narcisismo, bulimia, neurastenia, hipocondría, personalidad dependiente, frigidez, autoritarismo, personalidad antisocial, exhibicionismo, desorden afectivo de las estaciones, travestismo, agorafobia.* (Gergen K., 2007, p. 288).

8) Un diagnóstico de enfermo mental puede promover una falta de responsabilización en la persona diagnosticada, porque induce la idea de que sus acciones no son generadas por ella misma, sino por una especie de *presencia en ella*, al estilo de las *posesiones* espirituales y/o demoniacas de siglos pasados. La persona diagnosticada de una enfermedad mental se vive como una víctima o un títere de fuerzas que escapan a su control. Es algo que Sartre llamaría *mala fe* (Sartre J. P., 1998). El lenguaje psicopatológico sostiene una visión determinista de la acción humana.

9) No es raro que si dos diferentes observadores realizan el diagnóstico de una misma persona, puedan llegar a conclusiones distintas sobre el tipo de *trastorno* que lo aqueja, aunque se tratara de dos profesionales con un buen nivel de estudios y bastante experiencia.

10) Las nosologías psiquiátricas suelen no tomar en cuenta el contexto socio-cultural de la persona en cuestión, no obstante que éstas surgen de un determinado contexto que es resultado de la época y de la sociedad que las genera. Desvían la atención de posibles situaciones relacionales, familiares, ocupacionales y sociales que fueron cruciales para la gestación de dichos problemas. "La persona es culpada, mientras que el sistema permanece sin examinar." (Gergen K., 2007, p. 291).

11) La lista de trastornos mentales ha venido cambiando con los años. De ahí, las diferentes versiones del Manual Diagnóstico y

Estadístico de los Trastornos Mentales: el DSM I, II, III, III-R, IV, IV-TR, y V. Algunas situaciones que han sido consideradas enfermedades en otras épocas, no lo son ahora, y viceversa. Esto revela el carácter histórico y cultural de los presuntos trastornos mentales y muestra que sus criterios se basan en las valoraciones subjetivas de la cultura y de los grupos que asumen el poder en cada momento histórico.

12) Ser catalogado con un trastorno psicopatológico promueve el *efecto Pigmalión*. La tendencia a realizar aquello que se piensa de nosotros, aun si en un inicio no formaba parte de nuestra personalidad o experiencia. Como sucede con las llamadas *profecías auto-cumplidas*.

13) Por su parte, el terapeuta o cualquier persona que recurra a la clasificación psiquiátrica, tenderá a desarrollar una *atención selectiva*, es decir, pondrá mayor atención a aquellos datos que confirmen el diagnóstico o catalogación, dejando la información diferente fuera de foco.

14) Los criterios psicopatológicos provocan la impresión de que existe un concepto claro de *salud mental* lo cual —a pesar de los esfuerzos de los psicólogos humanistas— aún es muy complejo, pues no se ha llegado aún a algún acuerdo con respecto a dicho concepto.

15) Así mismo, se crea la ilusión de que dicha *salud* o normalidad es siempre deseable por encima de cualquier trastorno psicopatológico, y esto no necesariamente es así. Hay contextos en los cuales resulta mucho más apropiado para la sobrevivencia desarrollar algunos tipos de psicopatología.

16) Todos tenemos conocimiento de personas que suelen ser consideradas *normales* y que sin embargo pueden exhibir comportamientos bizarros y construir relaciones claramente autodestructivas.

17) Algunos autores (Laing, 1964; 1974) han mostrado cómo, en ocasiones, las llamadas enfermedades mentales pueden consistir en un movimiento de transformación por parte del organismo, en vías a constituirse con una mayor y mejor organización.

18) Muchas personas catalogadas con disfunciones psicológicas

tienen acceso a una maravillosa creatividad, y también presentan una capacidad reflexiva mucho mayor que la de las personas catalogadas como *normales*.

19) Se han realizado varias investigaciones que muestran cómo el paradigma psicopatológico sirve a los intereses de control de la cultura. Junto con Foucault (1977, 1984, 1987), muchos investigadores han mostrado cómo, a pesar de que intenta mantener una "neutralidad científica", este paradigma se apoya en supuestos culturales e ideologías políticas acerca del "sano funcionamiento".

20) Las personas que son clasificadas como *enfermas mentales*, o con alguna psicopatología, son rápidamente vistos como *inferiores al ideal*, e impulsados a ingresar a algún tipo de *tratamiento psicológico*, farmacológico, o inclusive a recluirse en instituciones y separarse de la sociedad. "Cuanto mayor sea el número de criterios para el bienestar mental, mayor es también el número de formas en que puede uno ser inferior en comparación con otros." (Gergen K., 2007, p. 288).

21) Como se mencionó anteriormente, algunos autores como Gergen (2007), consideran que el lenguaje que se utiliza suele promover más conflictos que soluciones, más deficiencias que promoción de la salud:

> *[...]es de suprema importancia, entonces, indagar sobre los efectos, en las relaciones, de los vocabularios predominantes de la mente. Dadas nuestras metas para el mejoramiento humano, estos vocabularios ¿las facilitan o las obstruyen? [...] ¿qué tipo de patrones sociales facilita (o impide) el vocabulario existente del déficit psicológico?, ¿de qué manera los términos de las profesiones de la salud mental —como "neurosis", "disfunción cognitiva", "depresión", "desorden de estrés postraumático", "desorden del carácter", "represión", "narcisismo", y demás funcionan dentro de la cultura en general?, ¿conducen a*

formas deseables de relaciones humanas?, ¿debería
ser expandido el vocabulario?, ¿existen alternativas
más promisorias? (Gergen K., 2007, p. 286).

Al mismo tiempo, tener un lenguaje profesional para hacer referencia del sufrimiento psicológico, puede resultar útil para volver familiar algo que de otra manera parecería completamente extraño, evitando actitudes de repugnancia y miedo, y promoviendo acciones más compasivas hacia aquellas personas que experimenten dichos padecimientos. Este factor, sin lugar a dudas positivo, puede cubrirse de otra manera, por ejemplo, con mejoras en la educación con respecto a la importancia de la comprensión y aceptación de las diferencias.

Para Yalom (1997; 2002), resulta exagerado el énfasis que ponen en el diagnóstico los estudiantes de psicología y terapia de 'todo el mundo'. Este énfasis puede ser *contraproducente* en el tratamiento terapéutico con "pacientes no severamente dañados":

> *Un diagnóstico limita la visión; disminuye*
> *la capacidad de relacionarse con el otro como*
> *persona. Una vez que realizamos un diagnóstico,*
> *tendemos selectivamente a desatender aspectos*
> *del paciente que no encajan con ese diagnóstico;*
> *particular y correspondientemente prestamos una*
> *atención exagerada a rasgos sutiles que parecen*
> *confirmar el diagnóstico inicial. Y lo que es aún*
> *peor, un diagnóstico puede actuar como una profecía*
> *autocumplida [...] puede servir para estimular y*
> *perpetuar esos mismos rasgos.*
>
> *[...]*
>
> *¿Y qué terapeuta no se ha sorprendido de cuánto*
> *más fácil es hacer un diagnóstico tras la primera*
> *entrevista que mucho después, por ejemplo después*
> *de la décima sesión, cuando sabemos mucho más*
> *acerca del individuo?* (Yalom, 2002, p. 24-25).

Algunos autores como Laing (1964) y Szasz (1961; 1987) atacan fuertemente el concepto clásico de enfermedad mental, al grado de calificarlo como *mito*, de ahí que se hayan ganado el mote de *antipsiquiatras*:

> *Lo que la gente llama en la actualidad enfermedad mental [...] no es un hecho sino una estrategia; no es una condición sino una política; en resumen, no es una enfermedad que posee el supuesto paciente, sino una decisión que toman aquellos que le llaman enfermo mental acerca de cómo actuar con respecto a él, le guste o no.* (Szasz, 1987, p. 113).

Gergen (2007) opina que este paradigma psicopatológico promueve la disfuncionalidad a través de un *ciclo de enfermización progresiva [sic]*:

La primer fase de este ciclo comienza por la *traducción del déficit.-* La cultura, a partir de mediados del siglo XIX, ha aceptado gradualmente tanto la posibilidad de la psicopatología o enfermedad mental, como la de una profesión responsable de su diagnóstico y cura. A partir de este proceso, los problemas comprendidos originalmente a través del lenguaje común de la cultura, se traducen al lenguaje *sagrado* propio de científicos y profesionales. Las personas colaboran con este proceso ya que, si un problema tiene nombre dentro de la comunidad científica, significa que no es el único, que hay otros que padecen de problemas similares, o incluso de exactamente el mismo. Esto además de reducir la sensación de soledad, facilita que la persona adquiera confianza en que su problema *tiene alguna solución*, y que además se encuentra con un profesional que *conoce perfectamente* el padecimiento y lo guiará hacia la resolución.

La segunda fase consiste en la *diseminación cultural.-* Siguiendo los procedimientos científicos clásicos del siglo XIX, los profesionales de la salud mental han puesto mucho énfasis en establecer categorías inclusivas de todo aquello que se asemeje a las diversas etiquetas que han ido formulando. Esto da la impresión de que el problema que nombran tiene una realidad fáctica, es decir, que es un aspecto tan absolutamente real y concreto como si se tratara de un virus o un hueso roto, despojando a los significados del padecimiento de sus contextos históricos y culturales.

La tercer fase es la *construcción cultural de la enfermedad*.- Conforme las nosologías psicopatológicas se diseminan en la cultura y la sociedad, van siendo parte del lenguaje común. Se convierten en conceptos que todo el mundo maneja y "conoce" sobre la psicología humana, las experiencias y comportamientos de las personas. Los conceptos dejan de ser propiedad exclusiva de los profesionales. En algunos países esto es generalizado. En Buenos Aires, Argentina, por ejemplo, es posible subir a cualquier taxi y que el conductor comente: "el día de hoy la gente está más neurótica y obsesiva que nunca", o en cualquier restaurante es posible escuchar conversaciones de adolescentes acerca de lo "histérica" que resulta una de sus compañeras de la escuela. Esta situación es real para la clase media y alta de casi cualquier país de Latinoamérica. Poco a poco el lenguaje del déficit mental va infiltrándose a toda la población, inclusive a través de programas populares de televisión como las telenovelas, donde se observa que tal o cual personaje padece de *anorexia, bipolaridad, depresión*, etcétera.

Lo anterior es más que una simple diseminación de la terminología del déficit. Al popularizarse los diagnósticos psicopatológicos, sus síntomas comienzan a servir de modelos culturales:

> La cultura aprende a cómo estar mentalmente
> enferma *[subrayado añadido] [...] La enfermedad*
> *mental, en este sentido, es una forma desviada*
> *de juego de roles, que requiere una forma de*
> *conocimiento cultural para romper las reglas.*
> (Gergen K., 2007, p. 300).

La cuarta fase refiere a la *ampliación del vocabulario.*- Al popularizarse el vocabulario psicopatológico, los profesionales se ven forzados a tener un mayor conocimiento y especialización sobre los trastornos que sufre la persona común, si no, su profesión se encuentra en peligro, por lo que se esfuerza en desarrollar una terminología más sofisticada e incluyente de cualquier comportamiento y/o experiencia que se aleje, por lo menos un poco, de lo que las instituciones, la cultura y, por supuesto, las estructuras de poder, determinen como lo deseable e ideal en ese momento histórico. Esta cuarta fase reinicia el ciclo, convirtiéndose en un círculo vicioso que se auto fortalece y retroalimenta.

> *La enfermización progresiva es favorecida cuando se reifica el lenguaje mental. El ciclo comienza cuando creemos que las palabras del déficit mental se encuentran en relación pictórica con procesos o mecanismos en la cabeza. Cuando creemos que, de hecho, las personas poseen procesos mentales como la depresión o la obsesión, por ejemplo, cómodamente podemos caracterizarlas como "enfermas" y ponerlas bajo tratamiento.* (Gergen K., 2007, p. 305).

Otro aspecto problemático de la concepción psicopatológica sobre los aspectos humanos que salen de la norma, es que se trata de un paradigma que concibe a la realidad humana desde una perspectiva particularmente individualista, mientras que la propuesta existencial promueve una visión relacional. Para la mirada existencial, las situaciones humanas son consideradas inmersas dentro de unidades más amplias, partes de situaciones relacionales mucho más complejas que las individualidades. "No hay comportamientos disfuncionales de los arreglos de la interdependencia social." (Gergen K., 2007, p. 306). Al mismo tiempo, es importante no caer simplemente en el error de desplazar la *zona de deficiencia*, lo que resultaría en desarrollar simplemente un vocabulario sobre las disfunciones relacionales, como en algunos tipos de terapia familiar se hace al hablar de *familias disfuncionales*. Es importante no olvidar que, etiquetar acciones como *disfuncionales*, es en sí mismo el resultado de una situación relacional. Necesitamos desarrollar una nueva manera de acercarnos a las situaciones humanas del sufrimiento psicológico y de experiencias y comportamientos que se salen de la norma. *"Con el desarrollo de inteligibilidades relacionales, finalmente, podría llegar el fallecimiento mismo de la categoría comportamiento disfuncional."* (Gergen K., 2007, p. 306).

Para la perspectiva existencial, el interés está en acercarse a la comprensión profunda de la persona desde su unicidad y particularidad, en sus diferentes formas de ser-en-el-mundo, es decir, en sus diversas formas de co-construirse a sí mismo y a su mundo, al relacionarse con su existencia. Esto significa reconocer con humildad nuestra incertidumbre, lo cual no resulta fácil si consideramos que ésta es una de las principales fuentes de angustia.

Los rasgos que en otros modelos suelen etiquetarse como *mecanismos de defensa* neuróticos o psicóticos, son entendidos como *situaciones impuestas inter-relacionalmente*, que son experimentadas como bloqueos u obstáculos hacia los deseos de la persona, o que le impiden experimentar su existencia de formas satisfactorias. Dichos "bloqueos" son sostenidos por los deseos de la persona de negar o evitar la angustia natural, que surge ante la conciencia de las condiciones existenciales, así como ante las múltiples posibilidades que se abren para su forma de ser en general, para su estilo de relacionamiento, o para su perspectiva del mundo. (Spinelli, 2005).

En la Terapia Existencial partimos de que nos enfrentamos a problemas del vivir que no requieren ser categorizados sino comprendidos. No trabajamos con patologías, sino con personas iguales a nosotros que solamente desean ser atendidas en su forma de co-construir el mundo y la vida, con el objeto de analizar los patrones que les producen incomodidad o sufrimiento, y descubrir una posibilidad distinta de construirse mediante un encuentro profundo y honesto. En palabras de Emmy van Deurzen: "Lo que caracteriza a la terapia y al coaching como existenciales, es para mí el reconocimiento de que mis clientes y yo, enfrentamos los mismos predicamentos." (van Deurzen, 2001, p. 108).

O como expresara Irvin Yalom: "*Todos estamos en esto juntos.*" (Yalom, 1989, p. 16).

Los llamados *síntomas* son, para esta perspectiva, la *puerta de entrada al mundo del cliente* y no el enemigo a vencer. Son una guía para adentrarnos en la tarea de profundizar la comprensión sobre la forma cómo construimos la existencia. Todo síntoma es una tensión en la existencia de la persona, el cual puede proveer de una ventana a la forma de vivir de quien lo presenta.

Los conceptos psicopatológicos son metáforas que ocultan el hecho diario de que la vida es una continua búsqueda por *encontrar un lugar bajo el sol*. Son metáforas que hemos llegado a confundir con la realidad absoluta sobre el otro, de la misma manera en que se confunde al cociente intelectual, conocido como *IQ o CI,* que es la medida otorgada en la aplicación de pruebas psicométricas, con la verdadera inteligencia. Los psicólogos llegan a creer que una persona que obtuvo 120 puntos en una prueba de inteligencia es, *en verdad, más inteligente* que aquel que obtuvo 110, o incluso más que el que alcanzó 119 puntos. Esto equivaldría a creer que una persona que derrama diez lágrimas está más triste que aquella que sólo derramó ocho.

> *Las etiquetas profesionales y culturales clasifican y asignan a las personas; no nos dicen nada de ellas. [...] Desde esta perspectiva moderna, la psicoterapia es una tecnología: el ser humano es una máquina, y el terapeuta, un técnico que trabaja con máquinas humanas defectuosas.* (Anderson, 1999, p. 67).

Podemos decir, como expresa Cavallé (2006) al referirse a las nuevas psicologías que se inclinan por una mirada más filosófica, que los terapeutas que siguen una orientación existencial hacen eco al siguiente marco:

> *No piensan en términos de salud y enfermedad psíquica, sino de crisis, conflictos y reajustes dentro del movimiento global de la persona hacia su completa realización. Consideran que esta realización no es algo que completa al individuo aislado, ni siquiera al individuo considerado en el marco de sus interacciones sociales, sino que requiere que éste se abra a la dimensión trascendente de sí mismo que le pone en conexión con la totalidad de la vida. Saben que nada es realmente conocido si no se conoce en su contexto, y el del ser humano, el de su comportamiento, deseos, temores, búsquedas, es la realidad de su integridad. Creen que una práctica psicoterapéutica que no conlleve un incremento de nuestro nivel de comprensión, de conciencia, tiene un alcance muy limitado y es a la larga ineficaz; en otras palabras, saben que hay una relación íntima entre el conocimiento profundo de la realidad y el despliegue de nuestras potencialidades.* (Cavallé, 2006, p. 18).

La Terapia Existencial nos invita a mirarnos a nosotros mismos de otra manera. Nos convoca a reconocer que la enfermedad y la salud son dos lados de una misma moneda:

> *Vivir creativamente significa dar la bienvenida a ambas. El bienestar coincide con la habilidad de ser transparente y abierto a lo que la vida pueda darnos: tanto bien como mal. Al tratar de evadir el lado negativo de la existencia nos quedamos atrapados, como seguramente lo hacemos cuando no podemos*

> *ver el lado positivo. Solamente al enfrentar ambos*
> *polos, el negativo y el positivo de la existencia,*
> *generaremos el poder necesario para salir adelante.*
> (van Deurzen, 1995, p. 5).

A finales del 2015, el Consejo para la Psiquiatría Basada en la Evidencia (Council for Evidence-based Psychiatry, CEP) realizó una serie de conferencias tituladas "Más Daños que Bien" (More Harm than Good), con respecto al daño que producen los psicofármacos. Varias de ellas se encuentran disponibles a través de Youtube, y recomiendo ampliamente al lector revisarlas.

Greening (1995) escribió un poema dedicado a Ronald D. Laing que, en sus primeras líneas, expresa parte del dilema sobre los conceptos de salud-enfermedad:

> *PARA RONNIE LAING*
> *¿Quién está loco? y ¿quién está sano?*
> *y ¿quién lo decide?*
> *Si tienes que preguntarlo,*
> *no lo preguntes demasiado fuerte,*
> *o podrías terminar*
> *en el lado equivocado de las llaves,*
> *del cuchillo, de los químicos o de la electricidad.*
> (Greening, 1995).

Todo lo anterior provoca una situación curiosa para el entrenamiento y la práctica de la Terapia Existencial. A manera de síntesis, puedo subrayar lo dicho hasta ahora de la siguiente manera:

Por un lado resulta una práctica terapéutica muy sencilla de realizar. Como no se trata de aplicar una serie de técnicas o estrategias especializadas, no es algo que debamos aprender a *hacer*, sino más bien se trata de aprender a *dejar de hacer*. De aquí que la fenomenología (método característico de este enfoque) consista en realizar *reducciones*. En otras palabras, la fenomenología invita al terapeuta existencial a dejar de hacer lo que normalmente haría, para proponerle *estar* lo más auténtica y plenamente posible con su paciente o cliente: *se trata de una forma de ser más que de hacer*.

Si llega al consultorio una persona que ha sido diagnosticada previamente de "esquizofrenia", para el terapeuta existencial no habrá diferencia a una que padece diabetes, o que ha sido diagnosticada de "neurosis fóbica", o de aquella que padece de un tremendo resfriado. En el sentido de que no se compromete a "conducir a la persona hacia la salud", ni tampoco a que el proceso terapéutico generará algún tipo de cambio en ese sentido. El trabajo terapeutico podría incluir preguntas acerca de si la persona ha visitado algún médico buscando aliviar su condición. O si no, qué lo ha llevado a evitarlo, etc. Ya que, independientemente de si su condición es real o no, de si los trastornos psicopatológicos son o no nomenclaturas válidas, *no es la tarea* del terapeuta existencial proveer algún tipo de sanación o reparación, sino propiciar 'conversaciones poderosas': un diálogo y una relación que se interesa por la comprensión y la ampliación de perspectivas.

Como mencioné anteriormente, aunque la práctica de este estilo de terapia sea muy fácil de realizar, resulta extremadamente difícil de aprender (y de aprehender). Al no poder describirse como una serie de pasos, ni mucho menos poder proponer algo como un *manual* de estrategias, se convierte en un modelo difícil de transmitir a las nuevas generaciones de terapeutas. Además, se basa principalmente en la manera del terapeuta de percibir o significar las experiencias de su consultante, lo cual no puede observarse a través de demostraciones de sesiones terapéuticas. A su vez, la observación de dichas sesiones puede ser poco útil: en principio porque habría que observar varias de un mismo terapeuta con un mismo cliente, puesto que la perspectiva existencial se extiende a través de un proceso continuado y mantenido de manera constante; y posteriormente porque la observación de un proceso terapéutico sería la observación de un encuentro específico (o serie de encuentros), entre *UN* cliente, con *UN* terapeuta determinados: al ser un enfoque terapéutico que privilegia la honestidad y la unicidad de cada encuentro, la forma específica como un encuentro terapéutico ocurre es *única* e *irrepetible*, por lo que no es útil como medio para aprender *cómo se hace* la Terapia Existencial. Todo esto sin contar lo que tanto la fenomenología como los estudios de la física moderna nos advierten: *que el observador modifica lo observado*. La simple observación de una sesión en vivo modifica la manera cómo una terapeuta y su consultante se relacionan. Sucede lo mismo con una sesión video grabada o en cámara de Gesell. Cuando los participantes del proceso terapéutico se saben observados (ya sea en el mismo momento o a posteriori), pierden en cierto grado su espontaneidad.

Esto último también aplica para la descripción de viñetas o *casos* de terapia. No pueden mostrar lo que la Terapia Existencial es en realidad.[13]

Quizá la principal alternativa sea pedir a los futuros terapeutas existenciales que, a la par de realizar una profunda reflexión y estudio de los fundamentos de la cosmovisión de la filosofía existencial y la perspectiva del ser humano de este enfoque, lleven a cabo un proceso personal de Terapia Existencial en el rol de cliente, para que mientras estudian y reflexionan sobre esta epistemología, vivencien lo que están estudiando.

Por último, en esta perspectiva el terapeuta deja la imagen auto-protectora de *poseedor del saber* o de *experto en la vida*, para convertirse en una persona con deseos de encontrarse honestamente con el otro. Abre un espacio para explorar juntos lo que significa ser humanos en el contexto específico y en las situaciones donde nos corresponde existir. Intenta sostener las experiencias de duda frente a lo que nos

---

[13] Esto no significa que la descripción y publicación de viñetas terapéuticas carezca de valor. En este sentido, tanto las publicaciones realizadas por Irvin Yalom (1989), Ernesto Spinelli (1997), o Efrén Martínez (2012), por mencionar sólo algunas, demuestran su gran utilidad, no por presentar una serie de estrategias a imitar o porque representen la forma de trabajar en la Terapia Existencial, sino porque promueven la reflexión sobre las vicisitudes y dilemas propios del proceso terapéutico.

rodea y acepta que, en la mayoría de las ocasiones, tanto terapeutas como clientes no podemos saber qué es lo mejor que podemos hacer a continuación. Aprende a tolerar la incertidumbre que nos produce la imposibilidad de clasificarnos como si fuéramos objetos y, por último, reconoce que los terapeutas tampoco estamos exentos de los miedos, angustias y sufrimientos característicos de nuestra condición humana.

Terapia Existencial y Coaching Existencial[14]

Le gustaba partir de un pensamiento particular,
subir a partir de éste por la escala de la implicación lógica,
escalón tras escalón hasta lo más alto.
Una vez alcanzado el pensamiento más alto,
advertía una alegría indescriptible, un placer apasionado en
precipitarse en caída libre en las mismas implicaciones lógicas
hasta volver a encontrar el punto del que había partido.
Johannes Climacus (Kierkegaard).

En muchos momentos, las prácticas fenomenológicas, existenciales y hermenéuticas, se asemejan a lo que hoy se conoce como *Asesoramiento Filosófico, Terapia Filosófica, Filosofía Práctica, o Coaching Existencial* (Cavallé, 2007) (van Deurzen, 2010; Le Bon, 2001; Romero J., 2007). Inclusive puede asemejarse a ciertos modelos y/o estilos de *coaching* como el llamado *coaching ontológico* (Echeverria, 2011; 2003). Después de todo, son cada vez más las personas que buscan un espacio respetuoso y de diálogo abierto con un interlocutor, en donde sus cuestionamientos y dificultades puedan ser abordados desde una perspectiva que no sea médica ni clínica. Es decir, necesitan un lugar donde no se vean sometidos al peso de un diagnóstico, ni donde su situación sea observada desde planteamientos meramente psicológicos. Asimismo, donde el foco de la conversación no se localice sobre el pasado, sino en la situación presente que se despliega hacia el futuro. Lo que busca la mayoría de estas personas es un tiempo y un espacio donde puedan compartir las preocupaciones de su existencia, ya sean laborales, estudiantiles, profesionales, o de cualquier otra área específica de su vida y sus relaciones, y donde puedan ser muy honestos consigo mismos y con quien les escucha. Para tal efecto, solicitan un servicio de

---

[14] El asesoramiento filosófico, en particular aquel de orientación existencial, suele denominarse también *coaching existencial*. En este texto utilizaré ambas denominaciones indistintamente.

escucha filosófica y existencial, aunque no sepan en primera instancia cómo deben pedirlo ni dónde es preciso buscarlo.

Dentro del ambiente filosófico, este estilo de trabajo comenzó oficialmente con Gerd Achenbach y Ad Hoogendijk, quienes se establecieron en Europa a mediados de los 80´s como consultores filosóficos y comenzaron a trabajar como *investigadores existenciales* con sus *visitantes*, que es el nombre que utilizaban para llamar a los 'pacientes' o 'clientes'. Su labor fue rápidamente imitada en todo el mundo, y se desarrollaron diferentes estilos de aproximación. Entre los estilos más reconocidos en la actualidad, además de los mencionados, se encuentran los de los siguientes practicantes: Shlomit C. Schuster, Peter B. Raabe, Ran Lahav, Tim LeBon, Roxana Kreimer, Alain de Botton, Mónica Cavalle y Luis Cencillo, entre otros. Uno de los más conocidos es el propuesto por Lou Marinoff (2001, 2003), porque sus textos, como *Más platón y menos Prozac,* alcanzaron un elevado nivel de popularidad entre la literatura de autoayuda.

El asesoramiento filosófico puede definirse como una relación de ayuda en donde un filósofo y un consultante, o *visitante*, entablan un diálogo confidencial e íntimo de naturaleza filosófica; cuyo propósito es que el solicitante del servicio clarifique por sí mismo sus conflictos, dilemas o dudas existenciales, con el apoyo del filósofo asesor. A través de este diálogo, el asesor ayuda al asesorado a ampliar su perspectiva y, con ello, a incrementar y diversificar la conciencia de sus experiencias (Cavallé, 2007).

Sin embargo, este asesoramiento no debe confundirse con ninguna especie de consejería que se limite a brindar recomendaciones concretas y prácticas al consultante acerca de lo que *debe* hacer para solucionar los problemas y las dificultades que enfrenta.

Lo anterior tampoco significa que la asesoría filosófica carezca de una verdadera utilidad. En realidad su labor puede entenderse como una forma de acompañamiento que ayuda a la persona a ampliar sus perspectivas porque proporciona un espacio y un tiempo para reflexionar y buscar mejores o, por lo menos, distintos puntos de vista sobre las situaciones cotidianas; aunque quizá no alcance a resolver sus problemáticas.

> *Sea como sea, juzgar la filosofía sobre la base de su eficacia práctica sería como evaluar a un pez sobre la base de su capacidad de vivir fuera del agua. Como no pretendemos demostraciones matemáticas de un orador, ni prolusiones hermosas de un matemático, tampoco sería oportuno pedir a la filosofía soluciones prácticas o recetas de felicidad. Los verdaderos problemas filosóficos no acosan al hombre para que los resuelva, sino para que los viva. Ya que la filosofía no resuelve nada sino complica todo, y sus complicaciones son la historia del pensamiento humano.* (Volpi, 2009, p. 9).

Tanto la Terapia Existencial como el asesoramiento filosófico o el Coaching Existencial, se interesan en promover el descubrimiento de la filosofía personal o de vida de los solicitantes de la ayuda, porque esta filosofía suele hallarse en la base de muchas problemáticas que se experimentan en la vida cuando nos enfrentamos a los aspectos naturales del existir. De hecho, los profesionales de dichos estilos de relación, consideran que la comprensión profunda de la situación existencial resulta prioritaria con respecto a la urgencia de solucionarla. Suelen experimentar una cierta confianza en que el conflicto y la angustia concomitantes son capaces de ofrecer nuevas alternativas a las situaciones. En lugar de rechazar estos conflictos, y apresurarse a encontrarles alguna solución, *el terapeuta y el asesor o coach existencial intentan sostener las diferencias y las dificultades que construyen dicha situación*, con el objeto de perfilar una mirada más amplia de la misma.

Al igual que los terapeutas existenciales, tanto los asesores filosóficos en general, como los coach existenciales en particular, no enfocan las demandas que les hacen sus consultantes como expresiones de disfunción, ni mucho menos como síntomas de alguna 'enfermedad mental'. En realidad, se trata con extrema frecuencia de dificultades en su forma de relacionarse consigo mismos y con el mundo, y de problemáticas relacionadas con la tensión entre sus concepciones sobre 'la realidad' y los eventos que emergen en su vida. En otras palabras, se trata de asuntos de naturaleza filosófica, más que de patologías que requieran diagnósticos en extremo específicos. Esto último se ha considerado una distinción con la mayoría de enfoques terapéuticos de la actualidad:

> *El asesoramiento filosófico se diferencia de las terapias psicológicas y psiquiátricas en que su perspectiva no es psicológica ni médica, sino existencial y filosófica. El filósofo asesor no acude a modelos clínicos, al paradigma salud/enfermedad, normalidad/anormalidad ni a categorías como 'síntoma', 'diagnóstico', 'tratamiento', 'curación', etc. [...] No busca en las dificultades que le plantean indicios de trastornos o disfunciones psicológicas, sino que ve en ellas retos derivados de la andadura vital de la persona, las crisis, reajustes y desafíos 'normales' a los que se enfrenta el ser humano en su proceso de desarrollo y que, como tales, son susceptibles de un abordaje específicamente filosófico.* (Cavallé, 2007, p. 29).

En lo anterior se percibe una extrema similitud con la propuesta existencial en terapia. Sobre todo con aquella desarrollada en la llamada *Escuela Inglesa,* y cuyas perspectivas son tomadas en cuenta para el modelo de Terapia Existencial propuesto por la *Escuela Mexicana de Análisis y Terapia Existencial.*

Desde esta perspectiva, la Terapia Existencial podría considerarse un estilo de asesoramiento filosófico o, al menos, una forma de *filósofo-*

terapia porque, como se verá posteriormente, tampoco recurre al uso de categorías diagnósticas ni considera que la tarea de la terapia sea tratar de 'sanar' o 'curar' a un 'enfermo'.

Me parece importante reconocer que no resulta fácil distinguir entre estas aplicaciones o formas de 'relación de ayuda'. Entre las diferencias se encuentra que el asesoramiento filosófico o el Coaching Existencial suele requerir de una sola sesión o de muy pocos encuentros. En la mayoría de los casos es un tipo de relación que podría denominarse *de corta duración*. Mientras que la Terapia Existencial suele ofrecerse bajo la perspectiva de una relación de mediano a largo plazo, aun cuando la *experiencia terapéutica* pueda ocurrir desde la primera sesión, como se verá más adelante en el presente escrito y especialmente en el Volumen 2 de esta misma obra.

Excepto que se especifique bajo el rubro de *Terapia Existencial de Tiempo Limitado*,[15] la práctica terapéutica suele plantearse como una relación sin fecha final programada, porque su duración se va definiendo por los participantes y contextos de la relación misma, así como por sus efectos e influencias en la vida de las personas que solicitan el servicio.

Otra diferencia común, aunque no necesariamente aplicable en todas las circunstancias, es que la tarea primaria –y en la mayoría de las ocasiones única– del Coaching Existencial, consiste en describir y tratar de clarificar la situación concreta que plantea el cliente mediante la aportación de una mirada y un análisis filosófico específico (fenomenológico, existencial y hermenéutico); mientras que en la Terapia Existencial, además de buscar describir y clarificar los eventos y experiencias que narra el consultante, se intenta ampliar dicha descripción y clarificación para incluir toda la existencia del

---

[15] *Terapia Existencial de Tiempo Limitado*: Denominación que muchos terapeutas existenciales prefieren para referirse a la *terapia breve*. Para la Terapia Existencial, el término *terapia breve* pretende sugerir que la terapia puede ser de corto tiempo y número de encuentros, sin renunciar a la profundidad del proceso, lo cual resulta evidentemente falso. Por su parte, el término *tiempo limitado* reconoce que la ausencia de largos períodos para la exploración terapéutica representa en sí misma una limitante.

consultante, así como el análisis del proceso terapéutico mismo y de la relación terapéutica, junto con todo lo que promueva o dificulte que esta relación se desarrolle.

El análisis de la relación entre cliente y coach no resulta de particular interés para el coach existencial, ya que se trata de una labor centrada sobre la temática específica que desea explorar el cliente. En cambio, para el terapeuta existencial, el proceso terapéutico y la relación interpersonal que implica es una cuestión fundamental.

La diferencia fundamental entre estos dos modelos de aplicación de la perspectiva fenomenológico-existencial, se encuentra entonces en los propósitos de los participantes. En el Coaching Existencial intentan concentrarse en algún asunto específico; mientras que en la Terapia Existencial la atención se coloca sobre la existencia entera, y en el despliegue de la misma durante la conversación entre los involucrados.

Cabe señalar que el Coaching Existencial, como forma de filosofía aplicada, puede ser utilizado sin necesidad de respetar ciertos marcos de encuadre —que pueden parecer rígidos— pero que resultan importantes dentro de la práctica profesional de la terapia. Por ejemplo, no es relevante la edad ni la condición social para la aplicación de perspectivas filosóficas a cualquier persona. Así mismo, el parentesco con la persona no representa ninguna dificultad. Es posible brindar este tipo de apoyo a nuestra pareja, a un amigo, a un hijo, a nuestros padres o a cualquier otra persona. Del mismo modo, no existe ninguna restricción para que pueda llevarse a cabo en un parque, un restaurante, caminando por la calle o en cualquier otro lugar. Todo esto amplía enormemente las posibilidades de aplicación del Coaching Existencial y lo sitúa como una alternativa a la terapia.

Una de las principales aplicaciones de la perspectiva Existencial del coaching o de la terapia, consiste en ayudar a la persona a pensar de manera más amplia sobre su situación, a cuestionarse y a poner en duda su manera común de ver las cosas. También se le acompaña con el objeto de brindarle apoyo y comprensión para que pueda sostenerse en la angustia que se genera por la incertidumbre que estos cuestionamientos acarrean.

Como parte de las tareas del coach existencial, éste puede compartirle alguna de las reflexiones que los grandes filósofos realizaron sobre temáticas similares o relacionadas. De cierta forma, es posible decir que estos filósofos no solamente pensaban de manera amplia, sino que también se habían atrevido a dudar de las concepciones tradicionales y toleraban la angustia derivada de esta actitud.

Compartir la perspectiva de un filósofo con nuestro consultante no tiene un sentido aleccionador, al menos desde la perspectiva existencial del coaching. Más bien, es una forma de enriquecer nuestras reflexiones conjuntas, tanto para estar de acuerdo como para discrepar con la postura del filósofo en cuestión.

Una labor destacada de los coach y terapeutas existenciales, consiste en observar la forma en que las tensiones se expresan en la vida de las personas que solicitan la ayuda. Desde Kierkegaard, uno de los padres del pensamiento existencial, sabemos que una buena forma de realizar un *análisis existencial* es a través de la observación de las paradojas y de los dilemas cotidianos.

A partir de lo dicho, es posible notar que la Terapia Existencial se enriquece por las prácticas del Coaching Existencial, en virtud de que los terapeutas existenciales pueden recurrir al conocimiento filosófico para ahondar y enriquecer las charlas, discusiones y análisis que realizan de manera conjunta con sus clientes o consultantes. De cierta forma, es posible decir que todo terapeuta existencial es también un coach existencial. Aunque no necesariamente aplique a la inversa.

En resumen, podemos hablar de un asesoramiento filosófico o de un coaching que sea específicamente existencial. Dicho Coaching Existencial se describiría como una forma de relación de ayuda que proporciona un espacio para la reflexión conjunta de nuestra existencia, especialmente sobre las dudas, los retos, los conflictos, los dilemas y las paradojas existenciales. Esta reflexión también se extiende a nuestras relaciones con el mundo, con los demás y con nosotros mismos. Utiliza el diálogo filosófico y la fenomenología para apoyar la tolerancia a la incertidumbre que surge cuando nos atrevemos a cuestionar las certezas y las creencias acerca de la vida. Realiza toda esta actividad reflexiva con base en el pensamiento fenomenológico-existencial, la relación honesta, y el encuentro entre los involucrados.

El coach existencial no ofrece soluciones ni respuestas a los problemas planteados. El diálogo no es un remedio que evite ni elimine el malestar. Tampoco es una receta que nos indique la forma apropiada de actuar en una situación particular; es más bien el descubrimiento de la verdad propia, por más dolorosa, penosa o culposa que sea. No brinda apoyo con teorías filosóficas rebuscadas ni descontextualizadas, sino sólo con la filosofía viva, es decir, con el acto filosófico que promueve una vida con mayor conciencia, claridad y profundidad.

Por lo tanto, una primera consecuencia de la reflexión desarrollada hasta ahora, es que la formación de un terapeuta de orientación existencial (y probablemente en la formación de cualquier terapeuta, independientemente de su orientación, referencia, línea de trabajo, estilo o escuela), siempre deberá estar acompañada y fundamentada en el estudio profundo de la filosofía. Después de todo los filósofos se han formulado por siglos las mismas preguntas que las personas que buscan nuestros servicios se realizan a sí mismos y después nos hacen a nosotros. Es indudable que podríamos aprender mucho de sus reflexiones y métodos de investigación.

El Mundo-Terapéutico-Existencial.

> *La hora de terapia está destinada*
> *a ser un templo de honestidad.*
> Irvin Yalom.

Los comentarios restantes en este capítulo son solamente una introducción a este concepto de la Terapia Existencial. Se incluyen aquí para facilitar la comprensión de la diferencia entre la Terapia y el Coaching Existenciales. En el Volumen 2 de la presente obra retomaremos y ampliaremos estas reflexiones.

Una característica de la terapia es la búsqueda de la construcción de un *Mundo-Terapéutico*. Dicho concepto es semejante —aunque con características propias— al de *rapport, alianza terapéutica,* o algún otro que se utiliza en diferentes modelos terapéuticos para referirse al ambiente de confianza necesario para el desarrollo de la terapia. Sin embargo, trasciende dichos conceptos porque incluye todo aquello que hace de la conversación terapéutica un diálogo con características propias, distintas a las que pueden encontrarse en las buenas conversaciones amistosas o con familiares.

Durante los diálogos que mantengo regularmente con mis clientes en terapia, tengo una experiencia semejante a la que suelo experimentar en las conversaciones con muy buenos amigos: me siento cómodo en mi cuerpo, relajado, atento, curioso y con interés en la persona con quien me encuentro.

En ocasiones, los consultantes refieren tener experiencias semejantes. Al grado que algunos de ellos se sienten confundidos al respecto o declaran sentirse en una conversación amistosa: "Cuando platico contigo me siento platicando con un buen amigo, al que le pago porque de otra forma no tendría dinero para comer", me dijo una vez uno de mis clientes.

Al mismo tiempo, la relación terapéutica es una forma de relación única y particular. Aunque en estricto sentido eso es algo que podría decirse de cualquier relación, la forma como se co-construye la relación terapéutica tiene características específicas que pueden depender del modelo y estilo terapéutico que se aplica. En la perspectiva existencial, una de las principales distinciones entre una conversación amistosa y una del ámbito terapéutico, es que la segunda pone atención de manera constante al *proceso mismo de la terapia*: el *proceso relacional que va desarrollándose entre el consultante y su terapeuta.*

"El análisis del proceso es el amuleto mágico del terapeuta. Es el secreto profesional más potente del terapeuta, el procedimiento que hace que hablar con un terapeuta sea materialmente diferente y más eficaz que hablar con un amigo íntimo." (Yalom en Martínez, 2011, p. 205).

Es común considerar que la relación terapéutica es una relación con un grado o nivel importante de intimidad; y que parte de su tarea es incrementar la capacidad del consultante para relacionarse íntimamente. Pero en vez de simplemente asumir que la intimidad es necesaria o positiva para cualquiera y en diversos contextos o situaciones, la mirada existencial se cuestiona sobre si ésta es siempre necesaria o siempre algo positivo, abriéndose a las posibilidades de que existan momentos en que la intimidad pudiera ser disfuncional. "Es importante no asumir que la gente quiere intimidad o que debería tenerla. Es mucho más seguro adoptar la posición de que las personas son fundamentalmente ambivalentes acerca de las relaciones humanas." (van Deurzen, 2001, p. 46).

Como se piensa desde hace algún tiempo, la relación que se establece entre terapeuta y paciente resulta fundamental para el proceso terapéutico. Algunos modelos en terapia la consideran, incluso, la parte esencial de la misma.

Para la perspectiva fenomenológico-existencial, la relación terapéutica no sólo es fundamental, sino el corazón mismo de la terapia. Por lo mismo la reflexión sobre estas temáticas constituye algo de vital importancia para este enfoque.

Una de las formas en que podemos reflexionar sobre dicha postura, es subrayando las características que aquella relación contiene. Desde una posición fenomenológica existencial, la relación terapéutica es algo que no consta exclusivamente de las personas involucradas y las diversas conductas verbales y no verbales entre ellas. En concordancia con la filosofía existencial, en concreto la perspectiva de Heidegger, la relación terapéutica involucra el espacio y tiempo, es decir, el ambiente físico (espacio) en el que nos encontramos y el momento (tiempo) del día, del año, y de la existencia en el que los involucrados se encuentran, así como su historia. Entendiendo a los participantes de una manera relacional y no encapsulada, es decir, incluyendo la red relacional con la que se encuentran vinculados.

En términos generales, el *Mundo-Terapéutico-Existencial* se refiere a la atmósfera espacio-temporal, física, social, emocional, íntima, psicológica, axiológica, etc.; co-construida, y/o en proceso de co-construcción por parte de los participantes —terapeuta y cliente en el caso de la terapia uno-a-uno, y cada uno de los terapeutas junto con cada uno de los integrantes del proceso terapéutico, como en el caso de la terapia grupal— en la cual cada uno de los involucrados (incluyendo al terapeuta) se experimentan con suficiente seguridad y confianza para *la apertura y la exploración de la intimidad y la vulnerabilidad, y para el análisis del proceso de co-construcción de la situación existencial del consultante,* condición propicia y necesaria para el desarrollo de la actividad terapéutica. En otras palabras, son las características que permiten que la relación terapéutica incluya lo necesario para que el vínculo invite al análisis honesto y a la apertura de los aspectos más dolorosos y temidos que acompañan nuestra existencia.

El proceso de co-construir este ambiente forma parte de la Terapia Existencial misma y no es previo a ella. Si dicho proceso llevara años, el constante análisis del mismo sería de gran riqueza para los involucrados, y haría que cada uno de ellos pudiera sentir que el tiempo invertido valió la pena.

En el *Mundo-Terapéutico-Existencial* cada uno de los participantes confían en que, de ser necesario, podrían sentirse libres para:

1.- *Entrar en grados elevados de sensibilidad*; lo que puede conducirles al llanto o a una experiencia regresiva y de alta vulnerabilidad. Como si se *rompieran* o *derritieran* en presencia del otro. En otras palabras, que se encuentran disponibles para profundizar en la experiencia del llanto, el dolor, la vulnerabilidad, la fragilidad, y la tristeza.

2.- *Enfrentarse a sus más profundos miedos y/o rencores*, avivando las llamas de sus infiernos más temidos, o *tocando las puertas* de los laberintos mas resguardados. Dicho de otro modo, que están dispuestos a enfrentar sus experiencias de miedo, rabia, enojo o rencor; o también sus experiencias de lujuria; sabiendo que, aunque deseen huir, pueden sostener su experiencia y permanecer con cierta seguridad en el trabajo terapéutico de dichas experiencias emocionales. Aquí resulta pertinente recordar que: tener experiencias emocionales y sentir plena y abiertamente los sentimientos es una cosa, mientras hacer algo al respecto, o intentar llevarlos a la acción es otra. Esto es importante ya que, en ocasiones, las personas que asisten a terapia sienten temor de *dejarse sentir* una experiencia tan intensa como la rabia, porque temen realizar alguna acción violenta a continuación. Sin embargo esto no tiene porqué ser así.

3.- *Reconocer y aceptar sus fallas y errores*, especialmente aquellos que se cometieran en el tiempo de la relación terapéutica, y/o hacia la relación terapéutica misma. Lo que implica el reconocimiento y verbalización de experiencias como la culpa y la vergüenza, además de ser difícil de mostrar frente a otra persona.

Estos tres aspectos no resultan fáciles de vivir en compañía de otro ser humano. Muchas personas prefieren aislarse cuando se sienten cerca de ellos o a punto de caer en uno de dichos momentos. Son momentos de extrema vulnerabilidad, donde nos abrimos a compartir nuestra intimidad con otro, sólo cuando esa persona se ha ganado nuestra confianza.

Otra manera de expresarlo es que, en el *Mundo-Terapéutico-Existencial*, se combina la espontaneidad de una charla entre dos buenos amigos en un bar o en una cafetería, con la intimidad y el recogimiento de una confesión sacerdotal. Es común que los encuentros terapéuticos tengan mucho de uno de estos aspectos, pero muy poco del otro. Hay relaciones terapéuticas muy espontáneas, aunque muy poco íntimas, y viceversa. Una buena medida de la calidad de la relación terapéutica podría basarse en el equilibrio entre estos dos aspectos.

Es importante destacar que, para la Terapia Existencial que en este texto promuevo, estas características del mundo terapéutico abarcan a todos los participantes del mismo. Es decir, incluyen también al terapeuta. Es necesario que también el o los terapeutas experimenten tal grado de confianza e intimidad, o que al menos se encuentren dispuestos a construirlo o a revisar lo que lo favorece u obstaculiza. Desde esta perspectiva, la verdadera intimidad y confianza sólo ocurre en mutualidad, en una relación que se acerque a la horizontalidad, tal y como sugieren Buber o Friedman (Buber, 2006) (Friedman, 2002). "Los clientes son a menudo más ayudados por nuestras fallas y errores que por nuestros méritos y virtudes. Ellos necesitan saber que somos humanos y que luchamos en las mismas formas que ellos lo hacen." (van Deurzen, 2001, p. 113). Esta es una cuestión que puede resultar controversial. Desde el estilo relacional y dialógico, tanto el terapeuta como su paciente (en una relación terapéutica uno-a-uno) podrían llorar durante la sesión. En otros modelos terapéuticos, esto podría considerarse una falla del terapeuta, o incluso involucrar un conflicto ético.

Es común considerar que parte de la labor del terapeuta es permanecer *neutro*, o al menos que no debe *embarrarse* con el proceso del paciente. Después de todo, el paciente viene a recibir ayuda, y no necesita tener que *cuidar* al terapeuta de sus propios procesos emocionales.

Esta perspectiva no toma en cuenta las características de una relación dialógica tal y como la propone el existencialismo dialogal buberiano (Schoch de Neuforn, 2000; Hycner R., 1993; Buber, 2006), ni las ideas relacionales de la perspectiva fenomenológica. El ideal de neutralidad es herencia de la posición psicoanalítica y/o de la ciencia positivista; y la intención de no *embarrarse* surge de concepciones propias del paradigma individualista.

Desde un marco conceptual que considera a la condición humana como fundamentalmente en relaciones, no sólo la neutralidad es imposible sino que, en cada relación, nos encontramos absolutamente implicados el uno con el otro. Nos co-constituimos y co-construimos los unos a los otros en las relaciones. Nuestras características *individuales*, propias y *originales*, son el producto y resultado de la mutua influencia. No puedo evitar influir ni ser influido por el otro.

El paradigma relacional[16] parte de la intuición de que la persona es resultado de las relaciones en las que se encuentra, por lo que podemos decir que *somos nuestras relaciones*. Desde este marco de referencia, en cada encuentro las personas se co-constituyen mutuamente, influyendo y siendo influenciadas por el otro, de tal manera que es posible acuñar la frase de la psicoanalista relacional Luce Irigaray: *Ser dos* (Irigaray, 1998).

Todo aquello que se va construyendo en la relación forma parte de la atención de la terapeuta, aunque no necesariamente solicita a su consultante que deposite la atención sobre dichos asuntos o ni siquiera los mencione. La terapeuta puede hacer explícitas parte o la totalidad de las observaciones sobre el proceso, mas no significa que se vea *obligada* a compartirlo. Ésta es una de las típicas confusiones del trabajo terapéutico relacional: aunque la terapeuta existencial que trabaja dentro de una perspectiva relacional está atenta y pendiente de la relación, entre ella y su consultante durante todo el proceso terapéutico, y cada una de sus intervenciones las realiza en el marco de lo que va

---

[16] En los capítulos 4 y 5 profundizo sobre los alcances de este paradigma y su relación con el mundo terapéutico.

ocurriendo a nivel de la relación, no necesariamente verbaliza o realiza una intervención que explicita su atención en la relación. Este tipo de intervenciones irán apareciendo paulatinamente y según lo que su intuición le indique que resulta conveniente.

Es apropiado que la terapeuta sea sensible, tanto al estilo interpersonal que ella misma despliega en presencia de su consultante, como al estilo que despliega este último en su compañía. Así mismo resulta útil ser sensible a las etapas del proceso. No es lo mismo que la terapeuta comparta su perspectiva sobre la forma cómo se va desarrollando el vínculo terapéutico en las etapas iniciales de la terapia, que en etapas avanzadas de la misma.

La construcción del mundo terapéutico comienza desde la disposición del consultante a asistir a terapia. Desde la intención de cada uno de los participantes de adentrarse en la aventura de un proceso de esta categoría. Por ello, las influencias para la construcción de ese ambiente inician previamente al primer encuentro. Algunas de las influencias incluyen: la forma cómo el consultante es referido, o cómo el terapeuta es recomendado; la primer llamada telefónica, el camino que recorren para llegar a la cita (no es igual cruzar la ciudad en su propio automóvil, con aire acondicionado, escuchando su música favorita; a llegar vía el apretujado transporte público en una hora pico, sufriendo de empujones y de aromas desagradables; o llegar después de una placentera caminata por áreas hermosas llenas de naturaleza); o el arreglo del espacio físico donde se realizará el encuentro y la conversación; o también el arreglo personal de cada uno de los involucrados. Todo lo anterior pone las bases que facilitan o dificultan la construcción de la atmósfera necesaria.

Las características que se han mencionado no son lineamientos rígidos, sino recomendaciones que facilitan la aparición de dicho ambiente de confianza y seguridad. Aun cuando el mundo terapéutico no logre construirse del todo, las reuniones constantes y la búsqueda conjunta de dicha atmósfera suele ser de enorme utilidad para los participantes del proceso terapéutico. La continua co-construcción de dicho ambiente es parte del proceso terapéutico *en sí mismo*, por lo que incluso si no se logra dicha construcción, los procesos terapéuticos pueden ser ampliamente valiosos.

A su vez, dicho proceso de construcción no termina mientras la terapia continúe en proceso, y no hay nada que garantice su permanencia. Podría ocurrir que una relación terapéutica construya un buen grado o nivel de Mundo-Terapéutico-Existencial en los primeros 20 minutos de la primer sesión, mientras que otra no lo consiga aun después de varios años de proceso. Como se mencionó anteriormente, esto no representa un signo de fracaso, puesto que la simple intención y constancia en el proceso conjunto de ir construyendo una relación honesta y auténtica, puede beneficiar enormemente a los participantes.

Del mismo modo, una relación que haya conseguido construir un buen nivel de Mundo-Terapéutico-Existencial, no lo tiene garantizado para un instante posterior. Al igual que en las buenas relaciones de pareja, pasar buenos momentos llenos de intimidad y goce durante algún tiempo no garantiza que dichas condiciones perduren. La relación entre el consultante y su terapeuta puede cambiar radicalmente por múltiples razones en cualquier momento. Las relaciones humanas están llenas de complejidad y misterio, por lo que la relación terapéutica es un terreno amplio que merece la pena seguir reflexionando.

Hace tiempo tuve un consultante en terapia que escribió una serie de reflexiones sobre lo que para él significaba el espacio/tiempo propio del proceso terapéutico. A continuación reproduzco aquí algunos fragmentos de su escrito ya que, desde una mirada poética, expresan su propia perspectiva de lo que es el *Mundo-Terapéutico-Existencial*:

- *Es una posibilidad donde puedo discrepar, oponerme férreamente y pelear por mí. Es la línea de fuego donde cualquiera puede caer mortalmente herido.*
- *Es una ocasión en donde puedo saber qué es lo que yo hago para que las cosas se presenten en mi vida de la forma en que lo hacen, [...].*

- *No es la catarsis, aunque también tenga un lugar reservado. No es tampoco la comprensión a ultranza de lo que no te es dado conocer de mí. Ni siquiera es una exigencia de comodidad sin principios. Es un campo abierto donde el misterio se posa y donde la pasión hace que la intuición tenga cara de demente.*

- *Es un lugar donde la inteligencia se sienta entre nosotros y, por esta virtud, su presencia hace que la lucidez y el fulgor de las perspectivas se enseñoreen. Son las disquisiciones terrenales que se erigen como los símbolos luminosos de la multiplicidad que, aunque sean fugaces, son la certificación de que nadie fuera de mí es el dueño de mi existencia.*

- *Es el reino de la epojé, el cual me da la garantía de que mi arrebato óntico no quede reducido a un concepto glorificado. Es una sala de convergencia donde mis ganas de cogerme a la vecina nunca serán un complejo de Edipo. Es un espacio donde nunca seré transferencia ni autorregulación organísmica, donde nunca seré voluntad de sentido ni creencia irracional. Es el profundo consuelo de que nunca seré una abstracción pretensiosa ni la pieza clave que constate la verdad de un principio teórico. Es donde la fenomenología es desenmascarada y también se le sienta en el banquillo acusada de tendencia, de etiqueta y de doctrina.*

- *Es la tierra de nadie, porque es la tierra maldita de la deconstrucción. Es la subversión de la norma, es la irreverencia de las cosas esenciales, es la exultación de la estupidez, [...].*

- *Es el sitio de mi verdad. Una verdad que tú no conoces ni podrás conocer, pero que yo sí puedo aspirar a atrapar. La verdad a la que tengo que renunciar para continuar poseyéndola. La verdad que tengo que desmentir para poderla confirmar. La mentira de lo que soy y la ficción que te narro. ¿Cómo puedes creer, entonces, que tú seas capaz de presentirme?*

- *Es la atmósfera donde te puedo amar desde mis más profundas carencias y desde el vórtice de mi debilidad, sin que esta experiencia deje de ser un amor genuino ni la expresión más fidedigna de mi solidez.*

- *Es el territorio de la contingencia donde cualquier fisura de la existencia puede ser incluso peor. Es la circunstancia donde se encumbran las rupturas dionisíacas y donde los brotes psicóticos imponen sus mandatos. Es la tumescencia de los fantasmas y la lubricación de las vergüenzas.*

- *Es la reflexión que certifica que mi experiencia no es ciega ni estúpida, que la experiencia, en el aquí y ahora fenomenológico, también razona, también se verbaliza, también discurre, y que no sólo es una abreacción sentida que me acerque o me aleje de ti. Es el descubrimiento de mi pensamiento como el oro preciado de mi vida, y no como la peste que rehúye el humanismo.*

- *Es el sitio en donde puedo sentir la rabia que mi terapeuta descarga contra mí, donde se desnuda mi conmiseración y donde recibo la reprobación de mi existencia aburrida. Es donde se me tritura y donde se deja a mi merced la decisión de rearmarme desde el fondo de la nada.*

- *Es el absurdo al que asisto cada lunes a pagar dinero para que mi terapeuta me diga cómo está viviendo, para que me refute todas mis convicciones, para que me recuerde mi amargura, mi insustancialidad, mi evanescencia, para subrayarme que él no me puede ayudar y que ni siquiera ha podido resolver sus propias dificultades, para que me encañone con su laxitud insolente y para que me emplace a preguntarme si aún así quiero seguir viviendo.*

- *Es la incansable rebeldía que me acompaña hasta las puertas del consultorio, para convencerme de que aún camino, de que aún resoplo, de que aún te puedo mirar cuando me miras. Es el racimo de lágrimas que estremece mi pecho, y que hace que mi furor se desgrane en desconciertos espasmódicos, y que mis ímpetus rubicundos se tornen pálidos y desaliñados, hasta que el miedo y la aflicción vuelven a hacerme sentir insatisfecho y que de nuevo me*

sienta poseído por las ganas de volverme a rebelar.
- *Es el misterio de estar yendo a terapia sin comprender la razón ni el sentido de este heroico viaje semanal, porque asisto sin tener la seguridad de que podré hallar algún alivio, y porque, al contrario, luego me da por creer seriamente que yo soy el ingeniero solipsista de mi propia obra. Es como ir a comprar una metáfora que recubra mi vida de cálidos paños cuando sé muy bien que la naturaleza jamás dejará de ser impía y cabrona, es como ir a tragarme la historia que narcotice mejor mi realidad a pesar de que los cuentos me causan vómito. Tal vez sea la ilusión de que algún día pueda saber algo más concreto de mí mismo, algo que conjure la evidencia de mi insignificancia, algo que me haga sentir parte de la mundanidad.*
- *Es la inopinada sacralización de mi subjetividad. Es la asunción de la titularidad de mi existencia. Es sentir el peso de toda mi vida en mis propias manos, aunque este acto lo viva como haber sido llamado al paredón y como mi condena abominable. Son mis caprichos elevados a la categoría de verdad, es mi ignorancia cotidiana colocada como rigor epistemológico, es mi comportamiento obsceno traducido a ideal moral. Pero jamás es la nivelación, ni el público, ni el filisteo, ni la chabacanería de la masa. Es lo local, lo único, lo singular, lo mío de mí... y ni siquiera eso es.*
- *Es mi camino solitario, aun así pletórico de fuerza y de belleza, sólo porque es el mío, porque lo acojo, porque lo cuido rabiosamente y porque lo menos que espero de ti es que algún día me quieras regalar el tuyo con el objetivo podrido de que pretendas acaballar el mío.*
- *Es el lugar donde me destruyo para poderme crear. Es donde la libertad vuelve a levantar el vuelo para recordarme que no soy nada, pero que de esa nada puedo aspirar a ser algo que nunca podré llegar a ser. Por eso, es el colmo de la conciencia, porque sólo me sé como un anhelo, como algo que se insinúa en el entorno, pero también como algo que se va desvaneciendo sin remedio. Es el*

recuerdo de mi condición, es decir, de mi miseria, de mi devastación y de mi muerte.

- *Es un encuentro inútil donde nada es, pero donde cualquier cosa puede llegar a ser sin poder lograrlo jamás. Es la frustración sistemática de mi búsqueda y el econicho del adolescente que nunca ha encontrado su identidad. Es la congoja de tener que buscar un refugio pacífico a sabiendas de que mi soberbia jamás me permitirá quedarme.*

- *Es el momento de la soledad cumbre, el punto más lejano en donde dos seres humanos se pueden vivir, es el desgarramiento de las entrañas que, cuando lo quiero compartir, más se me pega a las manos y más me ancla a la crudeza de la tierra.*

- *Es un vacío que escuece mi espíritu, que me despoja de esperanzas, que me postra, que me hace dejar de ser y que me mata. Es el llano árido de la vida que las mitologías quieren disfrazar con flores, propósitos y promesas. Es el vacío que amo y que la mercadotecnia me quiere proscribir porque le aterra mi singularidad, porque sabe que el vacío es la cuna de la angustia que hace que mi pene se crispe, de tal modo que la posibilidad de ser siga reinando en el mundo.*

- *Es el cuerpo metafísico que actualiza mi nada y que encierra la posibilidad de mi presencia. Es la unidad vehicular que me permite saber que junto a mí hay otro que, en su ser, seguramente tampoco es nadie aunque lo fustigue y lo zarandee con mi mirada.*

- *Es el mundo del otro que, de acuerdo con la subtextualidad del contrato terapéutico, es la contracara a través de la cual yo aspiro a naturarme, a ser, a constituirme en atrevimiento sin freno, con el riesgo perenne de que mi terapeuta me reduzca a lo naturado y me cosifique, y que sea expulsado del paraíso.*

- *Es plantarme de frente a la vida, y vivirla en cada desafío que me arroja, es poner todo mi coraje en cada encuentro con lo desconocido haciendo acopio de toda la resolución para existir, incluso, para perderme, para resedimentarme y para dejar de existir. Es la oportunidad de hacerme digno sin seguir ningún camino tuyo. Es una contingencia infinita que se repite, se repite y se repite, y que no puedo dejar de abrazar aunque me lacere. Es el momento de tomar aliento, sentarme expectante frente al otro existente y contemplar sin esperanzas mi propia agitación.*

(R.A.A. Ciudad de México 2010).

Al inicio del proceso terapéutico, tanto cliente como terapeuta intentan construir dicho mundo *desde la perspectiva del cliente*. Es la experiencia del cliente la que tiene primacía en un primer momento, aunque dicha experiencia sea vista desde un punto de vista inter-relacional. El terapeuta debe *ganarse el derecho* de participar con su perspectiva (Spinelli, 2007). Una primer tarea de la etapa inicial de la terapia, consiste entonces en que cliente y terapeuta se embarquen juntos en la tarea de construir esta atmósfera. Más adelante, en esta misma obra, se comenta cómo se realiza esta labor.

Las actitudes del terapeuta consistirían básicamente en cinco. Debe encontrar la manera de comunicarle a su consultante lo siguiente[17]:

1.- Me interesas. Realmente deseo conocerte y comprender tu experiencia lo más cercanamente posible a tu perspectiva. Considero que aquello que tienes que decir, merece la pena escucharse. Valoro los conocimientos que tienes sobre ti mismo y sobre tus sufrimientos y dilemas.

2.- Estoy disponible para encontrarnos en los lineamientos de espacio y tiempo que mutuamente acordemos en el encuadre establecido

---

[17] Cada uno de los siguientes puntos deben ser honestos para poder ser expresados. Cuando los terapeutas fingen cualquiera de estos, sus consultantes terminan dándose cuenta —aún a niveles pre-lógicos y pre-verbales— de la falsedad del encuentro, lo que repercute en la no construcción del mundo terapéutico o, incluso, en posibilidades de que alguno de los participantes del proceso experimente frustración o que termine emocionalmente lastimado.

desde el inicio de nuestra relación. Esto implica que en ocasiones te escucharé atento y en silencio, pero en otras te haré preguntas para comprenderte mejor, realizaré comentarios tentativos, me cuestionaré junto contigo, y compartiré en voz alta mis sensaciones, sentimientos, pensamientos, creencias, o experiencias que note en mí, sobre los temas que conversemos.

3.- Deseo construir entre nosotros una relación y un vínculo honesto. Mi intención es hablar contigo, no sobre ti, compartirte mis impresiones, ideas y emociones contigo, no acerca de ti. Espero lograr estar disponible para tocar y ser tocado emocionalmente con nuestros encuentros, y para escuchar cualquier temática o situación que desees compartirme, permitiéndome estar abierto a reconocer las experiencias que surjan como producto de nuestra forma de relacionarnos.

4.- Acepto que nos rodea una gran incertidumbre, y que en ocasiones no sabré cómo responder a tus experiencias. Espero permanecer abierto y con inocencia ante el misterio que nos envuelve, reconociendo que al hablar sobre tus experiencias, sabrás más tú que yo sobre ellas; y deseo poder aprender de ti lo que más pueda.

5.- Deseo lo mejor para ti y para tu existencia, aún cuando ninguno de nosotros sepa a ciencia cierta qué sea eso.

Para todo ello es importante escuchar de manera activa, no pasiva, natural y no cómo una técnica[18]: realizando las pausas naturales de una conversación reflexiva, no intentando arribar a una comprensión apresurada, recordando que la completa comprensión es un proceso que nunca termina y es imposible de realizar totalmente, siendo tentativos en nuestros comentarios, y permaneciendo abiertos a seguir aprendiendo de lo que nuestro consultante puede compartirnos.

En un congreso internacional sobre terapia Gestalt, escuché una interesante disertación sobre lo necesario que resulta que el terapeuta experimente un verdadero interés hacia la persona y existencia de su

---

[18] En el capítulo cinco del presente libro incluyo algunas reflexiones sobre la escucha desde el punto de vista existencial que son aplicables tanto a la Terapia Existencial como al Coaching Existencial.

consultante. Durante la conversación, una de las participantes mencionó que para ella, había una diferencia importante entre sentir *interés* y sentir *curiosidad* hacia el otro. Mencionó que se sentía más cómoda si alguien le decía que sentía interés por ella, a si le decía que sentía curiosidad. En el primer caso, lo experimentaba como algo que la tomaba en cuenta, que surgía ante y desde la relación misma; mientras que en el segundo, lo experimentaba como algo *propio* de la persona que sentía curiosidad, donde ella era simplemente el receptáculo de su mirada observadora. Aunque no estoy seguro de que necesariamente el origen y uso común de dichas palabras, por la mayoría de la gente o de los terapeutas, reflejen la experiencia de esta persona; independientemente de ello, su aportación enriqueció mi forma de comprender dichos conceptos. La actitud terapéutica a la que aquí me refiero, se parece más a su definición de *interés*. Es un deseo de acercarse al conocimiento y comprensión del otro que resulta de la relación misma, y no es anterior a ella. El terapeuta necesita estar atento, desde los primeros momentos del primer encuentro, si dicha relación le genera interés por la persona de su consultante y su existencia, ya que el interés es una reacción espontánea que no puede fingirse ni auto-provocarse.

Si seguimos los puntos hasta aquí mencionados, resulta en extremo complejo tener una relación terapéutica con quien, al mismo tiempo, se mantiene una relación emocional cercana (amigo, familiar o pareja, etc.). Y por lo mismo, la terapia suele requerir de un tiempo y lugar específico (como un consultorio) lo cual no implica que, extraordinariamente, no sea posible variar dichas condiciones y contextos.

No sucede así con el Coaching Existencial. Como se mencionó anteriormente, este puede realizarse caminando por un parque o en una cafetería. Podría durar tan sólo unos pocos minutos o varias horas seguidas. Puede compartirse con una persona cercana como un hermano, la pareja o un hijo. Se trata de una labor humana, más que de un desempeño profesional (aunque algunos pueden hacer de él toda una profesión).

Como expresamos anteriormente, de esto puede concluirse que todo terapeuta existencial debe contar con las habilidades propias de un coach existencial. Mas cualquier persona, aún sin desear convertirse en terapeuta, puede beneficiarse de las habilidades del Coaching Existencial. Las herramientas que proporciona la aplicación práctica de la filosofía y fenomenología existencial pueden facilitar el desarrollo de cualquier persona, en su manera de relacionarse interpersonalmente y, con ello, mejorar su calidad de vida.

Diferencias y similitudes entre Terapia y Coaching Existenciales

Como se mencionó anteriormente, la diferencia fundamental entre estas dos formas de práctica fenomenológico-existencial la encontramos en los propósitos de los involucrados. Esto provoca que pueda ser muy difícil (si no es que imposible) que a través de la observación de una sesión única –sobre todo si se trata de una de las primeras, los observadores alcancen a determinar si se trata de una sesión de Coaching Existencial o de Terapia Existencial. Un encuentro único, puede ser visto a los ojos de un observador como exactamente idéntico y sin posibilidad de realizar una distinción entre estas dos formas de conversación existencial. De hecho, algunas personas que han observado una muy buena sesión de Terapia Existencial, han llegado a comentar que en ocasiones no han sabido distinguir *quién es el cliente y quién el terapeuta*[19]. Si video-grabáramos una sesión de **Terapia Existencial** y otra de Coaching Existencial, y posteriormente las proyectamos a un grupo formado tanto por estudiantes novatos y avanzados, como por expertos, muy probablemente tendrían muchas dificultades para distinguir cuál es cuál. El problema es que en el supuesto video nunca veríamos los propósitos, que es un aspecto propio de la experiencia, sólo podríamos observar los comportamientos.

---

[19] En la perspectiva existencial la relación puede ser de tal intimidad y espontaneidad, que los roles dejan de ser claramente distinguibles. El que tiene el rol de *cliente* puede en ocasiones hacer preguntas al *terapeuta*, quien suele contestarlas con toda honestidad, lo que provoca que, a las miradas externas, los roles no resulten claros. Después de todo, la identificación rígida con un rol y sus características se corresponde con una de las formas de *mala fe*, como las describe Jean Paul Sartre.

En el Coaching Existencial la conciencia de los participantes está dirigida hacia la *temática específica (contenido) que motivó la búsqueda del apoyo*, mientras que en la terapia se dirige hacia el *proceso existencial del cliente y a la co-construcción del Mundo-Terapéutico.* Resumiendo, dentro de las *similitudes* básicas entre la Terapia Existencial y el Coaching Existencial encontramos:

-Ambas son formas específicas de conversación, encaminadas a la descripción y clarificación de las experiencias de la persona o personas que soliciten el servicio.

-Son conversaciones colaborativas, apoyadas en el interés de quien ofrece el servicio para conocer de manera un poco más profunda a la persona que lo solicite, acercándose en la medida de lo posible a la comprensión de sus dilemas, motivaciones, experiencias, emociones, pensamientos, historia, etc.

-Son formas de análisis conjunto, realizado entre los participantes, de los elementos que constituyen la existencia, el ser-en-el-mundo de quien solicita el servicio, y las diversas formas de relación-con-el-mundo en general, y de relación interpersonal en particular. Son una forma de *equipo reflexivo*. Me parece importante aclarar que, en la perspectiva existencial, la reflexión y el análisis al que me refiero no son acciones meramente racionales o intelectuales, sino actividades que implican la experiencia corpórea y emocional.

-Tanto en una como en la otra, los participantes analizan la forma como se van construyendo y desarrollando las experiencias.

-En ambas se contrastan diversas perspectivas (pudiendo recurrir a posiciones clásicas del pensamiento filosófico existencial), con la finalidad de facilitar la conciencia de la perspectiva actual del consultante.

-Ponen atención a la formación de significados (tanto desde el nivel corpóreo y emocional, como de los aspectos más racionales y/o espirituales) y a la (re)elaboración e influencia de la filosofía personal sobre la vida.

-Ambas son formas de relación en las que la persona que ofrece el servicio renuncia a buscar: cambiar al otro, curarle, mejorarle, educarle, aconsejarle, dirigirle, sanarle, ayudarle a ser más 'real', más lógico, más congruente o más auténtico, etcétera.

-Tanto el Coaching Existencial como la Terapia Existencial, se apoyan principalmente en la fenomenología existencial y hermenéutica como visión del mundo, como actitud ante el otro, y como método fundamental; mediante el cual realizan la exploración de las narraciones que comparten. Todos los involucrados del proceso se convierten en co-investigadores fenomenológicos de la existencia o, como prefiere decir Yalom (1989): en *compañeros de ruta*.[20] Ninguno es el *experto* en la existencia o en cómo debiera vivirse. Ambos comparten el *no-saber*, y se adentran en la exploración de la reflexión sobre las experiencias.

Aun cuando la forma de entender estas formas de práctica fenomenológico-existencial puede ser muy variables y dependientes de los diferentes contextos de aplicación, me permitiré incluir aquí una primera aproximación a las posibles distinciones entre dichos procesos existenciales de coaching y de terapia. Se trata de una serie de sugerencias pensadas principalmente para fines didácticos ya que, como mencioné anteriormente, estas prácticas tienen más en común de lo que las distingue, y en muchas ocasiones resulta muy difícil separarlas.[21]

---

[20] La perspectiva fenomenológica se revisa con mayor profundidad más adelante en este mismo texto. Por el momento es posible comentar que se refiere al reconocimiento de que es imposible conocer *LA VERDAD*, ya que siempre tenemos una mirada parcial de la realidad; y al mismo tiempo, siempre interpretamos o traducimos la información que llega a nuestros sentidos, en el acto mismo de captarlos. La percepción es una acción no solamente pasiva-receptiva, sino también activa y aportadora de significados. La acción fenomenológica consiste básicamente, al aceptar la postura anterior, en describir a niveles crecientes de profundidad, aquello que sea el objeto a investigar. En el caso de la terapia o el asesoramiento filosófico: las experiencias (vivencias, creencias, emociones, pensamientos, sensaciones, acciones, movimientos, etc.) que viva la persona que solicita el servicio. Más que interés en la "verdad", la perspectiva existencial busca desarrollar la *veracidad*.

[21] Para los lectores interesados en seguir reflexionando sobre las diferencias entre estas formas de aplicación de la fenomenología-existencial, sugiero la lectura del libro

Las diferencias más significativas entre uno y otro proceso de relación pueden diferenciarse en el siguiente cuadro:

	Coaching Existencial	**Terapia Existencial**
¿Quién puede ofrecer el servicio?	Cualquier persona, aun sin entrenamiento para ello, reconociendo que *es posible prepararse profesionalmente para un mejor desempeño* de esta labor humana. Todos hemos ofrecido o recibido este tipo de apoyo en algún momento de la vida. El entrenamiento potencializa el servicio, mas no es indispensable.	Un profesional calificado, con entrenamiento sólido en filosofía, psicología y terapia existenciales; que haya pasado por un proceso de terapia personal (de orientación existencial) y que se encuentre en, o haya recibido durante un tiempo considerable, supervisión de procesos terapéuticos. La labor como Terapeuta Existencial requiere de una certificación otorgada por alguna institución reconocida en dicha área.
¿A quién está dirigido el servicio?	A cualquier persona que desee tomar un tiempo para explorar de manera colaborativa algún aspecto específico de su existencia.	A cualquier persona que solicite el proceso y esté dispuesta a pasar un tiempo –de mediano a largo plazo– explorando, describiendo y clarificando su existir, a partir de un aspecto específico que desee analizar, o de manera general sobre su existencia.

de Ernesto Spinelli, *Demystifying Therapy.*
A través de la FICE (Federación Internacional de Coaching Existencial. Asociación formada en el 2015, originalmente creada por coaches existenciales de países como Colombia, Uruguay y México) se tiene programada la aparición en el 2017 de un libro compilatorio de distintos autores en donde se describa con mayor detalle las diferencias y similitudes entre estas formas de práctica.

¿Hay alguna restricción para esta forma de relación?	Ninguna. Basta con que los involucrados estén en la disposición de realizar un proceso de escucha, atención y descripción de la situación a clarificar.	Resulta muy valioso que la relación terapéutica sea la forma de vinculación más importante entre los involucrados, lo que excluye a personas con quienes tenemos relación cercana. Es decir, no resulta conveniente establecer una relación terapéutica entre personas que tienen algún otro vínculo entre sí, sobre todo si este otro tiene una carga emocional significativa o un rol jerárquico muy específico para alguno de los involucrados.
¿Qué lugar resulta adecuado para esta labor?	Cualquier lugar donde los participantes se sientan cómodos para la conversación.	Es conveniente que sea un lugar constante y estable, que se sienta seguro e íntimo para todos los participantes, donde no estén sujetos a interrupciones.
¿Cuál es la duración de esta práctica? (Por encuentro y en totalidad).	Tanto el tiempo que dura cada conversación, como el tiempo de duración del proceso completo, dependerá específicamente de lo que los participantes acuerden; pudiendo encontrarse una sola o en muchas ocasiones, durante poco o mucho tiempo en cada una de dichas reuniones. No se requiere de reuniones sistemáticas ni estables.	Generalmente, el establecimiento del Mundo-Terapéutico-Existencial toma tiempo, por lo que una Terapia Existencial rara vez se realiza en menos de 12 sesiones. Existen procesos prolongados que duran más de tres años (*después de todo ¿cuándo terminamos de analizar nuestra existencia?*). La duración de la sesión a menudo varía entre 45 y 120 minutos, aunque se busca que se mantenga estable, y se acuerda entre los participantes al inicio de la relación.

¿En qué consiste el proceso de esta práctica?	La tarea consiste en la descripción, exploración y clarificación de la temática que se acuerde entre los participantes de la relación.	Además de las tareas del Coaching Existencial, en terapia se exploran las relaciones entre la temática y otros aspectos de la vida del consultante; así como el proceso de co-construcción del mundo terapéutico existencial, y de aquello que lo promueve o lo obstaculiza. [22]
¿En qué pone su atención quien ofrece el servicio?	La conciencia del coach existencial está dirigida hacia la temática específica que el consultante desea explorar. Independientemente de la duración del proceso, el foco está puesto principalmente sobre el *contenido* de la conversación.	La conciencia del terapeuta existencial está dirigida también a la co-construcción del Mundo-Terapéutico, y a la exploración del mismo. Por ello la atención está más puesta en el *proceso* mismo, que en el contenido, puesto que se propone observar las formas cómo los contenidos van desplegándose a través del tiempo. El foco se desplaza entre contenidos y procesos, pudiendo amplificarse hasta abarcar distintas dimensiones de la existencia.

---

[22] La teoría de la Terapia Existencial contiene una serie de lentes para realizar una exploración profunda de lo que significa el ser/estar-ahí y el ser/estar-con de cada uno de los participantes. Aunque el terapeuta no necesariamente haga explícitos los aspectos de su perspectiva con respecto a ello, es importante que mantenga una atención constante sobre los mismos, y una cierta disponibilidad para explicitarlos en caso de considerarse necesario y apropiado.

| ¿Cuál es el propósito de esta práctica? | Describir, explorar y clarificar, la situación que motivó el inicio de la conversación. | Describir, explorar, clarificar, analizar[23], comparar, y ampliar la perspectiva de las situaciones que motivaron esta relación, y de aquellas otras que surjan con el tiempo o que afecten o se vean afectadas por la situación original; tratando de sostener las experiencias emocionales que provoque lo anterior. Explorar la forma como la existencia se revela y despliega, mientras nos encontramos juntos analizándola, lo que incluye la constante observación y análisis conjunto del proceso y la relación terapéutica. |

---

[23] Me parece importante recordar que, para nuestra perspectiva, analizar no consiste en una labor meramente racional o intelectual, sino que involucra todo nuestro ser.

*Si la filosofía es el intento de comprender lo incomprensible
y de encarar las grandes incógnitas de la humanidad [...],
entonces abarca los misterios del comienzo y del fin,
del ser y de la nada, del nacimiento y de la muerte,
y, sobretodo, del bien y del mal.
Todos estos constituyen interrogantes a los cuales el saber
no parece poder ofrecer una respuesta.*
Hans-Georg Gadamer.

*¿Nos atreveremos a soltar la seguridad
que nos aporta el modelo médico o clínico? ... Y entonces:
¿tendremos la capacidad de adoptar
una perspectiva filosófica del trabajo terapéutico?
Este es el reto al que nos convoca la* **Terapia Existencial.**

117

Capítulo 2 La Fenomenología-Existencial y la Terapia

*Hacer terapia existencial es, en gran medida,
el equivalente a conducir una investigación
fenomenológica estructurada y, en este sentido,
la terapia (y/o el diálogo) es la metodología.*

Ernesto Spinelli

La fenomenología es considerada, fundamentalmente, un método de aproximación de la realidad. Dicho método fue desarrollado principalmente por Edmund Husserl (1859-1938). Algunos de sus discípulos y/o seguidores continuaron desarrollando su perspectiva, aunque llevándola hacia direcciones distintas e incluso contradictorias con la postura original de Husserl. La **Terapia Existencial** que aquí propongo, se inspira y apoya en la fenomenología existencial y hermenéutica, es decir, aunque originada en Husserl, se trata de una posición que va más allá de él hacia la dirección que le imprimieron pensadores como Martin Heidegger (1889-1976), Jean Paul Sartre (1905-1980) y Maurice Merleau-Ponty (1908-1961). Esto implica que no sólo será tomada en cuenta como un método sino que, principalmente, la fenomenología aporta a este modelo de terapia una *cosmovisión* y una *actitud*, lo que se expondrá en el capítulo 3 del presente texto.

Antecedentes

El pensamiento existencial tiene raíces que pueden rastrearse desde el inicio de la civilización humana. El filósofo de la antigua Grecia, Heráclito de Éfeso, (ca. 535-484 a.C.), por ejemplo, es clásicamente reconocido como uno de los precursores del pensamiento existencial, sobre todo por su perspectiva de que el fundamento básico de la realidad es el cambio constante y el movimiento. Este pensador puso el acento en la importancia de los opuestos o polaridades, aunque parecieran contradictorios, porque se requieren el uno al otro para existir en este movimiento constante. Se le atribuye la frase de que "No es posible bañarse dos veces en el mismo río", aunque algunos opinan que una mejor traducción sería: *En el mismo río entramos y no entramos, pues somos y no somos [los mismos]*. Sin embargo, en ambas versiones se mantiene la idea del movimiento y de la no-continuidad que son la clave del pensamiento de Heráclito.

Maurice Friedman (1964) propuso que pueden encontrarse antecedentes de la perspectiva existencial en diversos textos antiguos como en el *Antiguo Testamento* de la *Biblia*: encontramos ejemplos en algunos *Salmos*, en el *Libro de Eclesiastés*, o en el *Libro de Job*. También hay antecedentes en el *Nuevo Testamento*, principalmente en la versión del *Sermón de la Montaña* que se encuentra en el Evangelio según Mateo. Así mismo, se hallan varios elementos en el Jasidismo, en las obras del Maestro Eckhart (ca.1260-ca.1328) filósofo y místico alemán, y en el pensamiento filosófico de Blaise Pascal (1623-1662), entre otros.

Los psicólogos Schneider y May (1995) por su parte, mencionan algunas raíces presentes en la filosofía oriental, como en los pensamientos de Lao Tzu (ca. siglo IV o VI a.C.), el escritor del *Tao Te Ching*, libro básico del Taoísmo; y Siddartha Gautama (ca. siglo V-IV a.C.), el iniciador del Budismo. Igualmente, incluyen en las *raíces filosóficas* del pensamiento existencial a Sócrates (470-399 a. C.) y en las *raíces psicológicas* ubican a William James (1842-1910) y a Otto Rank (1884-1939).

Por supuesto, también es posible encontrar ideas que caracterizan a la visión existencial actual en grandes obras de la literatura como, por ejemplo, en Tolstoi (1828-1910), Dostoievski (1821-1881), Kafka (1883-1924), Goethe (1749-1832), Ionesco (1909-1970) o en el Hamlet de Shakespeare (1564-1616).

En otras palabras, es posible encontrar algunas ideas *existenciales* en muchos de los grandes pensadores de la historia de la humanidad.

Después de todo, eran y son, personas que, como nosotros, se enfrentan cotidianamente a dilemas y paradojas existenciales, muchas de las cuales resultan compartidas por todos los seres humanos porque son características o *atributos* existenciales.

Existe un acuerdo, más o menos generalizado, de que el pensamiento existencial en filosofía surgió durante el siglo XIX a partir de las reflexiones de Soren Kierkegaard (1813-1855) y de Friedrich Nietzsche (1844-1900). Este estilo de reflexión se vio reforzado por los estudios de Edmund Husserl (1859-1938) y por el movimiento fenomenológico que éste impulsó.

Posteriormente, se comienza a hablar de *filosofías de la existencia* a partir de filósofos como Martín Heidegger (1889-1976), Karl Jaspers (1883-1969), Jean Paul Sartre y Simone de Beauvoir (1905-1980 y 1908-1986, respectivamente), Martin Buber (1878-1965), Maurice Merleau-Ponty (1908-1961), etcétera, además de Kierkegaard y Nietzsche, como mencioné anteriormente. A partir de Heidegger, quien fuera en sus inicios ayudante de Husserl, quizás sería más apropiado referirnos al movimiento *fenomenológico-existencial* o *existencial-fenomenológico* ya que varios de los principales pensadores existenciales se inspiraron y apoyaron en el acercamiento fenomenológico a la realidad.

Es importante repetir que estos filósofos no representan una línea de pensamiento unificada. Existen múltiples diferencias entre las ideas que sustentan y, en ocasiones, incluso entran en contradicción. Una forma de esquematizarlo consiste en que cada uno de estos pensadores han señalado los mismos puntos de reflexión aunque desde diferentes puntos de vista. Decir que sus opiniones son siempre contradictorias, sería como *quedarnos viendo los dedos y olvidar la luna que señalan*. Lo interesante es que también presentan varias similitudes en cuanto a la forma de encarar el problema existencial del hombre y los cuestionamientos que los seres humanos se hacen a sí mismos, aunque lleguen a distintas respuestas. Después de todo, lo importante no son las respuestas, sino la manera de hacernos preguntas, porque éstas son las que pueden conducirnos hacia una dirección plenamente existencial.

Más adelante presentaré un breve resumen de las principales propuestas de la visión filosófica existencial. Lamentablemente una revisión más detallada de éstas escapa a los objetivos de la presente obra[24].

Breve historia de la Fenomenología

Ciertas formas de aproximación fenomenológica pueden encontrarse en muchos momentos de la historia. Algunos autores consideran que, por ejemplo, las *Confesiones* de San Agustín (354-430) son una versión de descripción fenomenológica, porque ofrecen un sincero acercamiento a sus vivencias y experiencias a través de recuerdos, sentimientos, deseos y pensamientos. El mismo Husserl citaba la afirmación de San Agustín de *volverse hacia sí mismo*, aunque de esta forma también se tendría que incluir a Kierkegaard, quien recurrió en varios de sus escritos a un estilo de *diario* donde describía sus experiencias cotidianas. Así mismo, la propuesta de Descartes (1596-1650) acerca de iniciar cualquier investigación, filosófica o no, a partir de la *duda*, puede considerarse una invitación a la fenomenología, aunque su dualismo clásico, que separa la mente y la materia, ha sido punto de referencia para amplias discusiones en el campo de la fenomenología, sobre todo por el intento de alejarse de esta perspectiva (Misiak & Sexton, 1973).

El término *fenomenología* como tal comenzó a utilizarse en el siglo XVIII. Grandes pensadores como Kant (1724-1804), Hegel (1770-1831), Brentano (1838-1917) y Stumpf (1848-1936) utilizaron este vocablo, aunque cada uno lo entendía de manera particular. Cuando Edmund Husserl lo utilizó a principios del siglo XX, le aportó un nuevo significado y una renovada importancia. Para él la fenomenología se trataba de una *ciencia del fenómeno*, es decir, de los objetos tal como

---

[24] El lector interesado puede dirigirse a un texto de mi autoría: *Filosofía Existencial para Terapeutas y uno que otro curioso*. Editorial LAG. México.

son experimentados, percibidos o que se encuentran presentes en nuestra conciencia.

Husserl es sin duda el principal exponente de la fenomenología, aunque sería incorrecto identificar todo el pensamiento fenomenológico con sus puntos de vista. Sería como identificar el psicoanálisis entero con el pensamiento y los escritos de Freud, y dejar fuera los aportes de otros grandes psicoanalistas.

A lo largo del tiempo han surgido varias orientaciones divergentes dentro de la fenomenología, algunas de las cuales se han alejado de las intuiciones de Husserl, mientras que otras se han opuesto de manera radical. Para muchos fenomenólogos posteriores a Husserl, las propuestas de este último terminaban acercándolo al idealismo Neo-Kantiano[25], lugar de donde, originalmente, él mismo había buscado despegarse. El énfasis que desarrolló en la búsqueda de una suspensión radical de lo que llamó *actitud natural*, es considerado no sólo como imposible, sino como indeseable por buena parte de los fenomenólogos posteriores (Spinelli, 1994; Moran, 2004;).

Husserl en sus últimos años se veía a sí mismo como "un líder sin seguidores" (Moran, 2004, p. 2); y en 1931 se declaró a sí mismo el "más grande enemigo del movimiento fenomenológico" (Ibídem). Otro gran fenomenólogo, Paul Ricoeur (1913-2005), señaló que la historia de la fenomenología es la historia de las herejías hacia Husserl (Moran, 2004).

Heidegger por ejemplo, se alejó radicalmente del pensamiento de Husserl, quien había sido su maestro y mentor, lo que provocó en éste una "dolorosa decepción" (Misiak & Sexton, 1973).

Otro importante propagador del movimiento fenomenológico fue Max Scheler (1874-1928), quien no sólo se alejó del pensamiento de Husserl, sino que además dedicó una buena parte de sus reflexiones a temas importantes para la psicología tales como el amor, los valores,

---

[25] El neokantismo buscaba recuperar la doctrina de Kant (que concibe al sujeto como poseedor de una serie de estructuras que van dando forma y construcción al conocimiento) contra el idealismo especulativo de Hegel.

la simpatía y los aspectos emocionales y cognitivos de las relaciones interpersonales. La logoterapia es, quizá, la perspectiva existencial en psicología que más ha tomado en cuenta las conclusiones de este pensador. Sin embargo, sus reflexiones se alejan de la línea fenomenológica a partir de 1911.

En cuanto al desarrollo de la fenomenología en sus múltiples ramas, puedo destacar las siguientes:

- En Estados Unidos destacaron en los años 30: Marvin Farber (1901-1980), quien fundó la revista *Philosophy and Phenomenological Research,* y John Wild (1901-1972), quien fuera alumno de Heidegger y que se interesó por la unión de la fenomenología y el existencialismo. Posteriormente, varios europeos que se establecieron en este país, iniciaron nuevos rumbos del pensamiento fenomenológico. Entre ellos, se encuentran Alfred Schutz (1899-1959), quien se interesó en la aplicación de la fenomenología a los problemas sociales, Aron Gurwitsch (1901-1973), cuyo interés se situó en el campo de la investigación sobre la conciencia, Dietrich von Hildebrand (1889-1977), investigador de la ética, valores y la religiosidad, Paul Tillich (1886-1965), filósofo y teólogo fuertemente influenciado por el pensamiento existencial y que posteriormente ejerció un rol fundamental en el desarrollo de la perspectiva terapéutica existencial del psicólogo Rollo May (1909-1994), de quien hablaré más adelante en el presente libro, y Herbert Spiegelberg (1904-1990), quien jugó un importante papel en el desarrollo de la fenomenología en Estados Unidos (Misiak & Sexton, 1973).

- La psicología de la forma, o psicología de la Gestalt, desarrollada principalmente por Kurt Koffka (1886-1941), Max Wertheimer (1880-1943) y Wolfgang Köhler (1887-1967), surgió a partir de intereses similares a la fenomenología ya que intentaba separarse de la psicología positivista o reduccionista imperante de la época. Sus investigaciones llegaron a conclusiones muy similares a las fenomenológicas, aunque por una vía independiente.

- Otros psicólogos que fueron influenciados por la fenomenología fueron Karl Bühler (1879-1963) y Frederic Buytendijk (1887-1974). Este último reflexionó de manera importante sobre *el encuentro*, concepto que fue retomado por la terapéutica existencial, al referirlo como una relación o comunicación significativa entre personas que pueden expresarse en distintas formas más o menos íntimas, y a diferentes niveles.

- En el campo de la filosofía, además de Heidegger, las perspectivas existenciales de Jean-Paul Sartre, Gabriel Marcel (1889-1973), Maurice Merleau-Ponty, Emmanuel Lévinas (1905-1995) y Paul Ricoeur, entre otros, se vieron fuertemente influenciadas por este movimiento.

Fenomenología y Hermenéutica

Es posible decir que la fenomenología existencial es una forma incipiente de hermenéutica. Varios de los grandes desarrolladores de la hermenéutica en épocas contemporáneas fueron, a su vez, intensos estudiosos de la fenomenología. Sin embargo la forma que estos desarrollaron es, también, un intento de separarse de la fenomenología trascendental desarrollada por Husserl, y movilizarse hacia una fenomenología existencial, como aquella impulsada por Heidegger.

El término hermenéutica proviene del griego ἑρμηνευτικὴ que significa expresar o enunciar un pensamiento, descifrar e interpretar un mensaje o un texto. Es posible rastrear sus raíces desde la mitología griega con el dios Hermes, el mensajero de los dioses, quien se encargaba de mediar la comunicación entre los dioses y los hombres, o entre los dioses mismos. H.G. Gadamer (1900-2002) desarrolló una forma de hermenéutica a partir de aplicar las ideas fenomenológicas de Heidegger al diálogo vivo, a la conversación hablada y/o escrita.

Hoy en día se llama hermeneuta a aquel que se dedica a interpretar y descubrir el sentido de los mensajes y los textos, facilitando su comprensión.

Aunque la tarea hermenéutica puede rastrearse desde Aristóteles (384-322 a. C.), fue hasta el romanticismo de finales del siglo XVIII, con el trabajo de Friedrich Schleiermacher (1768-1834) sobre la interpretación y exégesis de la Biblia, que se constituyó como una disciplina autónoma. Más tarde Dilthey (1833-1911) la aplicó especialmente para lo que denominaba *ciencias del espíritu*, entre las que se encontraban la filosofía y la psicología.

En la actualidad esta disciplina toma nuevas direcciones, destacando las desarrolladas por Heidegger, Gadamer, Vattimo (n. 1936), Pareyson (1918-1991) y Ricoeur, las cuales se encuentran fuertemente influenciadas por el pensamiento de Nietzsche y los modelos de fenomenología que se separaron de Husserl, como es el caso de la fenomenología existencial. Entre algunos de los grandes fenomenólogos cercanos a la hermenéutica se encuentran: Foucault (1926-1984), Derrida (1930-2004), Habermas (n. 1929), Apel (n. 1922), Rorty (1931-2007), etcétera. Cualquiera de ellos ofrece intuiciones dignas de tomar en cuenta en cualquier desarrollo psicológico o terapéutico.

Desde estas perspectivas, la verdad suele ser entendida como producto de la interpretación, como un discurso influido por la cultura, contextos, creencias, saberes y las instituciones propias del momento histórico. Cualquier conocimiento de las cosas viene mediado por una serie de prejuicios, expectativas y presupuestos recibidos de la tradición, que dirigen, orientan y limitan nuestra comprensión. *La verdad sólo puede ser parcial, relativa al contexto y temporal, pasajera y transitoria.* Y el Ser, tanto en su vertiente *mundo* como en la vertiente *hombre,* se concibe como <u>*textos, narraciones o discursos*</u> en permanente proceso de *elaboración* y *expresión* continua.

En otras palabras, tanto el mundo como el ser humano son vislumbrados como expresiones continuas e inconclusas, escribiéndose a cada momento de manera inter-conectada e inter-influenciada. No hay forma en que una persona no sea una serie de textos en expresión. Es imposible dejar de narrar la propia historia mientras existimos. El simple hecho de existir significa expresar y narrar un texto. Más que preocuparse por tener oportunidades para expresarse, vale la pena poner atención a aquello que expresamos con nuestros silencios y con nuestros sonidos. El ser humano habla cuando habla, habla cuando calla, habla cuando come y cuando duerme: *el que tenga oídos para oír... ¡que oiga!*

La **Terapia Existencial** se constituye como un *proceso hermenéutico de inspiración fenomenológica y existencial*, donde cada uno de los participantes, cliente o paciente y terapeuta, se encuentran sesión a sesión para realizar un trabajo de análisis conjunto, en el cual, a través del encuentro, van re-significando los aspectos más importantes de la vida del primero, re-interpretándolos y aportándoles nuevos sentidos.

Psicología Fenomenológica

Específicamente en el campo de la psicología, la fenomenología se ha ido abriendo campo entre las posturas más naturalistas y positivistas que tienden a dominar la investigación.

Dentro de este campo destacan figuras como Kurt Goldstein (1878-1965) quien, a pesar de no llamarse a sí mismo fenomenólogo, desarrolló obras e investigaciones que se encuentran en cercanía y paralelismo con la perspectiva fenomenológica. Principalmente sus propuestas acerca de que el ser humano sólo puede ser entendido si es visto de forma holística —en oposición a estudiarlo como si se tratara de múltiples partes que se relacionan entre sí—, tienen una importante repercusión para las psicologías y terapias de orientación fenomenológico-existencial.

Aron Gurwitsch, quien ya mencioné en el apartado anterior, y Eugene Gendlin (n. 1926) también han realizado aportes fenomenológicos al campo de la psicología. Gendlin es principalmente conocido por su propuesta para una metodología terapéutica que denominó *Focusing*, aunque sus estudios sobre la experiencia y el *experienciar*, es decir, sobre la experiencia vista desde una perspectiva procesual, resultan de amplio interés desde una perspectiva fenomenológica. Las propuestas de Gendlin son ampliamente aplicables y útiles en el estilo de **Terapia Existencial** que propongo en el presente texto.

En Europa durante los años 20, floreció una nueva dirección en los estudios sobre psicopatología que incluía la visión fenomenológica. Figuras como Karl Jaspers, Ludwig Binswanger (1881-1966), Viktor von Gebsattel (1883-1963) y Erwin Strauss (1891-1975), principalmente, se destacaron en esta área. Como sus aportes son principalmente relevantes al inicio de la terapia fenomenológico-existencial, se revisarán en el siguiente apartado.

En 1980 la Universidad de Duquesne en Pittsburg, Estados Unidos, abrió un centro especialmente dedicado a la investigación y desarrollo de la psicología de orientación fenomenológica. Sus contribuciones han ganado tal reconocimiento, que actualmente es conocida como *la capital de la psicología fenomenológica en el nuevo mundo*. Algunos de los investigadores que desatacan son John Wild (1902-1972) y Amadeo Giorgi (Giorgi continúa siendo uno de los principales líderes mundiales en el pensamiento fenomenológico).

En Brasil se han desarrollado diversos movimientos a favor de una psicología fenomenológica. Por ejemplo, en la Universidad Metodista de Sao Paulo existe un grupo importante de pensadores de esta línea. Sin embargo, quizá porque sus principales escritos están en portugués, no han tenido una buena difusión a nivel internacional, a excepción de Portugal, donde también hay grupos interesados en esta perspectiva.

Ciertos autores consideran que existen tres formas distintas de hacer psicología fenomenológica:

- *Actitud fenomenológica*.- Desarrollada a mediados del siglo XIX, intenta oponerse al naturalismo positivista, porque se basa en el respeto a la experiencia personal y subjetiva al destacar la descripción de las vivencias psicológicas, formuladas en primera persona, por encima de las explicaciones teóricas.

- *Psicología fenomenológica.-* Es la psicología que sigue de manera más o menos apegada a las investigaciones de Husserl. Abarca desarrollos de la investigación sobre la intencionalidad y la conciencia trascendental, y estudios sobre la conciencia eidética de los fenómenos psíquicos (o intuición de las esencias básicas), es decir, sobre una ciencia a priori de la conciencia.

- *Las psicologías fenomenológico-existenciales.-* Surgen a partir de las reflexiones realizadas por los filósofos de la existencia, quienes cuestionan las formas cotidianas de acercarse al estudio de la realidad para proponer nuevas perspectivas más comprensivas e inter-relacionales (Durán, 2000).

En el presente escrito me refiero a la fenomenología existencial como una combinación de la primera forma con la tercera, o sea, como un respeto por la validez de la experiencia personal y la valoración de las descripciones de la vivencia de primera mano, todo esto dentro de un marco inter-relacional.

Fenomenología Existencial y Terapia

Los orígenes de la vinculación entre fenomenología existencial y terapia se pueden encontrar a principios del siglo XX, en primer lugar, a través del trabajo de Karl Jaspers, en Alemania. Paralelamente, se encuentra el trabajo de los psiquiatras suizos Ludwig Binswanger y Medard Boss (1903-1990), quienes fueron influenciados principalmente por el pensamiento del filósofo Martin Heidegger. Estos psiquiatras crearon una perspectiva terapéutica alternativa al psicoanálisis y al pragmatismo positivista que se encontraban en boga. Los tres voltearon hacia la filosofía desde la psiquiatría, en un intento por alcanzar una mayor comprensión de sus pacientes. Estas primeras aplicaciones de la fenomenología han sido continuadas por otros pensadores.

Entre 1915 y 1920 hubo algunos desarrollos en dirección de una *psiquiatría fenomenológica,* propuestos por Blondel (Romanella & Geltman, 1996). También es importante mencionar los estudios realizados por Eugene Minkowski (1885-1972), considerado por algunos como el *padre* de este tipo de psiquiatría, quien sin duda forma parte del primer círculo de pensadores importantes de este estilo de pensamiento en psiquiatría.

Otro aspecto a destacar es que, aunque todos estos autores se sentían motivados en una búsqueda similar, no hay acuerdos oficiales o formales entre ellos, por lo que no se desarrolló una forma unificada de Terapia Fenomenológica y Existencial. En lugar de hablar de una **Terapia Existencial**, podríamos decir que hay una pluralidad de perspectivas dentro de este enfoque.

Para aumentar la confusión, la psicología humanista en sus múltiples vertientes (sobre todo la desarrollada en los Estados Unidos) también ha retomado y aplicado algunos de los conceptos existenciales y fenomenológicos, aunque de manera menos directa.[26]

Tanto el enfoque centrado en la persona creado por Carl Rogers (1902-1987) como la terapia Gestalt,[27] suelen presentarse con orgullo

---

[26] Ciertos autores consideran que no solamente han tomado de forma indirecta las intuiciones de los filósofos existenciales sino que, en algunos casos, no muestran siquiera una adecuada comprensión de los mismos, al grado de que incluso desarrollan posturas contradictorias con respecto a las bases de la fenomenología-existencial.

[27] La terapia Gestalt ha tenido varias corrientes a partir de sus inicios en la década de los cincuenta. Generalmente estos desarrollos no coinciden totalmente entre sí, ni en su metodología de trabajo, ni en su forma de entender la realidad humana. En general la terapia gestáltica contiene influencias de la fenomenología-existencial. Sin embargo, estas influencias resultan más claras en las perspectivas que suelen denominarse *de campo*, porque acentúan la visión de la realidad humana dentro de un campo de fuerzas inter-actuantes, al estilo de la teoría propuesta por Kurt Lewin. También destacan las aproximaciones gestálticas *relacionales* que ponen el acento en la *frontera-contacto*. Aunque no exista un total acuerdo entre estos enfoques, podemos sugerir al lector interesado las obras de Jean Marie Robine, quien es quizás uno de los más

como enfoques *existenciales* o con bases en esta perspectiva. Así mismo, la terapia de los constructos personales desarrollada por George Kelly (1905-1967) y el psicodrama de Jacob L. Moreno (1989-1974), han tomado en cuenta algunas de las ideas de estos filósofos y las han incorporado a su enfoque. Como se mencionó anteriormente, otro autor que ha apoyado su perspectiva en la fenomenología-existencial es Eugene Gendlin, quien originalmente fue seguidor de la línea de Rogers. En su enfoque, Gendlin explora la experiencia del cliente paso a paso, a partir de las sensaciones físicas. Actualmente su enfoque forma parte de las llamadas *terapias experienciales*. En esta misma línea es posible contar el trabajo de Alvin Mahrer (ca. s.XX).

Sin embargo, varios de estos enfoques tienden a poner mayor atención en las dimensiones intrapsíquicas o intrapersonales de la existencia[28] y, a menudo, al desarrollar sus marcos teóricos de referencia, olvidan o no consideran centrales los aspectos más filosóficos de la misma, a diferencia de la Terapia Existencial.

También varios escritores psicoanalíticos apoyan sus pensamientos

---

existencialmente orientados, junto con Lynne Jacobs, Gordon Wheeler, Gary Yontef, Peter Philipson y Margarita Spagnuolo, entre otros. También se puede consultar el texto *Relational Approaches in Gestalt Therapy* (Jacobs & Hycner, 2009).

Personalmente he recibido entrenamiento en terapia Gestalt y aún me siento en muchos sentidos un *terapeuta Gestalt*, por lo cual no dudo que parte de la perspectiva existencial que planteo aquí se vea influenciada gestálticamente, en específico por la Gestalt relacional.

En México existen buenas opciones para entrenarse en Gestalt. En concreto, en el IHPG (Instituto Humanista de Terapia Gestalt) liderado por Myriam Muñoz, se encuentran varios de los profesores gestaltistas que en este país se interesan por promover una perspectiva fenomenológica, existencial y relacional de este enfoque terapéutico, entre los que puedo mencionar se encuentran: Guy-Pierre Tur, Ann Duckless, Mónica Margain, Jorge Merino, Paco Fernández, Francisco López, Gloria Herrera, Hilda Gutiérrez, Jenny Cohen, Claudia Fernández, Silvia Piso, Nadia Ibarra, y yo mismo, entre otros (de ante mano me disculpo si por mala memoria dejé escapar a alguna persona que mereciera ser parte de la lista anterior).

[28] A diferencia de la corriente de la terapia Gestalt que pone el acento en la llamada "frontera-contacto" entre el organismo y el ambiente.

en las perspectivas fenomenológico-existenciales: Otto Rank (1884-1939), destacó la atención a la angustia y al desarrollo de la voluntad. Erich Fromm (1900-1980) enfatizó sus estudios sobre las *dicotomías existenciales* y su manera de enfocar la libertad tuvo influencias claramente existenciales[29]. Así mismo, varios de los principales representantes del llamado *psicoanálisis intersubjetivo, relacional* o *interpersonal*, como Atwood, Stolorow, Mitchell, Orange, etcétera, subrayan la relación terapéutica y la realidad inter-relacional[30]. Inclusive en la obra del psicoanalista francés Jaques Lacan (1901-1981) pueden reconocerse intuiciones originadas en la fenomenología existencial y hermenéutica, principalmente la desarrollada por Heidegger, Merleau-Ponty o Ricoeur.

La Terapia Existencial como se verá más adelante, se enfoca desde una perspectiva relacional, interpersonal y supra-personal es decir, desde la relación con los aspectos filosóficos de la existencia; e intenta descubrir y describir las diferentes *perspectivas del mundo* en sus diferentes dimensiones, tal como las va co-construyendo la persona.

Jean-Paul Sartre en *El Ser y la Nada,* publicado originalmente en 1943, aporta algunas de sus ideas a lo que sería una terapia de orientación fenomenológico-existencial en el apartado "El Psicoanálisis Existencial", aunque aclara que esta forma de psicoanálisis "aún no ha encontrado su Freud" (Sartre J. P., 1998, p. 701).

Del mismo modo, Karl Jaspers publicó en 1954 un texto titulado *Esencia y Crítica de la Psicoterapia,* en el que presenta algunas de sus ideas sobre una terapia con esta orientación. Con anterioridad (1912) había publicado un escrito titulado *El Enfoque Fenomenológico de la Psicopatología* en donde comenzaba a plantear las ideas que presentó posteriormente en su obra magna *Psicopatología General* (van Deurzen, 2010).

---

[29] Al respecto son muy recomendables sus obras *Tener o Ser, El Miedo a la Libertad, El Corazón del Hombre,* etcétera.

[30] El psicoanálisis intersubjetivo inició su desarrollo principalmente a partir de la segunda mitad del siglo XX.

Entre 1959 y 1969 Martin Heidegger se reunió con Medard Boss y un grupo de psiquiatras en una serie de cursos, seminarios y conversaciones sobre las aplicaciones de su pensamiento a la psiquiatría y la terapia. Los apuntes de estos cursos se encuentran publicados como *Seminarios de Zollikon,* los cuales fueron traducidos al inglés apenas en el 2001 y al español hasta el 2007, lo que implica un retraso en las posibilidades de aprender y reflexionar sobre el pensamiento de Heidegger, específicamente en su aplicación a la terapia, para estudiosos de habla castellana.

Cooper (2003) propone separar el desarrollo de las posturas psicológico-existenciales en cinco escuelas principales de la Terapia Existencial. Como mencioné anteriormente, en la presente obra intentaré proporcionar una perspectiva particular, la de la *Escuela Mexicana de Análisis y Terapia Existencial.* Esta última ha integrado algunas de las propuestas de otras escuelas existenciales, principalmente (aunque no exclusivamente) de la llamada Escuela Inglesa. Esta integración ha tomado nuevos cursos, distintos énfasis, y se ha mezclado junto a sus propios desarrollos e intuiciones, fruto de la experiencia profesional de varios terapeutas miembros del *Círculo de Estudios en Terapia Existencial* de México, quienes han venido construyendo un modelo *mestizo,* que paulatinamente se ha ido constituyendo como una postura propia y original.

Principales pensadores y pioneros de la Terapia Existencial.[31]

Karl Jaspers (1883-1969).- Jaspers fue un médico, psicólogo y filósofo alemán que ha llegado a ser considerado uno de los más importantes filósofos de la existencia. Estaba particularmente interesado en desarrollar una fenomenología de la *vida psíquica mórbida*. Catalogó los fenómenos disfuncionales, como las alucinaciones y los delirios, en términos de experiencias vividas de manera subjetiva que generan sufrimiento. Este interés lo llevó a escribir su *Psicopatología General* que ahora se considera un clásico dentro de la psiquiatría fenomenológica y como un texto pionero dentro de la psiquiatría y psicopatología general. En este texto propone una aproximación psicológica basada en Husserl y Dilthey, y pone las bases para un acercamiento *comprensivo* en vez de positivista.

Entre sus principales propuestas se encuentra la idea de que los seres humanos atravesamos comúnmente lo que llamó *situaciones límite*, en las cuales nuestra humanidad entera es puesta a prueba y, a partir de ellas, necesariamente nos transformamos: nunca volvemos a ser de la misma manera que antes de la situación límite. Algunas de estas situaciones son, por ejemplo, la enfermedad, el fracaso, la culpa, la conciencia de la propia mortalidad, etc.

Cuando afrontamos estas situaciones o nos relacionamos con otras personas desde la conciencia de ser personas *en situación*, podemos desarrollar lo que llamó la *comunicación existencial*, es decir, una comunicación de ser a ser, en la que se ilumina nuestra existencia por la honestidad. Este concepto es fundamental para la terapia: propone que el terapeuta debe estar abierto a la *comunicación existencial* con su paciente

---

[31] En esta sección haré referencia a los principales autores y/o escritos de los cuales he podido tener noticias o referencias. En lo posible, los cito intentando mantener un orden cronológico o respetando la corriente. Seguramente existen otros psicólogos, filósofos o terapeutas que estén trabajando en esta área y haciendo importantes contribuciones a la misma. De antemano expreso una sincera disculpa si mi desconocimiento provoca la exclusión de algunos de ellos. Ojalá pronto establezcamos mejores redes de comunicación para que podamos enterarnos con mayor facilidad de los respectivos desarrollos. Sin duda esto enriquecería enormemente nuestro campo.

o cliente, lo que implica concebirlo como una totalidad en relación con su contexto socio-histórico-cultural (Martínez Robles Y., 2012).

Ludwig Binswanger (1881-1966).- Este psiquiatra suizo fue quizá el primero en proponer una serie de ideas sistematizadas para una terapia de orientación existencial. Dentro de sus publicaciones se incluyen historias de casos en los que es posible leer la aplicación de su enfoque existencial. Fue amigo personal de Freud, aunque expresaba abiertamente sus desacuerdos con él.[32]

En lugar de apoyarse en las propuestas psicoanalíticas que empezaban a tomar fuerza, prefirió ir en busca de la filosofía y encontró en las ideas de Husserl y Heidegger, un campo abierto para el desarrollo de una nueva aproximación terapéutica (Kruger, 1999).[33] Le interesaba el método que Freud llamaba *la cura a través del habla,* mas no el marco teórico que éste desarrollaba, porque le parecía incompleto al abarcar de manera privilegiada y casi exclusiva la dimensión biológica de la personalidad (*umwelt*). Llamó a su propuesta *daseinsanalytic,* que suele traducirse como *analítica existencial*, por seguir las intuiciones de Heidegger con respecto a entender la realidad humana como *Dasein*[34].

Dentro de sus aportes está el estudio de la condición humana dividida en tres dimensiones: *umwelt* (dimensión física y del mundo circundante), *mitwelt* (dimensión social e interpersonal), y *eigenwelt* (dimensión íntima o psicológica). En la actualidad, estas dimensiones han sido retomadas por varios de los terapeutas existenciales, como Rollo

---

[32] Este es un dato singular porque, como se sabe, Freud solía distanciarse y hasta entrar en conflicto, con aquellos de sus amigos que expresaban ideas distintas a las que él promulgaba.

[33] Heidegger expresó que no respaldaba las ideas de Binswanger porque había cometido errores fundamentales en la comprensión de sus propuestas, al enfocar de manera óntica, o particular, lo que él había propuesto de forma ontológica, o universal. Binswanger respondió que aceptaba que había cometido un error, mas se trataba de "un error afortunado", porque le había propulsado a una profunda comprensión de las problemáticas existenciales de sus pacientes.

[34] Para comprender este término también se puede consultar el libro *Filosofía Existencial para terapeutas y uno que otro curioso,* específicamente el capítulo de Heidegger.

May, Emmy van Deurzen (y otros miembros de la escuela inglesa), y los miembros de la Escuela Mexicana de Análisis y Terapia Existencial. También son importantes sus estudios acerca de la *fenomenología de los modos de ser,* dentro de los cuales ubica cuatro modos posibles: el anónimo, el plural, el singular y el dual (Binswanger, 1972).

Otro aspecto relevante es su interés por comprender los síntomas y las expresiones del paciente desde la perspectiva propia y personal del mismo. El terapeuta debe intentar comprender la experiencia del paciente tal como éste la vive, en lugar de interpretarla a través de un sistema pre-establecido de significados.

Tal vez la principal limitación de Binswanger consista en su apego al modelo médico, pese a que promovía una forma de relación más cercana, auténtica y co-construida entre paciente y terapeuta. La perspectiva existencial actual intenta trascender el esquema médico, que se apoya en los constructos de salud-enfermedad, y plantea una perspectiva más cercana a una *filosofía aplicada.*

Es posible acceder a su obra a través de los libros *Existencia* (May, Angel, & Ellenberger, 1967), *Artículos y Conferencias Escogidas* (Binswanger, 1973) y *Tres Formas de la Existencia Frustrada* (Binswanger, 1972).[35]

Medard Boss (1903-1990).- Psiquiatra nacido en Suiza, fue analizado por Freud y, posteriormente, paciente de Jung. Se formó con maestros como Karen Horney (1885-1952) y Kurt Goldstein (1878-1965).

Aunque se inició en la práctica psicoanalítica, rápidamente viró hacia una postura más existencial a través de la lectura de las obras de Binswanger y Heidegger. Se interesó por el desarrollo de una perspectiva auténticamente heideggeriana en la psiquiatría. Por esto, se alejó de Binswanger en virtud de que no lo consideraba adecuadamente apegado

---

[35] Se citan únicamente trabajos que pueden ser encontrados en español. Lamentablemente, en la actualidad la mayoría se encuentran fuera de circulación.

a *El Ser y el Tiempo*[36], y buscó a Heidegger para que lo apoyara en el desarrollo de su propia postura. Como producto de esta colaboración, que duró más de diez años de intercambios epistolares y académicos, clases, conferencias y charlas, Boss publicó los *Seminarios de Zollikon* (2007), donde comparte sus notas y los frutos de esta relación con Heidegger.

Propuso que su modelo debía llamarse *daseinsanalysis (Análisis del Dasein)*, porque se desarrollaba a partir de la perspectiva del Dasein, lo cual ha provocado muchas confusiones entre su enfoque y el de Binswanger.

Entre sus aportes se encuentra el análisis de los sueños desde su propio contexto. No intentaba buscar significados ocultos o inconscientes en ellos, sino que se quedaba con el mensaje del sueño tal como se presentaba al soñador. Por ejemplo, un sueño de ser atacado por un perro, no se interpretaría como una proyección de elementos agresivos o sexuales en la figura del animal, sino como el reconocimiento de cómo nos enfrentamos a situaciones imprevistas en la vida, y cómo podemos mostrar múltiples y diversas formas de reacción. Proponía que era importante "dejar que las cosas fluyeran" en lugar de controlarlas y dirigirlas hacia metas pre-diseñadas.

En lugar de enfocarse en las dimensiones del mundo que proponía Binswanger, Boss consideraba que era importante centrarse en el análisis de la forma cómo la persona se enfrenta a sus *existenciarios* o *existenciales*, término que usaba Heidegger para englobar aquellos aspectos de la existencia a los que todos necesitamos enfrentarnos, tales como el hecho de la muerte, el tiempo, etcétera. Criticó fuertemente el concepto del inconsciente y la visión mecanicista de la mente.

En español podemos encontrar su obra *Psicoanálisis y Analítica Existencial* (Boss, 1958).[37]

---

[36] *El Ser y el Tiempo* (1997) es considerada no solamente la obra magna de Heidegger, sino una de las obras cumbres de la filosofía occidental, a pesar de su complejo lenguaje y narrativa.

[37] Al igual que con las obras de Binswanger, actualmente resulta casi imposible acceder a la obra de Boss en español.

Eugene Minkowski (1885-1972).- Nacido en Polonia, realizó sus principales investigaciones en Francia. Es considerado uno de los principales pioneros en la aplicación de la fenomenología a la psiquiatría.

Es reconocido por sus estudios sobre el tiempo y las diferentes formas en que las personas lo experimentan. La comprensión de estas formas del tiempo puede ser de amplia utilidad para entender la manera global cómo la persona organiza sus experiencias y, por lo tanto, posibilita el entendimiento de la psicopatología y la disfuncionalidad. Al respecto, distinguía la experiencia del tiempo en el presente, tres tipos de tiempo pasado: remoto, mediato e inmediato, y tres tipos de tiempo futuro: inmediato, mediato y remoto (van Deurzen, 2010).

Es muy importante para la **Terapia Existencial** actual la invitación de Minkowski a realizar una psicología en segunda persona, es decir, una psicología que ponga el énfasis en el *tú* y en las relaciones yo-tú. Con esto, propone un enfoque psicológico que parte del reconocimiento de la relación interpersonal, a diferencia de la psicología que se maneja regularmente en tercera persona, o sea, a través de la búsqueda de "objetividad"; o en primera persona, la cual se centra demasiado en la introspección.

En español se encuentra la revisión de un caso bajo su perspectiva en *Existencia* (May, Angel, & Ellenberger, 1967). También están publicados en nuestra lengua sus trabajos sobre *La Esquizofrenia* (Minkowski, 1927) y su famoso estudio *El Tiempo Vivido* (Minkowski, 1973).

Erwin Strauss (1891-1975).- Nacido en Alemania, Strauss fue pionero de la psiquiatría fenomenológico-existencial. Su trabajo llegó a ser considerado como precursor de una neurología fenomenológica.

Criticó la tendencia a separar y dividir la totalidad de la persona para estudiarla. Consideraba que la separación de la persona en tres aspectos, a saber, comportamiento, cerebro macroscópico (neuronas), y cerebro microscópico (neurotransmisores), en lugar de considerarlos como tres niveles de una misma realidad, es un grave error que suele cometer la psiquiatría, puesto que se presentan como tres aspectos independientes el uno del otro, cuando se trata de aspectos de una misma realidad. Añadió que igualmente ocurre con la separación entre experiencia y comportamiento.

También señaló que otro error común es el estudio del cerebro sin considerar que siempre es *mi* cerebro o *tu/su* cerebro, es decir, que el cerebro siempre pertenece a *alguien* y que la mejor forma de estudiarlo es desde el contexto del *ser humano vivo* que posee dicho cerebro. Agregó que suele pasarse por alto que se requiere de *mi* cerebro para estudiar *tu/su* cerebro.

Roland Kuhn (1912-2005).- Psiquiatra suizo seguidor de Binswanger, se distinguió por su interés en la aplicación de test psicológicos desde una perspectiva fenomenológica, en particular, del test de Rorschach. En 1956, desarrolló la *imipramina*, el primer antidepresivo farmacológico.

Viktor E. Von Gebsattel (1883-1976).- fue un psiquiatra alemán que realizó estudios fenomenológico-existenciales de la llamada *neurosis*. Se interesó por la *deshumanización* de la medicina y de la terapia.

Se refirió a los continuos momentos en que la persona, ya sea la persona del cliente/paciente o la del médico/terapeuta, no está explícitamente *presente* en la relación, cuestión que todavía sigue ocurriendo a pesar del actual énfasis en la empatía y el respeto por el cliente/paciente.

Consideraba importante que se evitara la clásica confusión de la medicina tradicional de tipificar a la angustia como una enfermedad o disfunción cuando, en realidad, sólo se trata de una "predisposición natural en el hombre" (Caponnetto, 1979).

J.H. van den Berg (n. 1914-).- De origen holandés, van den Berg enfatizaba las posibilidades de transformación de la naturaleza del ser humano.[38]

Durante su formación estudió la fenomenología alemana de Heidegger y, posteriormente, de Husserl, así como la fenomenología francesa de Sartre y Merleau-Ponty. Tenía la intención de salvar las diferencias entre ambas fenomenologías y acercarse a una integración.

Desarrolló estudios sobre las dimensiones espirituales de la vida y, particularmente, creó el método *metablético* donde considera la naturaleza entera del ser humano, es decir, su naturaleza física, social, emocional, mental, histórica y espiritual. Concebía que la naturaleza del ser humano siempre se encuentra en proceso de cambio y transformación, al igual que la naturaleza de la realidad entera. Dentro de esta óptica también incluía a la realidad material y sus procesos de cambio, con la cual la naturaleza cambiante del ser humano siempre está relacionada.

Su perspectiva de la terapia muestra afinidades con el trabajo de orientación interpersonal de Harry Stack Sullivan (1892-1949) (Kruger, 1999).

Ronald D. Laing (1927-1989).- Laing fue un psiquiatra escocés, co-fundador de la Asociación Filadelfia[39] donde se desarrollaron, y todavía se practican, un cierto número de tratamientos alternativos para personas en condiciones de esquizofrenia y otras psicosis, la mayoría sin el uso de psicofármacos. Fue un apasionado crítico de las concepciones tradicionales de la psicopatología y la enfermedad mental, por lo que se le considera uno de los principales representantes de la antipsiquiatría, aunque él rechazaba dicho término y prefería denominarse *terapeuta existencial.*

---

[38] Estos últimos cuatro teóricos tienen una influencia menor en la **Terapia Existencial** actual, en comparación con los primeros autores descritos, debido a la cantidad y al alcance de sus publicaciones. Sin embargo, son reconocidos como pioneros del desarrollo existencial en terapia, por lo que merecen su mención aquí.

[39] Para mayor información al respecto se puede consultar en internet: http://www.philadelphia-association.co.uk/

Propuso que las crisis mentales eran resultado principalmente de crisis existenciales y que, en lugar de oponernos a ellas, deberíamos aprender a atravesarlas, ya que pueden ser un movimiento hacia un estado de mejor organización psicológica que el anterior a la crisis. Muchas de sus ideas resultan altamente controversiales, lo cual solía promover apasionadas discusiones.

A diferencia de los teóricos del daseinsanalysis (quienes se apoyan en la perspectiva de Heidegger), la mayoría de sus propuestas provienen de la aplicación de las ideas fenomenológicas de Sartre a la terapia.

Creía que un buen proceso terapéutico estaría enmarcado en una cierta *comunicación transpersonal,* la cual sería imposible de describir con palabras, y que sólo resultaba accesible para aquellos que hubieran tenido la suerte de experimentarla. En este tipo de comunicación, que es algo similar a los momentos del encuentro dialogal descrito por Buber, los involucrados se encuentran profundamente compenetrados el uno con el otro.

Resultan muy útiles sus ideas sobre la forma de analizar tanto la intersubjetividad como las diversas estrategias con que las personas interactúan en su contexto interpersonal. También son de mucha importancia sus ideas sobre el análisis de la relación entre la experiencia y el comportamiento, a lo que llamó *fenomenología social* o *la política de la experiencia.* Todos estos planteamientos son recuperados por la actual Terapia Existencial (Laing, 1974) (Laing, 1977). Sus textos *El Yo dividido; El Yo y los otros; Cordura, Locura y Familia; La Política de la Experiencia; Conversaciones con mis hijos; Nudos; Las cosas de la vida;* y *Percepción Interpersonal,* son referencias importantes para la *Escuela Mexicana de Análisis y Terapia Existencial.*

Thomas Szasz (1920-2012).- De origen húngaro, fue un crítico de los fundamentos morales y científicos de la psiquiatría y uno de los referentes actuales más importantes de la antipsiquiatría. Criticó también a la terapia como una empresa médica porque, para él, ésta debería reconocerse como una búsqueda filosófica conjunta que, lejos de tratar con enfermedades mentales, se tendría que abocar a la comprensión de los esquemas del vivir.

Sus aportes suelen provocar fuertes y apasionadas reacciones, tanto a favor como en contra, ya que suele ser particularmente irónico hacia las ideas tradicionales de la psiquiatría y el psicoanálisis. Algunos de sus textos son: *La fabricación de la Locura; El mito de la Psicoterapia; Libertad Fatal; Herejías;* etcétera.

Defendió, entre otras polémicas situaciones, el derecho personal del uso de drogas y sustancias para alterar la propia conciencia, el derecho al suicidio y la negativa a la hospitalización involuntaria.

Viktor E, Frankl (1921-1997).- Frankl fue un psiquiatra austríaco creador de un enfoque de inspiración existencial que llamó *logoterapia y análisis existencial.* Cabe decir que, aunque el nombre se parece a la forma como suelen traducirse tanto el daseinsanalysis como el daseinsanalytic, la logoterapia sigue lineamientos originales que no están directamente vinculados con Binswanger ni con Boss. Frankl alcanzó una gran popularidad debido a la publicación de sus experiencias en Auschwitz, campo de concentración nazi en el que estuvo preso durante la Segunda Guerra Mundial, del cual logró salir con vida. Sobre la base de estas experiencias, realizó la elaboración teórica de su modelo logoterapéutico.

Su apasionada apuesta por una visión del ser humano que coloque la búsqueda del sentido en primer término, posee reconocimiento mundial y, además, ha logrado que la perspectiva existencial sea tomada en cuenta en muchas instituciones de amplio renombre. Para él, la búsqueda de sentido debe considerarse la parte central de cualquier enfoque terapéutico profundo.

Publicó más de 30 libros sobre su perspectiva. Su obra *El Hombre en Busca de Sentido*, donde narra su experiencia en los campos de concentración y donde proporciona una introducción a la *logoterapia*, ha sido traducida a más de 19 idiomas y es un best seller en el mundo entero.

Alfred Längle (n. 1951), quien fuera un importante discípulo de Frankl y que después se separó de él, desarrolló una versión distinta del análisis existencial a la que llama *Análisis Existencial Personal,* el cual, aunque conserva muchas de las ideas fundamentales de la logoterapia y del análisis existencial frankliano, es distinto y original en varios aspectos. En México, el principal propulsor de la obra de Längle es *Alejandro Velasco.* También *Maria Helena Ramirez* y *Beatriz Avila* son importantes propulsoras de este estilo.

Actualmente, no existe un acuerdo entre los logoterapeutas con respecto a si la propuesta de Längle se trata de un nuevo enfoque, o sólo es una ampliación modificada del original. El lector interesado podrá encontrar fácilmente bibliografía sobre estos enfoques.

En el presente texto la perspectiva logoterapéutica es quizá la que se encuentra menos presente, porque su influencia sobre la propuesta aquí presentada es mínima, y porque nuestro interés es proporcionar una visión panorámica de una perspectiva existencial menos conocida e independiente a la desarrollada por Frankl.[40] En México existen varios profesionales ampliamente capacitados dedicados por completo a la obra de Viktor Frankl y la logoterapia; destacan por publicaciones: *Leticia Ascencio de García*, *Alejando Unikel*, *Felipe Miramontes*, entre otros[41].

---

[40] El interés de este texto es presentar un modelo de terapia que, aunque comparte ciertas perspectivas con la logoterapia, es independiente de la misma. Como mencioné anteriormente, en este libro planteo un modelo particular de terapia propiamente existencial, el modelo desarrollado en México, específicamente en el *Círculo de Estudios en Terapia Existencial*, y no hablo tanto de las terapias existenciales en general. El lector interesado puede recurrir a la obra: *Perspectivas en Psicoterapia Existencial, una mirada retrospectiva y actual,* compilado por Susana Signorelli y por mí, que se encuentra publicado por la editorial LAG.

[41] Existen seguidores de la logoterapia en todas partes del mundo. En México y en Latinoamérica hay múltiples institutos y escuelas de entrenamiento que se especializan en este enfoque. En la ciudad de México puedo destacar a la Sociedad Mexicana de Análisis Existencial y Logoterapia (SMAEL), liderada por Leticia Ascencio de García y un gran número de logoterapeutas altamente capacitados (como Georgina Castro, Adriana León Portilla, Claudia Rueda, María Villalobos, Ana Lilia Torres, entre otros); y a la Casa Viktor Frankl con Genoveva Lizárraga y José Eduardo Romero, así como

Rollo May (1909-1994).- Sin duda May fue el principal pionero del movimiento psicológico existencial en Estados Unidos. Amigo cercano del teólogo existencialista Paul Tillich, May abrió las puertas de la academia norteamericana a los autores existencialistas de la psiquiatría europea.

Suele vinculársele con la psicología humanista. Sin embargo, May mostraba un entendimiento más agudo de las dimensiones trágicas de la existencia humana que sus colegas del movimiento del potencial humano, del cual la psicología humanista forma parte. Junto con Bugental, Yalom y Schneider han consolidado la llamada *escuela existencial-humanista* o *escuela existencial americana*.

Se interesó de manera particular en el tema de la angustia. Publicó su tesis doctoral en el libro *El significado de la Angustia*[42], que lamentablemente no se encuentra disponible a la venta en español. En este texto, May comenta que, aunque encontró que Freud teorizaba *hermosamente* sobre la angustia, fue en los escritos de Kierkegaard donde realmente sintió una profunda comprensión de este fenómeno. Consideraba que el dilema humano consistía en la experimentación de sí mismo o del self como objeto y sujeto. Dos aspectos inseparables y diferentes entre sí.

Sus escritos, muchos de los cuales sí se encuentran traducidos al español, son una referencia importante para la psicología en general y para la psicología existencial en particular. Sus profundas reflexiones sobre la terapia, la libertad y la responsabilidad, y las relaciones interpersonales en general, o entre cliente y terapeuta en particular, forman parte fundamental del enfoque terapéutico que presento en el

---

algunos de sus profesores: Cuca Valero, Raúl Homero Luján, etc.; por mencionar sólo a los más conocidos. En Colombia se encuentra la Sociedad para el Avance de la Psicoterapia Centrada en el Sentido (SAPS), liderada por Efrén Martínez, con quien colaboran Juan Pablo Díaz del Castillo, Clara Martínez, Lucía Cuellar, Johanna Sarthou, Doris García, María del Rosario Michelsen, Diana Castañeda, Paula Lopez, etc.; en Perú se encuentra la Asociación Peruana de Análisis Existencial y Logoterapia (APAEL) dirigida por Lisle Sobrino y Roberto Vecco; en Uruguay: CELAE, dirigido por Alejandro de Barbieri; en Argentina hay varios centros dedicados por completo al desarrollo de este enfoque con personalidades como: Gerónimo Acevedo, Claudio García Pintos, Adriana Sosa, Oscar Oro; por mencionar sólo unos ejemplos.

[42] The Meaning of Anxiety.

volumen 2 de esta obra.

Considera que la meta principal de la terapia reside en apoyar a la persona en su autodescubrimiento, para que sea capaz de recuperar su libertad, porque la disfuncionalidad consiste básicamente en la incapacidad para decidir (Castanedo, 2005). Otros textos en español que actualmente pueden encontrarse de este autor son: *Amor y Voluntad; El dilema del hombre; La necesidad del mito; Libertad y Destino en Psicoterapia;* etcétera.

James Bugental (1915-2008).- Dentro de la escuela existencial americana, Bugental es quizá el autor más cercano a la psicología humanista. Se destacó por la claridad de sus escritos con respecto a la relación terapéutica y a la *resistencia* que para él, era la respuesta de huida a la angustia que genera la vida auténtica. Desde su perspectiva, esta resistencia a la autenticidad y con ello, a la vida, acaba desarrollando las llamadas *neurosis*.

Sus propuestas giran en torno a generar una relación terapéutica auténtica, entendida como una forma de acercamiento al cliente o paciente que respete y valore la experiencia subjetiva del mismo.

Solía llamar a su enfoque, terapia *existencial-analítica* o *existencial humanista*, aunque raramente muestra afiliaciones directas con la fenomenología o con la visión del existencialismo europeo. En realidad, la filosofía existencial le parecía muy pesimista, al igual que a otros pensadores humanistas como Maslow y Rogers, pese a que su perspectiva de la autenticidad es muy parecida a varios puntos de vista de Sartre (Castanedo, 2005). Lamentablemente, no es posible tener acceso a sus libros en español. Algunos de sus aportes se verán reflejados en el modelo existencial que aquí expongo.

Clark Moustakas.- De origen estadounidense, la perspectiva de Moustakas es principalmente fenomenológica. Al igual que Bugental, se encuentra particularmente cercano a los enfoques humanistas de la psicología. Sus escritos se fundamentan en perspectivas tanto psicológicas y filosóficas como educacionales y literarias. Ha escrito sobre la aplicación de las ideas fenomenológicas y relacionales en la terapia infantil y en el trabajo con los sueños.

Considera que Husserl, Heidegger y Rollo May son sus *padres intelectuales.* En español existe su libro *Psicología Existencial. Experiencia de la Soledad,* donde narra su propia experiencia de soledad como padre, en una situación crítica para su hija.

Irvin Yalom (n. 1931).- Nacido en los Estados Unidos, en un primer momento se le conoció por sus dos grandes trabajos académicos que han sido traducidos a más de 15 idiomas: *Psicoterapia Existencial* y *Teoría y Práctica de la Terapia de Grupo.* Lamentablemente, ahora es muy difícil encontrar cualquiera de esos libros en castellano porque, pese a que las ediciones existen, hace tiempo que las editoriales dejaron de re-imprimirlos[43].

No sucede así con sus trabajos de ficción. Yalom ha tomado un nuevo auge a partir de la escritura de una serie de novelas y de narraciones noveladas sobre viñetas reales y ficticias de casos de terapia. Libros como *El día que Nietzsche Lloró, Verdugo del Amor, Un Año con Schopenhauer,* etcétera, han alcanzado gran éxito a nivel internacional y se han convertido en *best seller* en varios países. Esto ha acercado la terapia a muchas personas que, de otra manera, jamás se habrían asomado en esta dirección. En particular, Yalom ha sido una pieza fundamental para la divulgación de la Terapia Existencial en el mundo.

Actualmente, suele ser considerado el más prominente representante de la Terapia Existencial en Estados Unidos y sin duda es el más conocido en el mundo. En una encuesta reciente realizada a terapeutas de diferentes orientaciones, Yalom fue considerado uno de los tres terapeutas vivos más importantes de la actualidad (Josselson, 2007).

Hay dos aspectos que resultan sorprendentes en sus escritos. El

---

[43] El texto *Psicoterapia Existencial* ya se encuentra de nuevo en circulación, sin embargo, al menos en México, no resulta fácil conseguirlo.

primero de ellos es su forma de involucrarse emocionalmente con sus clientes o pacientes. A diferencia de lo que suele manejarse dentro de las teorías terapéuticas, él no sólo se involucra profundamente a nivel emocional, sino que lo sugiere como uno de los aspectos más importantes del trabajo terapéutico existencial (Yalom, 1980, 1989, 1996, 2002, 2005). El segundo aspecto es su disponibilidad para mostrarse honestamente con sus fallas, errores e inseguridades. Lejos de la clásica imagen del terapeuta como una persona excesivamente segura de sí misma, que raya en los niveles de la presunción y la arrogancia, Yalom se muestra como un profesional inseguro, con sus propios asuntos pendientes y enfrentándose constantemente a una enorme incertidumbre. De hecho, considera que saber enfrentarse a ella es "un requisito previo para la profesión" (Yalom, 1989). Otro importante aporte de Yalom es su énfasis en la observación de lo que él llama las cuatro *preocupaciones supremas*: muerte, libertad, aislamiento existencial y carencia de un sentido vital. Para él, la Terapia Existencial está basada por completo en el análisis de estos factores y en la revisión de la relación terapéutica, tal como mencioné anteriormente. Considera que lo existencial de la terapia consiste en el desarrollo, por parte del terapeuta, de una fina sensibilidad hacia la presencia de dichas preocupaciones supremas en todos los procesos terapéuticos, independiente del enfoque original de los mismos: "Una sensibilidad exacerbada hacia los temas existenciales influencia profundamente en la naturaleza de la relación entre terapeuta y paciente, y afecta cada una de las sesiones de terapia" (Yalom, 2002).

La perspectiva de Irvin Yalom sirvió como inspiración en los inicios del *Círculo Existencial* de México, y nos es importante reconocer lo valioso que fue para que la Escuela Mexicana naciera y se desarrollara. Sin embargo, hoy en día nuestro modelo se aleja de su perspectiva porque, entre otros asuntos, Yalom no considera a la Terapia Existencial como un enfoque particular, por derecho propio, sino como una sensibilidad posible –y quizá deseable–, por parte de cualquier terapeuta, independientemente de su enfoque.

Kirk Schneider (n. 1956).- Colaborador cercano a Rollo May, Schneider ha desarrollado su propio sistema de Terapia Existencial denominado *psicoterapia existencial-integrativa*[44], basado en la obra de May y Bugental, principalmente.

Schneider intenta incluir los aprendizajes de otros modelos terapéuticos, como los psicoanalíticos, los cognitivo-conductuales, los humanistas-experienciales y los transpersonales-espirituales. Esta inclusión la realiza desde un marco contextual existencial y experiencial. Como parte de su propuesta, el terapeuta atiende a la experiencia subjetiva de la persona desde varios niveles, con intervenciones diferenciales en cada uno de ellos: 1.- Fisiológico o médico. 2.- Ambiental o conductual. 3.- Cognitivo. 4.- Psicosexual. 5.- Interpersonal y 6.- Experiencial. Este último es el más íntimo y el más propio de la experiencia profunda de contacto espiritual con la existencia. Los seres humanos podemos sufrir a lo largo de la vida varios traumas en los distintos niveles y desarrollamos defensas que se mueven hacia alguno de los extremos de la polaridad liberación-restricción. Para cada uno de estos niveles, Schneider propone aplicar, desde un marco existencial, las herramientas propias de los diversos modelos de trabajo terapéutico. Por ejemplo, para el nivel ambiental propone las técnicas conductistas. Para el nivel cognitivo, recurre a las técnicas cognoscitivistas. Para el nivel psicosexual, recomienda las intervenciones psicoanalíticas. Para el nivel interpersonal, considera adecuadas las técnicas relacionales. Y por último, para el nivel experiencial, sugiere las metodologías propias de la tradición existencial y las heredadas de los modelos transpersonales. Actualmente, Schneider se encuentra muy activo promoviendo que la perspectiva existencial vuelva a tener un lugar destacado en la academia norteamericana. Una muestra de esto es su participación en la serie de libros y DVD's sobre teorías psicológicas realizada por la APA[45].

Maurice Friedman (1922-2012).- Discípulo y amigo cercano de

---

[44] *Existential-integrative psychotherapy.*
[45] American Psychology Assosiation.

Martin Buber, Friedman fue uno de los principales impulsores de la perspectiva dialogal en los Estados Unidos. Propuso una serie de ideas encaminadas al desarrollo de una psicología y de una *psicoterapia dialogal* o *dialógica* basadas en el pensamiento de Buber. Para él, una buena relación terapéutica debe ser como las buenas relaciones de pareja, es decir, una relación donde los participantes discuten, se enojan uno con el otro, en ocasiones se pelean, se reconcilian, comparten gustos, descubren afinidades y diferencias y, todo ello, los lleva a conocerse más a sí mismos y a conocer mejor al otro. De esta manera, ambos se enriquecen mutuamente porque están dispuestos a seguir juntos, codo a codo, a pesar de los momentos incómodos que viven y a través de las tormentas que se suceden (Friedman, 2008, en comunicación personal). *Rich Hycner* es actualmente el principal representante de este enfoque. Su libro *Between Person and Person, Toward a Dialogical Psychoteraphy* brinda lineamientos importantes desde esta aproximación, lo que lo convierte en una referencia importante para el modelo dialogal de terapia. Sus principales aportes van encaminados a la forma de enfocar la relación terapéutica.

Betty Cannon.- Terapeuta norteamericana, desarrolló una forma de terapia que llama: Psicoterapia Existencial Aplicada (*Applied Existential Psychotherapy*); la cual entrelaza las intuiciones de la perspectiva existencial contemporánea con enfoques psicodinámicos y con técnicas inspiradas en la Gestalt y otras terapias experienciales. Su enfoque existencial es de orientación principalmente sartreana. Su libro: *Sartre and Psychoanalysis* es un clásico en el área. Actualmente es la fundadora y presidenta del Boulder Psychotherapy Institute.

Emmy van Deurzen (n. 1951).- Originaria de Holanda, van Deurzen tuvo su primera formación de licenciatura y maestría en el área de la filosofía. Se especializó en la aplicación de la fenomenología a los asuntos psiquiátricos. Posteriormente recibió entrenamiento terapéutico y se involucró con el movimiento liderado por R. D. Laing.

Ha desarrollado su propio estilo de Terapia Existencial a partir de la integración de ideas de Heidegger y Binswanger entre otros pensadores filosóficos y existenciales. En este estilo, intenta dar una visión más filosóficamente orientada a la terapia.

Los escritos de Emmy van Deurzen —además de ser vastos y de incluir frecuentemente viñetas sobre casos clínicos, los cuales ayudan a tener una idea de la aplicación de su propuesta teórica— son planteados de manera muy estética, podríamos decir: poética; por lo que se recomienda la lectura de las fuentes originales. Son textos poseedores de una gran claridad que no requieren de amplios conocimientos en filosofía existencial ni en terapia para disfrutarlos. Lamentablemente ninguno se encuentra traducido al castellano.

La labor de van Deurzen ha sido crucial no sólo para el desarrollo de la perspectiva existencial en terapia, sino también para la divulgación del enfoque. Ha realizado una actividad muy intensa tanto en el Reino Unido como en toda la unión europea, y su influencia se ha empezado a extender con rumbos de Asia y Australia. Gracias a su compromiso, actualmente la aproximación existencial es uno de los enfoques terapéuticos más respetados en Inglaterra. Su enfoque promueve una mirada apasionada hacia la vida, hacia las relaciones interpersonales y de cualquier otra índole y, por ende, también hacia la terapia. Para ella, una de las finalidades de la relación terapéutica es recuperar la pasión en nuestras vidas, así como permitir que las paradojas sean nuestras aliadas, en lugar de convertirlas en enemigas. También propone que la intensidad y la ambigüedad recuperen su lugar en nuestros corazones. Parte de su propuesta se ve reflejada en el estilo de Terapia Existencial que se presenta en esta obra.

Ernesto Spinelli (n. 1949).- Nacido en Italia, se formó originalmente como psicólogo del desarrollo. Realizó estudios en psicoanálisis y en terapia centrada en la persona. No obstante, su enfoque se inclina claramente por una perspectiva principalmente existencial y fenomenológica. Sus principales influencias son Husserl, Heidegger, Sartre y Buber en el campo de la filosofía.

Una parte importante del trabajo de Spinelli radica en cuestionar muchos de los conceptos que suelen ser *dados por hecho* dentro del campo de la terapia. Tiene una serie de escritos en los que reta fuertemente al pensamiento tradicional y propone pensar de manera novedosa en temáticas como, por ejemplo, la sexualidad, el self y la identidad, el desarrollo humano, la relación terapéutica, el inconsciente, la transferencia, la auto-revelación del terapeuta, la maldad en el ser humano, la creatividad artística, el poder en la terapia, la trascendencia, etcétera; e incluso sobre los propósitos y los alcances de la terapia misma.

Su trabajo es fuertemente fenomenológico y se basa en la exploración de lo intersubjetivo e inter-relacional, acercándose a los filósofos dialogales como Buber y a los pensadores del construccionismo social.

Considera que la forma como se habla en la terapia es más importante que aquello sobre lo que se habla. Por esto su mirada está más puesta sobre el proceso mismo que en los contenidos, independientemente de si estos resultan filosóficos, existenciales o ninguno de los anteriores. Lamentablemente ninguno de sus libros se encuentra aún traducido al español. Su propuesta es una poderosa y amplia influencia para el modelo terapéutico de la *Escuela Mexicana de Terapia Existencial*.

Hans Cohn (1916-2004).- nació en Alemania y emigró a Inglaterra a partir del surgimiento del movimiento nazi en los años treinta en la Europa Central. Originalmente recibió entrenamiento psicoanalítico. Además de dedicarse a la terapia, era un aficionado a escribir poesía y cuenta con algunos libros publicados en este rubro. En el área de la terapia publicó una introducción a la Terapia Existencial llamada *Existential Thought and Therapeutic Practice*. También tiene un texto sobre la aplicación del pensamiento de Heidegger en la Terapia

Existencial titulado *Heidegger and the Roots of Existential Therapy*. Ambos escritos son considerados fundamentales dentro de los entrenamientos en Terapia Existencial que se imparten en el Reino Unido. Su perspectiva se encuentra principalmente cercana a las ideas de Heidegger, pero de manera independiente del pensamiento de Binswanger y Boss.

Consideraba que era importante *incluir todo* dentro del trabajo terapéutico. No suponía que fuera *superficial*, ni que se tratara de una *desviación* del trabajo, que su consultante comentara cosas como la última película que vio en el cine, o sobre el tráfico, la política o el clima. Para él, todo lo que se hablaba en el consultorio resultaba relevante para comprender mejor la forma específica de *ser-en-el-mundo* de su cliente. Junto con van Deurzen y Spinelli, Cohn es considerado uno de los principales representantes de la llamada *Escuela Inglesa de Terapia Existencial* (aun cuando dicha escuela no se encuentra completamente unificada, puesto que existen varias vertientes dentro de la misma). El lector interesado puede referirse a los textos de estos tres autores que se mencionan en la bibliografía.

Freddie Strasser (1926-2008).- Strasser es también parte del grupo de terapeutas de la llamada *Escuela Inglesa de Terapia Existencial*. Se enfocó en el estudio de las emociones en esta aproximación. Escribió, junto con su hija, <u>Alison Strasser</u>, un libro de amplia influencia en el campo titulado *Existential Time –Limited Therapy,* donde plantea las bases de una terapia de corta duración, específicamente de seis a doce sesiones[46].

También desarrolla un esquema que llama La *Rueda de la Existencia* que es útil para la supervisión y la auto supervisión del terapeuta, y

---

[46] Como mencioné en el capítulo anterior, no resultaría muy congruente hablar de una terapia *breve* dentro del campo existencial porque se promueve una profundización que, sin embargo, no se centra en la búsqueda de soluciones. Por ello, se ha optado por el término *terapia de tiempo limitado*, donde se refleja que, en ocasiones, el trabajo no

para la didáctica de este enfoque. Varios de sus puntos de vista resultan aplicables en lo que hoy se conoce como *coaching existencial*, que es una aplicación de la perspectiva existencial a la empresa y a las relaciones y situaciones laborales.

Escuela Inglesa de Terapia Existencial.- Ha sido considerada uno de los desarrollos más esperanzadores de la mirada existencial en el mundo. Aunque incluye personalidades de muchos países —y no solo de Inglaterra— ha tomado al Reino Unido como su principal punto de encuentro y evolución. En ella existen varias líneas y enfoques distintos que, aún siendo diferentes, se enriquecen mutuamente. Las dos principales escuelas son lideradas, una por Ernesto Spinelli y la otra por Emmy van Deurzen, a los que mencioné anteriormente. Además de Hans Cohn y Freddie y Allison Strasser, otras personalidades importantes son *Simon du Plock* (quien es co-editor de la *Journal of Existential Analysis* desde hace varios años), *Greg Madison* (quien además de coeditar la Journal of Existential Analysis, desarrolla una terapia experiencial-existencial, enriqueciendo el trabajo fenomenológico-existencial con los aportes de *E. Gendlin* y el *Focusing* desarrollado por este último), *Martin Adams*, *Laura Barnett*, *Sarah Young*, entre muchos otros.

En Estados Unidos se han desarrollado otros modelos y estilos de Terapia Existencial, por ejemplo el iniciado por *O. Hobart Mowrer* (1907-1982) y continuado por *Nedra R. Lander* y *Danielle Nahon* de la Universidad de Ottawa, llamado *Modelo Integridad de Terapia Existencial*[47]. Este enfoque se centra en "lo que la persona está haciendo, aquí y ahora, para que intente ser más auténtico y honesto consigo mismo y con su vida." (Lander & Nahon, 2005). El uso de la palabra *integridad* se refiere a

---

puede extenderse más allá de unas pocas semanas, pero eso no impide que la perspectiva existencial deje de ser útil y aplicable.

[47] *Integrity Model of Existential Psychotherapy*: No debe confundirse con la propuesta de Schneider, quien nombra a su aproximación *Existential-integrative psychotherapy* y que hemos optado por traducir como *Psicoterapia Existencial-integrativa*.

la posibilidad de la persona para comprometerse consigo misma en su propio desarrollo. Para este modelo, las dificultades psicológicas surgen por la falta de fidelidad a los propios valores.

También en dicho país, <u>*Stephen A. Diamond*</u> (n. 1951) ha propuesto la llamada *psicología existencial profunda*[48], en un intento por desmarcarse del énfasis exagerado que la academia norteamericana ha puesto sobre la cognición, las conductas, la genética y la bioquímica (Diamond, 1996) Su propuesta sigue de cerca la línea de Rollo May, con influencias de la perspectiva Jungiana.

<u>*Emilio Romero*</u> (n. 1936).- Psicólogo chileno que desde hace más de 30 años radica en Brasil. Entre sus influencias señala a autores de filosofía y literatura: Nietzsche, Marx, Sartre, Dostoievski, Tolstoi, Chejov, Kafka, Borges, Lispector y Cervantes. Su trabajo se encamina hacia la elaboración teórica de una psicología comprensiva y fenomenológica de orientación existencial.

Ha publicado múltiples libros con esta línea donde desarrolla temáticas que, en su conjunto, constituyen toda una teoría original de la personalidad. Entre estas temáticas destacan la psicopatología, la visión del ser humano y su antropología, la transformación personal a través de la terapia, las emociones y sentimientos, la intimidad, la subjetividad, etc. Así mismo, ha propuesto algunas técnicas para el trabajo de desarrollo personal, al que llama *neogénesis*, tanto para la terapia uno-a-uno como para la terapia grupal. Hoy en día, además de ser uno de los escritores más activos en Latinoamérica, es considerado una referencia muy importante dentro de la psicología existencial en habla hispana.

Entre sus principales escritos se encuentran *El Inquilino de lo Imaginario, Formas Malogradas de Existencia, Las Formas de la Sensibilidad, Neogénesis, El desarrollo Personal Mediante la Psicoterapia, Las Dimensiones de la Vida Humana, Entre la Alegría y la Desesperación Humana* y *El Encuentro de Sí en la Trama del Mundo.*

---

[48] *Existential depth psychology.*

Otto Dorr (n. 1936).- Psiquiatra chileno que, al interesarse tanto en la psiquiatría como en la filosofía, desarrolló un enfoque que ha sido llamado psiquiatría antropológica-existencial, el cual tiene fuertes influencias de la fenomenología. En sus textos estudia las complejas relaciones entre el fenómeno del delirio y la verdad, entre la esquizofrenia y la *interpersonalidad*, entre la depresión y la fenomenología de la corporalidad, la anorexia y la interacción familiar, la temporalidad y la conducta adictiva, etc.

Se interesa por el problema de la interpersonalidad en el proceso terapéutico, apoyado en el enfoque fenomenológico-existencial y en la analítica existenciaria de Martin Heidegger. Realiza un análisis de los complejos problemas existentes entre la personalidad y la psicopatología, y entre la normalidad y la anormalidad (Silva, 2001).

En Brasil hay un importante movimiento encaminado al desarrollo de la psicología fenomenológico existencial. Existen varios grupos que reconocen diversas influencias. Algunos de los pensadores involucrados publican sus investigaciones e ideas a través de la Universidad Metodista de Sao Paulo. Entre algunos de los principales autores de esta línea podemos encontrar a *Dagmar Silva Pinto de Castro, Josefina Daniel Piccino, Fátima Pighinelli, Rui de Souza Josgrilberg, José Paulo Giovanetti*, entre muchos otros. Otro grupo importante, que reconoce sus principales influencias en Kierkegaard y Heidegger, se encuentra encabezado por *Ana María Lopez Calvo de Feijoo,* quien junto a Myriam Moreira Protasio son importantes propulsoras del movimiento terapéutico existencial en Brasil. Ambas se encuentran desarrollando ideas en torno a la posibilidad de una terapia *sin psique* es decir, una terapia que no recurra al concepto de individuo encapsulado, con realidades *intrapsíquicas* inaccesibles para otros, que le separen como individualidad. Este movimiento cuenta con propulsores como: *Carolina Mendez Campos, Fernanda Alt, Maria Madalena Magnabosco, Roberto Novaez de Sa*, entre otros. Lamentablemente, las barreras propias del idioma dificultan enormemente su divulgación, ya que la mayoría de los textos están publicados en portugués. En español existe un par de libros de *Tereza Saldanha*. El más conocido se titula *Terapia Vivencial: un Abordaje Existencial en Psicoterapia*. El resto de los libros, por el momento, sólo pueden conseguirse en el idioma original.

Pablo Rispo (1934-2008).- Médico psiquiatra originario de Nápoles, Italia. Emigró junto a su familia a Argentina a los 13 años a causa de la posguerra. Junto a su segunda esposa, la psicóloga argentina *Susana Signorelli*, trabajó durante casi 40 años en el desarrollo y aplicación de la Terapia Existencial en Argentina. Vivió con cáncer durante aproximadamente diez años. Este padecimiento lo impulsó a hacer de su enfermedad un foco para sus reflexiones y sus desarrollos teórico-existenciales, y ha dejado un valioso testimonio a la posteridad.

Su postura está fuertemente influenciada por la obra de Binswanger, Minkowski y otros psiquiatras fenomenológico-existenciales de primera generación. Entre sus principales obras se encuentran *Por las Ramas de la Existencia. Fenomenología de las Modalidades del Ser, La Experiencia Terapéutica Existencial de Grupo, El Sentido para V. Frankl y L. Binswanger, Lo Imaginario y la Realidad del Oncológico*. Con Susana Signorelli, escribió *La Terapia Existencial*. Todos estos libros son referencias fundamentales para el desarrollo de la Terapia Existencial en Latinoamérica.

Actualmente, *Susana Signorelli*[49] (quien es la primer presidenta de la Asociación Latinoamericana de Psicoterapia Existencial – ALPE) continúa la divulgación y la aplicación de la Terapia Existencial en Argentina con el mismo espíritu comprometido y honesto que su marido propuso. Ha desarrollado un especial interés por reflexionar

---

[49] Susana Signorelli y el autor del presente libro, compilamos un texto titulado *Perspectivas en Psicoterapia Existencial: una mirada retrospectiva y actual;* publicado por editorial LAG, México, donde presentamos diferentes perspectivas dentro de la Terapia Existencial, algunas de las cuales se mencionan en esta sección.

sobre las distintas alternativas que puedan expandir la influencia de la terapia más allá de los límites del consultorio privado y realizar trabajo terapéutico en parques, paseos y otros lugares. A esto le ha llamado *terapia a puertas abiertas*. El equipo Argentino que apoya a Susana está cada vez más consolidado, y entre sus principales figuras se encuentran *Teresa Glikin, Esperanza Abadjieff y Marta Guberman*.

Miguel Jarquín (n. 1950).- Pedagogo, filósofo y terapeuta mexicano, fuertemente influenciado por las ideas de Emmanuel Mounier y Gabriel Marcel. Además de promover la perspectiva existencial, también ha difundido el pensamiento *personalista*. En su trabajo pueden observarse influencias también de Rollo May, Viktor Frankl, y la terapia Gestalt.

Miguel Jarquín critica la tendencia de gran parte de la psicología y la terapia a apoyarse demasiado en el modelo médico y a utilizar criterios diagnósticos provenientes de sistemas estadísticos, más que en criterios de funcionamiento armónico. En México, ha sido uno de los principales propulsores de un enfoque más filosófico y existencial de la terapia. Su libro *Psicoterapia Existencial: una Aproximación* es una muestra de su trayectoria.

En Colombia también hay un movimiento cada vez más amplio que está interesado en el desarrollo de la aproximación existencial. Uno de estos grupos tiene fuertes vínculos con los enfoques humanistas; es liderado por *Jaime Sánchez* en algunas instituciones. A la vez, en la Universidad del Norte, *Alberto de Castro* se encuentra desarrollando la mirada existencial con influencias de Rollo May y Kirk Schneider, de quien fue alumno, y ha publicado varios libros con estas temáticas. Uno de sus principales libros se titula *Psicología Clínica. Fundamentos Existenciales.* Paralelamente *Efrén Martínez* lleva varios años presentando lo que él llama *Psicoterapia Centrada en el Sentido de orientación Logoterapéutica*, la cual aun presentándose como *de orientación logoterapéutica*, tiene varias propuestas de influencia constructivista o cognitivo-conductual, así como algunas ideas completamente originales. Este último autor, con más de 12 libros publicados, es un importante propulsor del trabajo terapéutico de inspiración existencial, especialmente en su aplicación al área de las adicciones. En la actualidad, el trabajo de Efrén Martínez se acerca cada vez más a las perspectivas fenomenológico-existenciales. Uno de sus principales colaboradores y propulsores de esta perspectiva es <u>Juan Pablo Díaz del Castillo</u>.

Asociación Latinoamericana de Psicoterapia Existencial (ALPE) Creada en el 2010 por miembros de países como Argentina, Brasil, Colombia, Chile, México y Perú, es la principal organización en Latinoamérica encargada de promover y difundir la Terapia Existencial. Las personalidades anteriormente señaladas de los respectivos países latinoamericanos forman parte de esta asociación. Sólo falta agregar al representante de Perú: *Ramiro Gómez*. Actualmente ALPE organiza un congreso latinoamericano cada dos años, publica dos veces al año la *Revista Latinoamericana de Psicología Existencial. Un enfoque comprensivo del ser,* y difunde la mirada existencial de la psicología y la terapia a través de un curso a distancia sobre las diferentes perspectivas existenciales.
Para mayor información: www.alpepsicoterapiaexistencial.com

En mayo del 2015 se celebró el primer Congreso Mundial de Terapia Existencial en Londres, Inglaterra. Gracias a este importante evento, pudimos conocer a otros teóricos cuyas contribuciones son relevantes a nuestro campo. Me permitiré incluir algunos de sus nombres aquí a manera de reconocimiento de la valiosa aportación que realizan: <u>Miles Groth</u>, <u>Todd DuBose</u>, <u>Ken Bradford</u>, <u>Erik Craig</u>, <u>Louis Hoffman</u>, <u>Michael Thompson</u> (EUA); <u>Mick Cooper</u> (Reino Unido); <u>Bo Jacobsen</u> (Dinamarca); <u>Daniel Sousa</u>, <u>Edgar Correia</u> (Portugal); <u>Wang Xuefu</u> (China), entre otros.

En particular, Todd DuBose (miembro de *The Chicago School of Professional Psychology* y de *The Chicago School Humanistic-Existential Group*) propone una perspectiva existencial, fenomenológico y hermenéutica muy cercana a la mirada de la *Escuela Mexicana de Análisis y Terapia Existencial*. El segundo congreso mundial está fechado para mayo del 2019, y es ALPE la encargada de organizarlo en Buenos Aires, Argentina.

Círculo Existencial (*Círculo de Estudios en Terapia Existencial*)[50].- El Círculo Existencial inició sus operaciones en la ciudad de México en el 2002. Originalmente el principal interés de los miembros estaba centrado en aportar una profundización filosófica, desde la visión existencial, a las terapias *existencial-humanistas* como el enfoque centrado en la persona, la Gestalt y la logoterapia, así como aprender y estudiar las ideas y escritos de Irvin Yalom y Rollo May.

Paulatinamente se ha ido consolidando como un centro de entrenamiento en **Terapia Existencial** (hogar de la naciente *Escuela Mexicana de Análisis y Terapia Existencial*), tanto en sus modalidades uno-a-uno como en las grupales; y en las diferentes modalidades de aplicación de las prácticas fenomenológico-existenciales. También ha desarrollado el *Diplomado en Filosofía Existencial*, con énfasis en el desarrollo de habilidades para el asesoramiento filosófico de orientación existencial (*Coaching Existencial*).

Sus principales influencias son Rollo May, Irvin Yalom, Ronald D. Laing, Hans Cohn, Ernesto Spinelli, Emmy van Deurzen y Todd DuBose[51]. Actualmente, es el principal centro en México dedicado a la investigación, divulgación, estudio, aplicación y entrenamiento de

---

[50] Actualmente el Círculo Existencial de la Cd. de México tiene vínculos con el CELAE (Círculo de Estudios en Logoterapia y Análisis Existencial) de la Cd. de Pachuca, Hidalgo, dirigido por Regina Quiroz y Mónica Ortega, para impartir la especialidad en terapia existencial. También hay en la Cd. de Mérida, Yucatán, un centro filial del Círculo Existencial, donde se imparten las mismas formaciones que en la Cd. de México. Este último está dirigido por Marissa de Alba y Rosi Castillo.

[51] Más allá de las propuestas provenientes de la perspectiva existencial

Terapia Existencial
Teoría y Práctica Relacional para un Mundo post-Cartesiano. Volumen 1

la perspectiva existencial en psicología y terapia. La visión existencial desarrollada en este espacio de estudio es la que comparto en la presente obra. Aún cuando en el Círculo Existencial se han venido estableciendo un cierto número de profesores y terapeutas quienes dialogamos constantemente sobre los enfoques aquí planteados, soy consciente de que pueden haber estilos que no compartamos del todo unos con otros, por lo que asumo plenamente que las ideas que se plasman aquí, son de mi particular entendimiento sobre estos desarrollos. Además del autor del presente, algunos de los terapeutas que se encuentran desarrollando este enfoque son: *Max Jiménez, Juan Manuel Castellanos y Rebeca Espinosa*, en primer lugar, seguidos de: *Gabriela Flores, Josefina Flores, Arturo Arreola, Betina Calderón*; entre otros. Para mayores informes se puede consultar: www.circuloexistencial.org

Es importante destacar que en virtud de esta gran diversidad de autores, no existe un acuerdo general sobre lo que define a la Terapia Existencial. Aunque esta situación también es aplicable a otros enfoques, resulta particularmente cierta para la aproximación que aquí presento. Esto puede deberse principalmente a tres razones:

1) Nunca ha habido un fundador único del enfoque, ni en el terreno de la filosofía ni en el campo de la psicología y de la Terapia Existencial, y esto impide que exista un punto de vista único desde el cual partan los diversos autores.

2) Se trata de una perspectiva apoyada en un gran número de propuestas filosóficas (filosofías de la existencia), la mayoría de las cuales son muy diversas entre sí.

---

propiamente, se pueden reconocer influencias: de la terapia Gestalt —principalmente aquella fundamentada en el paradigma relacional o de campo—, de algunas propuestas del psicoanálisis relacional o intersubjetivo, de las prácticas y estudios posmodernos, del construccionismo social, las terapias narrativas, y de la terapia colaborativa. Todas estas *otras* influencias ocupan un papel secundario pero importante en el desarrollo de la perspectiva existencial que se practica y enseña en el Círculo Existencial, ya que apoyan las ideas fenomenológico-existenciales.

3) La aproximación existencial está asociada a una actitud que rechaza la homogeneización y los sistemas unificados, en favor de formas de práctica y de pensamiento autónomas que valoran la (inter) subjetividad y las diferencias particulares propias de la multiplicidad de los contextos sociales, históricos y culturales (Cooper, 2005). Es por ello que existe una cierta desconfianza dentro de los terapeutas existenciales en aquellos intentos de *integración* hacia *UN* sólo enfoque existencial. Después de todo, la mirada existencial propone una revaloración del respeto por las diferencias individuales. Una actitud que puede ser muy necesaria para el mundo en general en nuestros días (Martínez Robles Y. A., 2011).

Tampoco existen estudios sistemáticos sobre su cuerpo teórico general, ni investigaciones que demuestren cabalmente la efectividad de su propuesta de trabajo. En gran parte estas situaciones se deben a que el enfoque existencial suele resistirse a la formalización y se opone a la fabricación de un método que pueda ser manejado como un conjunto de técnicas reunidas en un manual y que se aplican de manera automática. Al mismo tiempo vale destacar que, desde la perspectiva existencial, se cuestionan muchos de los criterios de logro, eficacia o éxito terapéutico que suelen utilizarse en las investigaciones.

La **Terapia Existencial** requiere ser re-inventada y re-creada por cada terapeuta frente a cada uno de sus clientes. El cliente y el terapeuta deben realizar una profunda investigación conjunta sobre las diferentes dimensiones de la existencia tratando de apartarse de los preconceptos y de las formas específicas de proceder. Para esto, necesitan permanecer receptivos de modo que puedan sorprenderse y maravillarse. Evidentemente para lograrlo se requiere mantener una actitud fenomenológica que les permita tolerar la incertidumbre y el *no-saber* (Spinelli, 1994; 1997; 2007; 2005) (van Deurzen, 2010; Yalom, 1997).

En la presente obra se presentan las bases teóricas y metodológicas de *una* forma de Terapia Existencial, con la intención de que cada terapeuta pueda desarrollar su propio estilo de aplicación. Ni siquiera se trata de un mapa; en realidad, simplemente es el bosquejo de uno. Primeramente, conviene recordar que el mapa *no es el territorio,* es decir, en ningún momento se define la relación específica que debe tener *tal terapeuta* con *tal cliente* y, segundo, es apenas una aproximación inicial. A cada terapeuta le corresponderá la tarea de realizar sus propios añadidos, o sea, cada terapeuta deberá establecer rutas, encontrar atajos y proponer nuevos lugares que visitar.

Diferencias entre la Terapia Existencial y otros modelos de terapia

En esta sección se hace referencia a las similitudes y diferencias que guarda la Terapia Existencial con los modelos psicoanalíticos y humanistas. Se enfocan estos modelos porque en algunos textos generales de psicología se presenta a la corriente existencial como si estuviera integrada con alguno de ellos, es decir, como si sólo se tratara de las variantes de un mismo enfoque. No obstante, las diferencias son más evidentes con los modelos cognitivo-conductuales[52].

May (1967) opinaba que existía una compleja relación entre psicoanálisis y análisis existencial. En ocasiones compartiendo conexiones, como es el caso de su etiología: ambos son sistemas que reaccionaron a la fragmentación del individuo y la sociedad. En otras ocasiones, estos dos sistemas han desarrollado opiniones yuxtapuestas: como en lo referente a la razón y la técnica. Pero en otros momentos, sus opiniones han estado claramente en oposición: particularmente en

---

[52] El lector interesado en profundizar sobre las diferencias de la perspectiva existencial con otros modelos terapéuticos, puede referirse a los textos de Spinelli (1994; 2005) y de van Deurzen (2008). En cuanto a los modelos Cognitivo-Conductuales, las diferencias se acentúan en los aspectos más propiamente cognitivos de los mismos, ya que los postulados propiamente conductuales, como aquellos pertenecientes al Conductismo Radical, no resultan tan en oposición, como aquellos que surgen de miradas mas cognitivas.

la génesis de los principales conflictos y, específicamente, en la visión de un ser humano de forma determinista desde su pasado (psicoanálisis) *versus* un ser humano verdaderamente libre para decidir su futuro (análisis existencial).

Para Binswanger, la mirada existencial se enfoca *no sólo en el mundo etéreo de los deseos, las fantasías y sus estructuras subyacentes, sino también en el genuino yo-mismo y el eterno nosotros, en la existencia y el amor, en el ser-capaz y el estar-disponible, y en el ser en la verdad, la belleza y la bondad* (Ferlic, 2010). También para este psiquiatra suizo, Freud desarrolló su imagen del ser humano desde el punto de vista de la neurosis: "pero incluso un neurótico no es sólo un neurótico, [...] nos enfrentamos aquí con la distorsión de construir la imagen del ser humano contemplando solamente un aspecto, en el marco de una teoría científica sobre la realidad humana." (Ídem p. 2).

Yalom (1984) considera que la Terapia Existencial es un *enfoque dinámico* similar a los enfoques psicoanalíticos. Utiliza el término dinámico en el sentido técnico de la palabra, es decir, en el sentido freudiano del funcionamiento mental. Freud postula que *dentro* del individuo existen fuerzas en conflicto que generan pensamientos, sentimientos y conductas tanto adaptativas como patológicas. Además estas fuerzas se encuentran presentes en diferentes niveles de conciencia y, de hecho, Freud y Yalom coinciden en que algunas de estas fuerzas son *completamente inconscientes*[53].

Lo anterior coloca al enfoque de Yalom muy cerca de la visión de las posturas psicoanalíticas. Sin embargo, se aparta de este enfoque en la forma en que describe la naturaleza de dichas fuerzas internas en conflicto.

Para Yalom el conflicto 'interior' surge por nuestra confrontación con los hechos básicos de la existencia, lo que en otro texto llamo *atributos existenciales* (Martínez Robles, 1999). Sobre la angustia psicológica comenta que:

---

[53] Como veremos más adelante, el modelo existencial que aquí propongo va más allá que el de Yalom, entre otras cosas porque la fundamentación teórica existencial, y la imagen del ser humano, no se apoya en la idea del *inconsciente*. Yalom, May y otros pensadores americanos de la perspectiva existencial, se apartan del psicoanálisis en

> *Surge no sólo de nuestro sustrato genético biológico (modelo psicofarmacológico), no sólo de nuestras luchas con tendencias instintivas reprimidas (modelo freudiano), no sólo de internalizar modelos paternos de descuido desamor o neurosis (modelo de relación objetiva), no sólo de desórdenes perceptuales (modelo cognitivo-conductivo), no sólo de fragmentos provenientes de experiencias traumáticas olvidadas, ni de crisis de la vida presente que involucran nuestra carrera y relación con el otro significante, sino también — repito, sino también— de enfrentarnos con nuestra propia existencia.* (Yalom, 2009, p. 170).

Este autor desplaza el foco de los síntomas diagnósticos clásicos a las *preocupaciones últimas* de la vida, a saber: la muerte, la libertad, el aislamiento existencial, y la carencia de un sentido vital:

> *Yo creo que la sustancia fundamental de la psicoterapia es siempre ese dolor existencial y no, como aseguran algunos, los anhelos instintivos reprimidos o los fragmentos imperfectos sepultados de un pasado personal trágico. [...] mi hipótesis clínica primaria —hipótesis en la que baso mi técnica— es que la ansiedad fundamental emerge de los esfuerzos, conscientes e inconscientes de cada persona por hacer frente a la dura realidad de la vida, a los " 'supuestos' de la existencia.* (Yalom, 1989, p. 14-15).

De esta forma, la psicodinámica que propone Yalom conserva la estructura propuesta por Freud y sólo modifica su contenido. Para Freud, los impulsos son los causantes de que se despierte la angustia en el ser humano y de que se desarrollen mecanismos de defensa para protegerse

---

muchos aspectos, sobre todo en aspectos de la praxis, pero continúan adhiriéndose a un modelo que escinde la mente en consciente e inconsciente.

de la incomodidad que se desencadena. Por su parte, en la Terapia Existencial como la sugiere Yalom, se establece que la conciencia de la realidad existencial es lo que produce la angustia, a través de cualquiera de las preocupaciones esenciales. Del mismo modo lo que generalmente sigue, es el desarrollo de sistemas defensivos destinados a la negación de la situación, lo que se suscita por el simple hecho de existir como seres humanos.

La cuestión de la profundidad es otro asunto importante que diferencia a la perspectiva existencial de otros enfoques psicológicos. Aquello que se considera importante o fundamental suele ser diferente para cada escuela de terapia. Para Freud y para la mayoría de los psicoanalistas, por ejemplo, la profundidad implica un trabajo de mucho tiempo y paciencia para que gradualmente se vaya avanzando a través de las capas de la psique, hasta alcanzar aquello que se cree fundamental y que suele asociarse con las experiencias más tempranas de la vida del individuo. Para muchos, el origen de nuestras problemáticas se encuentra en los primeros años de la niñez y algunos teóricos inclusive, sitúan lo fundamental en el período perinatal, por ejemplo Rank (1977) y Grof (2002). Otros terapeutas influenciados por el pensamiento de la *nueva era* llegan a argumentar que un trabajo *verdaderamente profundo* requiere del análisis regresivo a las ¡vidas pasadas del paciente!

Todos estos enfoques tienen algo en común: su psicodinámica es de naturaleza evolutiva y, con ello, lo fundamental resulta emparentado con lo *primero*, esto es, que lo evolutivo tiene un sentido cronológico. Sus diferencias dependen del momento en que ubiquen el origen de la existencia del ser.

En cambio, la dinámica existencial no va unida a un modelo del desarrollo y, por consecuencia, lo importante y fundamental no está vinculado con lo *primero que ocurrió en el tiempo:*

> *Desde una perspectiva existencial, la exploración*
> *profunda significa, más que una exploración del*

> *pasado, el intento de eliminar las preocupaciones cotidianas para centrarse sólo en la propia situación existencial. [...] no se trata de pensar en el proceso a través del cual llegamos a ser como somos sino en cómo somos. El pasado, es decir, lo que recordamos de él, importa sólo en la medida en que forma parte de nuestra existencia actual y ha influido en nuestra manera de enfrentarnos, en el momento presente, en nuestras preocupaciones esenciales. [...] El tiempo primordial de la terapia existencial es el "presente que se convierte en futuro."* (Yalom, 1984, p. 22, 23).

Esto no significa que en la propuesta existencial no haya ningún interés por el pasado. Se recurre al pasado como un apoyo para comprender el presente, en lugar de hacerlo a la inversa, es decir, utilizando el presente para comprender mejor el pasado. A esto, en psicoanálisis lo llaman *análisis de la transferencia*. Por ello, Yalom dice que su enfoque es *inmediato, no histórico y existencial* (Yalom, 1984).

Spinelli (2005) nos recuerda otras diferencias importantes con respecto a los sistemas terapéuticos basados en la obra de Freud:

a) El psicoanálisis se apoya en nociones de causalidad lineal, mientras que la visión fenomenológica plantea que cualquier modelo causal debe ser, al menos, circular (o inclusive plantea la posibilidad de un modelo *acausal* —o sin la contemplación de causas—).

b) En la terapia psicoanalítica se considera que es posible acceder al conocimiento de los eventos del pasado. Por su parte, la visión existencial considera que aquello que llamamos *pasado* es siempre una (re)construcción de situaciones que se basa en nuestro presente y en nuestros proyectos hacia el futuro. Por ello Sartre (1998) propuso que para poder acercarnos a la comprensión de la existencia de una persona, es fundamental conocer el futuro que se traza, su *proyecto*, porque éste le aporta el significado al resto de su existencia.

c) En la teoría psicoanalítica se asume la existencia de un sistema mental inconsciente, cuyas funciones pueden ser distinguidas de la experiencia consciente. En una terapia fenomenológico-existencial no hay cabida para esta noción, ya que en esta postura se acentúa el estudio de la conciencia, por lo que se ve con suspicacia cualquier noción referente al inconsciente. Además, el concepto de inconsciente sutilmente divide al ser humano en dos (lo consciente y lo inconsciente), lo que es contrario con la intención fenomenológica de mirar al ser humano desde una perspectiva unificadora.

En cuanto a las diferencias con respecto a la psicología humanista, Yalom (1984) se refiere a los teóricos de esta corriente como "nuestros primos estadounidenses", ya que los distingue de la tradición existencial europea. No obstante, reconoce que hay una *diferencia fundamental de acento* entre los dos enfoques:

> *[La perspectiva existencial] siempre ha dado gran importancia a las limitaciones humanas y a las dimensiones trágicas de la existencia. [...] El enfoque europeo se concentra casi siempre en los límites y en la necesidad de enfrentarse a la angustia derivada de la incertidumbre y del no ser. Los psicólogos humanistas, por su lado, se refieren menos a los límites y a las vicisitudes que al desarrollo de un potencial, hablan menos de aceptación que de conciencia, menos de angustia y más de experiencias culminantes y de integraciones globales; les interesa menos el significado de la vida que la autorrealización.* (Yalom, 1984, p. 33).

También Schneider (2008) comenta que la visión humanista enfatiza el optimismo, el potencial y el crecimiento individual, mientras que la visión existencial acentúa los dilemas, la tensión y el crecimiento filosófico y social. Dicho énfasis de la perspectiva existencial en los aspectos *duros* o *trágicos* de la existencia, ha llevado a que en algunos lugares se cuente como broma: "la terapia existencial es parecida a la psicología humanista... ¡sólo que es más miserable!".

A diferencia de las terapias de línea humanista, para la posición existencial no puede hablarse de *potencialidades*, puesto que este concepto presupone una interioridad y, hasta cierto punto, una especie de base *esencial* a desarrollarse, lo que resulta incongruente con la filosofía y fenomenología existencial (Lopez-Calvo, 2011; en comunicación personal).

Sin embargo, la separación de la aproximación existencial y la humanista no siempre ha sido clara. De hecho, a los teóricos de la corriente americana se les suele conocer como *existencial-humanistas*, por su cercanía con varias de las posturas características del movimiento del potencial humano. Algunos autores, como Rowan (2001), consideran que no habría porqué hacer la separación entre el pensamiento humanista y existencialista ya que, según él, ambas corrientes se empalman.

Por mi parte, comparto la opinión de Spinelli (2001) y de Lopez-Calvo de que se trata de dos aproximaciones claramente distintas en varias cuestiones fundamentales, aunque comparten algunos puntos de vista. Por esto, vale tener presente sus diferencias y continuar considerándoles como enfoques separados. Algunos suelen comentar que se trata de dos visiones diferentes que tienen *enemigos comunes*, por el hecho de que comparten parte de la búsqueda por construir una terapia más respetuosa de la autonomía y del encuentro genuino entre las personas, por lo que suelen confundirse o agruparse como si fueran similares o incluso diferentes versiones de un mismo modelo.

En algunos textos se llega a considerar a la psicología humanista como más amplia y abarcadora que la existencial. Como si la primera incluyera a la segunda, o como si la corriente humanista de la psicología surgiera previamente en el tiempo y la psicología existencial fuera simplemente uno de los estilos de aplicación y desarrollo de la misma. Aunque en Estados Unidos de América lo anterior puede considerarse cercano a la realidad, no sucede de la misma manera en Europa. La psicología existencial, en el viejo continente, comenzó a surgir poco después de 1920, cuando Ludwig Binswanger buscó en la fenomenología de Husserl y en la filosofía de inspiración heideggeriana, una alternativa a las explicaciones que aportaba su colega y amigo Sigmund Freud sobre los fenómenos psicológicos, porque consideraba que dichas explicaciones se basaban demasiado en aspectos biológicos, fisiológicos e instintivos.

Por otra parte, mucha de la psicología humanista refleja claramente una actitud típicamente estadounidense, en la cual se enfatizan las técnicas y hay una cierta apertura al eclecticismo. Resulta interesante cómo, en diversos institutos que imparten entrenamientos en alguna de las escuelas propias de la psicología humanista, se enseñan múltiples líneas terapéuticas. Así, es posible encontrar en un instituto que entrena en Terapia Rogeriana, cursos sobre Psicodrama, Terapia Gestalt, Programación Neurolingüística, Constelaciones Familiares, etcétera. De la misma manera, es común encontrar que los terapeutas humanistas poseen varios entrenamientos en diferentes escuelas terapéuticas, y la mayoría de ellos presentan su estilo de aplicación terapéutica como una mezcla ecléctica de diversos enfoques. Pareciera que la postura pudiera resumirse en la frase: 'si funciona, hazlo'.

La psicología fenomenológico-existencial por otro lado, al estar firmemente basada en la Filosofía Continental europea, subraya la importancia de des-enfatizar las técnicas, para explorar las implicaciones aún mayores de la ideología, cosmovisión y filosofía de fondo, tanto de los enfoques terapéuticos, como en las personas que los estudian y sus consultantes. Se busca minimizar el uso de técnicas y maximizar la exploración de lo que facilita o dificulta el encuentro entre los participantes del proceso terapéutico.

Otras diferencias son, por ejemplo, las siguientes:

-Sobre la forma de entender la experiencia.- Para varios de los autores de la psicología humanista, la experiencia es algo a lo que se puede tener acceso directamente. Para ellos, la teoría, la razón, o la interpretación, no son necesarias e, incluso, pueden estorbar a la buena conexión con la experiencia. Este planteamiento no corresponde con la postura fenomenológica de la psicología existencial, donde es imposible la separación entre pensamiento y sentimiento, o entre razón y emoción, de la misma manera que no puede haber separación entre *sujeto* y *objeto*. Para la visión existencial, la experiencia siempre es intencional –siempre está referida a algo–, y es la expresión de una *inter-fase* entre la conciencia y el mundo. Cada vez que noto, descubro, me doy cuenta de algo, y hablo de mi experiencia, realizo un acto de interpretación, de selección y de reflexión. En este sentido, cualquier referencia a una experiencia *pura* (sin mundo) es, desde este punto de vista, una falacia (Spinelli, 2001). Desde una perspectiva existencial, nunca trabajamos con la experiencia directa de las personas que solicitan nuestros servicios terapéuticos; el trabajo terapéutico siempre es sobre la narración de la experiencia, sobre la conciencia reflexiva de la misma. Cada vez que una persona se refiere a *su experiencia,* en realidad está haciendo referencia a su reflexión de la misma. Es imposible *hablar* sobre nuestra experiencia directamente, ya que ésta es siempre pre-verbal, y cualquier cosa que digamos o expresemos sobre ella es una expresión de nuestra conciencia reflexiva sobre la experiencia, y no la experiencia misma.

> *Si analizamos la manera en que experimentamos cualquier evento desde un punto de vista fenomenológico, descubrimos que, típicamente, solemos confundir y combinar la experiencia del evento, con la narración significativa o la explicación que damos de ella. Las diferencias entre estos dos aspectos rara vez suelen ser considerados, y comúnmente asumimos que son parte de una*

experiencia unificada.

[...] mientras ocurre el proceso de una experiencia, ninguna explicación o descripción puede ofrecerse; es sólo cuando la experiencia ha ocurrido que nos es posible tanto describir como explicar en cierto grado de adecuación a la misma. [...] No podemos describir ninguna experiencia mientras ésta ocurre, sólo hasta que ha ocurrido. (Spinelli, 2005, p. 26) (Énfasis en el original).

Si la terapeuta pregunta a su consultante algo como: "Dime lo que te está ocurriendo en este momento" o "Nárrame lo que está presente justo ahora, en tu experiencia", el consultante se encuentra con varias dificultades para responder con precisión. En primer lugar, cualquier cosa que la persona responda, se estará refiriendo a algo que ya ha ocurrido. La experiencia *aquí y ahora* que describe es en realidad un suceso del pasado, aun cuando sea un pasado inmediato. No importa cuánto lo intente, nunca logrará estar experimentando una experiencia y describirla o narrarla simultáneamente. Siempre habrá, en palabras de Robine (2002): un *ligero desfase temporal*. Una segunda problemática, es que cualquier respuesta será siempre incompleta y parcial. Es imposible poder expresar completamente todo lo que ocurrió en una experiencia ya que, a cada momento, nuestras experiencias contienen una cantidad inmensa de información que es captada por nuestros sentidos. Como ya estableció Daniel Stern en su texto *The Present Moment* (2004), cada momento de experiencia dura sólo un instante, entre tres y cinco segundos únicamente, pero contiene una cantidad de información tan amplia, que muchos de los detalles escapan a nuestra capacidad de percatación reflexiva. Si fuéramos capaces de percatarnos de todos y cada uno de los detalles que conforman un sólo momento de experiencia, podríamos pasar el resto de nuestra vida intentando reportarlos, y aún en dicha tarea nos encontraríamos ante la dificultad de que no contamos con el vocabulario necesario para el reporte de nuestra experiencia, puesto que muchos de sus detalles son inefables, es decir, escapan a la posibilidad de describirlos con el lenguaje verbal conocido (Spinelli, 2005).

-Con respecto a la autorrealización o auto-actualización.- A la mayoría de los autores existenciales, el concepto de la autorrealización les parece extremadamente individualista, porque no toma en cuenta la realidad inter-relacional e inter-subjetiva. A lo sumo, en la psicología humanista esta realidad inter-relacional sólo se toma en cuenta como un aspecto secundario, como una posibilidad de *trascendencia* del ser humano. Se piensa como la capacidad que la persona posee para salir de sí misma e ir hacia el otro. Para la perspectiva existencial en cambio, la existencia es inter-relacional a nivel básico y es algo que siempre está presente. De hecho, es un nivel de realidad que es anterior a la formación de la identidad y de la sensación de un *yo* independiente. No se trata de una trascendencia sino, en todo caso, de una inmanencia. Desde la mirada existencial, no se cuestiona que la humanista sea demasiado optimista cuando recurre al concepto de autorrealización. Rigurosamente lo que se cuestiona, es si este concepto merece alguna consideración teórica o experiencial. En realidad, se prefieren los conceptos fenomenológicos e intersubjetivos tales como *apertura al encuentro, diálogo, comunicación existencial, roles intersubjetivos, disponibilidad para afrontar los dilemas y paradojas*, etc., porque resultan más útiles para reflejar las distintas características de la experiencia humana (Spinelli, 2001).

La psicología humanista está fuertemente influenciada por la mirada psicológica de los Estados Unidos de América, que enfatiza los principios pragmáticos de la libertad individual. Para la perspectiva existencial, la libertad sólo puede ser comprendida de la mano de la responsabilidad para con los otros. Viktor Frankl comentaba que, puesto que los estadounidenses habían colocado una estatua de la libertad en su costa este, tendrían que haber construido una estatua de la responsabilidad y colocarla en la costa oeste.

Emmy van Deurzen (2002), una de las principales representantes de la Terapia Existencial en la actualidad, rechaza abiertamente la postura humanista que considera a los seres humanos como: *criaturas básicamente positivas, las cuales se desarrollan constructivamente cuando se dan las condiciones correctas.* En su lugar, y acorde con la mirada existencial, propone que las personas pueden desarrollarse en cualquier dirección, hacia la bondad o hacia la maldad, y solamente la reflexión sobre lo que constituye al bien y al mal hace posible el ejercicio de la elección.

> *La psicología humanista describe a la persona como siendo jalada para alcanzar su potencial, como si hubiera una fuerza para el bien que mueve a la persona hacia allá, como una semilla que busca expandirse y crecer. La visión existencial es un tanto diferente. Las paradojas y dilemas [...] aportan límites a nuestras vidas, y la tensión que se crea motiva a las personas de varias formas a explorar el espacio entre dichas fronteras. El crecimiento no siempre es necesariamente positivo, y el cambio no siempre es para mejorar. Necesitamos abrir nuestros ojos a las múltiples posibilidades y peligros que existen, y elegir nuestro camino* (van Deurzen & Adams, 2011, p. 24).

De la misma manera, la felicidad y el desarrollo, propios de la *autorrealización,* no son considerados como necesariamente deseables. Hay momentos de la existencia en donde una postura congruente y sensible con las circunstancias nos pide todo menos felicidad. El desarrollo no siempre es deseable o positivo, ni siquiera siempre se acompaña de experiencias alegres o de satisfacción. En muchas ocasiones, *crecer duele.* Asimismo los momentos contentos o de alegría deben alternarse con otros distintos, en aras de poder seguir siendo reconocidos por la conciencia.

-Respecto a la totalidad y a la integración.- En cuanto al énfasis que la terapia humanista pone en la totalidad (o la búsqueda de la misma) y la integración, el punto de vista existencial considera que este acento es importante, sólo si también se enfatiza el polo opuesto de la *inevitable incompletud* de cualquier vida humana. La posibilidad polar también requiere ser tomada en cuenta como una experiencia valiosa de la existencia. Lo mismo sucede con el bienestar, porque el enfoque existencial lo juzga importante cuando también se reconoce la importancia del malestar. Así también ocurre con la necesidad de un sentido en la vida. El sentido es tan necesario como el sin sentido o absurdo, ya que el primero responde, mientras que el segundo continúa preguntando. En cada uno de estos contrastes, ambos aspectos son parte de la existencia humana, y cada uno requiere del otro para experimentarse. La fenomenología nos recuerda la importancia de los opuestos como criterio de distinción y como característica indispensable para la conciencia: sólo conocemos el calor gracias al frío, el arriba por el abajo, la alegría por la tristeza, etc. (Spinelli, 2001).

-Respecto al concepto de autenticidad.- La psicología humanista retoma la idea de autenticidad que proponen los pensadores existenciales y la desarrolla hacia líneas originales.

> *[...] la mayoría de los autores humanistas han alterado el significado de "autenticidad", de tal manera que ahora expresa una experiencia de la persona, donde se siente congruente consigo misma e integrada. De esta manera, la autenticidad se ha convertido más en un aspecto de la personalidad, y sugiere una meta que la persona debería buscar, con el objetivo de <u>alcanzar la autenticidad o llegar a ser auténtica.</u> [Subrayado añadido]* (Spinelli, 2005, p. 183).

La psicología humanista concibe que la autenticidad refiere a la habilidad para mantenerse con fidelidad al origen, el cual consideran *positivo*, o *bueno*. Una persona es auténtica en la medida en la que expresa aquellos aspectos que se corresponden con su yo o self *real*; cuando no se esconde detrás de máscaras o disfraces. Para la psicología existencial, la manera humanista de conceptualizar este concepto recuerda la mirada metafísica tradicional que la fenomenología existencial intenta dejar atrás: la autenticidad, para la mirada humanista, estaría referida a un ser previo a lo que se expresa a cada momento; una entidad a priori de la existencia. Bajo dicha óptica, los seres humanos somos auténticos cuando logramos expresar o conectarnos con los aspectos más *positivos* propios de nuestro *potencial* hacia la autorrealización, de nuestro *ser interno*, de nuestra *tendencia actualizante* o de nuestra *sabiduría organísmica*.

Aunque dicha perspectiva es completamente válida, no corresponde con la manera existencial de entender dicho concepto, la cual mantiene el significado heideggeriano del término. Para esta última postura, la autenticidad no se refiere a una adecuación con alguna instancia previa a lo que se está siendo o experimentando a cada momento, sino que corresponde a la posibilidad para el ser humano de *apropiarse de sí mismo y de su realidad existencial*. Cuando una persona se hace responsable de la forma como está co-construyendo su existir, cuando se hace consciente de que ella *es* el mundo en el que vive, y se percata de que todo cuanto hace o deja de hacer colabora con la creación, por lo que se reconoce como co-constructora del universo, se dice que está viviendo un momento de *autenticidad existencial*. Esta forma de entender este concepto es independiente de la bondad o maldad de la situación, de la mentira o verdad que la persona exprese. Para Heidegger dicho concepto no expresa una experiencia emocional ni una característica posible para la personalidad. Tampoco implica en ninguna manera que *ser auténtico* sea en algún sentido superior, o más saludable que *ser inauténtico*. A su vez, no implica ningún tipo de congruencia, desarrollo psicológico, estabilidad emocional, ni haber alcanzado algún tipo de *totalidad*. Para él significa algo mucho más neutro, es simplemente la posición o actitud de reconocer que se *es*, que se *está siendo ahí*, de *permanecer con su existencia sin intentar huir de la misma*, de *hacer consciente lo que es y está ocurriendo en el momento*. No tiene que ver con salud ni con madurez, ni con crecimiento personal o con alguna búsqueda que la persona *debiera* asumir (Spinelli, 2005).

-Respecto al self.- Quizá la principal diferencia entre la visión humanista y la existencial se encuentre en la forma de entender el self. La psicología humanista ha adoptado la visión del self de la cultura occidental, es decir, la idea de un self singular, intrapsíquico, que es más o menos permanente o fijo, o que al menos tiende a la permanencia cuando se ha consolidado en la *madurez saludable*. También se considera que el self puede aspirar a ser de carácter *real* y que, por lo tanto, puede distinguirse de un *falso self* o de varios selfs[54]. Este *self real* puede *encontrarse o alcanzarse* a través del trabajo personal o terapéutico, para lo cual se requiere que la persona mantenga una cierta separación de las *distracciones externas*. Una vez que se ha *encontrado o alcanzado* este *self real*, entonces podrá abrirse a las relaciones auténticas con otros selfs. Para la perspectiva existencial, en primer lugar no es posible tener una experiencia directa de este self que nos permita ubicarlo como 'verdadero', 'real' o 'falso'; en vez de ello, siempre interpretamos nuestra experiencia con base a lineamientos y creencias a priori, apoyadas en nuestra cultura, lo que nos lleva a calificar al self como más 'verdadero' o 'falso'. En segundo lugar, fenomenológicamente hablando, el self se encuentra siempre en *proceso de co-construcción*, por lo que es cambiante y está siempre en movimiento. Lo anterior

---

[54] No existe en español un plural para la palabra *self* que, de hecho, es ya un anglicismo. Suele traducirse por *sí mismo* o en su plural *sí mismos*, sin embargo, esta traducción es bastante deficiente para representar con exactitud el concepto. Más adelante en este mismo escrito reflexionaremos sobre ello. Por el momento, he decidido hacer el plural añadiendo la 's' final, en vez de usar *selves*, como correspondería en la lengua inglesa.

significa que no es posible fijarlo de una manera que pueda determinar su realidad, autenticidad o completud, así como tampoco es posible hablar de algún self 'falso'. En tercer lugar, la visión existencial del self lo ubica como algo *relacional, interpersonal y contextual*, lo cual lo aleja de la aproximación intrapsíquica que caracteriza a la mayoría de enfoques humanistas. Este cambio en el enfoque —de ubicar al self como una instancia intrapsíquica, a considerarlo como el resultado de la interacción, como un fenómeno inter-relacional—es más que un mero juego intelectual. Provoca una forma distinta de analizar las relaciones de la persona consigo misma y con el mundo en general, y genera una manera diferente de revisar y atender la relación entre los participantes del proceso terapéutico. La mejor forma de conocer al self no sería, entonces, promover que la persona se aleje de distracciones de su mundo externo, sino observarlo en su forma de relacionarse con el mundo y con el self de otros (incluyendo por supuesto la observación de la interacción entre el self del consultante y el self de la terapeuta).

El intento fenomenológico y existencial de evitar estos dualismos entre el *self real* y el *self falso* promueve una forma distinta de enfocar las relaciones *self-self* y *self-mundo*, lo que influye directamente sobre la manera en que se entiende la relación terapéutica. Este tema se profundizará más adelante en este mismo escrito.

Como observa Spinelli (2001):

> *La mirada existencial desafía a las posturas que conciben al ser humano como aislado, centrado en sí mismo, auto-enfocado o con el foco puesto sobre sí mismo cuando se relaciona; posturas que se encuentran a través de nuestra cultura; y provee algunas ideas iniciales para evaluar y considerar la posibilidad de esforzarnos para colocar al self en un contexto intersubjetivo self-mundo. (Spinelli, 2001, p. 470).*

177

En el próximo capítulo exploraremos las bases filosóficas de la perspectiva existencial en terapia. Haremos una breve semblanza de las características generales del enfoque para que se tenga un conocimiento del marco teórico básico de fondo, y de sus implicaciones en la práctica terapéutica cotidiana.

Capítulo 3 Bases filosóficas y antropológicas

*La Terapia Existencial es una aplicación
práctica de la filosofía a la vida cotidiana.*
Emmy van Deurzen.

Aspectos generales de la Fenomenología-Existencial

La perspectiva existencial es una mirada compleja que confronta la manera ordinaria de concebir la existencia humana y la realidad, en la civilización y cultura occidental. Muchos de los puntos de vista existenciales, aún cuando refieren a la experiencia directa de la realidad, se contraponen a los paradigmas habituales que compartimos cotidianamente. Es una posición de contracultura. Algunas opiniones poco informadas llegan a concluir que se trata de una posición pesimista, cuando es simplemente una postura realista. Aunque los pensadores existenciales suelen poner énfasis sobre las experiencias crudas y duras de la existencia, lo hacen para que logremos una mayor autenticidad (en el sentido heideggeriano del término). Actualmente vivimos una cultura que no sabe sostenerse ante las experiencias desagradables. Rápidamente buscamos algo, cualquier cosa, un tratamiento mágico, una píldora, una droga, una actividad, una relación; que nos distraiga de la experiencia desagradable y de la angustia. Tratamos de movilizar nuestra atención hacia aspectos más agradables del existir, aunque esto conlleve una serie de costos que, a mediano o largo plazo, resultan peores que la incomodidad inicial.

Dicha incomodidad surge simplemente ante los hechos ineludibles de la existencia, a los que nuestra cultura no nos prepara para enfrentar, tolerar o atravesar. Ya Nietzsche y Kierkegaard habían propuesto lo importante que es mantener un espacio para el sufrimiento entre nuestras conciencias. Cuando nuestra existencia está tranquila y sin preocupaciones, nuestro espíritu yace cómodamente y, por decirlo de algún modo, engorda, pierde la línea y la forma, desarrolla pereza y descuido, y sobreviene el tedio. En cambio cuando se enfrenta a situaciones complicadas, preocupantes y/o dolorosas, es como si asistiera al gimnasio a ejercitarse. A esto se refiere la famosa frase de Nietzsche: *Lo que no me mata, me fortalece.*

Poner atención a los aspectos dolorosos y angustiantes de la existencia, facilita la conciencia de aquellos momentos llenos de placer y dicha. Después de todo, no debemos olvidar que nuestra conciencia funciona gracias a los contrastes. De tal forma que el reconocimiento con plena conciencia de dichas situaciones y experiencias existenciales, prepara el camino para el desarrollo de una existencia lo más plenamente posible, lo que implica no negar ni cerrarnos a ninguna experiencia, dándole la bienvenida a la vida en toda su complejidad.

Es así que aquellos que consideran a la perspectiva existencial como una mirada pesimista, pasan por alto que todos estos aspectos son condiciones *reales* de la existencia humana y que, reconocerlos, es el primer paso para tener mayores posibilidades de enfrentarnos a ellos.

Para Jacobsen (2007), la psicología existencial enfatiza las dimensiones específicamente humanas de la vida, aquello que distingue a los seres humanos de los animales. Aun cuando es claro que, por un lado, somos un cuerpo que contiene una gran cantidad de procesos bioquímicos y metabólicos, también es evidente que lo que nos hace humanos no es nuestra biología. Lo propiamente humano consiste, entre otras cosas en:

> *[...] el regalo de ser capaces de reflexionar sobre nuestra biología, así como sobre cualquier otro aspecto de nuestras vidas; de hablar acerca de estos asuntos con otros; y de decidir que tipo de vida deseamos vivir en compañía de nuestros compañeros seres humanos.* (Jacobsen, 2007, p. IX).

Esta postura se enfoca en los dilemas y preguntas que los seres humanos nos hacemos tarde o temprano —o que algunos nos cuestionamos cotidianamente–, y que en estos últimos tiempos, parecen surgir cada vez con mayor urgencia:

> *¿Cómo podremos vivir existencias llenas de sentido?, ¿es posible experimentar amor y felicidad en este mundo?, ¿cómo nos enfrentamos a la experiencia de soledad?, ¿podemos confiar en otros seres humanos?, ¿cómo nos relacionaremos con la adversidad, las crisis, y las pérdidas cuando ocurran?, ¿cómo saber si estamos haciendo lo correcto cuando realizamos decisiones básicas sobre nuestra vida, o cuando nos comprometemos?, ¿dónde podremos encontrar confianza, valor y determinación, para sostenernos a través de la vida de la forma que a nosotros nos parezca correcta?*
> (Jacobsen, 2007, p. IX).

Durante el presente capítulo se intentará arribar al enfoque existencial desde múltiples puntos de aproximación, los que sin duda conducirá a ciertas repeticiones. Espero que el lector sea paciente y pueda verlas como una forma de enfatizar y profundizar la perspectiva existencial porque, solamente con un buen entendimiento de este pensamiento, podrá ser fácilmente comprensible la terapia de esta orientación.

- Visión general del pensamiento fenomenológico existencial.

A lo largo de la historia moderna, podemos encontrar tres formas distintas de concebir la naturaleza del ser humano: el positivismo, el racionalismo y la fenomenología existencial (van Kaam, 1966).

Desde la postura positivista, no se distingue de manera fundamental entre el ser humano y las cosas que le rodean. La persona y las cosas son básicamente lo mismo, sólo difieren en apariencia y complejidad. Ambos son productos que emergen de los mismos procesos y fuerzas presentes en el cosmos. Sin embargo, de entre todo lo existente en el cosmos, sólo los seres humanos desarrollan reflexiones y estudios sobre las cosas y sus mecanismos, siendo capaces de estudiar los mecanismos físicos, químicos, eléctricos y biológicos que ocurren en su interior. Esto nos coloca en una posición distinta a las piedras, la mesa, o la de los animales. Las cosas y los animales se encuentran completamente identificados con sus mecanismos. No pueden distanciarse de sí mismos para reflexionar sobre ellos. El hecho de que como seres humanos nos sea posible reflexionar sobre nuestros propios mecanismos, nos da la sensación de que los trascendemos, que podemos ir más allá de ellos y, por lo tanto, nos brinda la impresión de que *somos mucho más que nuestros simples mecanismos.* Aun cuando dicha posibilidad nos es dada a partir de otros mecanismos más complejos. Podemos trascender nuestros mecanismos básicos debido a que contamos con otros mecanismos más complejos que nos lo permiten. Es importante aclarar que, para esta aproximación, dichos mecanismos complejos que nos permiten tomar cierta distancia de nuestros propios mecanismos más simples, continúan siendo de orden físico, químico y/o biológico; y si en el momento actual de la humanidad no somos capaces de captarlos y medirlos, sólo es cuestión de tiempo. En un futuro, y gracias al desarrollo de la ciencia, llegaremos a poder estudiarlos más directamente y comprenderemos nuestros mecanismos más complejos.

Se trata de un punto de vista que tiene una importante herencia del materialismo. El positivismo es una propuesta importante, en orden de conocer la dimensión física del mundo y nuestra capacidad de actuar sobre ella. Ofrece importantes conocimientos sobre el mundo de las cosas y las posibilidades de participación humana en él.

Por otro lado, para la mirada racionalista, los procesos y mecanismos físicos y bioquímicos no pueden explicar completamente el hecho de que los seres humanos somos capaces de darnos cuenta de nosotros mismos, y tener una clara sensación de identidad. Es posible relacionarnos con las cosas del mundo y al mismo tiempo tener una clara experiencia de seguir siendo nosotros mismos. La naturaleza humana nos muestra que no solamente vivimos en un mundo como organismos bio-físicos, sino como seres constructores de significados. Sin nuestra capacidad para atribuir sentido y significado a las cosas del mundo, el mundo natural simplemente no existiría para nosotros de la forma como lo hace ahora. Sin el ser humano (o un ser con conciencia reflexiva), el universo entero carecería de sentido. De hecho, podemos estar tan conscientes de este proceso de ir aportando significados y/o sentidos al mundo, que es posible incluso olvidar nuestras necesidades organísmicas. Desde esta postura, fácilmente podemos describir la realidad humana en términos de subjetividad y experiencia, sin tomar en cuenta las realidades físicas de nuestra naturaleza. Aquí podemos notar la influencia de la filosofía idealista.

Sin embargo, al igual que con el positivismo, quedamos únicamente con un aspecto de la realidad humana. "Omitir la contribución del pensamiento positivista es tan pernicioso como omitir el atributo constructor de significados de la naturaleza humana." (van Kaam, 1966, p. 19).

Desde el punto de vista positivista, el observador se describe a sí mismo como una especie de ojo incorpóreo que mira objetivamente las sustancias en el mundo, las cuales puede describir sin influir en ellas ni ser influenciado por las mismas. Para la posición racionalista, no existe ninguna *realidad externa* puesto que todo es producto de una mente subjetiva y des-mundada (Varela, Thompson, & Rosch, 2011).

Ni el positivismo ni el racionalismo representan integralmente la forma cómo los seres humanos se viven a sí mismos y a su mundo en su vida cotidiana, aun cuando ambas perspectivas contienen ideas muy importantes para la comprensión de la existencia.

Para la postura fenomenológico-existencial, la realidad de los seres humanos no es puramente objetiva —no somos simplemente cosas u objetos en el universo— ni puramente subjetiva —tampoco somos experiencias autosuficientes, que se mantienen a sí mismas separadas del universo que los rodea y de las experiencias de otras personas—.

El ser humano se encuentra siempre fuera de sí mismo, en una posición de encuentro con lo otro, en el mundo, mientras que a la vez está siempre envuelto por la realidad que le rodea. "Es un diálogo con las cosas y procesos en su propio organismo y lo que lo rodea. [...] Ser hombre es fundamental y esencialmente existir, y existir significa ser-en-el-mundo." (van Kaam, 1966, p. 21). El self (o sí mismo) no puede concebirse, imaginarse ni experimentarse (o experienciarse)[55] sin relación con el mundo. Para la mirada fenomenológico-existencial, la existencia es una relación ser-mundo.

Así mismo, no es posible decir nada sobre un ser humano en específico sin al mismo tiempo estar realizando una aseveración sobre el mundo. Y de cierta forma, también con cada afirmación sobre el o lo otro estamos diciendo algo sobre nosotros mismos y nuestro lugar frente al mundo de los otros. Si decimos sobre una persona que se trata de una mujer, en la misma oración está implícito que existen las mujeres en el mundo, y que se trata de alguien distinto de los hombres; que nosotros podemos percatarnos de esta realidad, a la vez que pertenecemos a una de dichas categorías. Si decimos que es inteligente, lo estamos separando de otros que son tontos o por lo menos no inteligentes, y al mismo tiempo afirmamos que somos lo suficientemente capaces de distinguir la inteligencia de los demás, la cual es una categoría distinguible en el mundo, etcétera.

La relación del ser humano con el mundo es circular: no diseñamos el mundo con nuestra mente o conciencia, sino más bien nos hemos *hallado con él.* "Hemos despertado tanto a nosotros mismos como al mundo que habitamos. [...] estamos en un mundo que parece estar allí antes que comience la reflexión, pero ese mundo no está separado de nosotros" (Varela, Thompson, & Rosch, 2011, p. 27). Esta circularidad representa que, mientras llegamos a un mundo pre-hecho (fuimos *arrojados a él*, en términos heideggerianos), y dicho mundo nos influye

---

[55] Recurro al neologismo *experienciar* para referirme a la experiencia en proceso, ya que la palabra *experimentar* suele estar asociada al experimento científico y a la búsqueda de un conocimiento *objetivo.*

desde el primer momento de nuestra existencia aportándonos todo un marco de lo que es posible y lo que no, al mismo tiempo nosotros vamos siendo co-constructores del mundo con nuestra mera aparición en él. Por mínima que sea la diferencia, cada nacimiento hace de este mundo un mundo distinto, lo cual es especialmente cierto si se trata del propio nacimiento. Así mismo, cada uno de nosotros en la relación con el mundo vamos aportándole significados, con lo que estamos hasta cierto punto —al menos en lo que concierne a nuestra relación con él—, re-inventando al mundo al que fuimos arrojados.

Heinemann (1956) expresa la distinción de la aproximación existencial con respecto a la filosofía racionalista desde otro punto de vista:

> *Por filosofía existencial entiendo una nueva dirección que tiende a superar la unilateralidad tanto de la filosofía racionalista como de la irracionalista. En lugar de partir del cogito cartesiano [en su doble significación de conciencia y pensamiento] comienza con el sujeto en su triple relación con el hombre, el universo y Dios.* (Heinemann, 1956, p. 11).

La postura fenomenológica-existencial da paso al pensamiento posmoderno, ya que supera la escisión entre el sujeto y el objeto. En palabras de Lynn Hoffman:

> *El paradigma moderno de la ilustración y de Descartes se basa en la creencia de que un sujeto cognoscente puede utilizar la razón y el saber para comprender y manipular un mundo objetivamente verificable. El paradigma posmoderno abandona la dualidad individuo-mundo y produce un giro radical hacia un marco sociolingüístico.* (Hoffman, 1999, p. 15).

Superar la división entre sujeto y objeto es otra manera de decir que no hay ninguna realidad *allá afuera*, ni ninguna experiencia *en el interior*. Esta postura nos invita a pensar que, más allá de las convenciones del mundo físico, no hay ni dentro ni fuera; que no hay un mundo 'objetivo' captado por nuestra experiencia 'subjetiva', y que toda experiencia es siempre una relación intersubjetiva con aquello que llamamos realidad. Si existe o no un mundo previo a la existencia de la experiencia, es un asunto que jamás llegaremos a comprender. Es la vista tratando de verse a sí misma, el perro persiguiéndose la cola. Cada vez que reflexionamos, pensamos, sentimos o tenemos cualquier experiencia sobre algo, introducimos nuestra experiencia en el mundo.

Ana María Lopez-Calvo (2012)[56] critica la forma cómo la psicología se ha apropiado de la fenomenología, porque la convierte en un método empírico cuando la fenomenología es un intento por salir del empirismo y del psicologismo. Para ella, la fenomenología es un *método filosófico*, no psicológico, una forma de pensar, un método para aproximarse al saber, que parte de la experiencia a nivel de la conciencia como relación con el mundo, suprimiendo la escisión sujeto/objeto.

Como se mencionó anteriormente, no siempre hay acuerdos en las conclusiones de los distintos fenomenólogos existenciales, aunque todos ellos comparten sus métodos y la actitud para acercarse al estudio de la realidad en general, o de la situación humana en particular. A continuación enumero algunos de los puntos más importantes dentro de la perspectiva fenomenológica existencial[57]. Aspectos que refieren principalmente una *cosmovisión* y una *actitud:*

1. Un primer punto que consideran los planteamientos fenomenológicos, es que si se desea conocer el mundo del otro

---

[56] En comunicación personal.

[57] El lector interesado en profundizar en estas temáticas puede dirigirse al libro de Spinelli: *The Interpreted World, an introduction to phenomenological psychology* (2005), o a una publicación anterior de mi autoría (Martínez Robles, 2012-1).

(en este caso de la persona que solicita los servicios terapéuticos, a quien también podemos llamar *consultante*), es indispensable incluir el punto de vista del observador. Todo análisis que parta de la fenomenología, tomará en cuenta las opiniones y experiencias de la persona *directamente desde la reflexión que realiza el consultante* sobre ellas.

2. Otra de las principales ideas base de la reflexión fenomenológica existencial, es que todo acercamiento a la realidad se realiza siempre desde <u>*una perspectiva*</u> específica, y por lo tanto es *siempre parcial. Nadie es capaz de observar y/o estudiar una situación desde todos sus ángulos y cualquier punto de vista, como si se tratara del ojo de Dios.* Aún cuando una mirada específica puede ampliarse —de hecho, una de las funciones del proceso terapéutico es precisamente la ampliación de la perspectiva de los involucrados— el punto de vista siempre será mínimo comparado con la infinidad de posiciones que puede tener una misma situación. Partir de una postura fenomenológica es reconocer que, nuestro punto de partida, es siempre el <u>*no-saber,*</u> el reconocimiento de un cierto nivel de inocencia con respecto a la realidad, la cual siempre mantendrá un buen grado de misterio frente a nosotros; y que nuestro punto de llegada, aun conociendo un poco más, seguirá siendo una perspectiva que no se corresponda por completo a *LA* realidad.[58] Seguramente los participantes del proceso terapéutico conocen —poseen— una gran cantidad de información sobre muchas cosas, datos e información tanto experienciales como teóricos; sin embargo, la invitación de la actitud fenomenológica consiste precisamente en reconocer que, aun contando con un gran caudal de conocimientos, no podemos estar seguros de que estos resulten aplicables o pertinentes a la situación que enfrentamos o deseamos analizar en el momento presente. Todos los conocimientos que podemos saber, nos conducen más a nuevas preguntas que a

---

[58] A partir de este punto es que los filósofos posmodernos llegan a rechazar la idea de una *verdad* universal, válida para todos.

respuestas. A esto se refiere la recomendación fenomenológica de aproximarnos al trabajo terapéutico, comenzando por reconocer que *no sabemos* a ciencia cierta lo que está sucediendo, ni porqué, ni cuál es la forma indicada de conducirse a continuación o cuál es el mejor camino a seguir.

3. La fenomenología existencial considera que un aspecto fundamental del ser humano, es su implacable intento por *construir significados*. Sin importar lo inadecuado o incompleto de los mismos, toda reflexión sobre nuestra experiencia de vida se encuentra enmarcada en este intento. Podemos decir que todo el tiempo estamos interpretando, no es posible no interpretar. La percepción no es una acción pasiva que involucre una simple *recepción* de datos. En realidad al percibir inducimos significados al mundo, proporcionamos información a todo lo que captamos, por lo que vivimos en un *mundo interpretado* (Spinelli, 2005). Como expresó Merleau-Ponty: *Estamos condenados a los significados.* O en palabras de Harlene Anderson: "No podemos tener un conocimiento directo del mundo; sólo podemos conocerlo a través de nuestras experiencias. Continuamente interpretamos nuestras experiencias y nuestras interpretaciones." (Anderson, 1999, p. 71).

4. El método principal para hacer uso de la mirada fenomenológica, consiste en que todos los involucrados del proceso terapéutico, tanto consultantes como sus terapeutas, *describan de manera conjunta* en niveles crecientes de profundidad, detalle y análisis, las experiencias que se desean investigar. Estas se describen tanto a nivel físico, como emocional e interpersonal, racional, de co-construcción de la identidad, en cuanto a las creencias, valores y procesos de significación.

5. Para la perspectiva fenomenológica, todos los seres humanos

somos *movidos intencionalmente,* y el significado que se le da a los estímulos del mundo emerge del fondo *inter-relacional* que conformamos unos con otros.

6. Esta intencionalidad implica que ningún aspecto de las *inter-relaciones* del *yo/self-con-el-mundo* es factible de ser completamente *capturado*; *ningún sentido o significado puede ser plenamente "objetivo"* ni totalmente alcanzado.

7. Siguiendo al punto anterior, nuestra permanente tendencia a *arreglar, fijar* o *capturar* los significados de nuestras inter-relaciones con el mundo produce *incomodidad, inseguridad y angustia,* porque es imposible satisfacer por completo dicha tendencia.

8. La angustia que se despierta por lo mencionado en los puntos anteriores, como aquella que se despierta a partir de percatarse de lo referido en los puntos cuatro y cinco, se profundiza con la conciencia de nuestras limitaciones temporales como *seres-en-el-mundo* (Spinelli, 2005).

Fenomenología: de la Actitud al Método

Al final,
de lo que todo se trata,
es de ser real.
Emmy van Deurzen.

Una actitud de *apertura* es el primer rasgo de la propuesta fenomenológica. *Apertura al otro* tanto a su ser como a lo que nos relata, sin intentar cambiarlo en lo que nos presenta. Para ello resulta útil apoyarse en el método fenomenológico, y en una *presencia inocente e ingenua.* La *actitud de no-saber* es mejor que la del experto, porque invita al cliente a soportar la incertidumbre y el *no-saber* del que estamos rodeados en la existencia: "La actitud del *no*-saber se refiere al intento de permanecer tan abierto como sea posible a cualquier cosa que se presente a nuestra experiencia relacional." (Spinelli, 1997, p. 8). A su vez implica permitir al consultante saber que su terapeuta está dispuesta a encontrarse con él en la totalidad de su humanidad y desde su humanidad completa, lo cual implica reconocer que la terapeuta es falible (y que de hecho se equivoca con frecuencia) ya que a fin de cuentas es, parafraseando a Nietzsche: *humano y nada más que humano.*

Al principio la persona que consulta a la terapeuta puede encontrar esto desconcertante, sin embargo es una buena oportunidad para revisar su visión de que otros saben más de sí misma que ella; en otras palabras, la creencia de que otro(s) sabe(n) mientras que ella (o él) permanece ignorante.

Lo anterior colabora en mostrar a los consultantes que otros, al igual que ellos mismos, están inciertos y vulnerables ante los dilemas del hecho de ser humanos. Además, al ver a la terapeuta como un ser humano, con defectos, fallas, fragilidad y vulnerabilidad, en suma, tan humano como ellos mismos, puede despertar en los clientes sentimientos de compasión o interés hacia el otro (en este caso la terapeuta), lo que les puede llevar a redescubrir su capacidad para conectarse profundamente con otros y a sentirse empoderados y confiados de sus capacidades de relacionamiento interpersonal.

La actitud del *no-saber* también libera al terapeuta de *tener que saber* qué es lo mejor para sus clientes, de tener que ser expertos en *cómo vivir.*

El método fenomenológico promueve que el terapeuta acepte la vida que vive el cliente tal y como él la vive, en vez de tratar de inducirlo a una "buena" manera de vivir que "debería" de intentar.

Spinelli (2005) propone que, una vez que se percibe significativamente la información (la narración, conducta, presencia o forma de relacionarse del consultante), hay tres reglas[59] para la

---

[59] Diversos autores describen de manera un tanto diferente las diferentes reglas del método fenomenológico. Sin embargo, un análisis detallado de estas descripciones, nos arroja que las diferencias son principalmente de énfasis, o de las diversas subdivisiones que se contemplan.

aplicación del método fenomenológico, (Spinelli, 2005):

Regla A: la *epojé* o suspensión

En un primer momento el terapeuta es invitado a suspender, a *poner entre paréntesis* sus concepciones previas, conocimientos y prejuicios sobre las cosas, personas en general, y sobre la persona del cliente en particular; para posteriormente enfocarse en la experiencia inmediata de los datos que le arrojan sus sentidos sobre la situación y la persona que la plantea. En otras palabras, se propone que el terapeuta permanezca *abierto* hacia el otro y su *ser-en-el-mundo*, evitando en la medida de lo posible creer que sus interpretaciones son reflejo de la realidad del otro, sobre todo aquellas ideas basadas en marcos teóricos ajenos a la experiencia del cliente

Poner entre paréntesis, no tiene que ver con eliminar el propio punto de vista, no significa *no hacer juicios*. Como los mismos fenomenólogos han reconocido, esta suspensión de las ideas previas nunca es posible que se realice completamente, significa comenzar por reconocer que nuestra perspectiva (basada en estas ideas previas) es solo eso: *nuestra perspectiva* y no tiene porqué responder a la realidad del otro. Este es el principal sentido de la Epojé: reconocer que ante la realidad de nuestro cliente no podemos evitar generar una serie de prejuicios e interpretaciones, pero que é*stas no son un reflejo idéntico de su experiencia*. Reconociendo que a fin de cuentas *no sabemos* cuál es su realidad, puesto que nuestras ideas son solamente pre-juicios. Entre más sea capaz el terapeuta de suspender sus conocimientos, teorías y prejuicios, más espacio estará dejando para las propias comprensiones de su consultante.

Asumir que poseemos un cierto conocimiento sobre los otros atrae varios problemas, como el riesgo de tratar al otro como una categoría, etiqueta o como a *cierto tipo* de persona, así como el riesgo de buscar verificar dicho conocimiento que imaginamos y terminar imponiendo características y formas de respuesta al otro; malinterpretar y tergiversar la información que el consultante nos ofrece para hacerla *empatar* con nuestro *conocimiento*; o influir de manera sutil a nuestros consultantes y terminen desarrollando las características que nosotros imaginamos que poseían en primer lugar.

La actitud del *no-saber* no es idéntica a la *pantalla en blanco* propuesta por otros modelos. No es asumir que la terapeuta es ignorante. O negar y rechazar sus experiencias vitales, tanto personales como profesionales. Ni ocultar o cegarnos a las diferentes perspectivas teóricas que se hayan aprendido durante la formación como terapeuta. El *no-saber* se refiere a reconocer que, ni sabiendo todas las teorías del mundo juntas, seríamos capaces de explicar cabalmente lo que sucede a una persona; y que no hay nadie mejor que ella misma para intentar describir su situación existencial y las reflexiones sobre su experiencia.

La epojé consiste en suspender, poner en suspenso o suspensión a nuestros conocimientos, no en negarlos. En mantenerlos *en el aire*, sin *dejarlos caer* como certezas sobre aquello que observamos. Una clave importante para esta tarea consiste en siempre *verificar* nuestras comprensiones e interpretaciones sobre la experiencia y narrativa del consultante.

Algunas preguntas que la terapeuta podría realizarse a sí misma ante las ideas y *comprensiones* que le surjan de la experiencia del otro podrían ser:

¿Qué parte de 'mi' comprensión o interpretación es parte de mi propia historia, de mi marco teórico, o de mis opiniones sobre la existencia?; ¿me ha ocurrido alguna vez algo parecido que influya en mi manera de entender su situación?; ¿qué estoy experimentando?; y ¿cómo influye mi experiencia de escucharlo sobre mi manera de entender su narración?

En su último texto: *La crisis de las ciencias europeas y la fenomenología trascendental,* el mismo Husserl reconoce la imposibilidad de realizar una suspensión completa, argumentando que el mundo-vida (*Lebenswelt*) —un concepto que estudió hacia el final de su vida— consistía en un conjunto de pre-entendimientos de fondo, sedimentados, que a través del método fenomenológico podían volverse explícitos y tratarse como un sistema de creencias (Varela, Thompson, & Rosch, 2011). Con esta posición, se acercaba a una fenomenología más existencial, como la que inicialmente propuso Heidegger. Esta última forma de fenomenología, que se conoce como existencial, acepta que la epojé completa es imposible, ya que la persona (en este caso la terapeuta) no puede evitar saber su propia experiencia personal y profesional, así como tampoco puede evitar tener teorías favoritas sobre la existencia humana.

En resumen, la epojé consiste en un trabajo que la terapeuta realiza consigo misma, en presencia de su consultante, y que paulatinamente va invitando y enseñando a que este último realice a su vez. La tarea consiste en reconocer que cualquier reacción: física, emocional, psicológica o de significados; hacia la temática en cuestión, responde a experiencias previas y no necesariamente aplica a la situación o experiencia actual. Por lo tanto, es importante reconocer dicha reacción para no asumir que se trata de un reflejo idéntico de la realidad, sino que es únicamente una diminuta porción, propia de nuestro punto de vista; ello nos facilitará (tanto a la terapeuta como al consultante) permanecer abiertos a nuevas perspectivas, a la ampliación de las propias, y a tomar la historia que nos presenta el consultante con seriedad.

Regla B: la Descripción

En aras de una buena *epojé*, conviene realizar una labor descriptiva de aquello que se nos presenta. Describir detalladamente aquello que se encuentre en la experiencia consciente del consultante (y quizá también del terapeuta) en el aquí y ahora de estar el uno con el otro. Este es un trabajo conjunto entre cliente y terapeuta de realizar descripciones cada vez más detalladas de las temáticas y situaciones tratadas. Esta tarea nos apoya en el propósito de permanecer lo más posible enfocados en las impresiones inmediatas, en vez de dirigirnos hacia explicaciones teóricas sobre la experiencia. Es importante subrayar que la descripción no es realizada principalmente por el terapeuta, sino por el cliente ayudado por su terapeuta para generar descripciones cada vez más detalladas sobre sus experiencias.

Al igual que en el primer paso, los fenomenólogos reconocen que una *descripción pura* es imposible de alcanzar, puesto que siempre vendrá acompañada de algunos elementos explicativos. Sin embargo, permanecer en el intento de seguir describiendo puede ser significativo para promover nuevos descubrimientos sobre lo que las experiencias significan para el consultante, y para promover un buen encuentro terapéutico.

El terapeuta colabora con el trabajo a través de describir aspectos de la expresión no verbal de su consultante, o describiendo aquellas ideas que parecerían inconexas a primera vista en la experiencia del cliente, pero que, desde la mirada fenomenológica, se encuentran siempre relacionadas e interconectadas unas con otras, puesto que todas son partes de su ser-en-el-mundo.

> *Para el terapeuta existencial, el acto de escuchar a su cliente se enfoca sobre las relaciones de self/ mundo del cliente. De esta forma, las afirmaciones, preocupaciones y confesiones que el cliente realiza no son consideradas de manera aislada, sino como afirmaciones inter-relacionales explícitas o implícitas que revelan las posibilidades y limitaciones que emergen para el ser del cliente, a través de sus valores, creencias, juicios, actitudes y afectos.* (Spinelli, 2005, p. 146).

Así mismo el terapeuta (sobre todo en etapas avanzadas del proceso terapéutico, como se verá más adelante), puede describir aspectos que aparezcan en su propia conciencia experiencial ante la escucha y presencia de su consultante, ya que esto le puede brindar información a este último sobre la manera en que es percibido por otros, o sobre el campo experiencial intersubjetivo que ambos generan y del que ambos surgen.

Los terapeutas existenciales reconocen que no pueden asumir la postura de un observador desapegado, neutro, ni mucho menos objetivo, de las experiencias y reflexiones de su consultante. En lugar de ello, *se asumen implicados en la experiencia del otro*, sabiendo que la forma como su consultante experimenta y reflexiona sobre sus experiencias en el momento de la terapia, se encuentra influenciado por su presencia (la del terapeuta) y su estilo personal; y que dicho estilo se encuentra muy lejos de la *neutralidad* esperada en el método científico. Dicha actitud desapegada no sólo se piensa imposible en una perspectiva fenomenológica, sino que incluso se considera indeseable, porque la simple búsqueda de la misma es ya un estilo que se muestra al otro, y al intentar desarrollarla estaríamos mandando el mensaje de no aceptar ni reconocer nuestra propia humanidad, y estableciendo una distancia artificial, además de falsa, entre terapeuta y consultante.

Por ello es posible que el terapeuta participe de la labor descriptiva a través de compartir su propio punto de vista de la forma cómo va ocurriendo y desarrollándose el encuentro entre ambos (tomando como base la terapia uno-a-uno): "Para ambos, cliente y terapeuta, el encuentro permite una reflexión consciente sobre 'cómo es ser quien estoy siendo en esta relación.'" (Spinelli, 2005, p. 146). Lo cual puede resultar para ambos ampliamente revelador.

Regla C: la Horizontalización (o Ecualización)
Finalmente, si hemos seguido con éxito las dos reglas anteriores, tenemos una buena cantidad de datos descritos sobre la experiencia. A continuación se sugiere no realizar jerarquizaciones apresuradas sino intentar mantener toda la información, al menos por un momento, con igualdad de validez e importancia. Al igual que con los pasos anteriores, los fenomenólogos reconocen que no es posible realizar una absoluta

puesta en horizontal (o en igualdad) de toda la información, y que además resulta una etapa muy difícil de mantener por mucho tiempo, ya que rápidamente aparece la urgencia por dar sentido y significado a la experiencia, lo que aplica categorías de jerarquización.

Emmy van Deurzen (2011) sugiere que se agregue una regla de *verificación* en todo este proceso. "Esta es más una función hermenéutica [...] En la verificación nos disciplinamos a nosotros mismos [...] a revisar que nuestras observaciones son correctas y se relacionan directamente con lo observado." (van Deurzen & Adams, 2011, p. 43).

Es muy importante que, como terapeuta, *verifique constantemente* que mis entendimientos transcurren cercanos a los entendimientos que tiene mi consultante de sí mismo, o de la experiencia que tiene este último de lo que está ocurriendo en la relación terapéutica. Para ello, más que simplemente reflejar las palabras de mi consultante, y con ello arriesgarme a reconocer sólo los vocablos y perder la experiencia de mi consultante, puedo parafrasear las palabras de mi cliente y verificar posteriormente el grado de adecuación a su experiencia. O también puedo comentar lo que he entendido de la situación que mi consultante me expone, o de lo que está ocurriendo entre nosotros durante la sesión; de este modo no pierdo los significados (ya que podríamos estar dando diferentes significados a las mismas palabras). Es importante que los terapeutas realicemos esto de manera tentativa, reconociendo que probablemente nos equivocaremos (y seguramente lo haremos en ocasiones), y acompañando la intervención terapéutica con preguntas para confirmar o refutar nuestro entendimiento.

También es importante que el consultante verifique con frecuencia que su expresión corresponde con lo que reflexiona sobre su propia experiencia. El terapeuta puede facilitar esta última tarea promoviendo que su consultante revise, incluso corporalmente (a nivel de las sensaciones corporales), si su expresión *se siente correcta* con respecto a su experiencia. Los terapeutas existenciales suelen pedir a sus clientes que no se apresuren, que tomen su tiempo para verificar su experiencia, para confirmar que la manera cómo la exponen se adecúa a su manera de vivirla. Algunas preguntas que pueden realizarse son:

→ *¿Cómo sabes que es eso precisamente lo que estás sintiendo y no otra cosa?*

→ *¿En que parte de tu cuerpo lo experimentas?,*

→ *Cuando lo expresas de esa manera, ¿sientes que tu cuerpo confirma tu expresión?,*

→ *¿Sientes que lo que dices está completo?,*

→ *¿Le sobra o le falta algo?;* etcétera.

Una forma de aplicar dicha metodología en la **Terapia existencial**, es que el terapeuta se muestre particularmente interesado por el *noema* y la *noesis*[60] de la narrativa de su consultante. Esto significa que realice, de manera conjunta con la persona que solicita sus servicios, una investigación fenomenológica sobre la temática que le trae a la consulta terapéutica. Entre las preguntas que podría plantearle para indagar sobre el *noema* están:

→ *¿Qué sucedió o qué sucede, qué te impulsó a buscar terapia?*

→ *¿Cuándo ocurrió o cada cuándo ocurre?*

→ *¿Ha ocurrido antes?*

→ *¿Dónde sucedió el evento?*

→ *¿Sucede también en otros lugares?*

→ *¿Quién o qué personas están presentes en la narrativa?*

→ *¿Quién es el protagonista?*

→ *¿Qué es problemático?*

→ *¿Qué se valora o subraya dentro de la historia?*

→ *¿De qué forma se revela o se muestra?*

→ *¿Qué se enfatiza?, ¿qué se minimiza?*

→ *¿Qué saltos hay en la historia?*

---

[60] Noema y Noesis son dos elementos de la intencionalidad de la conciencia que estudia la fenomenología. Para mayor información referirse a (Spinelli, 2005), o a (Martínez Robles, 2012).

→ *¿Qué nuevos elementos emergen al narrarla?*
→ *¿Qué nuevos elementos son valorados al narrarla?*
→ *¿Quién se beneficia con los hechos de la historia?*
→ *¿Qué nuevo narrador (consultante) emerge de estos valores?*
(Spinelli, 2007).

Algunas de las preguntas que se pueden utilizar para profundizar en la *noesis* son:

→ *¿Qué sentimientos, actitudes, creencias, valores, soportan la narrativa?*
→ *¿Qué está silenciado u oculto en la narración, aunque presente de alguna manera y afectándola?*
→ *¿Cómo se comunica el narrador o consultante a través de esta narración?*
→ *¿Qué impacto causa el narrador sobre la narrativa?*
→ *¿Cómo modifica o altera la narrativa al relatarla?*
→ *¿Cómo se previene de ser alterado por la narrativa?*
→ *¿Cómo experimenta el narrador la problemática?*
→ *¿Cómo se relaciona con el narrador dicha historia?*
→ *¿Cómo se relacionan los personajes y situaciones entre sí?*
→ *¿Cómo se relaciona la narración con el terapeuta como audiencia?*
→ *¿Cómo se afecta la narración por estar siendo escuchada por esta audiencia específica?*
→ *¿Cómo se afecta la audiencia (terapeuta o grupo) por estar escuchando esta narración?*
→ *¿Cómo es la experiencia del narrador consigo mismo?, ¿cómo experimenta el narrador a quién lo escucha?*
→ *¿Cómo se afecta el mundo más amplio del narrador?*
→ *¿Cómo espera y responde la audiencia a la narrativa?*
→ *¿Cómo responde la audiencia al narrador?*
(Spinelli, 2007).

Otra manera de plantearlo es que la indagación sobre el noema es casi siempre un cuestionamiento sobre el contenido de la experiencia: sobre el *qué, quién o quiénes, dónde y cuándo.*

Mientras que al explorar la noesis nos interesamos más por los procesos que sostienen y acompañan a la experiencia:

→ *¿Cómo se experimenta?*
→ *¿Con qué se relaciona?*
→ *¿Qué la influye?*
→ *¿Cómo se manifiesta en el aquí y ahora que es narrada?*
→ *¿Cómo la influye el narrarla precisamente ahora y a esta audiencia, en vez de a otra?*
→ *¿Hacia donde se dirige?, ¿para qué?*
→ *¿Qué diálogo interno y silenciado mantiene la persona mientras me cuenta su historia?*
→ *¿En que situaciones ha sido diferente?, entre otras.*

Dentro de la exploración fenomenológica de la noesis, se pueden realizar preguntas directas surgidas de la hermenéutica y de la deconstrucción, que analicen la historia o eventos que el consultante comenta, al estilo del análisis narrativo y de textos:

→ *¿Qué dice sobre Ud. el que esta situación se presente?*
→ *¿En que persona se convierte, a partir de la situación?*
→ *Si todo fuera a cambiar menos algo, ¿qué preferiría que fuera ese algo que no cambiara?*
→ *Al reaccionar a sus dilemas como normalmente lo hace, ¿se incrementan o disminuyen?*
→ *¿Cómo se relacionan las diferentes personas significativas de su vida con la situación que relata?*
→ *¿Qué actitud asume frente a la situación?, ¿se rebela, resiste, evade o se somete?*
→ *Si la situación conflictiva hablara, ¿qué diría?, y ¿qué le diría a Ud. (al consultante)?, ¿o qué tendría que decirle al terapeuta?*

→ *¿Qué ventajas o ganancias se consiguen gracias a las situaciones problemáticas?*

→ *¿Qué nuevos problemas acarrean las situaciones que se consideran positivas?*

→ *¿Cómo afecta la situación a la manera como las personas que le rodean tienen de mirarle y de tratarle?*

→ *¿Se siente atraída(o) por las nuevas posibilidades que esa historia/situación podría traerle?*

→ *¿Qué ocurre justo antes y justo después?*

→ *¿Hay alguien que contribuya a dicha situación?*

→ *¿Se dice Ud. algo durante o al finalizar la situación?*

→ *¿Recuerda algún evento del pasado que de alguna manera fuera una especie de introducción para el evento que me narra?*

→ *¿Cómo cree Ud. que ha cambiado mi imagen (del terapeuta) sobre Ud. como persona, ahora que conozco esta situación?*

→ *¿Qué habilidades se ponen en juego en esta situación?*

→ *¿Qué valores o que imagen del mundo y del ser humano se asoman en esta situación?*

→ *¿Qué supone que otros piensan sobre Ud. con relación a los eventos que me narra?*

→ *De todas las personas con quienes se relaciona cotidianamente, o aquellas que le son significativas, ¿quién tendría una opinión importante (ya sea positiva o negativa) de la situación?, ¿cuál sería dicha opinión?*

→ *¿Cómo describirían el evento las personas significativas para Ud.?*

→ *¿Qué puede aprender de estos eventos?*

→ *¿Qué generalizaciones realiza a partir de los eventos?*

→ *¿Cómo esta experiencia afecta su forma de relacionarse consigo mismo y con otros?*

→ *¿Dónde o de quién aprendió esa forma de responder a los eventos?*

→ *Si su experiencia de los eventos fuera el inicio de un movimiento social, ¿qué es lo que propondría?*, etcétera.

Es importante aclarar que las preguntas que aquí se plantean, tienen un propósito de ejemplificar *el tipo de preguntas* que pueden usarse para una indagación fenomenológica. De ninguna manera deben tomarse como *LA LISTA* que el terapeuta existencial *DEBE* realizar. En estricto sentido, deben surgir de la interacción específica, en un momento dado, entre consultante y terapeuta. El terapeuta existencial no tiene una *lista de preguntas para realizar*. Aún cuando buena parte de la indagación conjunta se realiza con base a preguntas, éstas surgen de la espontaneidad de la situación compartida. Las preguntas que en este texto se muestran tienen un carácter principalmente ilustrativo.

> *La estructura de la conversación terapéutica es espontánea. La determinan, momento a momento, intercambios que zigzaguean y se entrecruzan. No sigue un guión determinado, como podría ser un cuestionario estructurado o una secuencia de acciones. No puedo saber de antemano que preguntaré; no puedo escoger palabras para producir un resultado específico. Quiero participar en el proceso que describo de forma natural, no artificial. Porque estoy dentro, no fuera del proceso que intento crear. Para un observador externo. O alguien que tenga una preconcepción acerca de cómo debe de ser una conversación, estas conversaciones parecen desorganizadas. Puede parecer que un terapeuta no tiene control de la entrevista, porque realmente no lo tiene.* [subrayado añadido] (Anderson, 1999, p. 176-177).

Michael White[61] (1997) habla de tres tipos diferentes de preguntas que

---

[61] Aunque White no hace referencias explícitas a la fenomenología, podemos notar en su enfoque narrativo una clara influencia de esta postura.

el terapeuta puede realizar en su trabajo de exploración:

a) *Preguntas relativas al panorama de acción*.- Que permiten que la persona ubique acciones concretas que realiza ella misma u otros dentro de su narrativa.

b) *Preguntas relativas al panorama de conciencia*.- Con las cuales el consultante y su terapeuta pueden reflexionar acerca de los significados que sostienen los eventos, y facilitan la reflexión sobre cómo se van generando dichos significados, promoviendo la conciencia de creencias, valores, disposiciones, estilos y filosofías de vida.

c) *Preguntas referentes a experiencias de experiencias*.- Éstas consisten en invitaciones a que la persona piense e imagine la experiencia de otros sobre ellos, lo que otras personas pueden pensar, sentir y experimentar con respecto a los eventos de su narrativa o con respecto a su persona en general. Este tercer tipo de pregunta parte del reconocimiento de que somos seres relacionales, y por lo tanto nuestro ser se conforma a partir de la relación con los demás. Mucho de lo que hacemos o dejamos de hacer está relacionado con la forma como experimentamos las posibles experiencias de los otros, ya sea que lo hagamos de manera reflexiva o pre-reflexiva.

Otra manera de ver la exploración fenomenológica en terapia es como lo propone Spinelli (2007): el terapeuta podría imaginar que es una especie de actor que va a representar un papel en una obra de teatro. El consultante en este caso sería, a la vez, el director de la obra y el dramaturgo (quien escribió la obra). El actor debe permanecer lo más abierto posible a los significados que le aporte el director, en aras de realizar mejor su representación. Supongamos que la pieza teatral narra eventos donde uno de los personajes es un general alemán llamado Adolfo Hitler, y ese es precisamente el papel que a ti (terapeuta) te toca representar. Y el director te solicita que representes un Hitler tierno, amoroso, dulce y lleno de sabiduría y amor por la humanidad. Si te sientes rebelde a representar ese tipo de Hitler, porque para ti es un hombre que puede considerarse uno de los más grandes sádicos de la historia, el director estaría en todo su derecho (y probablemente lo haría) de despedirte y conseguirse a otro actor para que representase ¡*el tipo de papel que él escribió!*

Esta metáfora sirve para aclarar el papel del terapeuta existencial que se apoya en la fenomenología: tratará de compenetrarse con los significados y las reflexiones sobre la experiencia del consultante que él mismo le brinde; y sólo después de haber pasado un tiempo en este esfuerzo, quizá se haya *ganado el derecho* de aportar explícitamente su influencia —porque es inevitable que su presencia tenga algún tipo de influencia, aunque sea de forma implícita— en el desarrollo de la relación y la experiencia terapéutica.

En otras palabras, la actitud de *no-saber* mencionada más arriba provoca que el consultante se convierta en el maestro de su terapeuta. El terapeuta adopta la actitud de "yo estoy aquí para aprender sobre usted, de usted." (Anderson, 1999, p. 138).

Como hemos visto, esta forma de fenomenología resulta también una tarea hermenéutica, donde el consultante y su narrativa son considerados *textos* que, de manera conjunta, tanto cliente como terapeuta intentan interpretar[62]. Gadamer (1988) lo explica de la siguiente manera:

> *Una persona que intenta entender un texto está preparada para que el texto le diga algo. Por eso, un entendimiento entrenado hermenéuticamente debe ser sensible, desde un comienzo, a las cualidades de novedad del texto. Pero este tipo de sensibilidad no requiere "neutralidad" hacia el objeto ni cancelación de mi persona, sino la asimilación*

---

[62] Es importante aclarar aquí el sentido de la palabra *interpretar*. No me refiero a la estrategia psicoanalítica de *traducir* los contenidos del consultante a los conceptos teóricos previamente trazados. La interpretación en sentido hermenéutico, no es una acción exclusiva de un grupo de especialistas y para la cual se requiera de conocimientos específicos. Interpretar es el acto de existir como seres humanos. Es imposible evitar interpretar. Es la labor de captar la información novedosa del mundo, entremezclándose con nuestras historias y experiencias previas.

*constante de mis prejuicios, de modo que el texto
pueda presentarse en la plenitud de su novedad y así
afirmar su propia verdad en contraposición a mis
significaciones previas.* (en Anderson, 1999, p. 162).

Visión existencial del ser humano

> *El hombre es un ser Proteico,
> en permanente transformación,
> esa es su dicha y su agonía.*
> Eduardo Nicol.

La perspectiva existencial del ser humano es amplia y compleja. Por ser fundamental para la comprensión de la **Terapia Existencial**, a continuación planteamos algunas ideas clave.

Algunos pensadores como Irvin Yalom (1984) consideran que la característica fundamental de los seres humanos, desde un marco existencial, consiste en lo que él llama *Las cuatro preocupaciones supremas* a saber: 1) Muerte o finitud.- el hecho de que sabemos que tarde o temprano moriremos. 2) Libertad.- el enfrentarnos a ser los conductores de nuestra existencia en un mundo sin carreteras claramente trazadas, o confiables. 3) Aislamiento existencial.- nuestra experiencia de que nadie puede vivir la vida por nosotros, que en el fondo cada uno debe vivir sus propias experiencias y no pueda compartirlas completamente con nadie. 4) Carencia de un sentido vital.- el enfrentarnos a la necesidad de un sentido en un universo que carece de él.

Otros como Medard Boss hablan de los *siete rasgos fundamentales de la vida humana* (aunque quizá debieran ser *riesgos* en vez de rasgos). En su punto de vista los seres humanos: I) vivimos en un espacio específico –*espacialidad*–; II) vivimos en un tiempo específico –*temporalidad*–; III) vivimos a través de nuestro cuerpo –*corporeidad*–; IV) vivimos en un mundo compartido –*mundanidad relacional, o relacionalidad*–; V) siempre nos encontramos viviendo en un particular estado de ánimo, una cierta atmósfera psicológica –*afectividad*–; VI) vivimos en un contexto histórico –*historiocidad*–; y VII) vivimos con la conciencia de nuestra propia muerte –*Mortalidad* o *finitud*–. (Jacobsen, 2007).

Hans Cohn (1997), desde una posición cercana a Heidegger, también señala las características que, para él, son fundamentales: *ser-en-el-mundo, ser-en-el-mundo-con-otros*, haber sido *arrojados al mundo*, la *mortalidad*, la *inevitabilidad de la elección*, la existencia *corpórea*, la *sexualidad*, la relación con el *espacio*, la relación con el *tiempo*, y el estado de ánimo.

Erich Fromm, un psicoanalista fuertemente influenciado por ideas humanistas, socio-culturalistas y existenciales, propuso que una imagen existencial del ser humano debe contemplar su lucha por satisfacer sus cinco necesidades fundamentales: a) de amor y relación; b) de trascendernos a nosotros mismos (trascendencia); c) de desarrollar raíces y la sensación de estar en casa (pertenencia); d) de encontrar y/o desarrollar nuestra propia identidad; e) de un marco ideológico que funcione como referencia y nos apoye en la búsqueda de un sentido para nuestra vida. Estas necesidades emergen ante el enfrentamiento cotidiano de todos los seres humanos con la paradoja de que, por un lado, nuestras funciones corporales y biológicas, así como nuestros instintos, nos hacen formar parte del reino animal; mientras que por otro, nuestra conciencia, nuestra vida mental y social, nuestra capacidad de reflexionar y de ser conscientes de nosotros mismos, nos ubica en la esfera humana y cultural (Fromm, 1956).

Bo Jacobsen (2007) agrupa la perspectiva psicológica existencial en seis dilemas básicos:

1.- *Felicidad vs Sufrimiento.*- ¿Cómo puedo dirigirme hacia la felicidad cuando se que mi vida inevitablemente contendrá sufrimiento?

2.- *Amor vs Soledad.*- ¿Es posible sobreponerme a mi soledad básica a través de una relación amorosa? ¿Puedo seguir siendo yo mismo en una relación amorosa? Y ¿es realmente posible encontrar amor en este mundo?

3.- *Adversidad vs Éxito*.- Cuando me encuentro a mi mismo en situaciones estrechas y calamitosas, después de un accidente o una pérdida importante, o algún otro evento serio en mi vida, ¿cómo puedo lidiar con la situación de tal forma que logre algún crecimiento o desarrollo, en vez de enloquecer o quedar atascado?

4.- *Angustia de Muerte vs Compromiso con la Vida*.- Sabiendo que mi muerte puede llegar en cualquier momento, ¿cómo puedo trascender mi angustia y comprometerme conmigo mismo a estar completamente vivo?

5.- *Elección Libre vs Obligaciones de la Vida Real*.- Dadas las realidades físicas, financieras y sociales de mi vida y mis orígenes, ¿no debería pedir apoyo o preguntar a otros por su opinión? ¿Cómo podré encontrar mi propia opción positiva y constructiva? Y ¿cómo puedo crear, a través de mis elecciones, un futuro que valga la pena vivirse?

6.- *Sentido de la Vida vs Sin sentido*.- Dado el carácter caótico de nuestro mundo en el presente, ¿cómo puedo definir el sentido y los valores de mi vida, y así encontrar una dirección clara para ella?

Aun cuando todas las anteriores perspectivas son tomadas en cuenta dentro del presente texto, he preferido describir la condición humana desde otra posición. A continuación se mencionan aquellas características que, a mi parecer, engloban de manera general la visión existencialista del ser humano.

• Ser humano = ser-en-el-mundo
Como se mencionó anteriormente, el ser humano es concebido en la perspectiva existencial como un continuo con el mundo. De ahí la expresión *ser-en-el-mundo*, con guiones entre las palabras para subrayar la unidad indivisible. El mundo no es considerado como una *totalidad pre-existente*, sino que se concibe como un proceso en formación, del cual el ser humano concreto forma parte fundamental. No hay *mundo* por un lado y *ser humano* por otro, como entidades conformadas en

primer lugar y que sólo en segundo término se relacionan. Es más bien a través de la relación entre estos puntos (mundo-ser humano), que la realidad de la existencia emerge y se expresa. Ser y mundo se encuentran siempre en proceso de influencia mutua y co-construcción. Pensar al ser humano en unidad con el mundo, es una de las formas en que se expresa la propuesta de la aproximación fenomenológico existencial para dejar de referirse a la existencia humana a través de la escisión sujeto/objeto. Desde esta mirada, tal escisión es producto de maneras cartesianas de acercarse al problema de la realidad, las cuales no sólo pueden, sino que es conveniente que sean superadas hacia estilos distintos de aproximación a la existencia, modelos que no simplifiquen la complejidad del ser humano.

> *Este punto de partida del hombre como un ser existente en el mundo todavía hoy me parece justo. Nos permite evitar la falacia del aislamiento, que trata como separados los elementos que sólo en mutua dependencia tienen sentido. En lugar de separar radicalmente del mundo exterior la conciencia y sus contenidos, y preguntarse después cómo puede ser demostrada la realidad del mundo exterior, la nueva filosofía (existencial) excluye los problemas de esa clase como seudo problemas. No sólo lógicamente es imposible demostrar la existencia de los objetos materiales (con Descartes) o negarla (con Berkeley), sino que el problema como tal no tiene sentido. Simplemente no existe a no ser sobre falsos supuestos.* (Heinemann, 1956, p. 11-12).

Estos planteamientos invitan a reflexionar sobre la condición humana de una manera distinta. En vez de reflexionar sobre el ser humano, lo hacemos *sobre la existencia,* es decir sobre las condiciones que van emergiendo por el hecho de ser-en-el mundo. La reflexión sobre el ser humano, la persona, o el hombre, nos conduce de inmediato a ideas sobre un ente encapsulado, aunque con la posibilidad de relacionarse con otras *cápsulas* más o menos independientes y autónomas entre sí. El enfoque existencial intenta salir de esta falacia para enfocarse por completo a una existencia que no escinde ni separa al sujeto del objeto, una perspectiva que parte de la relación.

En este escrito haré mención de los términos ser humano o persona simplemente por corresponder a la convención. Sin embargo, solicito al lector una lectura *existencial* cada vez que se recurra a dichos términos, entendiéndolos como la condición inter-relacional de ser-en-el-mundo.

- El ser humano = ser-con-otros

La existencia humana no es una existencia solitaria. Vivimos en un mundo lleno de otras personas que nos interpelan y que colaboran —queriéndolo o no, sabiéndolo o no— con quienes somos y vamos siendo. Somos co-constructores, junto con todos los demás, de este mundo en el que nos vamos construyendo a nosotros mismos; este mundo que, como se vio anteriormente, es el *mundo que somos*. La perspectiva existencial reconoce que la vida humana se constituye intersubjetivamente. Alejándose de las posiciones intrapsíquicas e individualistas, considera que la existencia es un ser-con-otros, puesto que no podemos eliminar a los demás; incluso si tal cosa pudiera ser, siempre seríamos los *sobrevivientes* a los otros. A lo largo de nuestra existencia, podemos acercarnos o alejarnos de los demás, pero jamás podremos estar *sin* los demás.[63]

- La existencia = contingencias

El concepto de contingente se encuentra en oposición al de necesario. Heidegger menciona que el Ser-ahí (*Dasein*) está *arrojado* al mundo. Usa esta expresión para referirse a lo incontrolable e impredecible de la existencia humana. Por un lado está sujeta a un enorme número de factores condicionantes, desde factores biológicos (como los genéticos), hasta aquellos relacionados con la situación socio-cultural

---

[63] Este y otros puntos de la presente lista se ampliarán y profundizarán más adelante.

en la que cada individuo debe desarrollarse. No es posible elegir muchos de estos factores, aunque se puede elegir la actitud hacia ellos. Las contingencias nos recuerdan que la gran mayoría de los aspectos de nuestra vida son inimaginables, sorpresivos e incontrolables. No sólo fuimos arrojados a un mundo lleno de gente, con cultura y lenguaje previamente establecidos a nuestra llegada; sino que, de cierta forma, el mundo nos es arrojado con toda su complejidad a cada segundo. Las contingencias no dejan de suceder. Nos enfrentamos constantemente a situaciones impredecibles y por ende incontrolables, a pesar de cuanto deseemos tener un control preciso de la existencia.

Desde el punto de vista existencial no hay ningún plan previo a nuestro existir para que seamos de uno o de otro modo. Todas las circunstancias que se nos presentan en nuestra vida son contingentes; podrían haber sido perfectamente de otro modo. En palabras de Pascal:

> *Cuando considero el corto lapso de mi vida, prensado entre dos eternidades, una anterior y una posterior, el reducido espacio que ocupo y que abarco con mi vista, perdido en la infinita inmensidad de unos mundos que ni conozco ni me conocen, siento miedo y me pregunto con pasmo por qué estaré yo aquí en vez de allí, pues no hay razón para que yo esté aquí en vez de allí ni para que exista en esta fecha con preferencia a aquella.* (Pascal en May; 1967b, p. 36).

• La conciencia es intencionalidad

La conciencia humana es siempre conciencia de algo que no es la conciencia en sí. Es estar junto al mundo, un encuentro con, una orientación hacia, una dirección, un movimiento. Así funciona cada acto de conciencia, cada percepción. Cuando veo, veo algo, cuando pienso, pienso algo, cuando siento, siento algo, etc. *Toda conciencia es conciencia de algo.*

Una confusión común ocurre entre los conceptos: intencionalidad e intención. Al ser palabras semejantes, parecen apuntar hacia el mismo significado pero, al menos fenomenológicamente hablando, no es así. Mientras que la *intención* se refiere al propósito, a la finalidad; la *intencionalidad* refiere al movimiento, que siempre tiene una dirección (si no, no sería movimiento), pero no habla de una dirección *específica*. Por ejemplo, "tener ganas" es siempre "tener ganas *de algo*", ya que no es posible "tener ganas de nada". En este ejemplo, las ganas son la intencionalidad, que siempre son de algo, más aquí no estamos refiriéndonos a qué algo en particular. Por otro lado, la intención es ese algo específico hacia el que las ganas se dirigen.

Se podría argumentar que hay ocasiones en que las personas podemos sentir que tenemos ganas de algo, aunque aún no sepamos de qué. Lo que podemos responder aquí es que se trata de ganas de algo distinto, algo diferente a lo que está ocurriendo ahora. Entonces, aun cuando el rechazo, y el aburrimiento podrían parecer no tener una dirección específica, y por ende no tendrían una intención clara, son experiencias con clara intencionalidad: desean alejarse de la situación actual, siguen siendo un movimiento que intenta dirigirse hacia un punto distinto o lejano del original.

Así mismo, podemos tomar en cuenta aquí el concepto de *afordancia*[64]. Se trata de un neologismo, ya que como tal no existe esta palabra en la lengua española. Equivaldría a la traducción de la palabra inglesa: *Affordance,* que se define como *la cualidad de un objeto o ambiente que permite a un individuo realizar una acción.* De tal manera que en ocasiones podemos saber de qué tenemos ganas hasta que lo percibimos. Como cuando visitamos una tienda de dulces para ver cuál de todas esas golosinas es la que se nos antoja.

Así, la intencionalidad funciona en ambas direcciones: a) de la persona hacia el mundo, y b) del mundo hacia la persona. El mundo permitiendo que la persona se mueva de ciertas formas, en ciertas

---

[64] Agradezco a Jean Marie Robine, importante terapeuta gestáltico, aportar este concepto para la reflexión de la intencionalidad.

direcciones, y hacia ciertos 'algos' posibles; mientras que ésta se moviliza hacia el mundo de acuerdo con sus propias posibilidades/ capacidades y necesidades/deseos; creando una danza relacional entre ambos. Quiza por ello la palabra inglesa affor*dance* incluye la palabra *danza* dentro de sí. Lamentablemente, aun cuando la reflexión sobre estos puntos resulta en extremo interesante, es momento de regresar a la dirección que veníamos trazando... .

La conciencia le da a la existencia humana una presencia distinta del resto de las cosas y objetos en el universo. No estamos en el mundo de la misma forma que las sillas o las mesas, o que las montañas o las estrellas. Estas cosas no se afectan entre ellas de manera que vaya más allá de las influencias a nivel físico y/o energético. No se afectan entre sí vía sus significados o sentidos. De hecho, tienen un significado o sentido solamente para aquellos que somos capaces de atribuírselos a través de la conciencia. Los seres humanos transformamos el mundo en el que vivimos a través de atribuir diferentes significados a las cosas que nos rodean. Las cosas están simplemente ubicadas en el espacio y tiempo con respecto a las otras, y su influencia no pasa de ser más o menos predecible por leyes físicas. Mientras que la existencia humana sobrepasa este nivel. Además de la influencia física, las personas se afectan unas a otras, así como co-construyen al mundo a través de significados y sentidos. Nosotros podemos sentirnos enojados, excitados, curiosos, interesados, fascinados, rechazantes o rechazados, o aburridos por el mundo o alguno de sus objetos, pero las cosas no pueden experienciarse a sí mismas de esa manera, ni de ninguna otra.

Otro aspecto importante de la conciencia es que requiere de contrastes. Existe el frío gracias a la existencia del calor. Si siempre sintiéramos la misma temperatura, no tendría ningún sentido hablar de frío ni de calor. De la misma forma la existencia del *yo* requiere de que se destaque de todo aquello que es *no yo*. El *yo* requiere estar en relación con aquello que no es él mismo para destacarse.

- Primacía de la Existencia sobre la esencia[65]

Este enunciado es quizá el más conocido dentro de la mirada existencial. Básicamente se refiere a que *el simple hecho de ser* –aunque en realidad no es tan *simple*–, es más importante que la forma específica: al *cómo* se es. Estamos siempre en proceso de ser algo distinto de lo que estamos siendo ahora; somos principalmente dinámicos, auto-reflexivos y cambiantes. Por ello lo más importante en primer lugar es *que* existimos, en lugar de *cómo* existimos, *que* estamos vivos y no *cómo* vivimos, que podemos transformarnos a nosotros mismos y no *en qué*. Existencialmente hablando, es más destacable el hecho de que podemos ser conscientes, y no tanto *de qué*; la situación de *ser capaces de* tener experiencias y no tanto cuáles; poder sentir, y en segundo lugar, *qué* es lo que sintamos; el hecho de pensar, independientemente de *qué* pensemos; de aprender, más que la información o experiencia que aprendamos; en suma, *poder **ser** es más importante que aquello que seamos. La acción en sí misma tiene primacía sobre lo actuado.*

Si no fuera porque somos en primer lugar, la forma específica cómo somos no importaría, y más que eso, si no somos, si no fuéramos, pues tampoco tendríamos una forma de ser. Si no pensamos, no tenemos ningún tipo específico de pensamiento. Para poder tener determinados sentimientos, es fundamental que podamos sentir, etcétera.

Fundamentalmente *somos,* el ser humano *es.*

Si para nosotros la esencia es más fundamental que la existencia, la frase anterior estaría incompleta, y pudiera completarse de muchas formas, dependiendo lo que consideremos como la esencia del ser humano.

Si pensamos que las características esenciales del ser humano se encuentran en su biología, pues entonces la frase completa sería: "fundamentalmente somos nuestro ADN, el ser humano es su ADN". Si pensamos que lo esencial del ser humano es el amor, diríamos algo como: "fundamentalmente somos amor, el ser humano es amor." Y

---

[65] Una primera versión de algunos de los siguientes puntos se exponen en el libro *Filosofía Existencial para Terapeutas y uno que otro curioso. México. Editorial LAG.*

así, podríamos complementar la frase con cualquier característica que consideráramos *la esencia.*

Por lo contrario, si partimos de una postura fenomenológico-existencial, la oración sólo puede estar completa en su forma original: Fundamentalmente *somos,* el ser humano *es.*

"Un enfoque terapéutico puede ser considerado como existencial si acepta esta premisa" (van Deurzen & Adams, 2011, p. 10).[66]

Para la perspectiva existencial, hablar de *esencias* es realizar una serie de abstracciones, mientras que al hablar de *existencia* trata de la realidad concreta, aquí y ahora. La esencia sólo se hace presente en la existencia. Por ejemplo, cuando se habla de la esencia de una mesa, se habla de aquello que la hace ser precisamente eso, *MESA*, y no una silla o un sillón. Es decir, aquello que *TODOS* los objetos llamados *mesa* comparten. Sin embargo, dicha esencia sólo existe en la medida en que emerge en *UNA MESA ESPECÍFICA.* Luego, al hablar de esencias se habla de virtualidades, de posibilidades. El paso de la posibilidad a lo real es el paso de la esencia a la existencia.

Cuando se habla de *existencia* por otra parte, se habla de *ESTA MESA, UNA MESA ESPECÍFICA.*

Una postura esencialista le daría más valor de realidad a las *esencias.* Esto puede ser válido para el mundo de los objetos físicos, sobre todo aquellos creados por el hombre donde la *imagen* de dicho objeto pre-existía, se encontraba presente de alguna manera en la "mente" del creador del objeto. Sin embargo, para el ser humano, lo conveniente es

---

[66] En un evento internacional reciente, el congreso: *Persona, Mundo, Co-existencia* (Lima, Perú; 2012), al que asistieron logoterapeutas, terapeutas gestalt y terapeutas existenciales, ocurrió espontáneamente un debate entre algunos de los asistentes basado en este particular punto de vista. Algunos terapeutas reclamaban la inclusión de la psicoterapia Gestalt dentro del campo de las terapias existenciales, al considerársele incluso *con mayor derecho* que la logoterapia, ya que, la forma como esta última suele plantearse, propone que *el sentido (como una forma de esencia) precede a la existencia,* lo cual no corresponde del todo con un enfoque *existencial. Independientemente de mi punto de vista,* en el presente libro asumo la posición más comúnmente aceptada que incluye a la logoterapia dentro de las terapias existenciales, y a la Gestalt dentro de las humanistas.

una postura existencialista, que nos dice que el ser humano es aquello que hace consigo y de sí mismo, y no aquello que *puede* o *debe* hacer.

Desde la posición existencial, la realidad humana básica no puede ser reducida a un grupo de componentes *esenciales*. Por ejemplo, lo que distingue a una persona no es su *nivel de extroversión*, ni sus rasgos físicos, ni tampoco su coeficiente intelectual, ni los neurotransmisores y las sinapsis que recorren su cerebro, ni sus *arquetipos*, ni sus instancias psíquicas (yo-ello-súper yo), ni sus condicionamientos, etc. Aún haciendo una excelsa descripción de todos ellos, no me estaría refiriendo a la persona en concreto con la que me estoy relacionando (Cooper, 2005). La persona es la manera particular como, a cada momento, dichos elementos se acomodan, integran y reconstruyen. Aquí cabe recordar aquella ley de la psicología de la Gestalt: "El todo es más que la suma de sus partes". En otras palabras, lo importante no son aquellas condiciones con las que contamos, tanto físicas, biológicas, históricas, culturales, familiares, sociales, de lenguaje, etcétera. Sino lo que cada uno de nosotros hace con ellas.

Desde un punto de vista ético, tratar de reducir un ser humano a una serie de componentes esenciales disminuiría la totalidad de su humanidad, transformándole en no más que un sofisticado robot o una súper computadora.

De cierta manera, todas las tesis de la filosofía existencial derivan de este axioma. Sería como decir que a cada uno de nosotros, al nacer, se nos entregó una caja de crayolas y un lienzo de un tamaño específico (tanto las crayolas como el lienzo representan las condiciones biofísicas y genéticas, así como las socio-culturales que todos poseemos al nacer). Algunas personas quizá tengan un lienzo más grande con respecto a otras. Algunas también puede ser que tengan la caja que contiene seis crayolas, mientras que otras quizá tengan la que contiene doce. Así mismo algunos podrían haber asistido a clases de pintura a Viena mientras otros ser completamente autodidactas. Aún a pesar de todas estas diferencias, a final de cuentas lo que importa es el cuadro que se pinta, la obra. Después de todo hay artistas que realizan obras maestras únicamente con un lápiz.

Lo que todo esto quiere decir es que desde la posición existencial no soy lo que tengo (habilidades, talentos, condiciones favorables o desfavorables en la vida) sino que soy lo que hago con lo que tengo. Incluyendo lo que tengo y trascendiéndolo.

Otra forma de comprender lo anterior puede surgir a partir del siguiente ejemplo: una persona que nació con un excelente oído musical y grandes habilidades viso-motoras. Además, en su familia hay grandes músicos, de tal forma que en la casa donde creció, siempre hubo un piano. De hecho, de niño recibió una buena instrucción musical. Podríamos decir que lleva un gran pianista dentro de sí. Pero si resulta que, hoy por hoy, él no toca el piano… pues *no es pianista*.

En resumen, si existe una esencia humana en general, no es idéntica a lo que cada ser humano concreto es. De aquí que si tienes a Jorge y a Claudia uno junto al otro, nunca podrás *sumarlos* y concluir que se trata de *dos personas* sin con ello haber dejado de lado lo que significa ser específicamente este Jorge y esta Claudia. La frase *dos personas* puede aplicar para cualquier otra situación en la que se encuentren dos personas juntas, mas la realidad específica de cada una de ellas ha quedado completamente perdida de esta manera. Lo fundamentalmente humano no puede apoyarse en rasgos o características repetibles. Como mencioné anteriormente, si sumas un ser humano más otro ser humano, siempre tendrás un ser humano más otro ser humano. Aquellas características *universables* o posibles de someterse a una agrupación, no constituyen lo más importante e íntimo de una persona. Si digo que hay cinco personas en una habitación estoy diciendo algo absolutamente vago que no me conduce a conocer absolutamente nada importante sobre dichas personas. Si digo que son cinco mujeres, o cinco ancianos, sigo sin hablar de aspectos que permitan a quien me escucha saber de quienes le estoy hablando. Lo principal de un ser humano es, para la mirada existencial, aquello que lo hace único, aquello que lo hace ser él/

ella y no ninguna otra persona. Por ello las teorías existenciales suelen referirse a la *existencia* y no a las *personas*.

La existencia humana se encuentra profundamente vinculada a su unicidad. A lo que cada uno de nosotros se va construyendo de su propio ser. Si hubiera una especie de banco de esencias donde se encuentra la esencia de cada persona que existe, ha existido, y existirá en la historia de la humanidad, para el enfoque existencial lo verdaderamente importante de nuestra naturaleza, es que siempre podemos aceptar o rechazar dichas características esenciales, el ser humano es lo que cada uno se hace ser. Lo importante del ser humano será siempre, por tanto, su existencia, independientemente de que haya o no características esenciales.

Este es quizá uno de los puntos fundamentales del pensamiento existencial: *existimos* antes que poseer una esencia específica y predeterminada.

• Preferencia por los dilemas o crisis más que por las soluciones

Desde el punto de vista existencial, la vida no es un proceso unidireccional, sino una red de tensiones que jalan en múltiples sentidos y direcciones. Por ejemplo, la tensión entre el Yo y el Otro (No–Yo), o entre libertad y limitaciones, etc. En el corazón de la visión existencial, se encuentra el convencimiento de que no existen las *respuestas intrínsecamente correctas*, sino un constante jaloneo de un lado al otro de la polaridad (Cooper, 2003). Estas tensiones son paradojas y conflictos, contradicciones que se presentan constantemente en la vida, varias a la vez y, apenas se ha resuelto alguna, esta misma u otra vuelve a presentarse, ya que estos dilemas *no pueden ser resueltos de una vez y para siempre*. Los dilemas promueven incrementos en la conciencia. De hecho, Ken Wilber (1979, 1980) considera que cada salto cualitativo en el nivel de conciencia de un individuo se ve precedido por el enfrentamiento a una crisis o dilema. Sin dilemas no se desarrolla la conciencia. (Barragán, en Martínez, 2012).

En cada dilema o crisis, el individuo se enfrenta a una decisión, a una renuncia, tiene frente a sí mismo ambos extremos de una polaridad, y mientras que el mundo de la psique le permite combinar e integrar ambas posiciones, en la realidad física las polaridades se excluyen mutuamente. Esto hace que la visión existencial y la terapia estén íntimamente relacionadas, porque tanto una como otra se ocupan de las crisis en el ser humano. En la perspectiva existencial no se busca la solución a la crisis, sino encontrar o crear nuevas oportunidades a partir de dicha crisis. En el budismo Zen, existe una metodología que asemeja a las situaciones vitales desde la postura que se acaba de plantear. Me refiero a la metodología del *Koan*. El maestro brinda a cada discípulo un acertijo imposible de resolver vía la lógica, llamado *Koan*, para que el discípulo medite sobre él y mantenga entretenida su mente racional en la imposibilidad lógica del acertijo y, de esta manera permita que surja una experiencia de *Satori* o de iluminación (algunos de los Koan más famosos son: "¿Cómo es el sonido del aplauso de una sola mano?"; "muéstrame tu rostro original el que tenías antes de que se conocieran tus padres"). Algunos discípulos tardan años intentando resolver el Koan que su maestro le otorgó y algunos otros nunca lo resuelven. Pero cuando alguno logra la iluminación que le brinda una resolución adecuada, el maestro a continuación le otorga un nuevo Koan para que siga meditando sobre él. La vida nos presenta dilemas a todos de manera constante. Cada vez que un cliente llega a terapia lo hace buscando ayuda para resolver el nuevo Koan que la vida le ha planteado. A veces esperan resolver este dilema y no volver a tener que enfrentarse nunca más a otro semejante. Algunas personas tardan años en resolver un dilema. Hay algunos que nunca se resuelven o por lo menos no del todo, y peor aún (o mejor) si tenemos la suerte de resolver uno de los dilemas existenciales que se nos presentan, la vida de inmediato nos tiene uno nuevo preparado, muchas veces presente en la misma solución al dilema anterior.

A riesgo de parecer redundante, y en el deseo de subrayar la perspectiva fenomenológica existencial de la condición humana, presentó una síntesis de dicha mirada en los siguientes diez aspectos (se colocan guiones entre las palabras para resaltar que se trata de realidades inseparables), aspiro a despertar en los lectores un poco de paciencia ante las posibles repeticiones:

1.- <u>Ser-en-relación.</u>- la *relacionalidad* es la característica básica de la existencia. Existir es ser en relación. La existencia comienza de una relación, y todo lo que somos emerge de redes inter-relacionales. Estamos en relación con el mundo a través de diferentes dimensiones de existencia: estamos en relación con el mundo físico y circundante; y en relación con otros que son, a la vez, semejantes y diferentes de nosotros. Esas dos dimensiones de relación generan formas y estilos de relacionamiento con todo, incluyendo con nosotros mismos.

2.- <u>Ser-en-proceso.</u>- la existencia es un movimiento continuo, no es estática ni fija, por lo que lo único permanente es el cambio. Por ello es imposible definirla. Cualquier cosa que digamos sobre nuestra existencia será siempre parcial, limitada y adecuada sólo para determinados momentos. No es un hecho terminado y completo. Nos encontramos siempre en proceso de llegar a ser, siempre hacia algo más allá de los que somos en este preciso instante. La existencia humana como ser-en-el-mundo es incompleta y lo será siempre, por ello está siempre buscando completarse, lo que le lleva a buscar la novedad. De hecho, una forma de describir la disfuncionalidad humana sería precisamente señalar cuando la persona deja de abrirse a la novedad y se conforma o se protege en lo conocido. Continuamente buscamos fijar de alguna manera la existencia, en la esperanza de que eso nos evite la angustia inherente al movimiento continuo, y la incertidumbre por lo que ha de venir a continuación. Somos seres incompletos que buscan completarse, mas estamos destinados al fracaso, ya que cuando nos completamos dejamos de ser quienes somos, un proceso en constante movimiento y renovación, quizá nos completemos solamente con la muerte: justo cuando dejamos de ser. A este aspecto se refiere Sartre cuando describe al hombre como *una pasión inútil*, porque siempre está buscando llegar a ser algo definitivo y siempre, mientras exista, continuará buscando.

3.- Ser-entre-la-incertidumbre-y-el-misterio.- debido precisamente a la relacionalidad y al proceso continuo, al hecho de que nos encontramos siempre bajo la influencia de lo otro y de otros, y a que estamos siempre en movimiento, resulta que no podemos predecir con exactitud lo que va a suceder a continuación, o la forma exacta como experimentaremos el mundo. Estamos rodeados de incertidumbre, por lo cual no podemos controlar la existencia, ella nos envuelve con su misterio. No importa cuántos conocimientos acumulemos, el misterio estará siempre aguardándonos al final del camino, mostrándonos que en realidad nunca se alejó, que es nuestro fiel acompañante.

Edgar Morin (2004) habla de tres principios de incertidumbre en el conocimiento: a) el conocimiento no es nunca un reflejo de lo real sino siempre traducción y reconstrucción. Siempre contiene riesgos de error; b) dicho conocimiento siempre depende de una interpretación; c) al no ser posible alcanzar certezas en nada, conocer, pensar, y en general experimentar, "no es llegar a una verdad absolutamente cierta, sino que es dialogar con la incertidumbre" (Morin, 2004, p. 76).

Resulta paradójico que la incomodidad por los aspectos inciertos y no controlables de la existencia, aumenta justo cuando deseamos disminuirla. Como si deseáramos evitar la presión que ejerce un resorte presionándolo más fuerte. Existe un libro que analiza esta paradoja: *La sabiduría de la inseguridad,* de Allan Watts (1999), donde el autor señala que, curiosamente, lo más seguro que tenemos es precisamente la inseguridad; y que en la medida que la aceptemos podemos aprovechar toda la energía que tiene para proveernos. A la inversa, entre más busquemos la seguridad, más y más inseguros nos experimentaremos.

También es importante subrayar que si mantenemos una puerta abierta a la incertidumbre y el misterio, tendremos mayores posibilidades de reconocer la novedad de cada instante, lo que puede llenarnos de asombro y emoción, proporcionarnos energía y entusiasmo ante la existencia, y facilitar el despliegue de respuestas creativas.

4.- <u>Ser-en-tensión-y-tragedia.</u>- la condición humana consiste en estar siempre en tensión, jalado por diferentes opuestos que constituyen y generan la energía fundamental para vivir. Existimos siempre en medio de paradojas y dilemas que, cuando son enfrentados con plena conciencia, producen una sensación de apasionamiento por la vida.

La tragedia suele ser mal entendida. Se cree que significa calamidades o situaciones desastrosas. Sin embargo éste no es el significado original que daban los griegos a esa palabra. La palabra *tragedia* originalmente significaba el enfrentamiento al destino de la existencia tal cual es, crudo y sin disfraces; es la realidad tal y como se nos presenta, sin un carácter de "bueno" o "malo". Por ejemplo: que una mujer se embarace después de haber tenido actividad erótica y sexual con su pareja es una tragedia. Esto puede ser una fortuna o una desgracia para las personas involucradas, pero lo trágico es que *es* una realidad que debe enfrentarse, de la que no es posible huir.

Hay ciertas situaciones que presentan clásicamente la tragedia a las personas. Se trata de aspectos de la existencia que suelen generar tensión y malestar, porque promueven la conciencia de la incertidumbre y de nuestra frágil y vulnerable presencia en este mundo, a la vez de recordarnos nuestra responsabilidad y nuestras posibilidades frente a la vida. Heráclito creía que nuestra existencia estaba hecha de fuego, lo que refleja esta doble condición: una extraordinaria fragilidad a la vez que un inmenso poder. Pensemos en lo frágil que es el fuego emitido por un fósforo: basta soplar delicadamente para extinguir la flama. Pero al mismo tiempo, basta sólo una chispa para iniciar un enorme incendio.

La tragedia nos presenta situaciones que, aún siendo difíciles de enfrentar y atravesar, nos abren posibilidades y oportunidades que de otra manera no hubieran aparecido.

Dicha situación provoca que, muchas veces, las personas intenten negar o rechazar de su conciencia reflexiva todo lo que tenga que ver con las condiciones y el destino existencial básico que compartimos, por el simple hecho de existir como seres humanos. Pero tal rechazo tiene un costo. Puede traer consecuencias negativas para quien desea huir de su destino. No se trata de situaciones que sean positivas o negativas en sí mismas, aunque pueden ser experimentadas de ambas maneras. Algunos les han llamado *existenciarios*, otros les llaman "los hechos dados de la vida (*givens*), Yalom (1984) les llama "preocupaciones supremas", pero yo prefiero llamarles *atributos existenciales:*

a) *Muerte, Finitud o Nada.-* Todos los seres vivos nos enfrentamos al hecho ineludible de que vamos a morir, la diferencia es que los seres humanos lo sabemos. Las investigaciones reportan que la conciencia de la posibilidad de la muerte está presente desde muy niños (Yalom, 1984). Dicha conciencia afecta nuestra existencia entera, ya sea que ocupe un lugar en nuestras reflexiones o que sólo la recordemos ante eventuales sucesos que nos pongan cara a cara con ella. Desde que nacemos somos lo suficientemente viejos como para morir (Heidegger, 2009). La muerte ocupa un lugar privilegiado en las reflexiones de la mayoría de los pensadores existenciales, puesto que la conciencia y reflexión de la misma tiene un enorme potencial para impulsarnos hacia una vida más auténtica. Para algunos pensadores el tema importante es la finitud, ya que es una forma de muerte que no sólo nos espera en el horizonte, al final de nuestro camino, sino que se trata de una experiencia cotidiana: todos los días asistimos a una multiplicidad de experiencias, situaciones y relaciones que se terminan. De cierta manera, morimos un poco todos los días, a cada momento. En ocasiones esperamos que el final se acerque, deseando que llegue lo más pronto posible, como el adolescente que espera que se termine su castigo, o el periodo escolar. Otras veces deseamos que no llegue nunca, o que al menos se tarde lo suficiente como para que cuando se aproxime sea porque ya lo deseamos. A su vez, otros filósofos han puesto su acento sobre la *Nada,* de la que hemos surgido y seguimos surgiendo a cada momento, y hacia la que nos dirigimos continuamente.

b) *Libertad y Elección.-* La libertad entendida existencialmente no es como la que presentan en las películas norteamericanas: aquella experiencia deseable de sentirse sin límites ni restricciones. La libertad existencial significa elección, y elección es sinónimo de *renuncia.* A cada momento de nuestra existencia estamos realizando elecciones sobre el tipo de persona que seremos a continuación. *Elegir es elegirse* (Kierkegaard en Martínez, 2012). Vamos eligiendo a cada paso quién seremos en el futuro inmediato (y de cierta forma también a largo plazo). Cada vez que elijo me elijo: selecciono dentro de las múltiples posibilidades, cómo será mi existencia en el momento siguiente. La libertad presenta entonces, un doble factor: por un lado nos invita a inventarnos y re-inventarnos a nosotros mismos, manteniendo siempre la posibilidad de reconstruirnos de manera novedosa; y por el otro, nos recuerda que no hay lineamientos seguros ni definitivos en los cuales apoyarnos. Cada uno de nosotros requiere hacerse a sí mismo, en compañía de los demás, pero sin referentes plenamente confiables. Por ello es que en ocasiones es posible hablar de la libertad como *una espina clavada en lo más íntimo del corazón.*

Ya sea que reflexionemos sobre ello o no, igualmente realizamos elecciones: *Somos esclavos de la libertad* (Sartre J. P., 1989). Cada vez que elegimos lo hacemos sin tener certeza de si estamos inclinándonos hacia lo más adecuado, nunca sabremos si hubiera sido mejor tomar otra opción; cada vez que elegimos nos comprometemos con una forma de existencia, y renunciamos a todas las demás, las alternativas se excluyen mutuamente. Al mismo tiempo, cada elección que realizamos la hacemos tanto para el mundo como para nosotros mismos. Aunque existen innumerables factores y aspectos que nos influyen a cada momento, desde este punto de vista ninguno de ellos nos determina y define. A final de cuentas, la vida no se compone de las cosas buenas o malas que ocurren a las personas, sino de lo que cada uno hace con ellas. No es posible *no elegir*, ya que la *no elección* es una posibilidad, una posición específica, es decir, una elección. Se elige no elegir. La libertad genera angustia y también es la raíz de la creatividad. "La libertad contiene un vacío que sólo las relaciones pueden llenar." (Gergen K. J., 2009, p. 20). Por un lado la libertad es maravillosa, ya que nos muetra que somos capaces de dirigir nuestra existencia –dentro de ciertos límites–, hacia donde deseemos. Pero por otra parte, nos deja sin excusas, y con la conciencia de que no podemos tenerlo todo.

c) *Responsabilidad.-* Este concepto suele confundirse con el deber y la obligación; las madres pueden regañar a sus hijos por *irresponsables* si no hacen sus tareas. Sin embargo el concepto existencialista se mueve en otra dirección: si el niño no hace sus tareas ¡es responsable de reprobar! Existencialmente hablando la responsabilidad significa *habilidad para responder.* En ese sentido, somos responsables de todo aquello de lo que tenemos conciencia, puesto que podemos responder a ello. La indiferencia no es una *no respuesta*, sino un tipo específico de la misma. Esta concepción no sólo no nos hace menos responsables, sino que nos muestra cómo somos absolutamente responsables de todo lo que acontece en nuestro mundo. Ello no significa que seamos *culpables* o los *causantes* de las injusticias que ocurren por doquier. Mas si señala que somos capaces de responder de alguna manera a ello: haciendo como si no sucediera nada, comprometiéndonos con alguna organización que luche contra ello, haciendo chistes para aligerar dicha realidad, aportando nuestro grano de arena al ofrecer lo mejor de nosotros a los que nos solicitan nuestros servicios como terapeutas, usando dicha situación para ejemplificar en un libro, y un muy largo etcétera. Somos co-responsables del mundo, co-responsables de nuestra comunidad y grupos cercanos, y co-responsables del rumbo que le demos a nuestra propia existencia. La ventaja de ser responsables es que somos, como diría Amado Nervo: *arquitectos de nuestros propios destinos.* Mientras que la desventaja es que jamás alcanzaremos a trazar el destino exacto que desearíamos, lo que nos acerca a una experiencia de frustración e impotencia.

d) *Unicidad y Experiencia de Soledad Existencial.* Suele pensarse que la soledad es una experiencia que se contrapone con el concepto de *Relacionalidad* y del ser-en-relación o del ser-con-otros expuesto anteriormente, mas no es así. La soledad existencial es, de hecho, una experiencia propia del estar en relación. Si el lector (o lectora) fuera la única persona que existe, ha existido y existirá en él universo, ¿cómo podría sentirse solo?; ¿solo con respecto a quién o de quién? La soledad es una experiencia que sólo puede vivirse, precisamente, porque hay otros de quienes nos sentimos separados. Lo que si sabemos es que cada uno de nosotros, seres humanos, somos únicos, en el sentido de que nunca ha habido ni habrá ninguna persona exactamente igual a nosotros. Si realizaran un clon con nuestros genes, sabemos que a lo sumo, se trataría de una persona idéntica físicamente a nosotros; pero al no tener nuestras experiencias, no podría tener exactamente nuestro mismo punto de vista. Nunca nadie ha visto (ni verá) el mundo como yo lo veo. Nunca alguien ha experimentado (ni experimentará) exactamente tus mismas emociones o pensamientos. El asunto es que eso es algo que podemos saber, precisamente, porque hay otros con quienes confirmamos nuestra unicidad constantemente. *La soledad es una experiencia relacional.* Estar sin otras personas alrededor es simplemente estar alejado de ellas. Nacimos en un mundo lleno de gente, y lo máximo que podemos hacer es poner kilómetros de por medio. Sin embargo si podemos tener la *experiencia de la soledad.* La experiencia de, aun estando rodeados de gente o en medio de una cena familiar, sentir que no encajamos en ese lugar, que no pertenecemos, que no podemos ser completamente comprendidos; en resumen: que somos únicos. La unicidad revela la majestuosidad de la existencia expresada en cada uno de nosotros y nosotras; la inefable riqueza infinita de la diversidad. Al mismo tiempo, nos conduce a la experiencia de descubrirnos incompletos e incomprendidos.

e) *Absurdo y la Pregunta por el Sentido.-* El asunto del sentido de la vida ocupa un lugar privilegiado en las reflexiones de los pensadores existenciales, aunque suelen acercarse a él desde diferentes puntos de vista. Para algunos como Viktor Frankl, creador del modelo terapéutico existencial conocido como Logoterapia, y de una forma de Análisis Existencial, "la vida tiene sentido siempre y en toda circunstancia", por lo que la tarea de la persona consiste en encontrarlo (Frankl, 1991). Otros pensadores, más en la línea de grandes filósofos existenciales como Heidegger, Sartre, de Beauvoir, Camus, etcétera, opinan lo contrario. Irvin Yalom por ejemplo, considera que la vida carece de sentido, por lo que la tarea de las personas consiste más en crearlo, construirlo, incluso inventarlo, que en descubrirlo o encontrarlo. la paradoja humana consiste en tratar de vivir una vida llena de sentido en un universo que carece de él (Yalom, 1984). Muchos otros existencialistas, como Emmy van Deurzen, se encuentran en la misma línea que Yalom. Para ella la vida es un absurdo, y cada persona requiere hacer un esfuerzo por conseguir que su existencia valga la pena (van Deurzen, 2005). Independientemente de cual sea nuestra postura, todos los pensadores existenciales están de acuerdo en que la cuestión con respecto al sentido es fundamental. Todos nos hacemos esa pregunta no una, sino múltiples veces durante nuestra existencia. Ya sea que la realicemos de manera plenamente reflexiva o no, continuamente nos vemos confrontados con el ¿para qué?, o el ¿hacia dónde? de nuestro momento de vida, o directamente con la pregunta ¿qué sentido tiene mi presencia en este mundo? Así mismo, ya sea que nos decantemos por el crear o descubrir el sentido, es importante reconocer que una cierta dosis de absurdo en necesaria en la vida, un poco de sin sentido nos permite seguirnos preguntando, nos coloca en posición de reconocer la novedad y de situarnos con humildad frente a la incertidumbre presente en toda la existencia. Quizá lo más importante aquí es que, desde una perspectiva existencial, aun encontrando algún sentido, es importante recordar que dicha experiencia es temporal, y sólo se refiere al contexto específico en el que se experimenta. Cualquier sentido es siempre provisional, temporal, por lo que volvemos a enfrentarnos una y otra vez con el misterio de la existencia. El sentido de vida sólo adquiere importancia por el constante sin-sentido al que somos arrojados; y el sin sentido es siempre una experiencia provisoria, ya que nos encontramos significando y llenando de sentido cada una de nuestras acciones, a nuestro paso por el mundo. Como expresa Todd DuBose, "la existencia humana se construye por el *sentido-vivido* que momento a momento desenvolvemos" (DuBose, 2016; en comunicación personal).

5.- Ser-entre-la-angustia-y-la-pasión.- los aspectos mencionados hasta aquí no pueden dejar a la persona completamente flácida e inmóvil. Cuando se reflexionan, son aspectos que provocan inquietud y angustia. Si la persona elige no pensar en ellos, permanecen como fondo de las experiencias, influyéndolas y co-construyendo el contexto en el que éstas se desenvuelven. Cuando las personas rechazan de su conciencia las condiciones básicas de la existencia, suelen experimentar, en primer lugar, una baja de energía vital, mas si la situación continúa, pueden llegar a experimentar grados de angustia muy elevados e incapacitantes. Esto nos lleva a considerar que en realidad hay 2 tipos de angustia: aquella que se genera de manera natural, que surge por la conciencia de las condiciones existenciales, y aquella otra que se genera por la búsqueda y el deseo de rechazar la primera. Cuando la persona trata de evitar sentirse angustiada, lo más probable es que, aún cuando lo consiga en un primer momento, a mediano plazo se experimente más angustiada que si hubiera reconocido el primer tipo de malestar.

A ello se refiere Kierkegaard cuando refiere que *lo más importante que una persona puede aprender es a angustiarse* (Kierkegaard, El Concepto de Angustia, 1941). No dice que sería bueno aprender a no estar angustiado, como parece ser la preferencia de la mayoría de las personas en nuestra cultura; sino por lo contrario, expresa la importancia de aprender a *estar angustiado,* en principio por que es una experiencia que forma parte del ser humano, y continuando porque es una experiencia que puede catapultarnos hacia una vida más comprometida y apasionada. No se trata de aprender estrategias para dejar de angustiarse sino, de encontrar formas de que la angustia potencialice nuestro recorrido, ya que puede convertirse en *el principal motor del desarrollo.*

Kierkegaard no aclara cómo es saber angustiarse, fiel a los

principios existenciales que reconocen que cada persona debe encontrar sus propias respuestas a las preguntas de la vida. Sin embargo, las reflexiones existenciales nos brindan una idea: quizá la respuesta se encuentre en nuestras formas de relacionarnos con los demás y con nosotros mismos. Tal vez nuestra base relacional ofrezca todas las posibilidades para irnos respondiendo, día a día, qué es lo mejor para nosotros. Sabiendo que aquella respuesta que encontremos válida (aún sin poder estar 100% seguros) para un cierto momento o situación, ya no lo será para el siguiente.

"La teoría fenomenológico-existencial nos presenta una visión de la existencia humana que pone a la *angustia* en su centro. Sugiere que nuestra experiencia de vivir nunca es certera, nunca completamente predecible, nunca segura." (Spinelli, 1997, p. 6).

Mientras que la paz es un sentimiento de quietud, la angustia nos lleva siempre al movimiento. Ya Allan Watts en *La Sabiduría de la Inseguridad* nos hablaba de que la mejor forma de sentirnos ansiosos es tratar de vencer la ansiedad. Y que existe una gran sabiduría en reconocer y aceptar la inseguridad como la fuente de la belleza del mundo. En el enfoque existencial la angustia no se ve como algo necesariamente negativo: "La angustia es el sentimiento más noble y más humano del hombre. Por la angustia escapa del mundo, del pecado y de la mediocridad" (D´Athayde, 1949,p. 49, 50). La angustia es vista como la respuesta normal (y hasta cierto punto necesaria) a los hechos fundamentales de la existencia. *La angustia es el vértigo de la libertad* (Kierkegaard, 1941).

Los terapeutas solemos enfrentarnos principalmente al segundo tipo de angustia. Los consultantes buscan nuestros servicios, en muchas ocasiones, porque no saben como manejar la angustia que les paraliza o les mueve a conductas problemáticas o autodestructivas. Generalmente llevan algún tiempo evitando el primer tipo de angustia, la más propiamente existencial, con un relativo éxito; y entonces el segundo tipo de angustia comienza a salirse de sus manos. Es como si nuestro propio organismo contara con un sistema de alarma para cuando llevamos ya algún tiempo sin tomar en serio nuestra existencia.

La palabra *angustia* proviene de la misma raíz de la palabra *angosto*. Eso puede brindarnos una idea: la mayoría de las personas hemos tenido la experiencia (durante la infancia o en la vida adulta) de jugar con una manguera, un grifo, o algún tipo de tubería que expulse agua. Cuando deseamos provocar que la salida del agua alcance distancias mayores, que tenga un mayor impulso, solemos *angostar* el orificio de salida del agua, porque al reducir el área de salida se incrementa la presión y el agua sale con mucha mayor fuerza.

Esta analogía sirve para comprender la experiencia de la angustia: cuando estamos angustiados nuestra experiencia y conciencia se experimenta más estrecha, lo que incrementa la tensión y por ende la incomodidad; pero al mismo tiempo, dicha tensión aumenta la fuerza y el ímpetu por vivir, facilitándonos una experiencia apasionada.

Existencialmente hablando la angustia y la pasión van siempre de la mano. Atrevernos a experimentar la angustia propia de la existencia provee de una energía fundamental para nuestro desarrollo y para posibilitarnos una entrega vital a las circunstancias que nos corresponde vivir.

Ésta es una de las razones por las cuales en el Círculo de Estudios en Terapia Existencial hemos elegido el lema: *Por una co-existencia apasionada*.

6.- Ser-corpóreo-y-sexual.- Desde una perspectiva fenomenológica existencial, la distinción sujeto/objeto se difumina en la existencia misma, sobre todo en el momento exacto de la percepción, donde ser y mundo, cuerpo y mundo son una unidad sin separación. Esto se extiende a otras separaciones comunes de la tradición occidental como: pensamiento/sentimiento, mente/cuerpo, etc. Para esta mirada se trata de divisiones impuestas a posteriori; es después de la experiencia misma, al aplicar la conciencia reflexiva, que surgen todas esas divisiones. Heidegger (2010) menciona cómo, el proceso de existir, consiste en ir *incorporando* al mundo. Apropiándonos de él a través de nuestros sentidos, convirtiendo al mundo en una extensión de nuestro cuerpo, así como hacemos de nuestro cuerpo una extensión del mundo. Recordemos que somos nosotros quienes vemos, no nuestros ojos; somos nosotros quienes escuchamos, no nuestros oídos. En la experiencia sensorial, en cada percepción, el mundo y nuestro cuerpo forman una unidad sin separación.

"La división Cartesiana entre cuerpo y mente es el resultado de un proceso de pensamiento y no una experiencia" (Cohn, 1997, p. 62). En palabras de Merleau-Ponty: El ser de la persona "... no es una psique unida a un organismo, sino un movimiento hacia y desde la existencia, la cual en ciertos momentos se despliega en forma corpórea, y en otros se mueve hacia actos personales" (Cohn, 1997, p. 62). "Mi cuerpo no es el recipiente que me contiene. *Mi cuerpo es la experiencia física de mi ser*" (Ídem). Después de todo, ¿quién ha visto a un ser humano sin cuerpo?

En resumen, en la perspectiva existencial no se considera a la mente y al cuerpo como sustancias separadas y formadas cada una de manera independiente, sino como una sola situación en movimiento, una acción, un verbo (en vez de dos sustantivos) que se va formando a través del tiempo: somos conciencias encarnadas. En vez de hablar de *cuerpo* deberíamos hablar del proceso de *corporar o incorporar* el cual incluye siempre a la mente. De la misma forma que en vez de "mente" deberíamos referirnos a dichos procesos como *mentar* o algún otro término que nos recuerde que se trata de un verbo a la vez corpóreo y mental.

Una característica importante de la realidad mente-cuerpo, es que somos siempre sexuales y/o sexuados. Todo lo que hacemos o dejamos de hacer es una expresión sexual de nuestro ser. Nuestra sexualidad está presente desde que nacemos hasta que nos despedimos de este mundo y de nuestra conciencia, no se trata de una actividad con la que nos conectamos de vez en cuando (y que algunos desearían conectarse más seguido, mientras otros a la inversa), sino de la atmósfera corpóreomental en la que estamos siempre inmersos.

7.- Ser-afectivo-emocional.- Al mismo tiempo que nuestro ser es siempre sexuado, también es permanentemente afectivo o emocional. Siempre experimentamos algún tipo de fondo o sintonía emocional con el mundo. En otras palabras, existir es tener un estado de ánimo. Tal vez no sea demasiado intenso, o no ocupe un lugar privilegiado en nuestras reflexiones, pero desde esta mirada no es posible ser *poco emocional* o *no tener sentimientos* en algún momento o con respecto a cierta situación o evento. Tal vez no contemos con el vocabulario adecuado, ya que el vocabulario en cualquier idioma es bastante restringido en lo que se refiere a los aspectos emocionales de la experiencia. O quizá simplemente no tengamos la práctica, o no nos sintamos lo suficientemente seguros y confiados en la situación como para estar atentos a nuestra emotividad. Cada vez que miramos al mundo, lo hacemos a través de los lentes de nuestra afectividad. Es importante que los terapeutas existenciales recuerden este punto, puesto que los procesos de sus consultantes seguramente están influenciados por ello. Una misma situación puede ser vista de manera radicalmente diferente si la persona se enamoró hace apenas unos días, que si hace no mucho tiempo falleció un familiar querido para ella. La misma situación aplica para el estado emocional del terapeuta. Seguramente su manera de estar e intervenir en el proceso de sus consultantes, estará influenciado por sus propias experiencias emocionales y su estilo de ser afectivo.

8.- Ser-temporal.- otro aspecto importante de la perspectiva existencial sobre la condición humana, es el foco que se coloca sobre los aspectos temporales del ser. Ser temporal implica, por un lado, que todo lo que seamos, hagamos, o experimentemos, tiene siempre un carácter pasajero, no definitivo y, por ende, está sujeto a cambios. Este planteamiento se coloca en la esquina opuesta que las posiciones deterministas sobre el ser humano.

Por otro lado, refiere a nuestra finitud, a que estamos co-construyéndonos a nosotros mismos, pero sólo hasta que el tiempo lo marque.

Ser a través del tiempo implica también que no podemos ser más que en un tiempo específico, por lo que el tiempo y la manera que tenemos de vivenciarlo y relacionarnos con él es fundamental para nuestra existencia. Algunos terapeutas y psiquiatras existenciales, como Eugene Minkowski (1973) y Ludwig Binswanger (1972), han puesto mucho interés sobre las manifestaciones de las diversas *formas de existencia frustrada,* en cuanto a la relación con la temporalidad.

La mayoría de las metáforas que usamos para hablar de experiencias (inter) subjetivas, hacen uso de referencias espaciales, lo cual posiblemente facilite el pensamiento esencialista y sustanciabilizador, ya que en los espacios estamos más acostumbrados a hablar de medidas exactas y precisas, así como de la distribución de los objetos. En cuanto al tiempo, aún cuando hemos desarrollado formas *exactas* para medirlo (como en el caso del tiempo cronológico), todos tenemos experiencias de primera mano donde esto nos resulta en extremo limitante e injusto. ¿Cuánto es una hora en términos experienciales?; el *tiempo vivido* o *tiempo vivo* es una experiencia absolutamente variable. Una hora puede ser mucho o poco tiempo, dependiendo de cómo la empleemos. Y un solo minuto puede parecernos una eternidad cuando esperamos un veredicto o una respuesta para una declaración de amor.

¿Qué pasaría si, en vez de utilizar metáforas espaciales para hablar de nuestras experiencias, recurriéramos más a metáforas temporales? Cambiando:

Te amo desde el fondo de mi ser	Por algo como:	*Te amo en todo momento*
Se trata de mi niño interior	Por:	*Son mis momentos infantiles*
Te siento lejos	Por:	*No te experimento conmigo*

Quizá podríamos descubrir nuevas alternativas no sólo de expresión, sino de vivencia, o nuevas posibilidades de experiencia. La invitación de la perspectiva existencial consiste principalmente en facilitarnos la conciencia de nuevas y más amplias posibilidades.

9.- <u>Ser-construyendo-significados.</u>- para la mirada fenomenológico-existencial, la condición humana consiste, entre otras cosas, en ir construyendo y atribuyendo significados al mundo. Somos significadores por excelencia. Por ello la tarea terapéutica es en parte una tarea hermenéutica: para ir, conjuntamente, describiendo y analizando los significados que el consultante atribuye a sus experiencias. Es importante recordar que este trabajo de análisis y descripción no es exclusivamente racional. Incluye lo corpóreo, emocional, contextual, cultural, relacional, inclusive lo espiritual; esta última área suele aportar una buena parte de los significados con los que las personas miran el mundo y su vida. En este contexto, lo espiritual no es sinónimo de lo religioso, aunque lo incluye. Por espiritual estoy haciendo referencia a la tendencia humana a mirar hacia el horizonte de trascendencia, a los aspectos humanos que se relacionan con una filosofía personal sobre la vida, una forma de acomodar las experiencias inexplicables, y las creencias con respecto al orden o caos del universo. No es posible no tener una filosofía personal sobre la vida. Si una persona comenta que *eso de las filosofías de la vida no le interesa*, pues ésa es su filosofía de la vida.

Además de enriquecerse con las distintas formas de hermenéutica

–como las propuestas de Gadamer y Ricoeur–, la tarea terapéutica existencial puede apoyarse en la deconstrucción propuesta por Jacques Derrida. Dichos apoyos exploran precisamente cómo nuestra forma de significar es sólo eso: una forma. Al ser sólo UNA forma y no LA forma, nos podemos sentir invitados a considerarla tan válida como otras, y con ello, a ampliar nuestra mirada incluyendo otros discursos, otras posibilidades narrativas y, por lo tanto, otros significados para las mismas experiencias, eventos y situaciones.

10.- <u>Ser-valorativo-o-axiológico.</u>- construir significados no es una actividad neutra, cada vez que atribuimos un significado, inmediatamente trazamos su opuesto a algo más. Si significamos algo como *fuerte*, al mismo tiempo estamos significando lo opuesto como *débil*, incluso si se trata de algo más amplio o abstracto, como por ejemplo: *números*, estaríamos hablando de que hay *no-números* (como por ejemplo *letras*) ya que, como mencioné, la distinción se apoya en los contrastes y en los opuestos. Pero el asunto no queda ahí, al separar los contenidos de la conciencia en polos opuestos, es común que tendamos de inmediato a apreciar uno de los polos *por encima del otro*, a establecer una especie de jerarquía entre dichas valoraciones; experimentando atracción hacia alguno de los polos, mientras sentimos rechazo por el otro. Este es el aspecto axiológico de nuestro ser. Algunos pensadores han querido hablar de *valores universales*, pero ello se acerca más a una posición esencialista que reconoce la existencia de realidades a priori, que a una postura netamente fenomenológica-existencial. Para la mirada existencial no hay *valores universales*, lo único universal es el hecho de valorar.

El método fenomenológico descrito anteriormente intenta reconocer estos aspectos propios de la condición humana, e invita a no imponerlos como realidades de hecho sobre el otro. A su vez, la terapeuta existencial intenta no sólo adoptar una actitud fenomenológica y aplicar dicho método, sino proponerle a su consultante que haga lo mismo; para que ambos logren, a través de la epojé, la descripción, y la horizontalización, abrir su mirada a nuevas posibilidades de experiencia y significación, así como a maneras novedosas de relacionarse entre si, consigo mismos, y con el mundo.

Estoy de acuerdo con Ernesto Spinelli (2007), en que hay 3 conceptos básicos que están (o quizá deberían de estar) presentes en toda Terapia Existencial, y que funcionan como *principios inherentes* para definir una terapia como Existencial, y distinguirla de otros enfoques como los psicoanalíticos, los humanistas, o los cognitivo-conductuales. Estos 3 conceptos son: a) el *paradigma relacional* como base de la teoría y práctica de la Terapia Existencial; b) la aceptación y reconocimiento de la *incertidumbre básica* que se genera a partir del punto anterior, la cual aún experimentándose como desagradable, ofrece importantes oportunidades para el desarrollo, porque es una señal de nuestra libertad y del indeterminismo en que estamos envueltos; y c) la *angustia existencial*, como resultado de la aceptación de los dos puntos anteriores, la inquietud normal que se despierta y que no es considerada como el *enemigo a vencer*, sino como uno de los *principales motores del desarrollo*, como una experiencia que puede ser nuestra aliada para un mayor compromiso con nuestra existencia. Quizá únicamente le añadiría un cuarto punto: el reconocimiento del *proceso continuo del ser, la existencia en movimiento*. Debido a su importancia, estos cuatro puntos se retomarán constantemente durante el presente texto.

Probablemente el lector experimente algunos de los puntos anteriores difíciles de asimilar. Después de todo, aunque seguramente encontrará aspectos que le resulten muy apegados a su manera de experimentar al mundo y la existencia, son concepciones que corren en contra de la posición en la que hemos sido educados por las escuelas tradicionales en la cultura occidental. Llevamos varios años siendo adoctrinados para pensar de esa manera. Además, no se trata de planteamientos que aspiren a ser *científicamente comprobados*. Es curioso como el paradigma positivista se ha impuesto en nuestra forma de hablar y estructurar muchas de nuestras experiencias. Hace algún tiempo escuché una entrevista que le realizaban al Dalai Lama y me pareció particularmente curioso que, una figura de su envergadura, se refiriera a sus opiniones antecediéndolas de un: "está científicamente comprobado que…".

La perspectiva fenomenológico-existencial no intenta ser comprobada por ningún tipo de ciencia. Por lo contrario, considera que hay un buen grado de veracidad en asuntos como el arte y la expresión individual y particular, aún cuando no puedan generalizarse a otras personas; ya que se subraya la unicidad como una de las características básicas de la condición humana.

En mi experiencia como docente de este tipo de conceptos, frecuentemente me enfrento a las dificultades que presentan para muchas personas no sólo asumirlos, sino siquiera comprenderlos. Quizá uno de los conceptos más difíciles de comprender es el de relacionalidad. Por ello le dedicaremos el próximo capítulo.

Jugando con las palabras, suelo decir a mis alumnos que la fenomenología existencial es en realidad una forma de *FE* (por sus iniciales), por lo cual requiere de un acercamiento que reconozca el misterio de la existencia, sabiendo que más que aspirar a encontrar LA verdad, es una manera humilde de reconocer el proceso siempre cambiante de la existencia. Soren Kierkegaard retomaba el concepto de fe como uno de los más importantes dentro del desarrollo de su postura. Más no se trata de la fe como normalmente la entendemos: como una forma de confianza ciega sobre una serie de creencias.

La fe en sentido existencial es algo bastante diferente. No se trata de confiar ciegamente, sino de *dudar.* De asumir la incertidumbre y el riesgo, de reconocer que no sabiendo a ciencia cierta si tenemos o no la razón sobre aquello que consideramos cierto y valioso, hemos elegido seguir pensando de esa manera; no tanto por la verdad o mentira que represente, sino por la persona que nos permite ser, por las posibilidades que abre a nuestra vida, y por la pasión que despierta en nosotros hacia la existencia.

Los conceptos señalados en este capítulo forman parte de la perspectiva existencial, y juegan un papel de fondo o contexto para las conversaciones terapéuticas, y no son necesariamente la figura sobre la cual los participantes de la relación colocan su atención. Son aspectos filosóficos que sirven al terapeuta para desarrollar una actitud fenomenológica con sus consultantes, para enfocarse sobre cualquier situación que deseen explorar.

Algunos enfoques de Terapia Existencial se distinguen de la Escuela Mexicana, en que consideran a estos asuntos como el foco principal donde el terapeuta debe poner atención. Consideran lo existencial de la terapia a partir de los temas que se tocan en la misma, mientras que para el enfoque que aquí se propone, el *qué* de la terapia, no es lo que la hace existencial, sino el *cómo*. Independientemente de qué temática se toque: desde la muerte o el sentido de vida, hasta lo que hizo ayer, todas las conversaciones son enfocadas a través de una investigación fenomenológica-existencial-hermenéutica. Es esta forma de aproximarnos a la investigación conjunta lo que hace de nuestro trabajo un enfoque existencial.

Capítulo 4 El Paradigma Relacional[67]

Quisiera comenzar este capítulo con un poema del filósofo y monje budista Thích Nhat Hanh (n.1926), que a mi parecer expresa de manera hermosa las ideas que se propondrán en este capítulo y los siguientes; ideas que constituyen lo que puede ser llamado: *el paradigma relacional*.

INTER-SER

Si eres un poeta, verás claramente una nube flotando en esta hoja de papel. Sin una nube, no habrá lluvia; sin lluvia, los árboles no pueden crecer; y sin árboles no podemos hacer papel. La nube es esencial para que exista el papel. Si la nube no esta aquí, tampoco puede estar la hoja de papel. Así, podemos decir que la nube y el papel ínter-son. 'Inter-ser' es una palabra que aún no está en el diccionario, pero si combinamos el prefijo 'inter' con el verbo 'ser', tenemos un nuevo verbo, ínter-ser.

Si miramos aún más profundo en esta hoja de papel, podemos ver el Sol en ella. Sin Sol, el bosque no puede crecer. De hecho, nada puede crecer sin el Sol. Así, sabemos que el Sol también está en esta hoja de papel. El papel y el Sol ínter-son. Y si continuamos mirando, podemos ver el leñador que cortó el árbol y lo llevó al molino para transformarlo en papel. Y vemos trigo. Sabemos que el leñador no puede existir sin su pan diario, por lo tanto el trigo que se convierte en su pan también está en esta hoja de papel. También están en ella la madre y el padre del leñador. Cuando miramos de esta manera, vemos que sin todas estas cosas, esta hoja de papel no puede existir.

Mirando aún más profundamente, también podemos vernos a nosotros mismos en esta hoja de papel. No es difícil de ver, porque cuando miramos una hoja de papel, ésta forma parte de nuestra percepción. Tu mente está aquí y la mía también. Podemos ver que todo está aquí, en esta hoja de papel. No podemos señalar ninguna cosa que no esté aquí, el tiempo, el espacio, la tierra, la lluvia, los minerales del suelo, el Sol, la nube, el río, el calor. Todo

---

[67] Una primera y más corta versión de los próximos dos capítulos fue publicada en la revista de la ALPE (Asociación Latinoamericana de Psicoterapia Existencial): *Revista Latinoamericana de Psicología Existencial: un enfoque comprensivo del ser* con el título "El paradigma Relacional en la Psicoterapia Existencial", y en la Revista Española de Terapia Gestalt con el título "El paradigma Relacional en la Psicoterapia Gestalt".

co-existe con este papel. Por eso pienso que se debería incluir la palabra ínter-ser en el diccionario. Ser es ínter-ser, no podemos simplemente ser por nosotros mismos. Tenemos que ínter-ser con cada una de las demás cosas. Está hoja de papel es porque todo lo demás es.

Supongamos que tratamos de devolver uno de los elementos a su fuente. Supongamos que devolvemos los rayos de Sol al Sol. ¿Piensas que está hoja de papel sería posible? No, sin el Sol nada puede ser. Y si devolvemos el leñador a su madre, entonces tampoco tenemos hoja de papel. El hecho es que esta hoja de papel está confeccionada básicamente de elementos de 'no papel'. Y si devolvemos esos elementos de no-papel a su origen, entonces no habrá papel. Sin elementos de no-papel, como la mente, el leñador, el Sol, etc., no habrá papel. Una hoja de papel tan fina, y contiene todo lo que hay en el Universo.

Extracto de libro:
Ser paz, el corazón de la comprensión
de Thích Nhat Hanh

La perspectiva relacional está presente en muchas culturas, principalmente aquellas que podrían ser consideradas como no-occidentales o ajenas a la modernidad. Tanto en Oriente como en la América precolombina, en África y en Australia, hay reportes de culturas y comunidades cuya cosmovisión se acerca considerablemente al paradigma relacional. Por otro lado, parece ser que es la modernidad, producto del renacimiento, de la revolución industrial y de la tecnológica, de la competencia económica y del capitalismo, lo que ha promovido una idiosincrasia más individualista e intrapsíquica en las sociedades occidentales contemporáneas.

Hablaremos de estas dos posibilidades de organización de nuestra perspectiva, como paradigmas que de cierta forma resultan irreconciliables: el paradigma relacional y el paradigma individualista. Podemos decir que el paradigma individualista es en realidad una fantasía (Hernando, 2012) ya que, de una u otra forma, siempre nos encontramos relacionados, en múltiples niveles o dimensiones. Se trata entonces de una cosmovisión, de un punto de vista (de ahí el uso de la palabra *paradigma*) sobre la naturaleza humana, que enmarca y facilita una serie de actitudes que influyen en la manera en que se desenvuelven las distintas prácticas terapéuticas

A continuación revisaremos lo que significa la visión relacional para la Terapia Existencial, deteniéndonos primero en tratar de explicar esta cosmovisión que, al ser de contracultura, suele resultar difícil de aprehender en todas sus implicaciones.

La Terapia Existencial como Terapia Relacional.

*A diferencia de otros enfoques cuyo principal interés
y foco está sobre el mundo subjetivo del cliente,
en la Terapia Existencial la principal preocupación descansa
sobre la inter-relación entre el cliente y su terapeuta,
así como sobre la exploración descriptiva
de la perspectiva del mundo del primero
dentro del mundo terapéutico.*
Ernesto Spinelli[68].

La perspectiva relacional en la que se apoya la **Terapia Existencial** (al menos en la escuela Mexicana) está cada vez más presente en los escritos, reflexiones, investigaciones y entrenamientos de múltiples enfoques terapéuticos; como las terapias narrativas, sistémicas, e inclusive el psicoanálisis llamado *psicoanálisis intersubjetivo* o relacional.

La intersubjetividad en psicoanálisis es un concepto que se acerca notoriamente a las posturas relacionales de este enfoque terapéutico; y se refiere al:

*[...] interjuego dinámico entre las experiencias
subjetivas del analista y el paciente, en la situación
clínica. [...] el concepto de intersubjetividad
constituye un importante desafío epistemológico*

---

[68] (Spinelli, 2007, p. 103)

y clínico al paradigma "clásico", basado en la orientación científica positivista. La intersubjetividad implica la noción de que la propia formación del proceso terapéutico se deriva de una mezcla, inextricablemente entrecruzada, de las reacciones subjetivas clínicas de los participantes entre sí. El conocimiento del psiquismo del paciente es considerado contextual e idiosincrásico de una interacción clínica particular. Este nexo interaccional se considera la fuerza primaria del proceso del tratamiento analítico.

La posición intersubjetiva implica que los fenómenos mentales no pueden ser lo suficientemente comprendidos si se enfocan como una entidad que existe "dentro" de la mente del paciente, conceptualmente aislada de la matriz social que emerge. [...] son el clínico y el paciente los que co-construyen los datos clínicos de la interacción de las cualidades psíquicas particulares y de las realidades subjetivas de ambos miembros (Dunn, 2004).

El interés por esta perspectiva en el campo de la Terapia Existencial no es nuevo. Desde las primeras intuiciones de Heidegger (1997) en su *Ser y Tiempo* —publicado originalmente en 1927—, y con el desarrollo de la fenomenología-existencial, la forma de entender al ser humano en el campo existencial es predominantemente inter-relacional.

Aunque varios de los autores más sobresalientes en las filosofías y terapias de orientación existencial se inclinan por una posición relacional, no siempre es claro que se refieran exactamente a lo mismo; además de que hay otras personalidades importantes en este campo que siguen expresándose y trabajando desde un enfoque más individualista e intrapsíquico. Es importante mencionar que, como la filosofía existencial suele enfatizar la vivencia y experiencia subjetiva de la persona, esto comúnmente suele llevar a pensarla como si se tratara de una postura individualista (no relacional). En efecto los pioneros del pensamiento existencial como Kierkegaard y Nietzsche, enfatizaron una postura individualista[69], fue hasta el surgimiento de la fenomenología existencial —desarrollada por Heidegger, Sartre, Merleau-Ponty, entre otros— y del existencialismo dialogal de Buber o las propuestas existencial-intersubjetivas —de Marcel, Lévinas, etc. —, que la perspectiva existencial tomó un curso propiamente relacional; aunque no siempre lo hizo de forma plenamente clara o explícita, lo que colabora con que muchos interesados en dicho pensamiento no alcancen a captar en plenitud la diferencia del paradigma relacional con respecto al intrapsíquico o individualista, ni mucho menos las implicaciones de aceptar y aplicar tal enfoque.

En breve: el paradigma relacional argumenta que todos nuestros conocimientos, comprensiones de la realidad, experiencias del mundo, reflexiones acerca de otros o de nosotros mismos; emergen de, y a través de, una red relacional irreductible. No es posible entender o comprender a ningún ser humano, ni siquiera a nosotros mismos, en aislamiento o fuera de la situación y el contexto relacional en el que nos encontramos inmersos. Para muchos colegas este principio es quizá el principio fundamental para la Terapia Existencial, ya que se apoya en la fenomenología existencial:

> *Puede decirse que el principal foco de la psicoterapia existencial no se coloca sobre el cliente per se, sino sobre las formas particulares en que la relacionalidad se expresa a sí misma: primero, a través de las narraciones de la experiencia de ser que provee el cliente; y segundo, aunque no menos importante, a través de la experiencia actual y viva, tanto del terapeuta como del cliente, de la*

---

[69] Aunque en varios de sus escritos Kierkegaard parece inclinarse hacia una postura relacional, esto no siempre es claro por su énfasis en la experiencia subjetiva y la *interioridad*.

relación que los revela y envuelve a ambos durante el encuentro terapéutico. (Spinelli, 2007, p. 12).

Mi intención en este capítulo consiste en aclarar algunas de las confusiones en torno a las diferencias entre estas dos perspectivas: el paradigma relacional y el paradigma intrapsíquico o individualista. Para ello describo los fundamentos fenomenológico-existenciales del paradigma relacional o inter-relacional, puesto que en mi experiencia como docente formador de terapeutas, dichas propuestas siguen siendo novedosas y difíciles de comprender. Después de todo, la cultura en la que hemos sido educados (sobre todo aquellos que nos llamamos *occidentales*, o herederos de la tradición europea) nos provee de esquemas de pensamiento que no sólo dificultan la comprensión de dicha posición, sino que nos conducen a posiciones exclusivamente individualistas o egocéntricas. Realizo únicamente una introducción, ya que la descripción detallada de dicha perspectiva y sus diferentes aplicaciones escapa a los intereses del presente capítulo y libro[70].

Como dijimos anteriormente, el paradigma relacional no se refiere exclusivamente a las relaciones interpersonales. Por ello en ocasiones, en vez de hablar de relación o relaciones, se habla de *Relacionalidad*. Se trata entonces de un concepto más amplio que a nivel inter-humano, como se expresa en la siguiente cita de Allan Watts:

> *Esto de describir al mundo como conjunto de modelos de relación, prescindiendo de toda consideración sobre la "sustancia" de que están "fabricados" estos modelos, parece una afrenta al sentido común. (...) A la vista del ojo desnudo, una remota galaxia parece la más sólida de las estrellas, y un trozo de acero es una masa de materia continua e impenetrable. Pero cuando cambiamos el grado*

---

[70] Aquellos interesados en profundizar en su estudio podrán referirse a las obras citadas en la bibliografía, a otras de los mismos autores, o a otras publicaciones de mi propia autoría.

de aumento, la galaxia revela la clara estructura de una nebulosa en espiral, y el trozo de acero resulta ser un sistema de impulsos eléctricos que giran vertiginosamente en espacios relativamente vastos. La idea de substancia sólo expresa la experiencia de arribar a un límite, ante el cual nuestros instrumentos ya no tienen la agudeza necesaria para desentrañar el modelo. Algo parecido ocurre cuando el científico investiga cualquier unidad de modelo que a simple vista resulta tan diferente que se la ha definido como entidad separada. (...)

Descubre que cuanto mayor es el cuidado con que la observa y la describe, tanto mayor se encuentra describiendo también el medio ambiente en que se desenvuelve y otros patrones con los que parece guardar relaciones indisolubles. (...)

En lugar de la cohesión desarticulada de la mera sustancia hayamos una cohesión articulada de modelos inseparablemente interconectados.

Tal es el efecto de ello sobre el estudio de la conducta humana que resulta imposible separar las modalidades psicológicas de modelos sociológicos, biológicos o ecológicos. (Watts, 1992, p. 19, 20).

Hycner (2009) comenta que la dificultad para el estudio de lo relacional equivale a tomar en nuestra mano un puño de arena: por un instante lo tenemos, sentimos *como si realmente* tenemos la arena en la mano, mas de pronto, lo que parecía ser sólido, lentamente se ha ido resbalando a través de nuestros dedos. Ocurre lo mismo con la arena que con la perspectiva que nos atañe: nunca alcanzamos a comprenderla del todo. Y cuando creemos haberla comprendido, nos percatamos de pronto que estamos nuevamente pensando de forma individualista, y que necesitamos volver a repasar sus planteamientos:

> *A solas, ninguno de nosotros es lo suficientemente hábil para conseguir una completa articulación de la psicoterapia relacional. Incluso unidos a una comunidad, es una exploración difícil, retadora y ambigua. Siempre está presente el peligro de caer en una sobre-simplificación. Esto es debido a nuestra inhabilidad para ver la imagen completa. Podemos llegar a estar sobrepasados por la riqueza infinita de lo relacional y sus contornos siempre cambiantes. En vez de mantenernos con esta complejidad siempre cambiante, nuestra tendencia es a simplificarla demasiado, ya sea objetivando o "subjetivando" nuestra naturaleza* relacional. (Hycner R., 2009).

La visión relacional está cambiando y enriqueciéndose momento a momento en las diferentes conversaciones y reflexiones de quienes la comparten. No está detenida ni mucho menos terminada o completa. Metafóricamente podemos decir que se trata de un video y no de una foto. De tal manera que los planteamientos e ideas que aquí comparto serán seguramente parciales. Son la foto que no refleja la realidad total ni actual, aunque pueda darnos alguna impresión de a lo que dicha posición se refiere. Comenzaré esta descripción fotográfica con la definición del paradigma imperante tanto en la cultura occidental actual, como más específicamente en la mayoría de psicologías y terapias contemporáneas.

El Paradigma Intrapsíquico

> *Hay un mito central que impregna*
> *la cultura occidental contemporánea:*
> *el mito de la mente individual aislada.*
> Robert Stolorow[71].

El paradigma individualista ha sido llamado también *intrapsíquico*. No es difícil comprender este modelo. Es la forma tradicional que aprendemos en la cultura occidental a pensar sobre nosotros mismos. Para esta perspectiva, lo más importante de una persona reside en "su interior", y es invisible para la experiencia de otros, de tal manera que su realidad *esencial* permanece siempre oculta e imposible de alcanzar o conocer para los otros. El enfoque intrapsíquico considera la existencia de fenómenos que emergen sin ninguna intermediación de la experiencia con el mundo, como es el caso de los *impulsos*. Aquellas psicologías que basan su visión del ser humano en aspectos *internos*, *propios* e *independientes del mundo exterior*, surgen dentro de este paradigma (actualmente la mayoría de psicologías trabajan desde esta posición).

> *El mito de la mente aislada atribuye al hombre*
> *un modo de ser en el cual el individuo existe*
> *separadamente del mundo de la naturaleza física*
> *y también de la vinculación con otros. Este mito*
> *además niega la inmaterialidad esencial de la*
> *experiencia humana al describir la vida subjetiva en*
> *términos sustancializados y reificados.* (Stolorow &
> Atwood, 2004, p. 35-36).

Desde este paradigma, nos creemos con la capacidad de ser autónomos e independientes de los demás. De hecho, dicha independencia se

---

[71] (Stolorow & Atwood, 2004, p. 35)

considera deseable. Está mal visto *depender* de alguien más. Es visto como síntoma de inmadurez o de disfuncionalidad. Es común escuchar opiniones del tipo: —no hagas caso de lo que digan de ti; lo que importa es lo que tú digas de ti misma(o); o también —que no te importe si otros te aman, lo que en verdad importa es que tú te ames a ti; etcétera. Algunos autores en el campo de la terapia han llegado a definir la madurez como la capacidad de *ir del apoyo ambiental al auto apoyo* (Perls, 1994).

Detengámonos un momento aquí: ¿es en verdad dicha 'independencia' un ideal digno de perseguir?

Imaginemos un mundo en el que a ninguna persona le importa lo que los demás puedan pensar. En el que no nos interese ser amados por los demás, sino sólo desarrollarnos en amor hacia nosotros mismos. En el que la principal tarea sea alcanzar la *autorrealización*, sin importar cómo se encuentren los seres que nos rodean… ¿es en realidad posible?... ¿resulta al menos deseable?...

Algunos pueden argumentar que la intención es que la persona se ame *primero* a sí misma, para posteriormente abrirse a amar a los demás y recibir su amor. O que *antes* de tomar en cuenta a los otros, *primero* se ponga atención a sí misma. Lo cierto es que esta postura, aún siendo menos radical que la anterior, solemos aplicarla en situaciones de cierta seguridad para nosotros mismos. Cuando hay amenazas, de inmediato recurrimos a la versión más extrema. Además, aún se mantiene la escisión entre el *yo* y el *otro,* ya que induce una postura jerárquica de la atención y el amor (primero debe orientarse hacia el sí mismo y posteriormente hacia los demás). Esta jerarquía fácilmente puede convertirse en posiciones egocéntricas o promotoras del egotismo (una situación en la que permanecemos anclados a nuestra realidad individual, y ajenos al intercambio o contacto con los otros). Un ejemplo de esta perspectiva se encuentra representado por la llamada *Oración de la Gestalt*, formulada por Fritz Perls (1893-1970), la cual se expresa casi como himno en algunos institutos de entrenamiento en psicología humanista:

> *Yo hago lo mío y tú haces lo tuyo.*
> *No estoy en este mundo para llenar tus expectativas.*
> *Y tú no estás en este mundo para llenar las mías.*
> *Tú eres tú y yo soy yo.*
> *Y si por casualidad nos encontramos es hermoso.*
> *Si no, no puede remediarse.*
> (Perls, 1974, p. 16).

Para la mirada relacional en contraste, una buena forma de poner atención a uno mismo es atender, *al mismo tiempo*, a los demás, a nosotros mismos, y a nuestra forma de relacionarnos con ellos. El problema, para el paradigma individualista, aparece cuando ponemos atención a los demás *antes* que a nosotros mismos (o *exclusivamente* a los demás, sin tomarnos en cuenta). Esto en efecto constituye un problema para la relación con los demás, con el mundo, y con uno mismo; sólo que *la solución a dicha dificultad no consiste en simplemente invertir la jerarquía,* como suele sugerir la posición individualista comúnmente difundida en nuestra sociedad.

En 1972 Tubbs propuso una alternativa a esta oración de la Gestalt de Perls. En su propuesta se acentúa una visión Buberiana desde el *Yo-Tu,* subrayando que lo que nos hace seres humanos es la relación con el otro, y que estamos en el mundo para confirmar al otro y para ser confirmados por él, *"El Yo sin el Tú se desintegra"* (Dublin, 1997, p. 142).

Yo mismo realicé hace un par de años mi propia versión alterna de la misma. La comparto aquí como una invitación para que los lectores realicen el ejercicio de crear su propia oración de la Gesltat, y puedan observar a partir de ella los aspectos relacionales e indivualistas de la misma.

No sólo yo hago lo mío, ni tú sólo haces lo tuyo.
Aquello que yo hago es, en parte, desde ti y para ti.
Y aquello que tú haces es, en parte, desde y para mí.
Yo no estoy en este mundo para cumplir tus expectativas
y sin embargo, no puedo evitar tener expectativas sobre ti.
Tú no estás aquí para cumplir las mías y, similarmente,
no puedes evitar tener expectativas sobre mí.
Tú eres tú en relación conmigo y yo soy yo en relación contigo.
Y, no es casualidad que nos encontremos,
yo puedo llevar a cabo acciones para encontrarte.
Y, si no nos encontramos, agradeceré el esfuerzo que hicimos
por haberlo intentado.

Por otro lado, uno de los miembros del movimiento relacional nos ofrece una reflexión sobre cómo las ideas intrapsíquicas no han existido siempre, son en realidad el resultado propio de reflexiones de la época moderna:

> *Para muchos historiadores, la preocupación occidental por el individuo y su singularidad es a la vez extrema y restrictiva. ¿Cómo llegó nuestra cultura a asignar tanta importancia al yo individual? Uno de los estudios más interesantes de esta evolución es el de John Lyons, quien expone que la posición central del yo se asienta como producto del pensamiento de fines del siglo XVIII. Antes de esa fecha, las personas tendían a concebirse a sí mismas como especímenes de categorías más generales: miembros de una religión, clase, profesión, etcétera. Ni siquiera el alma —dice Lyons— era una posesión estrictamente individual: imbuida por Dios, la había introducido en la carne mortal por un periodo transitorio. Sin embargo, a fines del siglo XVIII la sensibilidad común comenzó a cambiar, y puede hallarse buena*

> *prueba en fuentes tan diversas como los tratados filosóficos, las biografías y los relatos de vagabundos y aventureros.* (Gergen K., 2006, p. 32).

Cuando el *yo* es lo más importante, lo significativo de las relaciones se devalúa. Las relaciones adquieren importancia únicamente en la medida en que nos son útiles o nos producen experiencias placenteras. Es común escuchar frases como:

> - *Deberías conocerlo, puede ayudarte en tu carrera.*
> - *La dejé porque no satisfacía mis necesidades.*
> - *¿Qué has hecho por mí últimamente?*
> - *Ya no te necesito.*
> - *Me detienes en mi camino.*
> - Etcétera (Gergen, 2009*).*

Para algunos autores como Rich Hycner (1993), este paradigma se encuentra reforzado por la "orientación tecnocrática de nuestra cultura contemporánea":

> *Esta moderna orientación tecnocrática oscurece la dimensión central (el estatus ontológico) de la esfera relacional en nuestras vidas. Esta forma de des-enfatizar lo inter-humano trae como resultado aislamiento, alienación y el inevitable narcisismo de los días modernos. Crea una obsesión con el Self (o el "yo"), una híperconciencia. La realidad de la otra persona queda oculta bajo este foco angosto. La fobia moderna hacia la intimidad es un reflejo de esto. Lo relacional se subyuga al sobre-énfasis en la separación. Dicho sobre-énfasis en la separación crea una escisión no sólo entre personas, no sólo en nuestra relación con la naturaleza, sino también al interior de nuestras propias psiques.* (Hycner R., 1993, p. 5).

Bajo este paradigma (individualista o intrapsíquico) la vida psíquica es algo que ocurre en el 'interior' de cada uno de nosotros. Aunque logremos mantener una cierta intercomunicación con lo 'exterior', se considera que la psiquis es principalmente un asunto privado, íntimo; que ocurre en algún lugar 'dentro' de nosotros como individuos. "La idea de la mente como entidad separada implica una independencia del ser esencial de la persona con respecto a la vinculación con otros." (Stolorow & Atwood, 2004, p. 38). Esta concepción invita a la alienación, la soledad, la desconfianza, las jerarquías, la competencia, y a un espíritu combativo hacia el otro (Gergen K. J., 2009).

En psicología suelen estudiarse los comportamientos observables, a través de los cuales se realizan inferencias lógicas sobre el tipo de procesos mentales que subyacen a estos. De aquí surge fácilmente la conclusión de la existencia de dos muy diferentes aspectos: a) el arco "externo" que consiste en nuestro lado observable por los otros (lo que hacemos, decimos, etc.) comúnmente llamado *comportamiento*; y b) el arco "interno" correspondiente con los aspectos que no pueden ser observados por los demás (pensamientos, sentimientos, sensaciones, etc.) llamado *experiencia*.

El comportamiento representa el aspecto 'objetivo' de las personas, mientras que la experiencia lo 'subjetivo' En la búsqueda de identificarnos más con lo subjetivo que con lo objetivo (para ubicar la realidad humana como *subjectum* o propia de un *sujeto,* en vez de quedar fijos como *objetos)*, la posición intrapsíquica nos fue orientando hacia considerar que 'la verdadera naturaleza o esencia' de los seres humanos se encontraba en su 'interior'. La idea de que es la *experiencia* lo que produce el *comportamiento*, fue dejando al fundamento de nuestra humanidad en un terreno invisible para los ojos de los demás, y solamente perceptible para cada uno de nosotros en su propia intimidad. Esta es la base del pensamiento individualista e intrapsíquico.

Algunas ideas clásicas de esta perspectiva son:

- El 'yo real' se encuentra en nuestro 'interior', por lo que si queremos ser verdaderos y genuinos, necesitamos hacer un arduo trabajo de introspección, alejándonos de las influencias de otros para poder arribar a nuestras 'propias' conclusiones, sin la intromisión de nadie.

- El sujeto individual tiene primacía: sólo cuando el individuo se ha *encontrado* a sí mismo, se ha *aceptado*, o se ha vuelto 'auténtico'; y cuando ha logrado saltar los obstáculos que le impedían expresar su 'verdadero ser' o se ha autorrealizado, es que ha alcanzado la posibilidad de relacionarse verdaderamente con los otros y con el mundo en general.

- El otro está 'separado' y 'fuera' de nosotros y vale la pena *cuidarnos* para evitar su influencia. "Aquellos que han caído en el poder de este mito dicen que cada individuo conoce sólo su propia conciencia y que en cambio no tiene acceso directo a las experiencias pertenecientes a otras personas." (Stolorow & Atwood, 2004, p. 38).

- La relación es secundaria al self y por lo tanto podemos *evitar* relacionarnos con algunas personas y/o romper aquellas relaciones que nos sean dañinas.

- La disfuncionalidad se encuentra ubicada 'al interior' de nuestra personalidad, en el organismo y/o en su núcleo personal de identidad. Y fue generada históricamente (en el pasado, preferentemente en la infancia). Etcétera.

Para algunos autores como Harry Stack Sullivan, pionero de la aplicación de ideas relacionales en terapia, estas ideas dificultan que los procesos terapéuticos sean verdaderamente benéficos:

> *Una de las más grandes dificultades encontradas*
> *para poder generar cambios favorables, es la*
> *ilusión, de la que es casi imposible escapar, de que*
> *existe un simple self [yo] único que perdura, el cual*
> *es, de alguna extraña manera, propiedad privada*
> *del paciente o de la persona.* (Sullivan, en Stolorow,
> Atwood, & Orange, 2002, p. 77).

Esta manera de entender y definir al ser humano no ha estado presente desde el inicio de la historia. En realidad es de origen reciente. Tiene sus raíces sólo unos cuantos siglos atrás, durante la época conocida como ilustración, en el renacimiento. Es simplemente una extensión del famoso dualismo desarrollado por Descartes. El dualismo cartesiano separó la realidad en dos entidades diferenciadas: a) la materia física que se extiende ante nosotros; y b) los procesos cognoscitivos que ocurren en nuestro "interior" (la res extensa y la res cogitans). A través de dicha separación en regiones dentro y regiones fuera de la persona, se reifican, absolutizan y sustancializan ambas instancias, dejando una imagen de la mente como de una cosa pensante que tiene un interior en donde contiene diferentes ideas y desde donde mira al resto del mundo y a los objetos y cosas que le rodean.

Descartes aplicó como método la duda sistemática. Progresivamente iba dudando de cada una de sus convicciones, haciéndolas a un lado para lograr establecer una verdad que fuera absolutamente certera. Fue así como llegó a la famosa afirmación que, según él, no podría ser rebatida ni puesta en duda: Pienso, luego existo (cogito ergo sum). En la acción de dudar, podía dudarlo todo, menos el hecho mismo de que estaba dudando. "Un observador solitario que se vuelca hacia su 'interior' en la búsqueda de algo seguro y certero, y descubre la existencia de su propia mente solitaria." (Stolorow, Atwood, & Orange, 2002, p. 4). Esta forma de entender al ser humano y su conciencia o su mente se ha extendido culturalmente. "La filosofía cartesiana se ha transformado, gracias a la historia, en sentido común" (Ibídem).

Esta visión de la realidad no sólo separó lo 'interno' de lo 'externo', y sujetos de objetos, sino que a su vez separó al cuerpo de la mente, y a la razón de la emoción[72]. Desde este punto de vista, *la relación entre dos personas se analiza en términos de causas y efectos que ocurren entre individuos separados e independientes*, y la *dependencia* es vista como una falla o deficiencia.

> *El pensamiento que se origina en Descartes y que ha perdurado hasta el siglo XX (...) [y] aspira al ideal filosófico de un conocimiento básico, fundamental (...) de lo que es (...) que se vuelca hacia adentro, hacia el sujeto cognoscente (...) donde intenta descubrir los fundamentos de una certidumbre en nuestro "conocimiento" del... "mundo exterior."*
> (Madison, en Anderson, 1999, p. 63).

En síntesis, la perspectiva Cartesiana plantea que:

1.- La mente se encuentra aislada, separada de la realidad exterior, misma que intenta captar de manera precisa, aunque a veces la distorsiona. Esto provoca una imagen de la "esencia" del ser humano desconectada del resto del mundo. La verdad consiste en la correspondencia entre la realidad interior o mental con la realidad exterior de los objetos.

2.- La separación sujeto-objeto, siendo el principio fundamentalmente real gracias a la posibilidad de auto conocer su existencia (pienso, luego existo). Los objetos se consideran independientes del sujeto y son reales por la garantía de Dios (ya que el creador no podría estarnos engañando al proveernos las imágenes del mundo exterior). Rollo May, importante terapeuta existencial americano, solía citar a Binswanger con respecto a que "la escisión

---

[72] Todos estos son aspectos que desde una mirada fenomenológico-existencial, no sólo no están separados, sino que es imposible separarlos. Sólo aparentan estarlo porque la atención se centra en un aspecto y puede llegar a *negar* el otro, como suele ocurrir en las experiencias que la psicología tradicional considera disfuncionales.

entre sujeto y objeto es el cáncer de la psicología." (May, Angel, & Ellenberger, 1967, p. 29).[73]

3.- Hay un claro contraste entre la realidad interior o psíquica, y la realidad exterior que es material y se extiende en el espacio. Lo interno es subjetivo, lo externo objetivo. La mente es un contenedor de ideas, fantasías, emociones, impulsos e instintos. La realidad exterior puede afectar al contenedor y a sus contenidos, pero siempre es realidad *exterior* (Stolorow, Atwood, & Orange, 2002).

4.- Un intenso deseo de claridad y orden, por lo que la realidad se divide de manera binaria en *falso* y *verdadero*. La búsqueda de certezas y los intentos de mantener alejada la incertidumbre básica de la vida se convierten en la tradición, porque son formas de evitar la angustia. Este aspecto tiene un precio: se restringe considerablemente la creatividad ya que, como vimos en un capítulo anterior, la incertidumbre existencial es la principal fuente de creatividad y de apertura a la novedad.

5.- Una profunda confianza en el método de la deducción lógica, cerrando el paso a las emociones, el arte, y otras formas de acercarse a la realidad.

6.- Una ausencia de *temporalidad*. La esencia de la mente es atemporal, sólo varían sus contenidos.

7.- La propuesta de concebir la mente como una especie de *sustancia*. Incluso tratándose de una sustancia *no extensa*, es decir, que no se despliega en el espacio, permanece siendo una *cosa* con *un interior,* que interactúa con otras cosas, como por ejemplo, con el cuerpo (Stolorow, Atwood, & Orange, 2002).

Dicha perspectiva continúa siendo fundamental en muchas de las formas actuales de aplicación de la psicología. Freud suponía que "la mente del ser humano poseía un contenido independiente de la experiencia

---

[73] Rollo May es considerado el padre de la psicología existencial en Estados Unidos. Su labor fue en extremo valiosa para dar a conocer las ideas de los primeros psiquiatras existenciales en el continente americano. En el capítulo dos de este mismo libro comparto una breve reseña sobre su persona.

social y anterior a ella." (Mitchell, 1993, p. 31). Las ideas intrapsíquicas están tan enraizadas en nuestra cultura, que hoy por hoy nos parecen absolutamente normales y lógicas. Todos llevamos "en las venas" estas concepciones. Nos vemos a nosotros mismos y a los que nos rodean como viviendo *en el interior* de nuestro organismo. Como si fuéramos el Mago de Oz que dirige desde el interior del cerebro al resto del cuerpo, a modo de un automóvil o nave de transporte ultra-compleja.

Como hemos visto hasta aquí, resulta completamente normal que la mayoría encontremos las ideas relacionales difíciles de comprender; sobre todo al principio, puesto que resultan discordantes con nuestra manera común de percibir al mundo, a nosotros mismos y a la realidad, la cual ha sido aprendida, sostenida y repetida de forma continuada y en grados crecientes de amplitud desde el renacimiento. Esta situación produce que hoy por hoy, resulta muy difícil percatarnos de que se trata solamente de una cosmovisión, de una forma de ver al mundo y la realidad, y no de LA REALIDAD.

> *Este aislamiento, tan persistente y profundamente arraigado en nuestra cultura, proporciona, en nuestra opinión, el contexto intersubjetivo específico que convierte en insoportable la experiencia de la angustia y precisa la negación de la vulnerabilidad humana, negación que es inherente al mito de la mente aislada. Además, en este mito el dolor asociado con la soledad alienada del hombre moderno se ve reducido por la visión tranquilizadora del aislamiento personal como algo constitutivo de la condición humana y, por tanto, como el destino común a todo el género humano.* (Stolorow & Atwood, 2004, p. 39).

En contraste, para una visión fenomenológica-existencial, la mente, experiencia o conciencia, es inmaterial y no puede considerarse una 'sustancia', lo que significa que no puede aplicársele ninguna de las propiedades que pertenecen a las cosas materiales tales como: ocupar un lugar en el espacio, seguir las leyes físicas de causa-efecto, ser 'completas' o 'totales', ser reproducibles, etcétera. La mente no se considera *un conjunto de estructuras, impulsos y mecanismos predeterminados*, sino modelos relacionales de experiencia que se co-construyen en la red relacional de la cual estamos surgiendo todo el tiempo. Quizá uno de los primeros pensadores en oponerse rotundamente a esta mirada individualista fue Martin Heidegger, quien es pionero del paradigma relacional, al sugerir que la existencia humana tiene como condición fundamental estar absolutamente involucrada y entrelazada con su contexto, su alrededor y con los otros; como *ser-en-el-mundo*.

También en los modernos estudios antropológicos, nos estamos acercando cada vez más al paradigma relacional:

> Con el crecimiento de la antropología comparativa, se ha vuelto claro que nuestra auto conciencia, individualista y capitalista, en vez de ser el estado normal de las cosas, es en realidad una peculiaridad occidental; algo producido por la extraña forma de religión individualista y monoteísta, así como por las leyes y la economía occidentales. Cuando los antropólogos reportan lo que han encontrado en América del sur, o en las junglas del sureste asiático, o en Nueva Guinea, o entre los aborígenes australianos; ellos describen visiones del mundo relacionales e intersubjetivas. (Macfarlane, en Spinelli, 2007, p. 13).

A continuación expongo algunas de las principales características de la perspectiva relacional.

El Paradigma Relacional

La relación es anterior al "Yo".

Imagínese a usted mismo lector, de pie, en una habitación que está a un lado de varias otras habitaciones en las cuales hay otras personas y diversos objetos. Imagine que usted entra en alguna de esas otras habitaciones y trae a alguna de las personas y cosas de otra habitación hacia su habitación, 'internalizándolas' o 'introyectándolas'. Este es el modelo intrapsíquico e individualista.

Ahora imagínese presente en un cuarto enorme, junto a muchas otras personas y muchos objetos puestos por doquier. No hay distinciones ni propiedad privada: todo es suyo y todo es de los demás, todo es de todos. Lo único que hay es usted, pero un usted amplio, que abarca a otros, mientras que esos otros lo abarcan a usted. Este sería un primer momento. Posteriormente empieza a crear y construir, junto con las otras personas, fronteras alrededor de los otros y de los objetos. Algunas de estas fronteras son traslúcidas, de tal manera que permiten ver a través de ellas. Algunas otras son cortinas de humo, aunque no se ve a través de ellas, pueden cruzarse con enorme facilidad; algunas son fronteras que, aunque separan, miden sólo unos 20 cm de alto, pero todas estas fronteras se están moviendo todo el tiempo, nunca están quietas, aunque entre todos nos esforzamos por mantenerlas lo más claras y estáticas posibles. Esta segunda imagen se asemeja más a la visión relacional (Mitchell, 2003).

En el modelo intrapsíquico/individualista, al mover objetos de otros cuartos al propio se está aprendiendo o introyectando; mientras que si se están llevando objetos del propio cuarto a algún otro, estaríamos proyectando. Desde el modelo relacional no hay movimiento entre los diferentes cuartos o habitaciones, solo diferentes patrones de organización en la habitación compartida (Mitchell, 2003).

La mirada relacional (que también ha sido llamada *interpersonal*; *intersubjetiva*, etc.) concibe la condición humana como profundamente vinculada tanto con el mundo como con otras personas. Desde esta perspectiva no podemos aplicar las metáforas "interior-exterior" a la realidad humana global que atañe a la terapia. Dicha división resulta útil para la dimensión física de la persona, sin embargo falla a la hora de darnos una imagen más global de la persona completa, en sus dimensiones social y psicológica (y por supuesto tampoco atina a propiciar una mejor comprensión de las dimensiones espirituales del ser humano).

> *"En Occidente tendemos a considerar los asuntos relacionales desde el punto de vista de lo 'interior' y lo 'exterior', mas podemos argumentar que esta perspectiva se engaña, ya que dichos asuntos nunca son solamente 'internos' ni solamente 'externos.'"*
> (Spinelli, 1997, p. 6).

Hans Loewald (1906-1993), un psicoanalista que estudió filosofía con Heidegger, desarrolló una visión de la teoría psicoanalítica profundamente heideggeriana, y hoy en día es una de las principales referencias dentro del psicoanálisis relacional. Su posición es muy cercana a la de la **Terapia Existencial**:

> *La relación entre el yo y la realidad o los objetos, no se desarrolla desde una coexistencia originalmente no relacionada entre dos entidades separadas que entran en contacto la una con la otra, sino por lo contrario, surge desde una totalidad unitaria que se va diferenciando en diferentes partes. La madre y su bebé no se juntan y desarrollan una relación, sino que, cuando el bebé nace, se despega de su madre, y entonces la relación entre dos partes que originalmente eran una se hace posible.* (Loewald en Mitchell, 2003, p. 19).

En el mismo campo del psicoanálisis, Mitchell (1993) aporta una definición a la teoría relacional que es ampliamente coincidente con la mirada fenomenológica-existencial:

> *Según este punto de vista, la unidad básica de estudio no es el individuo como entidad separada cuyos deseos chocan con la realidad exterior, sino un campo de interacciones dentro del cual surge el individuo y pugna por relacionarse y expresarse. El <u>deseo</u> siempre se experimenta <u>en el contexto de la relación</u> y en este contexto define su significado. La mente está compuesta de configuraciones relacionales. La persona sólo es inteligible dentro de la trama de sus relaciones pasadas y presentes. La búsqueda analítica implica el descubrimiento, la participación, la observación y la transformación de estas relaciones [...]. Desde este punto de vista, la figura siempre está <u>en</u> la trama y las hebras siempre están en la figura.* (Mitchell, 1993, p. 14) [subrayados en el original].

En realidad existen distintas formas de entender y acercarse a la mirada relacional dentro del campo de la terapia (lo que contribuye a las confusiones). En el idioma inglés, algunos autores han optado por la distinción entre las palabras *relationship* y *relatedness*. La primera hace alusión a lo que comúnmente se entiende por relación: los estilos más o menos conscientes de vinculación entre los seres humanos. El segundo término (relatedness), hace referencia a esta forma más amplia de relacionamiento que incluye desde las relaciones que tienen las galaxias entre sí, hasta aquellas relaciones que mantienen los átomos y las partículas subatómicas unas con otras, así como las mutuas influencias entre lo macro y lo microscópico.

El paradigma relacional al que me refiero, tiene más que ver con esta segunda forma de acercarse a la relación, aunque en ésta, el primer tipo queda incluido.

Para intentar acercarnos a clarificar parte de la confusión generada por las distintas maneras de concebir y teorizar sobre la naturaleza relacional de los seres humanos, dedicaremos un espacio a describir algunas de las principales posturas existentes en la actualidad con respecto a ello. De entrada, podemos hablar de lo relacional en 4 distintos sentidos:

1. Como la realidad básica del ser humano y de todo lo existente.- La relación de una persona con el mundo, el *ser-en-el-mundo*, el *Dasein*. Aquí hablamos de la relación del ser con todo lo que lo rodea. Tanto con *algo* (cosas) como con *alguien* o *algunos* (personas). Podemos recordar que Heidegger especificaba que todo *Dasein* es un *Mitsein:* un *ser-con*; para subrayar el hecho de que estamos siempre inter-relacionados de manera inter-personal. Desde este planteamiento tanto el *contacto* con el mundo y/o con otros, como la *evitación* de dicho contacto, *son formas distintas de relacionamiento, el cual no se puede evitar*. A esto se le puede llamar <u>perspectiva relacional en amplio sentido</u> (Stawman, 2009). También podemos llamarle: *Relacionalidad Ontológica* —por referirse a un aspecto universal e ineludible a la existencia—. Estamos relacionados por el simple hecho de existir. Este nivel de relación se mantiene con todo lo que es, no solamente con otras conciencias, ni con otras subjetividades. Es la relación que mantenemos con la gravedad, con la temperatura, con el oxígeno, con los objetos del mundo, y con todos los seres vivos y sensibles en él.

2. La *Relacionalidad Ontológica* mencionada arriba, pero específicamente en lo referente a la *relación intersubjetiva* con otros seres que resultan, a la vez, semejantes y diferentes de nosotros. Nuestra relacionalidad básica con los demás seres humanos que forman parte de la especie humana, tanto en el pasado, como en el

presente y el futuro. Mientras que en el punto anterior la relación es con cualquier ente o situación que se presente como *lo otro*, como *otredad*, en este punto nos referimos a la relacionalidad con otras conciencias capaces de desdoblarse a través de la reflexión y desarrollar un cierto sentido de *identidad* o *yo*. Se trata entonces de las relaciones inter-personales, independientemente si tenemos conciencia o no de las mismas. La relación que tenemos con todos aquellos de nuestra especie, por el simple hecho de pertenecer a ella. Se trata de un campo intersubjetivo compartido por toda la humanidad.

3. La relación específica que mantenemos con aquellas personas a quienes tratamos y conocemos personalmente. Algunos llaman a este tipo: *relación en el estricto sentido*, aunque también podemos llamarle *relacionalidad interpersonal óntica* —por referirse a la relación específica y concreta entre personas—. Esta forma de relación puede romperse (como cuando una pareja se separa o se divorcia, o por la muerte de alguno de los involucrados) o recuperarse, establecerse o jamás desarrollarse (como con aquellos a quienes vemos una única vez, y no dejan ninguna huella en nosotros –como las personas con quienes compartimos un vuelo–).

4. Como la capacidad específicamente humana de aprender a relacionarnos con otras personas de manera sujeto-sujeto. La *calidad* de las relaciones humanas propiamente. Aquí la relacionalidad que se mencionó en el punto anterior sirve como base, participando de la construcción de formas más complejas, satisfactorias y armoniosas de relación. Este cuarto tipo podemos mejorarlo, dañarlo, etc.; y valdría la pena que todos aprendiéramos formas cada vez más desarrolladas de relacionarnos con los demás. Se trata de la posibilidad de desarrollar formas de convivencia pacífica y armoniosa.

Vale la pena subrayar aquí que, para el paradigma relacional, *no hay nada que sea no-relacional*. Muchas de las referencias de que algo es *no-relacional*, se refieren en realidad a formas de relación donde los participantes no reconocen su ser relacional. En otras palabras, se refieren a la relacionalidad interpersonal óntica (tercero y cuarto puntos anteriores). Todo acto que se piense "independiente" o "autónomo" sigue siendo relacional, en el sentido amplio u ontológico del término.

Ernesto Spinelli sugiere que gran parte de las confusiones respecto a la comprensión de la relacionalidad, aparecen por el hecho de que existen al menos tres cosmovisiones en nuestra cultura contemporánea para acercarse a entender –y explicar– la forma como nos relacionamos con nosotros mismos, con los otros, y con el mundo. Las llamó las "tres grandes teorías" (Spinelli, 2016). Me permitiré parafrasear algunas de sus descripciones:

A la primera "gran teoría" le llama "Subjetividades Individuales".- Ésta propone que los seres humanos desarrollamos, desde temprana edad, una forma particular de conciencia: una *auto-conciencia*. Dicha auto-conciencia es la base de cualquier experiencia en la que nos percatamos del mundo, de los demás, o de nosotros mismos. Cada persona es considerada como un ser distinto y aislado a nivel subjetivo. El reconocimiento de los otros o de otras conciencias, así como cualquier intercambio social o interpersonal, sólo emerge como consecuencia de esta misma auto-conciencia. De cierta manera, esta teoría propone que, anterior a la relación, emerge la individualidad; sólo cuando la subjetividad se ha desarrollado, o en el transcurso de hacerlo, es que van apareciendo otras subjetividades con las cuales podemos relacionarnos. Cualquier relación con otro es el resultado del desarrollo de la conciencia individual e independiente. Esta perspectiva puede ser considerada como la dominante en nuestra cultura occidental contemporánea. Podríamos resumirla como una posición *Yo o Tú*. (Ídem).

A la segunda teoría le denomina "Subjetividad/Intersubjetividad".-
Esta postura sugiere la existencia de una segunda forma de conciencia
que podemos llamar: *intersubjetividad*; la cual co-existe junto con la
auto-conciencia. La subjetividad y la intersubjetividad se desarrollan
simultáneamente aunque, al igual que para la primera "gran teoría",
las relaciones interpersonales son vistas como ocurriendo entre
subjetividades distintas y separadas; *pero* en ellas las emociones, ideas,
conductas, significados, etc., de cada uno de los individuos involucrados
en la relación, emergen de un campo intersubjetivo que funciona
como una especie de puente entre los mismos. De alguna manera, esta
perspectiva mantiene la idea de la primera teoría con respecto a que
las relaciones ocurren entre conciencias individuales, sólo que cada
una de las conciencias involucradas está informada y enriquecida por
una conciencia intersubjetiva que se desarrolla paralelamente a la auto-
conciencia. Esta perspectiva podría resumirse en la posición *Yo y* Tú.
(Ídem).

La tercera "gran teoría" recibe de Spinelli el nombre de
"Relacionalidad/Totalidad".- Ésta propone la existencia de un
fundamento básico de relacionalidad o totalidad universal, a través
del cual las subjetividades individuales surgen y aparecen. Cada
subjetividad es vista como un resultado, una expresión, o una
manifestación; de esta relacionalidad/totalidad. La relación viene
primero, y el surgimiento de la conciencia individual aparece después,
emergiendo como fruto de esta relacionalidad primaria. Esta postura
se contrapone a la primera "gran teoría" y, de cierta manera, expande
las intuiciones presentes en la segunda, ya que propone un principio
relacional como la base fundamental desde donde emergen todas las
subsecuentes subjetividades individuales. La tendencia occidental a
desarrollar conceptos a través de dualismos separados del tipo "*esto
O esto*", provoca que sea particularmente difícil intentar explicar las
características y alcances de esta tercera "gran teoría". Su perspectiva
considera que cualquier experiencia subjetiva de un individuo, no puede

estar separada del fundamento básico en el *Siendo-como-Totalidad* (o *Relacionalidad*). En resumen, esta posición puede expresarse como *Yo-Tú*, o más exactamente: *Siendo-Yo-Tú.* (Ídem).

En esta tercera teoría se acepta la primacía fundamental de la Relacionalidad/Totalidad, pero al mismo tiempo se mantiene la tensión dialéctica entre ésta y la subjetividad individual. Ambos aspectos son extremos polares de una misma situación, en donde ningún extremo tiene un valor mayor con respecto al otro. La Relacionalidad es el fundamento, pero no es superior a la subjetividad individual que emerge de ella.

Aunque la primera y segunda teorías también reconocen una dialéctica, la ubican entre las subjetividades individuales separadas, mientras que para esta tercera teoría, se encuentra entre la Totalidad/Relacionalidad y la subjetividad individual emergente.

Uno de las principales confusiones con respecto a esta tercera teoría, es considerarla idéntica, o al menos en la misma línea que las ideas propias de corrientes místicas como el budismo, el hinduismo, etc. La diferencia fundamental entre ellas es que, para las perspectivas místicas, el fundamento relacional, la totalidad, suele tener primacía sobre las particularidades o individualidades que de ella emergen. La totalidad es considerada como una mejor representación de la realidad, mientras que la experiencia subjetiva individual equivaldría a una mera ilusión, de la que vale la pena escapar.

Para la perspectiva existencial-fenomenológica-hermenéutica, la primacía no está en la totalidad original, sino en la permanente tensión y dialéctica que surge entre la totalidad/relacionalidad y las subjetividades individuales.

Para Spinelli, tanto el pensamiento como la práctica existencial consisten en el reconocimiento de una dialéctica que está mejor representada por la cosmovisión de esta tercera "gran teoría":

> *Sólo cuando la teoría y la terapia existencial clarifica su alineación con esta tercera "gran teoría", es que sus retos radicales a otros enfoques contemporáneos se vuelven posibles y comprensibles. [...]*
>
> *[...] es principalmente a través de la adopción de la tercer "gran teoría", que el verdadero potencial radical de la terapia existencial emerge. Adicionalmente, me parece que esta última postura es la que mejor simpatiza con las implicaciones de la fenomenología existencial, tal como fue desarrollada por sus filósofos primarios".* (Spinelli, 2016; s/p).

Stawman (2009) a su vez, menciona *cuatro olas* distintas en la comprensión de lo relacional: *Organismo/Ambiente* o *Sujeto/Objeto*, *Yo/no-yo, Intersubjetividad* y *Fondo Relacional* (Stawman, 2009).[74]

1.   Organismo/Ambiente o sujeto/objeto.- El Self o *sí mismo* es un proceso que no se encuentra ni ocurre en el interior del organismo, ni siquiera en el lado del organismo de la ecuación organismo/ambiente, sino en la *frontera*: justo en el espacio/tiempo que a la vez divide y une a estos dos polos. Podemos decir que es el *resultado* del vínculo entre el organismo y el ambiente; el cual no existe de manera independiente, sino siempre como un *todo* en movimiento, en permanente co-construcción. Desde esta *ola*, la realidad es relacional desde la base misma de la existencia, y dicha relacionalidad es una precondición para la experiencia.

---

[74] El nombre *olas* resulta de la perspectiva de Stawman de que estas cuatro formas de entender lo relacional surgieron en diferentes momentos y por diferentes propulsores; originando cuatro perspectivas distintas aunque coadyuvantes. Aunque difiero en la manera específica como Stawman entiende estos aspectos, estoy en deuda con él en cuanto a su esquema de los cuatro diferentes acercamientos a lo relacional. Aquí utilizo su esquema, aunque las descripciones de cada *ola* y sus nombres son principalmente originales.

> *¿Qué tipo de realidad corresponde a la psiquis subjetiva? La realidad de la psiquis interior es la misma que la del signo. Fuera del material de los signos no hay psiquis... Por su propia naturaleza existencial, la psiquis subjetiva debe localizarse en algún lugar entre el organismo y el mundo externo, en la frontera que separa estas dos esferas de realidad... La experiencia psíquica es la expresión semiótica del contacto entre el organismo y el ambiente externo.* (Shotter, 2005, p. 213).

El sujeto no está separado de los objetos que percibe. En la percepción no hay tres realidades o situaciones interconectadas (sujeto, objeto y percepción), sino una sola que puede ser observada desde diferentes puntos de vista. Ser y mundo no son dos realidades, sino una sola.

El problema de esta postura, es que al hablar de la relación entre el organismo y el ambiente, o entre sujeto y objeto, fácilmente pasamos por alto la relación interpersonal organismo-organismo, la relación sujeto-sujeto. De hecho al explicar esta perspectiva solemos recurrir a ejemplos de la forma de relación del organismo con su ambiente físico, como el aire, la gravedad, la temperatura, etc. Esto ha propiciado que algunos entiendan (de una forma errónea) la teoría existencial de una manera no sólo individualista, sino inclusive con un "sabor narcisista".

2. Yo/no-yo o Yo-Tú[75].- Esta *ola* surge desde la perspectiva del filósofo existencial Martin Buber (1878-1965), para quien "en el principio está la relación" (Buber, Yo y Tú, 1994). El *Yo* es siempre

---

[75] En mi opinión, Stawman no presenta en su escrito una versión adecuada de la perspectiva dialogal de Buber. Desde el punto de vista de Stawman, al hablar de la relación Yo-Tú, Buber se refiere específicamente a las relaciones persona a persona, cuando no es así. Buber incluso ofrece ejemplos de momentos Yo-Tú al acariciar a un caballo, al intercambiar miradas con un gato, al contemplar un árbol, etc. (Buber, Yo y Tú, 1994) . A su vez, Stawman presenta la relación Yo-Tú como siempre recíproca y en mutualidad, lo cual no es exactamente el caso. En la visión del filósofo, aunque la mutualidad es una experiencia poderosa y deseable, no es indispensable, ya que el

sólo un aspecto de la realidad humana, pues ésta consiste en el binomio *Yo/no-yo*. Dependiendo de la actitud que muestre el *Yo* frente a aquello con lo que se relaciona, el *no-yo* podrá ser a su vez un *ello* o un *tú*. Si nos relacionamos con la otredad (el o lo otro) buscando orientación, basándonos en preconceptos y/o experiencias previas, se dice que estamos en actitud *orientadora*; *generando* una relación con el/lo otro como si se tratara de una repetición o simple variación de experiencias previas. De esta manera se cosifica (reifica o sustanciabiliza) a la otredad en la relación. Ya sea una persona o una cosa, nos relacionamos con ella como si se tratara de algo fijo e inmutable que no puede sorprendernos. A este tipo de relación Buber le llama *Yo-ello*.

Si por lo contrario la relación que establecemos se basa en un acercamiento novedoso, que reconoce la unicidad y singularidad de la situación, entonces tenemos una actitud *realizadora*; que nos moverá hacia un relacionamiento de tipo *Yo-Tú*, independientemente de que nos relacionemos con una persona o cosa. Evidentemente este tipo de relación es particularmente importante con las personas. Sin embargo, a partir del proceso natural de aprendizaje y desarrollo: *todo Yo-Tú está condenado a convertirse en un Yo-ello* (Buber, 1994). Todo lo nuevo se vuelve viejo.

En resumen, también desde la perspectiva de este filósofo la realidad es relacional, sólo que se enfoca desde el punto de vista de que el yo siempre está acompañado del *no-yo*; se trata de una sola palabra, ya sea la palabra *yo-tú*, o la palabra *yo-ello*.

3.   Intersubjetividad.- *Desde el nacimiento, el mundo intersubjetivo da forma al mundo subjetivo.*

> *El proceso relacional interpersonal genera procesos relacionales personales, los cuales reconstruyen los procesos interpersonales que, a su vez, reconstruyen los procesos personales,*

Yo-Tú puede vivirse con objetos y no sólo con personas. En el presente escrito me basé directamente en Buber para la descripción de la *segunda ola*.

> *en una interminable cinta de Möebius, en la cual*
> *lo interpersonal y lo personal se encuentran*
> *perpetuamente regenerándose y transformándose a*
> *sí mismos y al otro.* (Mitchell, 2003, p. 57).

Esta propuesta proviene de distintas fuentes. Por un lado surge de algunos pensadores existencialistas como Merleau-Ponty, Marcel, Gadamer, Laing, entre otros; o de los psicoanalistas que han empezado a interesarse por una visión relacional, muchos de ellos adoptando el nombre de *psicoanalistas intersubjetivos*; así como también de las neurociencias y los estudios de las interacciones tempranas entre el infante y su madre (Stern, 1985).

> *La teoría intersubjetiva es una teoría de campos*
> *o una teoría de sistemas en la que se busca la*
> *comprensión de los fenómenos psicológicos no*
> *como productos de mecanismos intrapsíquicos*
> *aislados sino como emergentes de la interacción*
> *recíproca de las subjetividades en relación. [...] Los*
> *fenómenos psicológicos no pueden ser entendidos*
> *independientemente del contexto intersubjetivo en el*
> *que toman forma. Lo que constituye el área central de*
> *la investigación psicoanalítica no es la mente aislada*
> *individual, sino el sistema más amplio creado por*
> *el interjuego mutuo entre los mundos del paciente*
> *y su analista. [...] El concepto de mente individual*
> *o psique es en sí mismo un producto que cristaliza*
> *a partir de un nexo de relación intersubjetivo.*
> (Stolorow & Atwood, 2004, p. 27).

En estos aspectos, la postura psicoanalítica relacional de autores como Stolorow y Atwood (2004), Mitchell (2003), Orange (2009), Loewald (1980), etc., es ampliamente coincidente con la perspectiva existencial.
La idea básica de la intersubjetividad consiste en que el sentido

personal de identidad de cualquier persona, se entrecruza con el de las personas que lo rodean y/o interactúan con él/ella, de tal forma que cada identidad está siendo co-constructora y co-construida por la otra:

> *La propuesta más fundamental es que toda subjetividad es intersubjetiva, esto es, que toda experiencia es un fenómeno co-emergente de intersección de subjetividades. [...] Un componente mayor de nuestro ambiente es la subjetividad de los otros. Nuestro ser más íntimo está formado por una inter-influencia continua entre nosotros y los otros, con nuestra cultura, con nuestro tiempo y lugar en la historia. No hay ninguna identidad personal prerelacional, ningún sentido de identidad que exista previo, o separado del ambiente que nos rodea. [...] Es la dimensión intersubjetiva la que nos define como seres humanos.* (Jacobs, 2005).

La perspectiva intersubjetiva tiene también dos acercamientos distintos, los cuales pueden equipararse hasta cierto punto con los dos aspectos que mencioné anteriormente de *relacionalidad ontológica y óntica*. Además de la visión descrita hasta ahora (que presenta a la relacionalidad como una especie de característica universal de la existencia humana es decir, un hecho dado y, por tanto, ontológico), la dimensión intersubjetiva puede también consistir en una segunda posición, la cual se refiere a un logro del desarrollo: una cualidad de las relaciones interpersonales que se caracteriza por una buena captación de la subjetividad de los otros; así como una buena capacidad para transmitir la propia subjetividad por vías no verbales a los demás (a quienes nos interese por supuesto). Requiere del reconocimiento de los otros como tales, como identidades únicas y vinculadas; cuyo sentido de identidad —a pesar de estar siendo co-constituido y co-construido de manera relacional— tiene una perspectiva única, particular e individual del mundo, de la vida, de los otros, y por supuesto de sí mismo. Me refiero a los aspectos privados de nuestra intimidad: aquellos aspectos de nuestra experiencia que resultan invisibles a los demás[76]. La habilidad para captar plenamente al otro en su subjetividad y permitirle a la vez que nos capte a nosotros, es una capacidad que requiere de desarrollo y maduración.

Ronald D. Laing (1927-1989) desarrolló amplios e interesantes estudios acerca de las diversas habilidades necesarias para una convivencia fluida, basado precisamente en esta segunda forma de entender la intersubjetividad (Laing, 1977; 1973).

Me es importante subrayar que la intersubjetividad no niega la unicidad de cada ser humano. Simplemente previene de que dicha particularidad sea entendida de manera congelada (detenida o fija) o en aislamiento solipsista; mientras que al mismo tiempo evita que se contemple la condición humana de forma exclusivamente sistémica, tragada por la situación, y que con ello la unicidad desaparezca.

4.   Fondo Relacional.- Se refiere al contexto de fondo en el que nos encontramos inmersos y a través del cual nuestra persona emerge; sobre todo en lo que concierne a las relaciones con los otros. Son aspectos que nos preceden, se encontraban más o menos pre-conformados antes de que naciéramos, y parecieran estar esperándonos para colaborar con la conformación de nuestro ser y nuestra identidad. Incluye principalmente tres tipos de aspectos:

a) *Constituciones biológicas.*- que han sido heredadas a través del ADN y que compartimos, tanto con la especie humana de manera amplia, como con nuestros antepasados y más específicamente, con nuestra familia de origen. A nivel bioquímico por ejemplo, hoy se habla de que estamos de cierta manera pre-configurados para las relaciones. El descubrimiento de las llamadas *neuronas espejo* es sólo una muestra de ello.

---

[76] El hecho de que estos aspectos sean invisibles a los ojos no los convierte en "internos". La imaginación, por ejemplo, es un aspecto subjetivo e íntimo que es invisible a los ojos propios y de los demás. Sin embargo se trata de una función que acontece en la relación entre la persona y su mundo, en el *entre,* y no al interior de ella.

b) La *cultura*.- En la que cada persona crece y se desarrolla, se impregna de manera poderosa en la identidad. Desde el tipo de sabores que nos agradan, las personas que nos parecen atractivas, hasta nuestros estilos de desenvolvimiento tanto en público como en privado y nuestra forma de percibir e interactuar con el sexo opuesto, etcétera.

c) El lenguaje.- este aspecto es particularmente difícil de comprender en toda su complejidad. Para definirlo necesitamos recurrir a sus propios términos (usamos algún lenguaje para describir y definir al lenguaje). "Es como tratar de describir la 'naturaleza de la música' a través de una cuidadosa selección de notas musicales." (Stawman, 2009). A lo largo del siglo XX surgieron importantes teorías que se centraban en el origen de los procesos mentales de los seres humanos. Una hipótesis importante en esta área es la del relativismo lingüístico de Sapir-Whorf: en la cual se propone que el contenido y estructura de un lenguaje dado, influye decididamente en lo que los usuarios de éste pueden pensar y experimentar. O como diría Wittgenstein (1889-1951) : *Los límites de nuestro lenguaje son los límites de nuestro mundo.* Esto podría explicar, en primer lugar, por qué resulta difícil aceptar las ideas relacionales y fenomenológicas: nuestra forma de expresarnos es demasiado estática[77], mientras que la realidad planteada por la fenomenología y el paradigma relacional es procesual; y en segundo lugar, por qué para entender algunos procesos humanos como el self o la conciencia, recurrimos a neologismos como *selfeando* o *consciensando*.

El psicólogo Vygotsky (1896-1934) opinaba que las palabras y el lenguaje son un regalo que los niños reciben de sus padres u otros, quienes en su tiempo lo recibieron también de otros. Consideraba, a diferencia de su colega Piaget (1896-1980), (quien pensaba que surge desde nuestro interior y se va desarrollando, de la misma manera que

---

[77] A diferencia del lenguaje artístico, donde la expresión tiene únicamente los límites de la expresividad del artista. Ésta es una de las razones por la cuales una gran cantidad de los pensadores existenciales han buscado medios artísticos para expresar su forma de ver el mundo y la realidad; desde artes verbales como la literatura (en obras de teatro, novelas, cuentos y poesía), hasta artes más abstractas como la música y la danza.

una semilla se convierte en una flor), que el lenguaje nos viene desde afuera, como un regalo de la cultura o la sociedad.

El lenguaje es, a la vez, una ganancia y una pérdida. Para Sullivan (1950), el paso de lo animal a lo humano estaba representado por su aparición. Una vez que éste aparece en la persona, su personalidad se ha modificado a tal grado que no hay marcha atrás, así como es necesario el oxígeno para todos los seres vivos, el lenguaje y la cultura son necesarios para la humanidad (Mitchell, 2003).

Para Stern (1985) el lenguaje es una espada de doble filo, porque por un lado nos habilita para compartir algunos aspectos de nuestra experiencia, pero al mismo tiempo nos imposibilita compartir otros, dividiendo la experiencia interpersonal y la experiencia de sí mismo en dos: a) cómo es vivida, y b) cómo es verbalmente representada. Estos dos aspectos dividen a la experiencia para su estudio. No podemos estudiar la experiencia cómo es vivida, solo podemos experimentarla. La reflexión de la experiencia es un nivel distinto, que se encuentra completamente influenciado por el lenguaje.

Como expresa el poema *Tengo tanto sentimiento,* de Fernando Pessoa:

Tengo tanto sentimiento
que es frecuente persuadirme
de que soy sentimental,
mas reconozco, al medirme
que todo esto es pensamiento
que yo no sentí al final.

Tenemos, quienes vivimos,
una vida que es vivida
y otra vida que es pensada,
y la única en la que existimos
es la que está dividida
entra la cierta y la errada.

Mas a cuál de verdadera
o errada el nombre conviene
nadie lo sabrá explicar;
y vivimos de manera
que la vida que uno tiene
es la que él se ha de pensar.

En terapia trabajamos, de manera explícita, siempre con el segundo nivel de experiencia; nunca con el primero (aún cuando muchas experiencias del primer nivel tengan lugar a través de la relación terapéutica), de aquí que en ocasiones algunas otras experiencias fuera del mundo terapéutico puedan resultar extremadamente sanadoras, como simplemente salir a caminar a la naturaleza.

Loewald (1977) habló de dos formas de comunicación, cada una correspondiente con una etapa del desarrollo: en la primer etapa, aparece el *lenguaje en proceso primario,* donde lo importante es la experiencia global de la comunicación (los sonidos, los gestos), de una forma densa y poco diferenciada. Y una segunda etapa, donde aparece el *lenguaje en proceso secundario*, en el cual las estructuras semánticas y los significados específicos de las palabras adquieren prioridad (Mitchell, 2003).

Un rasgo distintivo del llamado *giro lingüístico*, o la *revolución lingüística*, propulsada por pensadores como Ferdinand de Saussure (1857-1913), Jacques Derrida (1930-2004), entre otros, es el reconocimiento de que el lenguaje no es un simple reflejo de la realidad, no se trata de una representación de realidades "internas o externas" a la persona, ni tampoco es una expresión de significados; sino que dichas realidades y significados son producidos por él. No hay una realidad esperando a ser expresada con palabras o a través de otro medio, sino que el medio que utilicemos para expresarnos va *produciendo, generando, y co-creando* aquello que describe. Anteriormente se concebía a las palabras y a la realidad como separadas, donde las primeras simplemente daban cuenta de la segunda; pero ahora, gracias a filósofos y analistas críticos como los que mencioné anteriormente, podemos reconocer el carácter co-creativo y co-creador de los diferentes tipos de lenguaje. "La mente del individuo es tanto un producto de la matriz cultural y lingüística dentro de la cual se produce, como un participante interactivo en ella. El significado no se da a priori: se deriva de la matriz relacional." (Mitchell, 1993, p. 31).

En varias versiones de la **Terapia Existencial** suelen combinarse de manera poco discriminada las cuatro olas anteriormente descritas. En la perspectiva existencial que en este texto planteo, intento integrar de manera coherente las cuatro posturas.

De forma breve, Shotter (2005) expresa lo que constituye el paradigma relacional:

> Las *"vidas interiores"* de las personas no son ni tan privadas, ni tan internas, ni tan lógicas, ordenadas o sistemáticas como se ha supuesto. [...] lo que denominamos como nosotros "pensando" refleja,

esencialmente, las mismas características éticas, retóricas, políticas y poéticas que las reflejadas por las transacciones entre las personas, afuera en el mundo. [...] aquello que consideramos nuestros pensamientos no se organiza primero en el centro interior de nuestro ser (en una "psiquis" o "mente" no material), para recibir, luego, una expresión exterior adecuada, o no, en palabras. [...] "el centro organizador de cualquier emisión, de cualquier experiencia, no está dentro sino afuera, en el medio social que rodea al individuo." (Voloshinov, 1973, p. 93) en (Shotter, 2005, p. 214).

Para Mitchell (2003), también es posible distinguir la mirada relacional según ciertos grados de complejidad y sofisticación organizacional:

En un *primer nivel,* las personan nos encontramos inter-relacionadas en *patrones de comportamiento no-reflexivo.* Este nivel se refiere a lo que las personas *hacemos* unos con otros aun sin darnos cuenta, de manera pre-simbólica. En este nivel las formas y los campos relacionales se organizan ejerciendo influencia recíproca y mutua regulación. Sullivan en su trabajo con lo que él llamó *psiquiatría interpersonal,* estuvo particularmente interesado en este fenómeno, así como también el psicoanalista inglés Bowlby (1907-1990) en su estudio del vínculo materno-infante y Daniel Stern (1934-2012) en sus estudios de la vida interpersonal del infante o de la relación terapéutica. Se refiere a la sutil coreografía de micro adaptaciones interpersonales en el aquí y ahora, donde los involucrados se influyen y co-construyen mutuamente a través de movimientos corporales sutiles.

El *segundo nivel* se refiere a la *experiencia compartida de los afectos y emociones.* Los afectos y emociones se experimentan como "contagiosos" o *expandibles,* y comúnmente trascienden a los individuos para influir a grupos humanos (desde una pareja o familia, hasta los asistentes a un partido de futbol en un estadio o naciones enteras). Principalmente los afectos y emociones intensas como la angustia, la excitación sexual, la rabia, la depresión, la euforia, la tristeza profunda, el terror o miedo extremo, etc., tienden a generar afectos correspondientes en otros, ya sea por "contagio" o por respuesta emocional.

> *Las experiencias emocionales poderosas se registran de tal manera, que lo que yo estoy sintiendo y lo que tú estas sintiendo, no ocurre de manera independiente, sino como una unidad, la totalidad a través de la cual me experimento como yo.* (Mitchell, 2003, p. 62).

La palabra "contagioso" no es la más apropiada para designar este fenómeno. De nueva cuenta aquí nos topamos con las dificultades del lenguaje para alcanzar una expresión precisa del paradigma relacional. En un contagio se presupone la existencia de dos entidades separadas, una de las cuales *contagia* a la otra; para el modelo que propongo aquí, esta configuración no resulta adecuada. Tal vez en lugar de hablar de *contagio* debiéramos usar simplemente *compartir.* Sin embargo opté por utilizar la palabra *contagio* para acentuar la experiencia de una persona en primer lugar y, posteriormente, generar en nosotros una experiencia emocional correspondiente (ya sea en similitud o en contraste).

El *tercer nivel* trata de la <u>*experiencia organizada en configuraciones yo-otro (self-otro).*</u> Las experiencias interpersonales se organizan de acuerdo con configuraciones específicas para nuestras relaciones con los demás, según las personas en concreto con quien nos estamos relacionando. Soy, en un sentido, el hijo de mi madre; y en otro sentido diferente, el hijo de mi padre. En ambas relaciones tengo un estilo específico de ser, de experimentar, de sentir y de pensar. Me he ido construyendo en la relación con cada uno de maneras diferentes. Hay momentos en que me experimento como el hijo en relación con mi madre y en otros momentos puedo experimentarme desde el punto de vista de mi madre en relación conmigo. Podría haber momentos en que me experimente como el hijo de mi padre, pero en relación con mi hermano; mientras que en otros momentos me experimento simplemente como su hermano. Hace poco tiempo mi hermana "pequeña", a la que siempre había visto como mi "hermanita", como una niña/adolescente, me habló en una conversación íntima sobre su vida sexual. De pronto no me experimenté a mi mismo como el *hermano mayor junto a su hermanita.* Mi experiencia era más parecida a la de dos amigos cercanos teniendo una comunicación íntima. Mi hermana se convirtió ante mis ojos en una mujer. Dejó de ser la niña/adolescente con quien me relacionaba. Y quizá algo semejante debió haber ocurrido para ella.

En este nivel establecemos configuraciones de relación y de experiencia según con la persona a quien estamos tratando, pero podemos ir más allá: en cierto sentido soy el hijo de la conciencia reflexiva de mi madre, pero en otro, ¡también soy el hijo de sus conflictos pre-reflexivos! (Mitchell, 2003).

El *cuarto nivel* es el propiamente *intersubjetivo*. "Ser completamente humano (en la cultura occidental) requiere ser reconocido como *sujeto* por otro sujeto humano (Mitchell, 2003, p. 64). A través de la intersubjetividad tenemos la sensación de ser nosotros mismos. Yo tengo la experiencia de mí mismo vía la mente y conciencia de otro, quien a su vez tiene la experiencia de ser él o ella, a través de experimentar mi conciencia de él/ella. El nivel intersubjetivo implica que la construcción de las experiencias y los constructos sobre la realidad son compartidos. Aquello que llamamos *mente* se construye en la relación con otras mentes.

En la mayoría de los textos principales del modelo existencial, rara vez los autores se detienen a aclarar los fundamentos de la fenomenología-existencial que sirven como apoyo para comprender la perspectiva relacional, por lo que a continuación me detendré en ello.

Bases Fenomenológico-Existenciales del Paradigma Relacional

Cada persona representa
no a un individuo singular,
sino una compleja red de relaciones.
Harlene Anderson[78].

Es importante recordar que la metodología fenomenológico-existencial surge de ciertos puntos de vista sobre la naturaleza de la realidad y de nuestra conciencia:

> *El mayor (y quizá el más importante) asunto es que las personas no son vistas como simples objetos en la naturaleza. En lugar de ello, los psicólogos fenomenológico-existenciales hablan de una total e indisoluble unidad de interrelación del individuo y su mundo. ... En estricto sentido, la persona es vista como teniendo una existencia que no puede separarse del mundo, y el mundo no puede tener existencia separado de las personas. Cada individuo y su mundo se co-construyen el uno al otro. En la psicología tradicional, las personas y el mundo son vistas, en efecto, como dos polos o cosas distintas y separadas.* (Valle, 1989, p. 7).

Como mencioné en el capítulo anterior, la fenomenología existencial rechaza la división cartesiana entre sujeto y objeto, constituyéndose como una perspectiva relacional.[79]

Al hablar del mundo no se refiere al *planeta*, que sabemos puede seguir existiendo perfectamente sin necesidad de seres humanos;

---

[78] (Anderson, 1999, p. 126)

[79] El lector interesado en profundizar sobre las diversas propuestas de esta corriente filosófica puede referirse a mi publicación previa: *Filosofía Existencial para Terapeutas y uno que otro curioso.*

sino al *lebenswelt* o *mundo vivido:* el mundo tal y cómo es vivido y/o experimentado por las personas. No se trata de un mundo como una hipotética entidad externa, independiente y separada de nosotros. Este *mundo vivido* no es una construcción de la conciencia por sí misma, es una co-constitución. Una co-construcción producida en el diálogo de la persona con la otredad en general y, en específico, con los otros que son, a la vez, semejantes y distintos de ella. Un mundo en el que hay otras personas que colaboran en este diálogo y en esta co-construcción.

Riccardo Manzotti, psicólogo y filósofo cercano a la postura fenomenológica, argumenta que "la clásica separación entre sujeto y objeto debe ser concebida de nuevo, de tal forma que ambos aspectos, aun manteniendo sus identidades como diferentes perspectivas de un proceso, ocurren en realidad como una unidad durante la percepción" (Manzotti en Spinelli, 2010, p. 13). Para este pensador, la separación entre sujeto y objeto crea problemas explicativos tanto para los aspectos representacionales como para los fenoménicos del proceso neurológico que ocurre durante la percepción. Para apoyar su punto de vista, proporciona el ejemplo de la percepción de un arcoíris:

> *Cuando el sol está lo suficientemente bajo en el horizonte, y proyecta sus rayos en un ángulo apropiado contra una nube que contenga un volumen suficientemente grande de gotas de agua suspendidas en la atmósfera, un observador ve un arco con todo el espectro de colores .... La posición del arcoíris depende de la posición del observador .... No tiene ningún sentido hablar del arcoíris como algo que se encuentra físicamente ahí .... La noción de un arcoíris como un objeto/evento/estado autónomo se descarta a favor de una versión procesual del arcoíris. .... El perceptor y lo percibido, sujeto y objeto, self (yo) y otros, no gozan de una existencia autónoma y separada.* (Manzotti, en Spinelli, 2010, p. 13 y 14).

Podemos concebir otros ejemplos. Imaginemos por un momento, que todo a nuestro alrededor desaparece. Ya no hay suelo debajo de nuestros pies, ni cielo sobre nuestras cabezas; no hay arriba ni abajo; no hay nada ni nadie en nuestra proximidad... nos encontramos flotando en un espacio negro... de inmediato tendríamos una sensación de irrealidad. Podríamos preguntarnos: ¿estaré soñando?; pero al cabo de un tiempo la pregunta cambiaría a: ¿acaso estoy muerto(a)?

¿Por qué terminaríamos dudando de nuestra misma existencia?

La fenomenología nos da la respuesta: El *Yo* requiere de la existencia del *No-Yo* para poder tener algún sentido de realidad. Recordemos que *la conciencia funciona por contrastes*: podemos conocer el arriba gracias al abajo, el frío gracias al calor. Si todo estuviera siempre a la misma temperatura, inclusive el ambiente que nos rodea, no tendrían ningún sentido los conceptos de frío y calor; nunca los usaríamos, ni siquiera pensaríamos en esos términos. Decir que la conciencia funciona por contrastes es otra forma de decir que la *conciencia es un movimiento relacional*. Para contrastar se requiere de un algo x y otro algo *distinto de x* que se encuentre en vínculo con lo primero, para poder captar su existencia. Cualquier respuesta que intentemos ofrecer a la pregunta ¿quién soy?, necesariamente involucra a otros; implícita o explícitamente. Si digo que soy hombre, es porque existen las mujeres; si digo que soy activo, es porque hay quienes son pasivos; si digo que soy ser-humano, es porque hay otras criaturas diferentes. Esto nos remite a otro aspecto fundamental de la conciencia: *la intencionalidad*. Como revisamos anteriormente, la intencionalidad suele definirse como el hecho de que la conciencia es siempre *conciencia de algo, está dirigida hacia algo*. Es decir, la conciencia no existe por sí misma o en el vacío, sino que siempre está *en relación* con algo más que ella no es. En otras palabras: *hablar de conciencia es hablar de relación*.

Podríamos imaginar algo menos drástico: de pronto nos percatamos que no hay ninguna persona a nuestro alrededor; la habitación en la que nos encontramos está vacía. Salimos y descubrimos que las calles de la ciudad están completamente vacías, abandonadas. ¿Dónde se fue toda la gente? recorremos calles enteras buscando personas pero nadie aparece. No hay ninguna señal de radio ni de televisión. Resulta imposible realizar llamadas telefónicas ya que todos los números suenan desconectados. Imaginemos que esta situación se extiende por días y en cualquier lugar a donde nos dirijamos. Parece que las personas del mundo simplemente desaparecieron.

Si esta escena digna de una película de terror o de una pesadilla ocurriera… ¿no tendríamos una experiencia similar a la mencionada anteriormente? La sensación de irrealidad pesaría con una carga enloquecedora. ¿Cómo sabríamos que no estamos muertos?

Nuestra conciencia no sólo requiere de la presencia de un mundo distinto del *Yo* para diferenciarse. También requiere de otras conciencias que nos reconozcan para experimentar una plena existencia. Todos sabemos lo duro que puede ser el castigo de ser *ignorados* por un grupo de amigos (como en ese castigo infantil que imponen algunos niños a alguno de sus amiguitos) o cuando la persona amada —madre, padre, o pareja— actúa 'como si no existiéramos'.

La existencia humana no solamente requiere de un mundo físico aparte, sino también de otros seres humanos para diferenciarse y ser confirmado. Por ello algunos prefieren una mala relación a la distancia. Como dice una canción: *rómpeme, mátame, pero no me ignores… .*

No hay forma de escapar de esta situación. Nacimos a un mundo lleno de personas y no hay nada que podamos hacer para evitarlo. Si decidimos internarnos en el bosque sin volver a ver a ninguna otra persona, jamás estaremos solos. Simplemente estaremos *alejados* de los demás. Si pudiéramos viajar a otro planeta donde no hay nadie aparte de nosotros, sería una versión más extrema de lo mismo. Sólo estaríamos *lejos*.

Además, estamos llenos de los otros. Hemos sido constituidos por las relaciones que hemos establecido a lo largo de toda nuestra existencia. Es posible decir que, en gran parte, somos el *resultado* o el *fruto* de nuestras relaciones con los demás.

Recuerdo el planteamiento de una película: *Eterno resplandor de una mente sin recuerdos* (2004), que se desarrolla a partir de la supuesta existencia de una máquina capaz de borrar, de manera selectiva, las experiencias y recuerdos de aquello que no quisiéramos recordar. Si deseáramos poder *olvidar* por completo a una persona, bastaría con someternos a cierto tratamiento con dicha máquina para que, si nos encontráramos a esa persona por la calle, pudiéramos pasar a su lado y no experimentar ningún tipo de sensación específica, una experiencia igual a la que hubiéramos tenido ¡con un perfecto desconocido! Supongamos por un momento que tal máquina existe, y que el lector del presente escrito se la coloca a sí mismo porque desea borrar de su mente todo recuerdo y experiencia de x persona. Imaginemos ahora que, por equivocación, aprieta un botón que borra de manera definitiva toda experiencia no sólo con dicha persona, sino también con todas las personas con quienes se ha cruzado en su existencia. Borrando toda experiencia y recuerdo de sus padres, hermanos, abuelos, tíos, primos, hijos, pareja actual y precedentes, amigos, enemigos, vecinos, maestros, médicos, religiosos, policías, compañeros de clases y de trabajo, etcétera. ¿Qué tipo de persona quedaría una vez que la máquina terminara de realizar el procedimiento? ¿Qué habría ocurrido con su personalidad ahora que tiene *borradas* todas las experiencias interpersonales de su vida? ¿No quedaría reducido a una especie de neonato? Este dramático ejemplo puede ilustrarnos hasta qué punto nuestro ser actual es el resultado de nuestras relaciones y experiencias interpersonales.

No sólo somos el fruto de nuestras relaciones pasadas, sino también de aquellas que co-constituimos a cada momento, en el aquí y ahora de nuestra existencia. Otro ejemplo no menos dramático y digno, de un capítulo de la famosa serie televisiva *La Dimensión Desconocida* estadounidense de los años sesenta, sería que imaginemos a un hombre de unos cuarenta años que, de pronto, se enfrenta a la experiencia de que todas las personas con quienes se cruza lo miran, le hablan, se refieren a él y lo tratan, como si fuera una pequeña niña de seis años. Quizá al principio, y si este hombre es una persona con un buen sentido del humor, encuentre tal situación graciosa, le parezca una broma planeada por sus amistades, y se permita *jugar* un poco con *él mismo*. Sin embargo, si la situación continúa, seguramente llegará el momento en que este hombre se sienta molesto y desesperado, puesto que todos sus intentos de actuar y manifestarse como un hombre adulto son tomados como si se tratara de un juego realizado por la niña que todos los demás ven. Este "hombre" podría tomar entonces su auto y conducir para tratar de distraer su molestia. Imaginemos entonces que una patrulla de la policía le detiene y, cuando los oficiales descienden del vehículo, les escucha decir por la radio que acaban de detener a una niña pequeña que va conduciendo un automóvil. Le llevan frente a una juez que le dice algo como: – *hijita, cómo es posible que manejes tú, un coche, ¿dónde está tu mamá?*

En esta hipotética y terrorífica situación, al cabo de un tiempo la persona en cuestión tiene básicamente tres opciones: a) el suicidio; b) aislarse de los demás de manera psicótica, y auto estimularse (como ocurre con la experiencia esquizofrénica, donde las personas que la atraviesan requieren alejarse de aquellos que les presentan realidades insoportables y/o distintas a las que ellos captan); o c) creérsela.

Si la persona opta por la tercera opción, es muy probable que piense que de seguro estaba jugando a ser un hombre adulto, y se adentró tanto en la experiencia del juego, que *olvidó que sólo se trataba de un simple juego*. Y seguramente, cuando se vea en el espejo, empezará a 'ver' a una niña de seis años.

Este último ejemplo nos invita a reflexionar sobre el grado de importancia de las miradas de los otros sobre nosotros. ¿Cuánto porcentaje de la persona que observamos a diario en el espejo, es una co-construcción de las miradas que recibimos cotidianamente en nuestra existencia?

Por otra parte, desde una perspectiva fenomenológica, la experiencia comúnmente conocida como *soledad* no es producida por una ausencia de relación; sino por la plena conciencia del otro presente-ausente para nosotros. Si fuéramos el único ser que existe en el universo, la idea de soledad no tendría ningún sentido: ¿solo de qué o con respecto de qué? Esta experiencia adquiere significado a través de la existencia de los otros. En vez de algo opuesto a la relación, se trata de una forma específica de relacionarnos. Para Pascual Bruckner (2011) la soledad no significa no estar sin otro u otros, sino estar *demasiado con uno mismo.*

Estamos entonces hablando de diferentes tipos o niveles de 'soledad', a los que podríamos denominar 'interpersonal' y 'existencial'. En la llamada *soledad interpersonal*, en realidad estamos *alejados* de los otros. En la *soledad existencial* estamos cerca de los otros, reconociéndolos como *otros distintos* a nosotros. Un ejemplo de la experiencia de soledad existencial ocurre cuando nos percatamos que una persona amada tiene ideas opuestas a las nuestras. Que su forma de ver la vida es tan distinta a la nuestra, que frustra nuestras fantasías confluentes, nuestras ilusiones de *ser uno mismo.*

Estas experiencias sólo aparecen porque podemos experimentar la lejanía del otro, porque tenemos la capacidad de reconocer que, aún estando en un mundo donde hay otros, nuestra unicidad y particularidad hace que quizá nunca nadie haya visto ni vea la vida de la manera exacta como yo la veo. Muy probablemente todos hemos tenido experiencias donde nos percatamos de nuestro deseo de compartir algo que consideramos importante con otra persona, quizá una experiencia dolorosa, quizá una situación llena de gozo, o tal vez tengamos el deseo y la intención de ser profundamente comprendidos, o la intención de compartir una situación o experiencia que nos apasiona; y ante cualquiera de estas situaciones hemos vivido la experiencia de que no hay nadie, ni siquiera nuestros seres queridos y más cercanos, que puedan comprender lo que estamos atravesando de la manera exacta como nosotros lo hacemos. Por ello la soledad se experimenta de manera particularmente dolorosa cuando estando en medio de una reunión familiar o amistosa, nos sentimos completamente solos; cuando al estar junto a nuestros seres queridos nos experimentamos ajenos, separados, distintos y no-pertenecientes, como si fueramos de "planetas distintos".

Para la posición fenomenológica la separación de dos personas que se encontraban previamente unidas, como por ejemplo, en una relación de pareja, no es una *ruptura de la relación;* sino un cambio en la forma de relación, un movimiento en la red relacional que nos co-constituye; de aquí la influencia que a veces pueden ejercer los *fantasmas* de las ex parejas, en la nueva relación de pareja de una persona. "Estamos siempre emergiendo de relaciones; no podemos poner un pie fuera de relaciones; incluso en nuestros más privados momentos, nunca estamos solos." (Gergen K. J., 2009, p. xv).

La visión fenomenológico-existencial de la realidad también apoya la mirada intersubjetiva. La condición de *ser-en-el-mundo-con-otros* también significa que mi realidad puede ser descrita como *ser-en-tu-mundo*, ya que existo *para ti;* y a la vez eso significa que *tu-eres-en-mi-mundo.* Cada uno co-construye el mundo de todos los demás. Esto es cierto no solamente en nuestras relaciones más cercanas e íntimas —aunque en ellas es más evidente e influyente— sino también en relaciones lejanas y/o de muy corta duración. Por ejemplo, mientras escribo estas palabras, imagino la forma como tú, lector o lectora, estarás recibiéndolas. Me percibo intentando dejar en ti una experiencia no solamente de claridad, sino además agradable. Aún probablemente sin conocerte (o tal vez conociéndonos), mi experiencia de mí mismo está siendo conformada por la manera como te experimento a ti. Si te imaginara con una expresión de desinterés, tal vez me sentiría más presionado por hacer de este escrito algo entretenido para ti.

Se podría argumentar que lo anterior es algo que ocurre en 'el interior de mi cabeza' pero, ¿es realmente así? Lo cierto es que mi imaginación está basada en el conocimiento de algunas de las personas que forman parte de la comunidad interesada en la terapia existencial, no estoy imaginando de la nada. Además, al escribirlo recuerdo conversaciones con algunos buenos amigos con respecto a todos estos temas. Por otra parte, para comunicarme requiero hacer uso del lenguaje —un sistema co-construido y compartido de significados— así como de un estilo de expresión que seguramente es en gran parte producto de mi educación y mi cultura (con algunas notas de mi propio desarrollo personal, el cual también es una situación relacional). Me expreso de forma concordante con el estilo expresivo de un varón adulto mexicano que vive en la ciudad de México en las primeras décadas del siglo XXI. De tal forma que, aún en este momento, mientras estoy 'a solas' escribiendo en una habitación, estoy relacionado intersubjetivamente. No escribo independientemente de mi marco referencial de relaciones. Hasta cierto punto, algunos aspectos de mi género, de mi historia personal y colectiva, de mi época, de mi cultura, mi familia, y mis vinculaciones sociales; están siendo expresados mientras escribo estas palabras.

> *Nos convertimos en humanos a través de la interacción y la influencia humana. Hemos nacido en un contexto humano de prácticas históricas, culturales, de lenguaje y de acción. Llegamos a ser quienes somos en estos contextos y contribuimos a darle forma a los mismos. Estos contextos obviamente conforman nuestra subjetividad, nuestro sentido de identidad. En la práctica, esto significa que el "ambiente" incluye la subjetividad de los otros, incluyendo la subjetividad de todos aquellos que han venido antes de nosotros (que nos llegan a través de las prácticas culturales, de lenguaje y familiares).* (Jacobs, 2005).

La cita anterior nos recuerda que no hemos dejado de estar relacionados con nuestras maestras y compañeros del jardín de niños; simplemente nuestra forma de estar relacionados con ellos ha cambiado. Ni tampoco terminamos la relación con aquellos seres queridos que han muerto;

tenemos una forma distinta de relacionarnos con ellos ahora. Y así podemos seguirlo extendiendo y reconocer que estamos relacionados con grandes seres humanos; no sólo con personajes como Nietzsche y Sartre, o Binswanger y Yalom; sino con otros más antiguos como Platón y Aristóteles; y de cierta manera, también con aquellos primeros humanos que existieron sobre la tierra.

Igualmente nuestra relación se extiende hacia aquellos que aún están por venir. De aquí la importancia en el desarrollo de una mayor conciencia ecológica: debemos cuidar el planeta que heredaremos a aquellos que estarán en relación con nosotros y con lo que hayamos hecho de nuestro hábitat, aunque nosotros ya no estemos.

Aún cuando *rechazáramos* todas las relaciones interpersonales en nuestra existencia, seguiríamos en relación con ellos (aunque quizá en lejanía o, propiamente, en rechazo); de hecho, es sólo a través de la relación con ellos que podemos rechazarlos.

Nacimos a un mundo de otros, con otros, para otros; y no hay forma de evitarlo: sólo podemos relacionarnos de manera que estemos más o menos *cerca*, o más o menos *lejos* de ellos.

Bases de inspiración filosófica para el Paradigma Relacional

Saludo:
IN LAK'ECH = Yo soy otro tú
Respuesta:
HALA KEN = Tú eres otro yo
Saludo tradicional Maya.

La perspectiva relacional está presente en muchos de los grandes pensadores del siglo XX y XXI, no sólo en el ámbito terapéutico, sino del saber en general. La filosofía existencial, que sirve como principal inspiración y marco de referencia para la **Terapia Existencial,** es en muchos sentidos una perspectiva relacional, sin embargo es comúnmente confundida con una perspectiva individualista y divisionista, clásica de la mirada de Descartes. Aunque varios de los pensadores existenciales subrayan y destacan el papel del individuo, a partir de la unión entre fenomenología y pensamiento existencial –*fenomenología existencial*– dicho individuo es siempre visto en relación con su mundo. Ésta es propulsada por figuras como Heidegger, Sartre, Merleau-Ponty, entre otros; quienes aun acentuando la experiencia única, irrepetible y particular que va construyendo a cada persona, visualizan al ser humano siempre en un contexto relacional.

Para ejemplificar, a continuación presento algunas de las principales y más interesantes ideas de algunos filósofos existenciales en torno al tema de la relacionalidad. Cada uno de los pensadores existenciales, desde Kierkegaard y Nietzsche, hasta fenomenólogos como Gadamer y Ricoeur, por mencionar sólo a algunos, han sido importantes críticos del modelo cartesiano de la realidad.

Soren Kierkegaard, considerado el padre de la filosofía existencial (cuya obra es anterior a la fenomenología existencial), asoma algunos atisbos de pensamiento relacional:

> *El yo es una relación que se relaciona consigo misma o, dicho de otra manera: es lo que en la relación hace que ésta se relacione consigo misma. El yo no es la relación, sino el hecho de que la relación se relacione consigo misma. El hombre es una síntesis de infinitud y finitud, de lo temporal y lo eterno, de la libertad y la necesidad, en una palabra: es una síntesis. Y una síntesis es la relación entre dos términos* (Kierkegaard, 2008, p. 33).

De manera general, los desarrollos del movimiento fenomenológico se sustentan en la idea de *intencionalidad*. Esta concepción enmarca la lucha contra la dicotomía tradicional entre el sujeto y el objeto. Si elimináramos todos los objetos, la conciencia simplemente dejaría de existir, ¿de qué seríamos conscientes si no hay más que la nada?; de la misma forma, si desapareciéramos toda forma de conciencia sería equivalente a eliminar todos los objetos ya que, ¿quién los percibiría o les aportaría la forma y significado que ahora poseen? Sujeto y objeto co-existen en una unidad inseparable.

Edmund Husserl en sus últimos escritos, tuvo un otro intento de trascender la perspectiva cartesiana a través del uso del concepto del *mundo vivido* o *mundo de la vida (Lebenswelt)*. Un concepto que implica la no separación entre la persona y el mundo, sino más bien la relación constante, permanente e indisoluble de dicha instancia.

La perspectiva de Martin Heidegger es quizá la más enfática en cuanto a promover el paradigma relacional e ir más allá de la visión cartesiana tradicional. En sus escritos no sólo cuestionó la imagen *encapsulada* del ser humano de la cultura occidental, sino que también criticó a la metafísica tradicional por promover la idea de un ser humano fijo, esencial, dividido de su propia corporeidad, y semejante a los objetos en el mantenerse inmutables, sin cambios.

Heidegger (2009) proponía que la persona era mejor entendida como *Dasein* = *ser-ahí*, o el *ahí-del-ser*. El uso de esta palabra es más que una simple variación gramatical. Lo que Heidegger estaba expresando es que nuestro *Yo*, o el *self*, es algo que debe encontrarse de una manera distinta a como suele ubicársele. Normalmente solemos ubicar al self en el *interior* del organismo (perspectiva intrapsíquica), pero este filósofo opinaba que la realidad humana debe ser ubicada —principalmente— en un momento en el *tiempo*, más que simplemente en un lugar en el *espacio*. Esto aportaba de entrada una mirada procesual a la realidad humana. Un *momento* no puede buscarse ni en el interior ni en el exterior, sino que debe buscarse de manera contextual y procesual. Podríamos traducir *Dasein* como: el *momento-del-ser* (o incluso el *momento-de-ser*).

Una de las características principales del *Dasein* es que es un ser-en-el-mundo-con-otros; donde los guiones están puestos para expresar la unidad indivisible entre el ser y su mundo. La realidad humana debe encontrarse en el momento preciso del encuentro del ser y el mundo. No hay humanidad previa a dicho encuentro: *la existencia humana es una relación.*

Como vimos en el capítulo anterior, este pensador nos recuerda que todo *Dasein* es un *Mitsein:* un ser-con. Un ser que se encuentra en un mundo en el que hay otros como él que se le asemejan, a la vez que se se distinguen de él.

Otro ejemplo, lo encontramos en su forma de abordar la corporalidad. Desarrolló la idea de que tenemos dos maneras distintas de ver nuestro cuerpo: 1.- como un simple objeto que ocupa un lugar en el espacio, es decir como un cuerpo físico (Körper en alemán) que aquí llamaré *cuerpo (K)*; y 2.- como un cuerpo vivo o viviente, que no sólo ocupa un lugar, sino que además vive, siente y aporta significados (Leib en alemán) y que denominaré para fines prácticos *cuerpo (L)*.[80]

El primero de ellos, el cuerpo (K) varía muy poco a lo largo del tiempo. Durante los primeros 15 a 20 años de vida es posible ver un crecimiento gradual del mismo. Posteriormente puede tener variaciones según los diferentes cambios en el peso y talla de la persona y, después de unos años, se observan nuevamente cambios en cuanto a las marcas de la edad y la aparición de los signos de la vejez. Sin embargo todas estas son variaciones mínimas comparadas con las que alcanza el cuerpo (L).

*Yo puedo estimar, por lo menos aproximadamente,
la distancia de mí a la ventana. Ciertamente. Pero
en este caso mido la distancia entre dos cuerpos (K),
mas no la profundidad ordenada-espacialmente, en*

---

[80] Varios de los siguientes párrafos sobre la perspectiva de Heidegger, Sartre, Merleau-Ponty, Marcel y Lévinas son tomados del libro *Filosofía Existencial para Terapeutas, y uno que otro curioso. Editorial LAG;* de mi autoría.

cada caso, con mi ser-en-el-mundo. [...] El cuerpo
(K) termina en la piel. (Heidegger, 2010, p. 128 y
134).

El cuerpo vivenciado (L), es algo muy distinto. Este segundo cuerpo (L) es más característicamente humano que el anterior, porque hace hincapié en los aspectos específicamente sensibles del cuerpo. No es una perspectiva que lo contempla como una masa que simplemente está ahí, como vehículo de nuestra alma o nuestro ser. Sino que es el ser mismo, la expresión funcional de los que somos. "Podríamos decir, pues, que estamos siempre más allá del cuerpo [K]." (Heidegger, 2010, p. 134).

El cuerpo (L) incluye a nuestros sentidos, los cuales hacen referencia a una acción a través de la cual nos encontramos absolutamente vinculados con el mundo. En otras palabras, los sentidos son la manifestación de la relación entre el ser y su ahí (*Dasein*): nuestro ser-en-el-mundo. Si imaginamos por un momento a una persona que ha perdido su sentido de la vista, su sentido del oído, así como también los sentidos del tacto, olfato y gusto (por mencionar solamente a los 5 sentidos primarios), ¿Qué nos queda? Muy probablemente nuestra imaginación nos lleve a pensar en una persona en estado vegetal, es decir, con un ser-en-el-mundo extraordinariamente disminuido.

Otro aspecto a notar es que los sentidos son intencionales. Cuando hablamos de ellos no nos referimos al órgano en sí. Hablamos de vista, no de ojos; de olfato, oído y tacto; no de nariz, orejas y piel. Esto significa que la vista hace referencia a una acción, a un movimiento en el que ser y mundo se inter-relacionan. La vista siempre es de algo que se ve, si no, no habría vista. Pasa lo mismo con cada uno de los sentidos. Se escucha un sonido. Sin sonido no oiríamos nada. Se toca algo, sin ese algo a tocar o percibir con la piel, no habría tacto; y etcétera.

Por lo tanto, cada uno de los sentidos nos habla de nuestro involucramiento íntimo e inseparable con el mundo. Este es nuestro cuerpo vivido (L). El que se vive y experimenta, a la vez que vive y experimenta al mundo a través de cada uno de nuestros sentidos.

Pero entonces, al mirar la luna a través de mi ventana... ¿en donde sitúo mi vista? ¿Se encuentra en mis ojos? No, porque sin cerebro que registre o luna a la cual mirar no habría la experiencia *viendo a la luna*. ¿Se encuentra en mi cerebro? Esto sería una negación de la realidad, de la presencia de la luna en el cielo.

La única respuesta válida fenomenológicamente sería que la vista se encuentra en la *relación* del ser-con-la-luna a través del cuerpo (L), el cual se encuentra funcionando vía los ojos de la persona. A este funcionamiento le llamamos *corporar*[81]. Gracias a mi vista, yo *corporo* la luna, es decir que la hago parte de mi cuerpo, parte de mi ser. Conforme muevo mi vista de un punto a otro voy *corporando* distintos aspectos de la realidad. Voy incorporándolos a mi ser corpóreo, con lo que las dimensiones de mi cuerpo (L) varían considerablemente de momento a momento. Esto aplica también a mis otros sentidos. En este momento estoy *corporando* la silla en la que me encuentro sentado. De hecho mi cuerpo entero se modifica para adecuarse al tipo de asiento y respaldo, así como a la altura, para poder aprovechar el apoyo que el asiento me brinda. Como mis diferentes sentidos se encuentran en acción aquí y ahora, aunque con diferentes grados de intensidad, y voy atendiendo a cada uno en diferentes momentos, mi cuerpo (L) está variando cualitativamente de manera constante.

> *La diferencia entre los límites de cuerpo [K] y cuerpo [L] consistiría entonces en que el límite del cuerpo [L] estaría más salido que el límite del cuerpo [K][...] El límite del corporar [L] (el cuerpo [L] solamente es cuerpo en tanto que corpora) es el*

---

[81] También podría denominarse: *incorporar.* Sin embargo, prefiero el término *corporar* para acentuar esta característica relacional de la existencia humana que señala Heidegger y que es original de su pensamiento fenomenológico-existencial. El traductor al español de los seminarios de Zollikon: Ángel Xolocotzi Yáñez utiliza el mismo término.

> *horizonte del ser en el cual permanezco.*
> *Por ello el límite del corporar [L] cambia*
> *constantemente mediante la modificación del*
> *alcance de mi estancia. Por lo contrario el límite*
> *del cuerpo [K] generalmente no cambia, a lo mucho*
> *al engordar o adelgazar.* (Heidegger, 2010, p. 134 y
> 135). [Corchetes en el original].

Una experiencia importante es la de corporar [L] nuestro cuerpo [K]: sentirlo, vivirlo, concientizarlo, hacerlo presente para nosotros. Los terapeutas, sobre todo aquellos que trabajan con perspectivas psicocorporales, saben lo importante que es para una persona estar plenamente presente en su propio cuerpo. Sólo apropiándonos de nuestro cuerpo como la expresión de nuestra vitalidad y existencia, lograremos apoyarnos en las sensaciones corporales y en toda la información que nos aportan con respecto a la realidad y el mundo en que habitamos. Este es, en muchas ocasiones, el primer paso por el que los terapeutas comienzan a apoyar a las personas que los consultan, invitándolos a vivir su cuerpo [L]. Después de todo: *mi cuerpo [L] es lo que soy.*

En el pensamiento de Jean Paul Sartre podemos ubicar sus reflexiones relacionales en torno a la importancia de *la mirada de los otros, los otros como infierno, y el ser-para-otros.* Para él, el yo y el otro están inextricablemente unidos, en una relación inseparable; por ello el tema de las relaciones interpersonales ocupó un lugar privilegiado en sus reflexiones. El *ser-para-otro* es la esfera en la que el hombre es plenamente humano: un ser en relación con otros, habitado en lo más profundo de sí por otros, coexistiendo de manera inevitable.

Cuando dos personas se encuentran, una lucha entre ellos comienza de inmediato: la libertad de una persona desestabiliza la libertad de la otra, puesto que cada quien puede desear que el otro realice una acción que no desea. Aunque obligara al otro a realizarla, es imposible hacer que él (o ella) desee lo que yo deseo. A esto se refiere la frase: *mi libertad termina donde la del otro empieza.*

Algunas personas suelen utilizar esta frase queriendo decir: —*no debes hacerle daño a los demás, no eres libre para ello*, como si fuera equiparable a la famosa frase de Benito Juárez: *El respeto al derecho ajeno es la paz*, pero en realidad a lo que la frase se refiere es a que, sobre los deseos del otro, solamente él tiene poder y elección.

Necesitamos la presencia del otro para confirmarnos (como vimos al inicio de este capítulo), pero al mismo tiempo, el otro es nuestro peligro porque su mirada nos cosifica. Cuando miro a otro comprendo la permanente posibilidad de ser visto por el otro. Cuando el otro me mira, me mira de una forma específica, determinada, de *una* manera. De esta forma me incluye en el mundo de los objetos que son de una forma específica. Su mirada aniquila mi libertad de ser alguien distinto y de reconstruirme y de reinventarme a cada momento. Cada persona en un encuentro quiere lo mismo (ser reconocido en su libertad) y teme lo mismo (ser percibido de una forma definida y limitada). Por ello Sartre creía que *el infierno son los otros*, porque el otro aniquila mis posibilidades dejándome con un sentimiento de vergüenza. Pensemos en cuando vamos conduciendo nuestro automóvil hurgándonos libremente la nariz y, de pronto, descubrimos que en el automóvil de al lado una hermosa mujer nos mira con expresión de: *¡¡¡qué asco!!!* El sentimiento que experimentamos de inmediato es una inconsolable vergüenza que muchas veces nos lleva a querer disimular fingiendo que nos rascamos por fuera de la nariz o algo similar. En ese momento nos hemos convertido en un asco para la persona que nos mira, en un objeto despreciable. Mi *yo* queda fijado y soy responsable del *yo* que me ha sido revelado por la mirada del otro. Me descubro en mi vergüenza.

En el juego social somos como una especie de *Medusa*[82]. A través de nuestra mirada vamos petrificando a los demás, al fijarlos como si fueran seres definitivos. Determinándolos en las características que se asoman a nuestra mirada. A partir de nuestro encuentro con los otros

---

[82] La Medusa es una figura correspondiente a la mitología griega cuya principal característica es que posee serpientes en lugar de cabellos, y que al mirar a otro a los ojos, lo convierte en piedra.

(y de ellos con nosotros), los definimos en ciertas características que, a partir de ese momento, nos parece que son rasgos *típicos* y específicos de dicha persona.

Para Sartre, los conflictos no surgen como resultado de mecanismos intrapsíquicos en tensión, como lo sugería Freud. En vez de ello, se conciben como una consecuencia inter-relacional.

Desde esta perspectiva pareciera que el conflicto con los otros es inevitable. La mirada del otro me cosifica, me vuelve algo específico ya que no puede verme como una nada llena de posibilidades. Me ve como hombre o mujer con x o y conductas y a partir de ello me etiqueta como a un objeto más. Por mi parte yo hago lo mismo con el otro, en cuanto lo veo y lo reconozco, lo identifico de una forma específica, determinada. Es aquí donde el conflicto inicia, porque cada uno de nosotros tarde o temprano intentará rebelarse a dicha limitación. Pareciera un conflicto sin posibilidad de solución, en el que el ser humano se encuentra encerrado en un mundo con otros que amenazan su libertad, como en su obra teatral *A puerta cerrada (1996)*, cuyo título mejor traducido sería: *Sin salida*, puesto que plantea que esta situación humana no tiene escapatoria, incluso si nos abrieran la puerta para huir de ella, no podríamos evitarla. En esta obra aparece esa famosa frase: *el infierno son los otros*. El punto es que, si el infierno son los otros, también los otros son el paraíso. Todo depende del tipo de relaciones que co-construyamos en la existencia.

> *(...) el infierno son los otros ha estado mal comprendido. Se ha creído que quise decir con eso que las relaciones con los otros siempre están contaminadas. Que siempre son relaciones infernales. Ahora bien, lo que yo quiero decir es totalmente distinto. Quiero decir que si las relaciones que establecemos con los demás son retorcidas, viciadas, entonces el otro no puede ser más que el infierno. ¿Por qué? Porque en el*

> *fondo los otros son aquello que hay importante en nosotros mismos para nuestro propio conocimiento de nosotros mismos. Cuando nos pensamos, cuando intentamos el conocimiento de nosotros mismos, en el fondo usamos los conocimientos que los otros ya tienen acerca de nosotros y que nos han cedido para que nos juzguemos. Lo que yo digo sobre mí siempre contiene el juicio del otro. Lo que yo siento en mí está viciado del juicio de los demás. Lo cual quiere decir que si establezco mal las relaciones me coloco en total dependencia con respecto a los demás. Y entonces estoy efectivamente en un infierno. Y existe una cantidad de gente en el mundo que están en un infierno porque dependen excesivamente del juicio de los demás. Pero esto no quiere decir en absoluto que no se pueda tener vínculos con los otros. Esto quiere decir simplemente que los demás tienen una importancia capital para cada uno de nosotros.*
> (Sartre, 1979, p. 182).

En sus últimos escritos Sartre se mostró más abierto a la posibilidad de encontrar una salida (Spinelli, 2005). Una alternativa a esta situación es que el otro me mire mientras yo lo miro, así como yo lo miro a la vez que él me mira. Mirándonos desde nuestra posibilidad de mirar al otro y de ser mirado por él al mismo tiempo. Esto implica un reconocimiento del otro y de nosotros mismos como sujetos y no como objetos, ya que los objetos no tienen la posibilidad de mirar (Luypen, 1967).

En la Terapia Existencial, esto implica que el terapeuta reconozca que está siendo 'mirado' por su consultante, quien tiene expectativas y esperanzas puestas sobre él. Parte de la experiencia del consultante está siendo generada por la forma de mirar, pensar, y sentir que tiene acerca de su terapeuta. A la vez, el terapeuta puede reconocer que su propia mirada tiende a fijar al otro, aunque puede invitarlo a reconocer que está siendo mirado por él, y que puede revelarse a dicha mirada, o transformar la manera como es mirado.

Otra forma de acercarnos a una solución proviene de la perspectiva de Heidegger quien nos enseña que los otros no son aquellos aparte o en contra de mí, sino aquellos hacia quienes soy. Recordando que cualquier conciencia que tenga de mí es también una expresión del no-yo, del otro. Cualquier cosa que diga que soy es también un saber acerca de quien no soy; no existe una real separación entre los dos. Ser en relación incluye la mutualidad de ser-entre-otros (Spinelli, 2005).

Para Sartre, la principal situación de ser con otros es el conflicto, donde lo importante no es negar o evadir el mismo sino aceptar su inevitabilidad e intentar reconocer y aprovechar mutuamente sus posibilidades. A menudo vemos en los conflictos interpersonales que las diferencias y dificultades son debidas a perspectivas subjetivas con respecto a valores, creencias y proyectos que son compartidos por cada uno de los implicados.

Spinelli (2005) nos proporciona el ejemplo de los conflictos entre fundamentalistas cristianos y fundamentalistas musulmanes. A simple vista parecieran tener puntos de vista en oposición, sin embargo al realizar un análisis más cuidadoso, podemos ver cómo en realidad su conflicto se basa en creencias compartidas, más que en las divergencias entre ellos.

La posibilidad de la cooperación con el otro surge de no erradicar el conflicto entre nosotros, sino del reconocimiento mutuo de lo inevitable del mismo. La cooperación sólo puede surgir de la aceptación de lo incompleto e incierto de nuestro ser, y de cómo vamos co-creándonos e inventándonos mutuamente. Esta es una forma de interpretar el mensaje cristiano: "No le hagas a otros lo que no quieras que te hagan a ti… porque hacerlo a otros es hacértelo a ti." (Spinelli, 2005, p. 120).

En *El Ser y la Nada*, Sartre comenta que la muerte es *el triunfo definitivo de la mirada de los otros, sobre nosotros* (Sartre J. P., 1998); ya que a partir de nuestra muerte no podremos seguir resistiéndonos a la fijación que nos imponga su mirada. A partir de ese momento los demás pueden fijarnos según sus propias ideas de lo que significó nuestro paso por el mundo. Es responsabilidad de los vivos si, tras nuestra muerte, continuamos presentes de alguna manera particular o si pasamos a ser parte de la gran masa anónima de todos aquellos que, habiendo partido, no forman parte ya de los pensamientos ni de los recuerdos de quienes continúan con vida.

Para otro filósofo, Maurice Merleau-Ponty, la subjetividad se encuentra hundida en el mundo, y es siempre intersubjetividad: *somos-hacia-el-mundo*. En toda experiencia pre-reflexiva no hay escisión entre sujeto y objeto, sino una zona común donde se encuentran unidos. Es la reflexión la que distingue y separa lo que en un primer lugar estaba unido.

Nuestro ser-en-el-mundo es una percepción constante y en permanente elaboración. Nuestra conciencia se encuentra profundamente habitada por lo otro.

Su énfasis en la percepción lo llevó a distanciarse de Sartre en varias de sus perspectivas. Por ejemplo, ambos pensadores se distinguen en su forma de reflexionar sobre la mirada. Para Merleau-Ponty cuando una persona mira a otra, no puede experimentarla como un objeto, a menos que tenga disfunciones cerebrales severas de origen orgánico, o que uno u otro al mirar: "nos retiremos en el fondo de nuestra naturaleza pensante, si nos hacemos uno y otro mirada inhumana, si cada uno siente sus acciones, no recogidas y comprendidas, sino observadas como las de un insecto." (Merleau-Ponty, 2000, p. 372).

Para este filósofo, el otro que aparece a nuestra mirada es alguien a quien encontramos como subjetividad distinta a la propia. El otro es una encarnación que experimentamos como un ser sensible y con cierta conciencia, a diferencia de la forma como experimentamos los objetos. Nuestra percepción del otro contiene la conciencia de poder ser percibidos, o estar siendo percibidos por él. Cuando miramos a una persona, no tenemos la misma experiencia que cuando observamos una mesa o una silla. Si nos encontramos a solas en una cafetería y observamos el mobiliario, tenemos una experiencia distinta a si en la cafetería hay otros comensales y son a ellos a quienes observamos.

Situaciones en las cuales damos rienda suelta a ciertos aspectos de nuestra humanidad, se experimentan de manera diferente (incluso con vergüenza) cuando sabemos que hay otro ser sensible en la proximidad. Así mismo la espacialidad de un cuerpo como un lápiz o una mesa se experimenta distinta que la espacialidad de un cuerpo humano. Cuando un lápiz está sobre una mesa es solamente eso: un objeto que está junto al otro; pero si hay un cuerpo humano involucrado, éste *envuelve* a través de la percepción al objeto, no está simplemente a su lado. De esta manera cuando dos cuerpos humanos se perciben, de cierta manera se encuentran envolviéndose el uno al otro, aun sin tocarse.

Hablar con otro incluye, de manera inseparable, nuestra conciencia de aquello que expresamos y la conciencia de cómo está siendo recibido. En toda conversación somos observadores del otro y somos conscientes de que estamos siendo observados por él. Tocar a otro implica la conciencia de ser tocados por él, de tal forma que al hacer una caricia a otra persona, somos a la vez conscientes de lo que se siente ser acariciados por él/ella.

Es posible decir que descubrimos al otro desde nuestra propia existencia, como otro que no puede ser un objeto para nosotros. Somos dos aspectos de un mismo mundo que permanentemente se nos hace presente.

Para Merleau-Ponty no podemos desentendernos de los demás, ni de la cultura ni de la sociedad, ya que gravitan constantemente sobre nuestras conciencias. El ser humano no vive en un mundo únicamente físico, rodeado sólo por aspectos naturales como la tierra y el aire, sino que por todo nuestro alrededor tenemos manifestaciones de la vida humana: ciudades, carreteras, aviones, plásticos, etc., nuestro mundo es siempre social. Aun si nos alejáramos al interior de la selva Lacandona, ascendiéramos el Himalaya, o nos refugiáramos en el desierto del Sahara, tendríamos que reconocer que nos estamos alejando del mundo social, mas no por ello suprimiéndolo.

Así mismo, el mundo social es un mundo hablado, un mundo lleno de lenguajes. Es a través del lenguaje como experimentamos la presencia de los otros en nosotros mismos. En cada palabra que utilizamos asumimos la existencia de otros, otros que imaginamos comprenderán nuestras ideas y emociones a través del lenguaje. Para que un niño diga *papá* o *perro*, o algo más abstracto como *amarillo*, tiene que llevar consigo, desde muy dentro, a todo su mundo, su sociedad y su cultura.

Por otra parte, para este pensador la experiencia del *yo* no puede ser individual, puesto que si así fuera, no existiría ningún tú, ningún otro, y esto significaría un absurdo solipsismo. El ser humano es un ser que está en situación y es siempre una posibilidad de situaciones y, al ser-en-el-mundo, su vivencia y subjetividad no pueden separarse de la de otros que también son-en-el-mundo; por ello, toda subjetividad es siempre intersubjetividad.

También podemos considerar las reflexiones de Gabriel Marcel con respecto de la condición relacional de la existencia:

> *He leído mis notas de diciembre último sobre la existencia; creo que hay allí un mundo por explorar. He aquí los puntos esenciales: 1. Toda existencia se construye para mí sobre el tipo y prolongación de la de mi cuerpo. 2. Sin darme cuenta, introduzco en la noción de objeto existente lo que en mi cuerpo mismo (en cuanto mío) trasciende la objetividad, lo que no se deriva de ninguna dialéctica, sino que, por lo contrario, hace posible cualquier dialéctica posible. 3. Existe, por tanto, entre mí y todo lo que existe, una relación (la palabra es absolutamente impropia) del mismo tipo de la que me une a mi cuerpo: lo que he llamado mediación no instrumental u objetiva. Esto equivale a decir que "mi cuerpo está en simpatía con las cosas". 4. Con esto queda fundamentada*

> *la posibilidad de un cierto modo de visión. Mostrar*
> *que estoy realmente adherido a todo lo que existe,*
> *al universo, que es mío, y del cual mi cuerpo es el*
> *centro.* (Marcel en Blázquez, 1995, p. 27 y 28).

Para Marcel *Esse est co-esse*, es decir que *ser es coexistir*, ser es ser-con, por lo que el único modo de vivir auténticamente es el *nosotros*. Considera que el principio fundamental no es el *yo pienso* sino el *nosotros somos*; el yo necesita referirse a otro, por ello ocupó un lugar importante en sus reflexiones el tema de la comunicación.

Continuando con su pensamiento, la comunicación existencial o auténtica es aquella en la que la relación se despliega como yo-tú, y no como yo-él. Un tú es alguien que está presente, que responde a mi llamada y ante el cual yo me muestro presente, abierto y disponible de manera receptiva y con conciencia de la participación intersubjetiva en el Ser. A esta comunicación le llamó *encuentro*. En el encuentro no capto la idea de él, con quien me relaciono, sino que la persona misma se me revela, estando siempre presente el reconocimiento del misterio.

> *Lo que me acerca a un ser humano no es saber*
> *que también el hará una suma o una división con los*
> *mismos resultados que yo, sino que me aproxima, a él,*
> *imaginar que también fue niño, que ha sido amado,*
> *que otros han esperado en él, y que igualmente está*
> *llamado a sufrir, a envejecer y a morir.* (Marcel, en
> Fullat i Genís, 2005, p. 407).

Si un terapeuta realizara una lectura del texto anterior justo antes de iniciar una sesión terapéutica, podría tener un fuerte efecto sobre la actitud hacia su cliente; le podría ser útil para sentirse más cercano a él, para estar más abierto y disponible desde su propia presencia a la presencia del otro.

Martin Buber es otro pensador relevante cuando reflexionamos sobre la relacionalidad desde las intuiciones existenciales. Para él *en el principio está la relación,* y la palabra YO es sólo la mitad de la ecuación, ya que se trata siempre del Yo-Tú o del Yo-Ello, pero siempre en relación con la otredad. En páginas anteriores expuse un poco más de sus interesantes reflexiones.

También Emmanuel Lévinas aporta interesantes reflexiones en torno a las relaciones humanas. Para él ninguna tradición en el pensamiento humano aparecería si no existiera un otro con el cual contrastarnos. No habría filosofías, ni ciencias, ni artes, ni ninguna otra disciplina. La conciencia misma surge gracias a su presencia. Por consiguiente, para él la ética es la disciplina fundamental, ya que surge y se vuelve necesaria ante la aparición del otro, si sólo existiera un sujeto, no habría ninguna necesidad de la ética. Emerge como una necesidad ante su *rostro*, a quien no tenemos otra opción que responderle.

Para Lévinas el significado se descubre en la experiencia de abrirnos al otro. Es él quien le da sentido a mi existencia. Un sujeto no puede ser por sí mismo; *es* por algo anterior, por lo que le precede, es decir: por los otros, ante los que siempre es responsable.

Su propuesta nos invita a pensar que toda acción se realiza siempre en el propio nombre y en el del otro que nos enfrenta. En su perspectiva la figura del otro adquiere un carácter fundamental. Necesitamos del otro para ser nosotros mismos. Esto nos lleva directamente a una postura ética, donde el compromiso y la responsabilidad con y por el otro es lo primario: "No somos, tan sólo, responsables de nosotros mismos sino, ante todo, responsables de los demás, de su fortuna o infortunio, de sus placeres o sufrimientos." (Ruiz de la Presa, 2007, p. 167).

Lévinas defiende la supremacía del bien sobre la verdad, la relación ética con otra persona es previa a la relación consigo mismo o con el mundo de las cosas. Por lo tanto, el tiempo importante es el momento posterior, el que vendrá, el que será sin mí, el futuro posterior a mi tiempo. A diferencia de Heidegger y su perspectiva del ser-para-la-muerte, para este pensador lo importante sería el *ser-para-después-de-mi-muerte*, lo que lleva a un compromiso con las acciones que dejen una herencia útil para aquellos que vienen después de nosotros.

Si la relación con el otro es lo que nos hace ser, y la que nos da sentido, no puede haber una separación real con el otro: somos siempre *rehenes de la relación*; para él la verdadera existencia se da fuera de sí. Nuestra existencia siempre es *para-el-otro*.

La idea de *ser-para-el-otro* puede inspirar algunas posiciones: por un lado el aspecto ético que Lévinas le otorga a nuestra responsabilidad para con el otro, ya que como co-autores de la existencia somos co-generadores de sus experiencias, ya sean gratas o incómodas, que promuevan o no el desarrollo. En este sentido significa que todo lo que realizo o dejo de realizar, lo que hago, digo, pienso, siento, etc.; siempre lo realizo ante el otro y para el otro; ya sea para acercarme o alejarme, para asemejarme o diferenciarme, para unirme y pertenecer, o para distinguirme y experimentarme como alguien *independiente*. Por ello tiene un sentido ético, toda acción o inacción que experimentamos impacta y afecta a los otros que nos rodean en algún sentido; por lo menos en cuanto a las posibilidades que se abren y se cierran mediante dicha acción.

También podríamos reflexionar sobre nuestro *ser-para-el-otro* llevándolo al extremo, tomando la posición –al menos temporalmente para reflexionar sobre sus posibles implicaciones– de que nuestra existencia *sólo es cuando se reconoce por otro*; el otro me da existencia y por lo tanto *soy aquello que sea para él*. Si él piensa que soy una persona inteligente, entonces eso soy, soy una persona inteligente... *para él*; mientras que si otra persona piensa que soy un imbécil, pues entonces eso soy *para él*.

Aquí puede percibirse doblemente la importancia de la ética y de nuestra responsabilidad para con el otro: todo lo que hagamos o dejemos de hacer impactará en algún sentido al otro, y éste creará a partir de ello una percepción de mí, lo que hasta cierto punto me constituirá. De esta forma existir significa irnos co-construyendo unos a otros. El rostro del otro realiza una demanda ética sobre nosotros. Podemos ignorarla, oponernos, u ofrecernos. De esta manera vamos definiéndonos a nosotros mismos y vamos llegando a ser.

La pregunta que debemos hacernos no es cómo encontrar un buen lugar para nosotros en el mundo, sino cómo mi existencia le quita a otro su espacio. En esta línea de pensamiento, podemos percatarnos de que existir es siempre usurpar el espacio del otro, por lo que debemos justificar nuestra existencia a través de nuestras acciones mientras andemos por aquí (van Deurzen, 2010).

Dificultades para aceptar el Paradigma Relacional

> *Quizá, como sugieren los modernos*
> *filósofos y lingüistas, las mentes están*
> *fundamentalmente interconectadas.*
> Stephen A. Mitchell.

Las ideas dominantes ven a la existencia humana de forma individualista, considerando al individuo como una fuente a priori, constituido de manera pre-relacional y gracias al cual las relaciones son posibles.

Como vimos, la perspectiva fenomenológico-existencial propone el inverso a dicha postura, lo que la convierte en una propuesta contra-intuitiva al pensamiento occidental. Estamos muy acostumbrados a pensar cotidianamente de manera intrapsíquica o individualista. Comúnmente diferenciamos el yo (self) de los otros y de lo otro, separando interno de externo. Pensamos en realidades separadas: países separados, empresas separadas, teorías separadas, etc. ¿cómo no íbamos a pensar sobre las demás personas y sobre nosotros mismos como separados?

Uno de los factores que dificulta la comprensión de la perspectiva relacional es la común confusión entre el funcionamiento psicológico y emocional, con la forma cómo operan nuestros cuerpos físicos como unidades funcionales. Solemos confundir el funcionamiento de la dimensión física de nuestra existencia con el del resto de las dimensiones. Utilizamos referentes físicos para referirnos a aspectos psíquicos o emocionales; metáforas materiales y espaciales para hablar de situaciones abstractas que no son parte de nuestro ser físico (aunque siempre se encuentren de alguna manera expresados en nuestra corporeidad). Dicho de otro modo, es muy fácil pensar sobre la mente en términos adecuados para los aspectos físicos del existir, pero no por ello resultan precisos para los aspectos emocionales y psicológicos. Esto dificulta la captación plena y el sostenimiento de una posición relacional.

Si pienso sobre mi mente de la misma manera que como lo hago hacia mi cuerpo, entonces la pensaré como un 'algo', con sustancia específica y concreta, y de mi exclusiva propiedad, de la cual tengo un control casi absoluto a través de mis intenciones.

Sullivan considera que una de las principales dificultades para la comprensión de la naturaleza humana en general, y del paradigma relacional o interpersonal en particular, es la tendencia común en nuestra cultura a pensar acerca de nosotros mismos en términos concretos y materializados:

> *Se piensa que la gente "tiene" una personalidad y "posee" una serie de rasgos o características, como si de hecho estuvieran colocadas dentro y las llevara de una situación a otra, tal como un vendedor de puerta en puerta muestra el mismo producto de casa en casa.* (en Mitchell, 1993, p. 38).

Pero esta manera de pensar no facilita observar cómo las relaciones interpersonales afectan a las personas. De hecho los distintos estilos de ser adquieren forma en las relaciones en las que participan. Las personas no siempre manifiestan el mismo estilo en su forma de ser ni se comportan siempre de la misma manera. Su estilo y comportamiento varía dependiendo de la situación, el público que observa, las personas presentes y la conducta de los otros. "La personalidad no es algo que uno posee, sino algo que uno hace. Uno desarrolla esquemas constantes, pero estos no reflejan algo 'interior', sino más bien modos aprendidos de enfrentar las situaciones." (Ibídem).

> *Según la hipótesis de Sullivan, las personas no constituyen entidades separadas, sino que participan en interacciones con otras personas reales y con "personificaciones" (o "representaciones") de otros derivadas de interacciones previas con otras personas verdaderas. En otras palabras, el individuo sólo es interpretable, en el contexto del campo interpersonal.* (Mitchell, 1993, p. 38).

Además, la dificultad de aceptar el paradigma relacional se acentúa porque la posición individualista se encuentra presente en los ámbitos sociales y educativos de Occidente desde hace cientos de años y que, por lo tanto, todos los miembros de esta cultura la llevamos "en las venas". Esto provoca que muchas de las ideas resultantes del paradigma relacional resulten extraordinariamente controversiales. En muchos sentidos son una invitación a pensar de forma diferente algunos de los constructos que hoy damos por hecho. Ideas como: *la verdad, el yo, la importancia de la objetividad, la posibilidad de la neutralidad, la responsabilidad, la soledad,* etcétera, son cuestionadas y replanteadas de forma que nos deja ante una mayor incertidumbre.

Hay también otros aspectos que dificultan el cambio de paradigma. A mi parecer, el principal de ellos está fundamentado en que el paradigma individualista nos protege de la angustia que significa aceptar una visión relacional de la existencia. Me explico:

Si estamos separados del ambiente físico, podemos fácilmente identificarnos únicamente con las posibilidades abstractas y subjetivas de nuestro ser. Esto es simplemente la aplicación del dualismo cartesiano mencionado anteriormente. No somos la materia física, sino los procesos cognitivos que *habitan en el interior del cuerpo*. De esta forma ya no *somos* nuestro cuerpo, sino que éste es un mero instrumento que está para nuestra utilidad, una especie de vehículo del cual podríamos bajarnos sin ninguna alteración a quienes somos. De aquí resulta fácil defendernos de asuntos como subir de peso (el que engorda es nuestro cuerpo, pero no nuestro ser, el cual será siempre esbelto); si nuestro cuerpo es desagradable, feo o deforme, no tenemos de qué preocuparnos (nuestra *alma es hermosa*); nuestro cuerpo envejece y pierde habilidades con el tiempo, mas tampoco es algo que requiera demasiado nuestra atención (después de todo nosotros somos *jóvenes de espíritu* e independientemente de la edad, 'nunca' envejecemos); y por consiguiente, es el cuerpo el que eventualmente quedará vacío de vida (la muerte no es algo que llegará a *nuestro ser*, ya que nuestra *verdadera esencia* es inmortal).

Es sencillo notar cómo la cultura prefiere mantener un paradigma que nos hace vernos como seres independientes y separados de la dimensión física del ambiente.

Por otra parte, si estamos separados de la dimensión social del mundo, entonces puedo recurrir a mí y sólo a mí para sentirme bien y tener una autoestima a buenos niveles. Si mis seres queridos no me reconocen, si en mis relaciones sociales me etiquetan de maneras devaluatorias, si vivo y me desarrollo en un ambiente agresivo y no apoyador; no tengo de qué preocuparme, lo único que necesito es *hacer oídos sordos* a lo que se dice en 'el exterior' sobre mí y construirme una autoimagen completamente independiente de mi medio. Puedo hacer que las agresiones de los demás, especialmente las de mis seres queridos, *se me resbalen, no me importen*, y yo continuar con mi vida y construir mi felicidad sin depender de nada ni de nadie.

Muchos consideran las ideas previas no solamente posibles, sino deseables. A final de cuentas evitan la conciencia (y con ella la angustia concomitante) de nuestro profundo involucramiento con los otros y, por ende, de nuestra mutua influencia y vulnerabilidad: "...estamos constantemente enganchados, como ambientes el uno del otro, en un proceso continuo de mutua y recíproca regulación, especialmente de regulación emocional." (Jacobs, 2005).

Otra dificultad específica para la aceptación y aplicación de la mirada relacional a la terapia, descansa específicamente sobre las implicaciones a la forma como se analiza y aprovecha la relación terapéutica misma. Los críticos suelen objetar que a través de la perspectiva relacional, el terapeuta asume una posición 'demasiado presente' en el proceso terapéutico, lo cual distrae al consultante de su propio proceso o resulta incluso 'narcisista'. Dicha concepción solo puede ser sostenida desde una postura que considere a las personas como fundamentalmente separadas y completas en sí mismas. De esta forma la inclusión de los fenómenos propios de la relación terapéutica jalarían la atención del consultante sobre un área distinta al trabajo sobre su propia persona. Sin embargo, si partimos de una concepción de la persona como una *red relacional que se encuentra en proceso de co-construcción,* entonces veremos que no incluir el análisis de la relación terapéutica sería no trabajar con el proceso amplio y más completo de la persona. Significaría quedarnos simplemente con un fragmento de lo que la persona es (o mejor dicho: *está siendo*).

Desde el paradigma relacional, el proceso de desarrollo de una persona emerge siempre a través de una red relacional tanto bio-química y física, como social, histórica, política y cultural. Una forma resumida de acercarnos a la comprensión del desarrollo humano, tanto individual como colectivo puede hablar de tres grandes periodos:

1.- Un primer nivel o periodo que se caracteriza por una confluencia con el medio y los otros. Es el estado que muchos grandes teóricos han descrito como la unión simbiótica que tiene el bebé con su madre o cuidadora y su mundo circundante. A nivel colectivo se corresponde con la época de la humanidad cuando los seres humanos (si les podemos llamar así) no se experimentaban separados de su medio ambiente, sino como una simple extensión de él; en otras palabras, los tiempos previos al homo sapiens.

En estos momentos, tanto a nivel personal como colectivo no teníamos conciencia clara de estar siendo-en-el-mundo. La conciencia es apenas un vago desarrollo que permite la sobrevivencia. No hay claridad en las distinciones que conocemos comúnmente como *conciencia*.

En este nivel podemos hablar de una *relacionalidad sin conciencia*.

2.- El segundo nivel o periodo se caracteriza por un desarrollo importante en la conciencia que incluye el uso del lenguaje, lo que permite el intercambio cada vez más complejo de información. Recordemos que la conciencia surge gracias a la posibilidad de distinguir contrastes. Los contrastes (sobre todo cuando están apoyados por el lenguaje) pueden darnos la impresión de aspectos separados e independientes de la realidad. El que nuestro lenguaje se encuentre repleto de sustantivos es un claro ejemplo de ello. Los sustantivos dan la impresión de realidades autónomas. Cuando hablamos de una silla por ejemplo, pareciera que el objeto existe por sí mismo, independientemente de lo que lo rodea. Sin embargo, ninguna silla sería tal si no existiera el concepto *sentarse* en nuestras mentes. Si no pudiéramos doblar nuestro cuerpo para sentarnos, si la actividad de tomar asiento no existiera, las sillas no tendrían ninguna razón de ser, ningún sentido y, por lo tanto, simplemente no existirían; al menos no como las conocemos. Las sillas forman una relación junto con la actividad de sentarse, a la que solemos recurrir los seres humanos. Si imaginamos que ni los seres humanos ni ningún otro ser puede sentarse, el objeto llamado silla pierde por completo su función y, por lo tanto, no existiría. De tal manera que cada objeto que conocemos se encuentra de alguna manera vinculado o relacionado con algún otro o con alguna actividad humana, aún cuando el lenguaje no lo haga explícito. Ocurre lo mismo para hablar de situaciones interpersonales y con los roles en la vida. Decimos *papá* como si tal experiencia existiera de manera independiente de otros; mas si no hubiera *hijos*, tampoco habría papás. En realidad se trata siempre de la situación papá-hijo, o hijo-papá.

En este periodo podemos hablar de una *conciencia de las diferencias,* lo que permite experimentar claridad con respecto a la propia identidad y la de los demás.

Arribar a este segundo nivel o periodo del desarrollo no ha sido fácil. Construir la sensación de una *identidad autónoma* y más o menos "independiente" ha sido, en todos los casos, una verdadera victoria. Cada uno de nosotros ha tenido que enfrentar serias dificultades para desprenderse de sus padres, para desarrollar ideas y pensamientos originales o por lo menos distintos a los que su medio (familia, escuela, religión, momento histórico y cultura) le impone.

No es raro que, tanto a nivel personal como colectivo, valoremos ampliamente los logros de este nivel del desarrollo y que, inclusive, deseemos profundizarlos y defenderlos. Después de todo es una victoria que también nos ha aportado grandes beneficios y riquezas.

Cuando las personas sólo conocen los dos niveles del desarrollo anteriormente mencionados, y se les presenta el paradigma relacional, es normal que se atemoricen y *defiendan* los logros obtenidos en el periodo de la conciencia de las diferencias. Aceptar la concepción relacional les parece una regresión al periodo de la indiferenciación. Un retroceso hacia momentos que ponen en riesgo nuestra identidad *individual* que tanta energía ha costado establecer. Este error común, que consiste en confundir al interpretar aspectos progresivos como regresivos y viceversa, ha sido llamado: "Falacia pre/trans" (Wilber, 1980). Sin embargo, el paradigma relacional no es una regresión al primer periodo o nivel, sino una progresión hacia un nivel de aún mayor desarrollo.

3.- En el tercer periodo o nivel, la persona o grupo se percata de la relacionalidad constante, inmanente e inherente a la existencia humana. Continúan reconociéndose las diferencias, mas ahora se trata de una conciencia que admite que, para que se establezcan tales diferencias, es necesaria la comparación y, por lo tanto, la misma conciencia de las diferencias o de la identidad personal es un acto en relación que se encuentra influido e influyendo. Este tercer nivel, que podemos llamar *conciencia relacional,* es una posibilidad para la conciencia humana actual, un periodo que permite el reconocimiento de nuestra naturaleza vincular y vinculada. Una promesa de recordar que no estamos, ni nunca hemos estado solos ya que, existir, es siempre: *ser-en-el-mundo-con-otros.*

Algunas críticas hacia la visión relacional comentan: que la suposición de que *todo es relación,* y con ella las ideas de que *los seres humanos somos fundamentalmente fenómenos inter-relacionales, sociales, y sólo secundariamente nos construimos como individuos,* en otras palabras, el establecimiento de lo relacional como un *aspecto universal de la existencia humana,* es etnocéntrico, porque es relativo a la cultura en la que se concibe. Esta crítica surge del reconocimiento de que todo conocimiento (incluyendo el paradigma relacional) pertenece a cierta época y cultura donde se construye y reconoce, por lo que pertenece sólo a dicha época, cultura y sociedad.

Lo curioso de esta crítica, es que parte precisamente del fenómeno que critica. ¿Por qué todo es culturalmente relativo? ¿por qué todo conocimiento o teoría es fruto de un momento histórico y socio-cultural específico? La respuesta consiste en que, precisamente, porque los seres humanos somos criaturas históricas, sociales y culturales, es que dichas condiciones nos impactan. Es por que estamos fundamentalmente interconectados, que los conocimientos que se construyen dependen en gran medida de condiciones históricas, sociales y culturales. Entonces esta crítica ¡afirma lo que critica justo en el preciso instante en que se formula!

Esto nos permite comprender también porqué, a pesar de haber comprendido en algún momento las propuestas del paradigma relacional, al día siguiente podemos volver a pensar de manera individualista. Si vivimos en un ambiente que se apoya en el paradigma individualista (y en el mundo occidental casi todas las sociedades lo hacen), al convivir ordinariamente con personas en dichas sociedades y culturas, nuestras experiencias intersubjetivas se entrecruzan, y co-construyen influenciándonos mutuamente. Mientras la mayoría de las personas con quienes nos relacionemos piense de manera individualista, experimentaremos dificultades y la necesidad de un esfuerzo constante para continuar pensando y concibiendo la existencia de manera relacional.

Una dificultad específica extra consiste en que no contamos con el lenguaje apropiado para referirnos a situaciones relacionales. Como mencioné anteriormente, hablamos de *tú* y *yo*, como si pudieran cada uno de estos sujetos existir por separado. Las palabras *relación, vínculo, encuentro,* etc., parecen sugerir la relación de *x* con *y* como si estos aspectos tuvieran una existencia previa a la relación, y su encuentro ocurriera en un segundo momento.

Incluso al interior de la **Terapia Existencial,** el paradigma relacional se enfrenta con algunas dificultades. Estas provienen del énfasis que se brinda a la experiencia de la *soledad existencial.* Algunos autores como Irvin Yalom (1984) y Emilio Romero (2012[83]), entre otros, han dado un lugar importante a reconocer dicha experiencia. Argumentan que, como normalmente no tenemos acceso directo a la experiencia de los otros, nunca podrán entendernos completamente. Su mundo privado será siempre un misterio para nosotros. De la misma manera que lo seremos nosotros para ellos. Esta condición es, para estos autores, una muestra de la absoluta separación de los individuos entre sí, es la muestra de la *soledad ontológica, o soledad absoluta del ser.* En mi opinión, se trata de una reminiscencia del paradigma individualista e intrapsíquico en estos autores. Tales concepciones suelen olvidar que, como mencioné anteriormente, la experiencia de soledad es en sí misma una experiencia

---

[83] En comunicación personal.

de la relacionalidad, y que el reconocimiento de que tenemos perspectivas del mundo únicas y nunca completamente compartibles o empatables con las de otros, es un producto precisamente de percatarnos de que *hay otros* que, aunque pueden parecerse a nosotros, *siguen siendo otros* para nosotros; así como nosotros somos *el otro* para ellos. Dicho de otro modo, la experiencia de unicidad y su correspondiente soledad existencial, no niegan, sino afirman la condición relacional básica en los seres humanos.

Por último, una dificultad más para el reconocimiento, aceptación y sostenimiento del paradigma relacional es que, como estamos tan profundamente inmersos en ella, resulta extraordinariamente complicado observarla. Como el ojo que no puede verse a sí mismo, y lo imposible que resulta morder nuestros propios dientes, es igualmente imposible adoptar un punto de vista que pueda brindarnos una perspectiva global, o siquiera amplia, de nuestro ser relacional, la matriz inter-relacional e intersubjetiva que conformamos y co-construimos momento a momento.

La Perspectiva Relacional y las Teorías del Desarrollo

> *Llegamos a la vida a través de relaciones.*
> *Existimos en un estado de inter-animación.*
> Kenneth Gergen[84].

Los antropólogos de finales del siglo XIX y principios del siglo XX, fundamentados en la perspectiva cartesiana, pensaban que el cerebro humano había evolucionado porque era necesario para la supervivencia física de la especie, y que esta mayor capacidad cognoscitiva facilitó que la cultura se desarrollara junto con las características propias del intercambio social. Sin embargo, a partir de los fósiles que se han venido descubriendo en épocas más recientes, hemos llegado

---

[84] (Gergen, 2009, p. 34).

a pensar que la cultura no es sólo una consecuencia del aumento en el tamaño del cerebro, sino un factor crucial para desarrollar dicho tamaño. En otras palabras, que nuestros antepasados protohumanos fueron involucrándose gradualmente en intercambios sociales como el trabajo en equipo, la sensibilidad mutua y quizá la empatía, y que estas habilidades sociales "constituyeron una ventaja selectiva que permitió el aumento del tamaño cerebral" (Mitchell, 1993, p. 30).

> *En cierto sentido, el cerebro fue elegido por la cultura. No es que primero existiera el cerebro humano y de él emanara la cultura, o más bien la capacidad del hombre para la cultura; y de aquí se desprende una consecuencia más: que probablemente el cerebro humano no podría funcionar adecuadamente fuera de la cultura; que, en realidad, si acaso funcionara, no funcionaría muy bien.* (Miller en Mitchell, 1993, p. 30).

El paradigma intrapsíquico sustenta buena parte de las teorías sobre el desarrollo. Sin embargo, cada vez surgen más investigadores que analizan y describen el desarrollo desde posturas relacionales. Kohut (1913-1981) por ejemplo, un psicoanalista pionero de la posición relacional dentro del mismo psicoanálisis, comentó que en contra de la opinión cultural, la madurez no consiste en el paso de la dependencia inmadura hacia la dependencia madura. La madurez consiste, en ir desarrollando más y más habilidades refinadas y plurales de buscar y conseguir apoyo en los demás (Jacobs, 2010[85]).

Para Stern (autor de '*La vida interpersonal del infante*') la vida del infante es social e interpersonal desde muy temprana edad:

> *La vida del infante es tan cabalmente social, que la mayor parte de las cosas que hace, siente y advierte, las lleva a cabo en diferentes clases de relaciones.*

---

[85] En comunicación personal.

> *De hecho, gracias a la memoria, rara vez estamos
> solos, ni siquiera (o tal vez especialmente) durante
> los primeros seis meses de nuestra vida. [...] Así
> pues, la idea del yo-con-otro como realidad subjetiva
> es casi universal.* (Stern en Mitchell, 1993, p. 31-32).

También Bowly, creador de la teoría del apego, indica que las relaciones son fundamentales, aunque no *provienen* simplemente del exterior, sino que se fincan en la genética y la fisiología de la experiencia humana (Mitchell, 1993).

Para el psicoanalista inglés Ronald Fairbairn (1889-1964), la principal necesidad y motivación del niño no es la gratificación ni el placer, sino establecer una importante relación con otra persona. Consideraba que lo fundamental es el contacto interpersonal. Para él, "el motivo básico de la experiencia humana es la búsqueda y conservación de un fuerte vínculo emocional con otra persona." (Mitchell, 1993, p. 40).

No sólo han empezado a surgir teorías del desarrollo que apoyan al paradigma relacional. Las neurociencias han empezado a dar pasos en la misma dirección. Los estudios sobre la plasticidad cerebral son un buen ejemplo de esto:

> *El cerebro que posee cada ser humano tan sólo
> puede ser utilizado una vez. Ya que, en virtud de
> la plasticidad de este órgano, cada experiencia
> que afronta —percepciones, emociones, deseos,
> fantasías, relaciones, etc.— deja en él una
> huella imborrable, de manera tal que la próxima
> experiencia será vivida y resuelta con otro cerebro.*
> (Coderch, 2010, p. 46).

El ambiente, la cultura y el medio social, histórico, educativo, familiar, académico, económico, político, religioso, de lenguaje, etc., interacciona con el cerebro y con los *determinismos* biológicos, genéticos, organísmicos o estructurales, canalizando el tipo de percepción y sus respuestas o expresiones, facilitando, obstaculizando, promoviendo o inhibiendo ciertas experiencias y expresiones en vez de otras. Pero a través de la plasticidad cerebral, esta forma deja huella de tal manera que las bases mismas y orgánicas del cerebro son modificadas. Con estos descubrimientos, el conflicto naturaleza *versus* cultura deja de ser un conflicto real. La cultura construye al cerebro sobre sus bases genéticas, y las bases cerebrales (fisiológicas) promueven distintos tipos de acercamiento a la cultura. Lo cual, a su vez, va modificando a la cultura. Somos co-creadores de la cultura, la cual, al mismo tiempo, va co-construyéndonos a nosotros.

Otra área de investigación en las neurociencias que se imprime fuerza a las ideas relacionales son los descubrimientos sobre las *neuronas espejo*. Estas investigaciones concluyen que el cerebro es un órgano que está diseñado por y para la relación y la comunicación. Los estudios de este tipo de neuronas han descubierto que ciertas neuronas se *excitan* no sólo cuando el sujeto realiza cierta acción, sino *también cuando observa a otro sujeto realizarla*. En otras palabras, observar que una persona realiza alguna tarea que nosotros conocemos, por ejemplo: escribir; estimula en el cerebro del observador ciertas neuronas que se estimularían si él mismo fuera quien estuviera escribiendo. Lo más interesante, es que las investigaciones han demostrado que dichas neuronas no sólo se excitan cuando observamos actos motores realizados por otros, sino también cuando observamos expresiones faciales o manuales, o cuando escuchamos ciertos tonos de voz que manifiestan emociones (Coderch, 2010). De tal manera que cuando observamos y escuchamos a una persona, narrarnos una experiencia emotiva, *podemos comprender su emoción e incluso sus propósitos,* no sólo por analogía con experiencias personales similares en el pasado, o por inferencias lógicas, sino *de forma más directa,* porque *se produce en nosotros un estado corporal que se empata con la experiencia emotiva del narrador.*

> *Las neuronas en espejo del observador no sólo reproducen un acto motor, si es el caso, sino que codifican la intención del acto, de manera que la programación neuronal en el cerebro del observador se cumple hasta el final aun cuando los últimos movimientos del acto se produzcan fuera de su campo de visión.* (Coderch, 2010, p. 51).

Cuando buscamos explicaciones causales (buscando las causas), ubicadas en el pasado para las acciones de una persona, sutilmente creamos una separación entre diferentes entidades. Establecemos una división entre condiciones causales por un lado y efectos por el otro; pero sin algo llamado *efecto,* no podríamos hablar de nada que fuera *causa.* La costumbre de asumir que una causa antecede a un efecto, puede ser perfectamente invertida desde un paradigma relacional. Cuando vemos el efecto podemos rastrear su causa, y no a la inversa, ya que posterior al primer evento pueden seguir un gran número de opciones. En realidad, lo que hacemos es primero ubicar el efecto y sólo entonces determinar su causa. Relacionalmente hablando entonces: *el efecto precede a la causa* (ya que en todo efecto, la relación con sus posibles causas ya está incluida).

Para el paradigma relacional, toda actividad mental o de conciencia se origina en las relaciones humanas, surge al servicio de las relaciones, y es, de hecho, una forma de acción en las relaciones mismas; adquiere sentido a través de las mismas relaciones y se desenvuelve a través de patrones culturales, ya sea confirmándolos o negándolos: "tener una vida mental es participar en una vida relacional." (Gergen K. J., 2009, p. 75).

También en el campo de la ciencias *duras* hay un movimiento hacia el paradigma relacional. Físicos y científicos como David Bohm (1917-1992) con la física y mecánica cuánticas; Albert Einstein (1879-1955) con la física relativista; e Ilya Prigogine (1917-2003), químico promotor de la teoría del Caos; entre muchos otros, cuestionan fuertemente las ideas del paradigma tradicional que divide la realidad en sujetos y objetos.

Capítulo 5 El Paradigma Relacional
y la Relación Terapéutica

*La terapia se concibe como una forma
de investigación conjunta que va
constituyendo lo que la terapia es.*
Michael White[86].

Evidentemente los planteamientos señalados hasta aquí tienen una amplia repercusión en la terapia: "No hay forma de separar limpiamente lo que cada uno, terapeuta y paciente, aportan a la interacción, porque cada uno requiere de la participación emocional del otro." (Mitchell, 2003, p. 23). Lamentablemente la perspectiva relacional no es claramente explícita en los escritos de varios autores dentro de la teoría de la terapia existencial. Algunos como Yalom (1984, 1989, 2000) la muestran en su forma de hacer terapia, aunque teorizan poco sobre ello; Binswanger (1961, 1967, 1973) Boss (1958), Rispo (2001), Rispo y Signorelli (2001), y van Deurzen (2000, 2002) aunque la mencionan, me parece que profundizan poco en cuanto al cambio de paradigma que una posición relacional requiere. Quizá uno de los mayores énfasis en la complejidad del paradigma relacional, dentro de la literatura de la terapia existencial, lo encontramos en la obra de Cohn (1997) y Spinelli (1994, 2005, 2007). En ocasiones, este punto de vista se simplifica en una frase que acuñó Yalom en su clásico texto *Psicoterapia Existencial* (1984): *lo que cura es la relación.* Aunque en cierto sentido dicha frase resume la perspectiva que expongo en este libro, me parece que si somos un poco más específicos podemos ser más claros en cuanto a lo que dicha expresión significa, y así acercarnos a una postura que no caiga en contradicciones epistemológicas (por ejemplo, en dicha frase se sigue hablando de *cura*, lo que no es congruente con la visión existencial que presenté desde el capítulo 1, ya que dicho término nos

---

[86] (White, 1997, p.174).

ubica en una línea de pensamiento más médica que filosófica).

En el segundo volumen de la presente obra, se presentarán algunas aproximaciones específicas al trabajo terapéutico con la relación terapéutica y con la red relacional amplia. Dichas aproximaciones, al realizarse desde el paradigma fenomenológico-existencial, se fundamentan en el paradigma relacional. A continuación presento un primer acercamiento a la aplicación de este paradigma en el quehacer terapéutico cotidiano, desde una perspectiva existencial.

Para el paradigma intrapsíquico, los objetivos del proceso terapéutico suelen estar centrados en el análisis de los procesos *internos* y subjetivos de la experiencia del consultante, para promover el retiro de los bloqueos en su desarrollo. En esta aproximación no se pone atención a la influencia directa en la experiencia del cliente, consultante o paciente por parte del terapeuta (y mucho menos viceversa), mas que para propiciar respuestas empáticas y/o respetuosas de este último.

Para el paradigma interpersonal o relacional, el foco está en el desenvolvimiento de la experiencia intersubjetiva que se va co-creando *entre* ambos (o entre todos los involucrados cuando se trata de una práctica terapéutica de pareja, familia o grupo) como podemos leer en la siguiente cita:

> *La cualidad de la conexión entre el terapeuta y su paciente es una preocupación central del proceso. Las interrupciones son cuidadosamente observadas, tanto en lo que está sucediendo entre el terapeuta y el cliente, como en los momentos de contacto aquí-y-ahora como manifestaciones de patrones caracterológicos, que son el foco necesario en la psicoterapia intensiva. Cada momento es visto como un holograma de la totalidad de la vida del paciente.* (Yontef, 2009, p. 57, 58).

O también en esta otra:

> *Para los fenomenólogos, el mundo interpersonal co-creado entre cliente y terapeuta es un punto focal para el tratamiento. Dentro de esta relación se revela el mundo-vivido e intencional del cliente. Todos los problemas del mundo-vivido fuera de la psicoterapia pueden encontrarse también dentro de las paredes del consultorio terapéutico. El cliente no puede hacer nada más que traerse completamente a sí mismo(a) a la relación terapéutica. El aquí y ahora de la hora terapéutica está enriquecido con toda la vida del cliente... [por ello] durante la entrevista, el terapeuta monitorea el desarrollo de la relación entre él(ella) y su cliente.* (Becker, 1992, p. 225).

Desde una perspectiva relacional, cada palabra, cada gesto, cada acción, emerge de nuestra situación compartida. Lo mismo sucede con cada experiencia, ya sea una sensación física, un sentimiento, un pensamiento, una fantasía, etc., por muy personal, privado, 'individual', o egoísta que parezca, es siempre una situación relacional. Una confusión común con la que me encuentro, consiste en considerar como *relacional* solamente a aquello que es empático y abierto al diálogo, y concebir las acciones egoístas o las que rechazan la vinculación como individualistas (o no relacionales). Sin embargo, la acción más egoísta es siempre una respuesta a la situación relacional.

La distinción que puede hacerse, sobre todo para el trabajo terapéutico, es entre un trabajo que *reconoce, concientiza,* o *parte de la conciencia* de la situación relacional; a uno que no lo hace. Pero en ambos casos se trata de situaciones inmersas en la red relacional de la existencia.

Podemos entonces distinguir en cuanto a la forma que tienen los terapeutas de acercarse a la comprensión de sus consultantes:

Entre una 'tradición' que, como herencia del modelo médico las entiende como eventos ocurriendo en 'el interior', y por lo tanto en donde se recomienda no interferir –ya que podría contaminarse o ser foco de infección (como cuando los médicos tapan su boca y nariz para no contaminar la herida que analizan en su paciente, pero tampoco infectarse de la enfermedad)–. Y otra que las entiende como eventos siempre inter-relacionales.

> *La tradición de abstinencia, desapego y objetividad como métodos que provocan frustración, ansiedad e insight, se basa en una relación autoritaria entre analista y analizando. El terapeuta es la figura de autoridad incuestionada que cura por razón de su entrenamiento prestigioso y de su insight superior. Hábilmente identifica y erradica las resistencias de los pacientes a través de oportunas y bien articuladas interpretaciones, permitiendo así el surgimiento de la memoria y la renuncia a los deseos infantiles. Sin embargo, el terapeuta del modelo relacional evita tal relación de autoridad en favor de una "relación real" entre terapeuta y cliente. El terapeuta es mucho más un participante, en el encuentro terapéutico, que un observador. Ella no solo reconoce su propia contratransferencia como un componente normativo de la terapia, sino que la utiliza como un significado para descifrar aquello que su cliente está experimentando. Más que enfatizar la interpretación, ella privilegia la relación terapéutica como algo curativo, y no tan jerárquico, en su naturaleza.* (Philipson, 1993, p. 115. En Aron, 2013).

Parte de lo que puede reconocerse al trabajar desde un paradigma relacional, es que cada encuentro entre terapeuta y consultante se realiza dentro de cierto contexto relacional para cada uno de ellos. En el momento en el que cada uno de los participantes asume el rol para la relación con el otro, cuando se dice a sí mismo de manera implícita algo como: 'ya iniciamos la terapia', o 'ahora soy terapeuta', o 'a partir de ahora soy consultante', etcétera; todo un contexto de normas, estilos, y experiencias los envuelve y condiciona su manera de relacionarse. Dicho contexto puede, en ocasiones por sí mismo, ser el promotor de beneficios para aquellos que se experimentan 'haciendo terapia'. Spinelli (2012) considera por ejemplo, que dicho contexto relacional genera una especie de *ambiente mágico* gracias al cual las intervenciones terapéuticas resultan particularmente poderosas. Quizá la misma intervención en un contexto relacional diferente no tendría el impacto que tiene cuando ocurre en una sesión de terapia.

Un trabajo relacional implica una constante revisión de nuestra comprensión del otro y de nosotros mismos; tanto de parte del terapeuta como de parte del consultante. Una continua observación de la forma cómo nos influenciamos mutuamente y cómo vamos co-creando la experiencia intersubjetiva del aquí-y-ahora relacional en que nos encontramos. Después de todo, cualquier temática que exponga un cliente a su terapeuta estará influenciada desde un inicio, por ejemplo, por el género de los involucrados (las temáticas relacionadas con la sexualidad o con aspectos de género no se experimentan igual al narrarse al terapeuta si este es hombre o si es mujer), por la edad de los mismos, por la condición socioeconómica, el estilo de personalidad de cada uno, etcétera.

Por ello es importante revisar cómo cada uno de los involucrados se experimenta a sí mismo en presencia del otro. Al mismo tiempo el terapeuta representa para el consultante (durante la hora de terapia al menos), no solamente una escucha *profesional*, sino también un *otro*, representante de todos los *otros* con los que se relaciona cotidianamente. En su descripción de la terapia, Buber enfatizaba este aspecto a menudo olvidado por las teorías terapéuticas: la presencia del terapeuta como un *Otro*. La subjetividad del terapeuta como un *Otro* es una dimensión importante del proceso de desarrollo de la terapia. Un *Otro* que puede ser distinto de los *Otros* con los que la persona se ha encontrado a lo largo de su vida. Y que seguramente también será parecido en algunos aspectos a ellos. El terapeuta como *Otro* entonces, representa a la *Otredad*, al mundo social del cliente; tanto en sus posibilidades propiciadoras de crecimiento, como en aquellas que generen dificultad. Si el terapeuta logra una buena conexión con su cliente, aportará principalmente el primer tipo de posibilidades mencionadas; pero sin duda habrá momentos en que represente a las segundas. El análisis de ambas posibilidades en el espacio seguro de la terapia, forma parte fundamental de un proceso terapéutico fenomenológico-existencial-relacional (Spinelli, 2007). La evaluación compartida del proceso terapéutico forma parte del proceso mismo (aunque es importante ser sensible a los momentos apropiados para proponerla o realizarla). Tanto el consultante como su terapeuta pueden proponer una revisión/evaluación de su forma de estar juntos en cualquier momento de la sesión. Preguntas como:

¿Sientes que vamos bien en esta sesión?

¿Tienes la sensación de que estamos hablando de lo que te gustaría que hablemos?

¿Cómo te has sentido en este tiempo que trabajamos juntos?

¿Hay algo que te haga falta o que te sobre de nuestra manera de encontrarnos y conversar?

Etcétera.

La forma como cada uno experimenta al otro es también un factor crucial. Por ejemplo: si el consultante percibe a la terapeuta como dura y crítica puede tender a sentirse rebelde ante ella, o a tratar de agradarle con temáticas que perciba aprobadas y felicitadas.

Heidegger propone que la experiencia de sí mismo, la experiencia de un *yo* o del propio *self*, es siempre también una expresión de la *otredad*. De aquí que Spinelli sugiere que el corazón de la experiencia de *encontrarse con el otro* o *mantener un diálogo con otro*, no se trata únicamente de encontrarnos con el *otro externo a nosotros*, sino también con *el otro que yo soy*. Es un abrazo a todo nuestro ser. Nuestra subjetividad no está confinada a los límites que la tradición occidental considera. En vez de ello, cada experiencia subjetiva, ya sea de sí mismo o de otro, revela la naturaleza inter-relacional de nuestro ser. Específicamente relacionando esto con la terapia: "el diálogo en terapia permite a ambos, cliente y terapeuta, experimentar la *aceptación de su propia* 'otredad' así como la 'otredad del otro.'" (Spinelli & Cooper, 2012, p. 156).

La terapeuta se convierte en la representante de la *otredad* para su consultante, en una representante de todos los otros de su existencia; siendo en ocasiones una más, que actúa y experimenta como lo hacen los otros en su vida, y otras veces siendo la excepción a la regla. En el primer caso le brinda a su consultante la oportunidad de explorar lo que experimenta en sus vivencias y relaciones cotidianas; y en el segundo le ayuda a conocer los diferentes tipos de respuesta que puede obtener siendo quien va siendo.

Por supuesto lo anterior va dejando notar los diferentes esquemas y patrones de relacionamiento que ambos, tanto consultante como terapeuta, suelen desarrollar en su vida diaria; con el consiguiente aumento en la capacidad para aprender de los mismos. Los clientes llegan al asesoramiento filosófico o a la terapia, entre otras cosas, para aprender lo que es posible en las interacciones humanas, en las relaciones interpersonales; y pueden aprenderlo de manera práctica a través de la relación terapéutica (van Deurzen, 2001).

Evidentemente esta aproximación pone en gran riesgo a la terapeuta. No sólo las experiencias del consultante, sino también las suyas, pueden ser puestas a examen. Las vivencias del consultante pueden remover sus propias creencias, o su manera de pensar sobre sí misma. No resulta difícil comprender por qué muchos colegas prefieren refugiarse tras el paradigma intrapsíquico. El problema es que no sólo se protegen, sino también evitan el enorme potencial de crecimiento que un trabajo relacional ofrece para ambos.

En una ocasión una consultante me interpeló directamente sobre mi forma de "ponerle atención". Me dijo:

-¿Te pasa algo Yaqui?, no me estás poniendo atención como sueles hacerlo.

Lo cierto es que en esa sesión yo me encontraba particularmente distraído, estaba cansado y no le había puesto la atención que merecía. Este tipo de *intervenciones* de parte de los consultantes son mucho más posibles en un estilo de trabajo relacional. Los consultantes pueden diferir abiertamente de nuestros puntos de vista, pueden confrontarnos sobre nuestra manera de relacionarnos con ellos o de estar presentes en la sesión, y pueden hacernos preguntas directas sobre aspectos de nuestra vida que nos avergüenzan o de los que evitamos hablar. Un ejemplo de lo anterior me ocurrió con un consultante con quien me encontraba trabajando sobre su obsesión por la masturbación. De pronto hizo una pausa, me miró directamente y me preguntó:

—¿Y tú?, ¿cada cuando te masturbas?

Quizá muchos terapeutas no estén dispuestos a promover este tipo de relaciones terapéuticas. La terapia existencial que en este texto se promueve, sin embargo, invita a los terapeutas a construir una relación donde los riesgos se compartan, donde la invitación a la expresividad honesta sea aplicable a todos los involucrados en el proceso terapéutico. Después de todo, ¿con qué derecho invitamos a nuestros consultantes que sean abiertos y honestos con nosotros, si nosotros no hacemos lo mismo hacia ellos?

La postura relacional de la terapia invita al terapeuta a estar más abierto a *mostrarse*, a hacer *públicos* sus pensamientos, y otras experiencias durante la sesión, lo cual puede ser muy amenazante, sobre todo para los que se inician en esta labor; mas también resulta extraordinariamente liberador y mutuamente enriquecedor poder construir una relación basada en la confianza mutua.

En ocasiones los terapeutas no saben cómo hacer de su estilo de trabajo, una aproximación que se apoye en el paradigma relacional. Suelen permanecer demasiado en silencio por no saber que decir, o se van al extremo opuesto y expresan todo aquello que pasa por sus mentes, o abren todas sus reflexiones sobre su experiencia o la de su consultante, provocando que en ocasiones sea el terapeuta quien habla la mayor parte del tiempo y evitando que sea el consultante quien exprese su propia historia. Una herramienta que los terapeutas existenciales pueden usar para mantenerse trabajando relacionalmente es la observación de la relación en sus diferentes olas (1.- Organismo/ Ambiente o Sujeto/Objeto, 2.- Yo/No Yo o Yo-Tú, 3.- Intersubjetividad, y 4.- Fondo Relacional) y el análisis de los niveles de encuentro y trabajo relacional (a.- Patrones de comportamiento no reflexivo, b.- Experiencia compartida de los afectos y emociones, c.- Configuraciones yo-otro, y d.- Intersubjetividad).

Desde otro punto de vista, este estilo de relación terapéutica también ha sido llamado: trabajo *horizontal*" —a diferencia del enfoque "*vertical*—. El primero se refiere a promover una relación lo más igualitaria posible[87] entre los involucrados. Por ejemplo, el consultante tiene derecho a hacer las preguntas que desee a su terapeuta; y a esperar, dentro de los márgenes de la confianza de una relación común, que su terapeuta le responda; por lo menos con la misma veracidad que la terapeuta espera que el consultante responda a las preguntas que ella le plantee. El trabajo *vertical* por su parte, se caracteriza de la suposición de que la terapeuta tiene un grado significativamente mayor de poder y control sobre el proceso terapéutico; el cual obtuvo gracias a sus estudios y conocimientos sobre procesos psicológicos y, por ende, se

---

[87] El ideal de una relación 100% horizontal y de igualdad es utópico o al menos francamente difícil de alcanzar. No podemos olvidar que hay una persona que paga y otra que cobra. Que una persona solicita la ayuda mientras que otra la ofrece. Que el consultante tiene *un* sólo terapeuta, mientras que el terapeuta tiene varios consultantes. Y que las condiciones de los encuentros (encuadre) están marcadas principalmente por uno de los involucrados, el terapeuta, aunque se busque la aceptación del otro.

espera que tenga un conocimiento mayor sobre *la vida*; inclusive mayor que el del consultante sobre su propia vida.

Se espera que los terapeutas existenciales tengamos conocimientos sobre *cómo hacer investigación fenomenológica,* aun cuando nunca llegamos a ser expertos en fenomenología (es imposible ser expertos de un campo que reconoce una constante transformación e incertidumbre). Estos conocimientos sobre el método fenomenológico le ayudarán a co-construir el grado de mundo terapéutico necesario para el trabajo conjunto. En otros enfoques terapéuticos se argumenta que se encuentran: el *experto* en *técnicas y métodos* terapéuticos con el *experto* en el material de trabajo (que es la propia vida del consultante). En la **Terapia Existencial** consideramos que no hay ningún experto, ya que no se puede ser experto en fenomenología (principal método existencial), y nadie puede ser experto en la vida (ni siquiera en su propia vida); siempre habrá más aspectos por conocer y aprender de la misma. Lo que el consultante posee es un acceso directo a su experiencia de existir (material de trabajo), y disponibilidad para la investigación fenomenológica. Eso es todo lo necesario para el proceso terapéutico existencial.

En la relación vertical, la terapeuta no comparte voluntariamente su mundo privado ni estimula al consultante para que se muestre interesado en ella. De hecho puede frustrar los intentos de éste por tomar la iniciativa hacia la persona de la terapeuta, a través de evitar responder cualquier pregunta que el consultante le realice sobre su propia persona, o respondiéndole con otra pregunta del tipo: "tú qué crees?"; o "qué te lleva a preguntarme eso". Los intentos del consultante por enterarse de la vida personal de la terapeuta pueden ser interpretados como *resistencias* o desviaciones del trabajo *real* terapéutico que *debe ser* sobre la persona del consultante y solamente sobre él. Con esto el *Yo* de la terapeuta permanece privado y oculto; el foco está en el paciente de manera intrapsíquica; en sus conflictos, disfuncionalidades e historia personal; y esto tiende a considerarse como algo aparte de la relación real.

La relación horizontal se centra en estar totalmente ahí uno con otro, viendo, oyendo y sintiendo plenamente y expresándose en el presente. En este tipo de trabajo resulta central el diálogo mismo, lo que lo facilita o lo dificulta; así como las diferentes estrategias que utilizan ambos (cliente y terapeuta) para acercarse al otro o para mantenerse alejados (en sentido metafórico por supuesto). A través del trabajo horizontal podemos llegar al núcleo mismo de la experiencia y existencia del consultante: a su forma de co-crear relaciones, su forma de participar en la co-construcción del otro, y su forma de apoyarse o resistirse a la colaboración en la co-construcción de su propia identidad.

Lo horizontal enfatiza el análisis del *aquí y ahora*, mientras que la verticalidad subraya la narrativa del *allá y entonces*; tomando poco (o nada) en cuenta que dicha narrativa está ocurriendo en el momento presente, en el aquí y ahora del encuentro terapéutico; y que su forma particular depende no solamente de los sucesos que se narran en sí, sino que están profundamente influenciados por la relación de las personas involucradas en la conversación.

> *A veces el terapeuta está aburrido, confuso, divertido, enojado, consternado, excitado sexualmente, asustado, acorralado, inhibido, abrumado, etc. Cada una de estas reacciones dice algo acerca de él y del paciente y sintetiza muchos datos vitales de la experiencia terapéutica. Para alimentar esta experiencia bastará con que describa la suya y siga hasta el fin los efectos que sus observaciones puedan tener sobre la interacción.*
> (Polster & Polster, 1976, p. 34).

Resulta importante aclarar que, aunque la terapeuta que trabaja desde el paradigma relacional intenta pensar y poner su atención de manera relacional el 100% de las sesiones de terapia, y durante la mayor parte del tiempo que dure la sesión, no necesariamente invita a su consultante a poner su atención en la relación terapéutica todo el tiempo. El terapeuta se hace a sí mismo preguntas relacionales de principio a fin de la sesión, pero no necesariamente le formula estas preguntas a su consultante. Podemos decir que tiene dichas preguntas *a la mano* para explicitarlas cuando considere más adecuado. Algunas de estas preguntas pueden ser:

¿Qué necesita mi consultante de mí en esta sesión?

¿Cómo puedo facilitar el encuentro entre nosotros?

¿Qué de mi estilo personal le inhibe su espontaneidad?

¿Qué estoy haciendo que promueve que me cuente precisamente esto ahora y precisamente de esta manera?

¿Qué tipo de respuestas físicas, emocionales, ideológicas, fantasiosas despierta en mí su persona o lo que me narra?

¿Qué de su expresividad (o de la falta de ella) provoca dicha reacción en mi?

¿Estaré respondiéndole de la manera que sospechaba que lo haría?

¿Lo estoy sorprendiendo?

¿Cómo le está resultando nuestra conversación?

¿Estamos hablando de lo que esperaba que habláramos?

Nuestra manera de interactuar ¿nos acerca? o ¿nos aleja?

Etcétera.

Otro aspecto de un trabajo plenamente relacional es que, al trabajar con el consultante sin considerarlo un individuo aislado y autónomo del ambiente, sino como producto de la *red relacional* en la que vive y continuamente colaborando con su co-creación, es importante poner atención a los diferentes esquemas relacionales que va desarrollando en su cotidianidad y cómo estos se ven influenciados (a la vez que influencian) por las decisiones que va tomando como resultado del proceso terapéutico en el que se encuentra. Es decir a la forma cómo es afectado por otros en su red relacional, a la vez que a las diferentes influencias y repercusiones que su actuar (o no actuar) tiene sobre otros (Spinelli, 2007).

Dicho de otra manera, la terapeuta existencial se enfoca sobre su consultante-como-se-presenta-inter-relacionalmente, contemplándole como una red relacional que se inter-relaciona con otros que lo rodean, incluyendo a la propia terapeuta. Se enfoca en la inmediatez experiencial del encuentro actual.

Como en este estilo de trabajo la terapeuta comparte en ocasiones con su consultante, opiniones y experiencias de las diferentes situaciones que atraviesan juntos, y sobre las que conversan y analizan conjuntamente, es muy importante que no olvide preguntarse sobre sus prejuicios personales, para seguir realizando la epojé fenomenológica y la actitud del no-saber. Si la terapeuta comparte alguna opinión, no es con el propósito de aleccionar, ni dirigir o aconsejar a la persona. Tampoco persigue el fin de *demostrarle* al consultante *todo* lo que la terapeuta sabe. Así mismo, las revelaciones o aperturas que las terapeutas existenciales realizan, deben ser sensibles a las etapas del proceso terapéutico. No tiene el mismo peso una revelación de la terapeuta en las etapas iniciales del proceso, cuando los consultantes suelen esperar que su terapeuta les guíe acerca de qué hacer en su vida; a las revelaciones de etapas avanzadas, cuando ya se ha establecido una relación cercana e íntima entre los participantes. A esto se refiere Spinelli (2007) cuando expresa que el terapeuta *debe ganarse el derecho* de abrir y compartir sus propios puntos de vista con su consultante.

Yalom (2002) habla a su vez de que existen tres tipos de revelación terapéutica, consideradas en orden de mayor a menor importancia:

1.- *Sobre el mecanismo de la terapia.*- Es conveniente que la terapeuta informe a sus consultantes acerca de la forma y estilo de su trabajo. Que explique cómo, en ocasiones, hará preguntas o comentarios específicamente relacionados con la manera cómo se encuentren relacionándose, en el momento vivo del encuentro terapéutico, y que esto tiene como propósito tomar en cuenta todos los aspectos de su ser-en-el-mundo. Así mismo que le comparta, en el transcurso del proceso, qué le lleva a hacer las preguntas, comentarios o intervenciones que realiza.

No es útil conservar una especie de halo mágico y misterioso alrededor de las intervenciones terapéuticas. Cuando los consultantes conocen el procedimiento de la terapia se sienten más seguros y confiados, lo que les permite experimentar que la terapia es un trabajo en equipo —del cual ellos son una parte fundamental—, lo que promueve que colaboren mayormente con el proceso.

2.- *Sobre la relación terapéutica.*- Se refiere a los comentarios que realiza la terapeuta sobre la manera que tiene de experimentar la relación terapéutica misma, es decir, sobre lo que sucede en el aquí y ahora del encuentro terapéutico. Yalom sugiere que este tipo de intervenciones se realicen siempre subrayando la importancia del vínculo, Por ejemplo, ante la experiencia del aburrimiento de la terapeuta, ésta podría expresar algo como: *–llevo algunos minutos teniendo dificultades para conectarme completamente contigo, y realmente me interesa hacerlo; ¿tenías alguna idea de que esto estuviera ocurriendo? ¿Tú te experimentas conectado conmigo en esta sesión?*, etc.

3.- *Sobre la vida personal del terapeuta.*- Aun cuando ésta es la menos importante de las revelaciones posibles para el terapeuta, cuando el terapeuta se muestra humano y con sus propios dilemas en la vida, puede transmitir a su consultante una experiencia de compañerismo y confianza. La mayoría de los consultantes agradecen este tipo de revelaciones de parte del terapeuta, siempre y cuando no se abuse de ellas; no olvidemos que el consultante asiste en busca de ayuda terapéutica en primer lugar porque requiere ser *escuchado*. Cuando dichas revelaciones generan tensión en la relación en vez de cercanía, son una oportunidad para explorar la manera como la relación se está desenvolviendo[88].

Una guía para el trabajo específico sobre la relación terapéutica, consiste en lo que Eugene Gendlin (1997) denomina la *regla básica*; la cual es una herramienta fundamental para el terapeuta que trabaja desde una postura fenomenológico existencial.

---

[88] En el volumen 2 del presente libro (de próxima aparición), se profundizará acerca de diversas maneras en que los terapeutas existenciales trabajan con la relación terapéutica.

El nombre de *regla básica* ayuda a recordar su relevancia. Se refiere a la importancia de volver siempre la atención hacia la experiencia del consultante. Independientemente de qué tipo de comentario, intervención, pregunta o revelación realice la terapeuta, es conveniente que su siguiente comentario sea una indagación fenomenológica de la experiencia de su consultante sobre lo que acaba de ocurrir.

Una forma de plantear dicha regla puede ser a partir de los siguientes pasos:

1.- *Concibamos* al ser humano como un *experienciar sintiente, no completo ni terminado*. En otras palabras, este primer paso consiste en partir de la idea de que los seres humanos somos experiencias sensibles, sensoriales y emotivas en proceso, no fijas, que estamos constantemente en evolución y movimiento. Por lo mismo, no podemos hablar de *completud*, ninguna experiencia se *completa* en el sentido de que no haya nada más que sentir, decir o experimentar sobre ella. Aunque en otro sentido toda experiencia es completa en sí misma, la perspectiva existencial acentúa el aspecto incompleto de la misma, ya que considera que siempre es parcial el entendimiento o registro que podemos tener de cada una de nuestras vivencias de ir *siendo-en-el-mundo*.

2.- *Respondámosle,* dirijámonos a él desde cualquier experiencia que sea honesta para nuestro propio experienciar sintiente. Los terapeutas también somos experiencias sensibles, sensoriales y emotivas en proceso continuo. Este paso nos invita a expresar a nuestro consultante aquello que registremos en nuestro propio experienciar sintiente y que se generó a partir de su persona y su narrativa. Para ello los terapeutas requerimos mantener durante todo el encuentro con el consultante, un porcentaje de nuestra atención sobre nuestros propios procesos: corporal, emocional y mental, puesto que desde un paradigma relacional dichos procesos experienciales son parte también de la experiencia de nuestro consultante. Si mantenemos nuestra atención en los procesos que experimentamos desde el punto de vista del terapeuta, los tendremos a la mano para responder con ellos a nuestro consultante. De cierta manera, no es posible que sea de otra forma. Siempre respondemos desde nuestro experienciar sintiente (es lo que somos), pero no siempre lo reconocemos. Podemos imaginar que respondemos desde la *razón objetiva*, o desde *alguna* teoría o marco de referencia.

Para la perspectiva fenomenológico-existencial, nunca respondemos ni partimos *exclusivamente* desde la razón, aislando nuestras emociones y/o nuestras sensaciones y procesos corporales. La creencia de que eso es posible, es una herencia del dualismo cartesiano que comenzó dividiendo al yo del mundo, y continuó reforzando la escisión entre cuerpo/mente, y entre razón/emoción. Esta creencia sigue manteniendo una imagen de la naturaleza humana que no sólo divide, sino que favorece la aparición de *conflictos con uno mismo*.

La Terapia Existencial contempla la situación humana abarcando siempre todas estas dimensiones. Cada experiencia es siempre corpórea-sensorial, emocional, y racional. Lo único distinto es el lenguaje con el que es reflexionada y expresada. Podemos recordar aquí lo que mencionamos anteriormente: desde la perspectiva existencial, no es posible referirnos de manera directa a la experiencia. Siempre hacemos referencia a la conciencia de ella. Cuando expresamos una experiencia con algún tipo de lenguaje (verbal o no verbal), ya está mediada por la conciencia de la misma, ya que la experiencia directa ya ha pasado cuando intentamos expresarla.

Podemos expresar la reflexión de una experiencia con el lenguaje de la razón y las ideas, o con el lenguaje de las emociones, o a través del lenguaje sensorio-corporal (o sensorio-motriz). Así mismo podríamos expresarla con una mezcla de los tres lenguajes anteriormente señalados. Es tarea del terapeuta poder 'escuchar' todas estas dimensiones cuando su consultante se expresa, y no forzarlo a que lo haga en su lenguaje favorito, o en el que su teoría considera el más apropiado.

Muchas veces he escuchado a terapeutas referirse a sus consultantes como "sólo habla desde la cabeza", o "debería expresar más sus emociones", o incluso decirle a sus consultantes algo como "háblame de tus sensaciones corporales y no de tus pensamientos". Me parece que tales expresiones reflejan una imposición moralista sobre la 'forma correcta y esperada' como suponen que los consultantes deberían de comportarse, por lo menos en la sesión terapéutica. Al solicitarles formas de expresión que quizá no son espontáneas para ellos, imponen un ideal de forma casi policiaca. Es por ello que considero que es tarea de los terapeutas desarrollar la capacidad de escuchar la experiencia que les es narrada en todas sus dimensiones. Pudiendo preguntar cuando no les sea clara alguna de ellas, pero no imponiendo la forma como el otro debería de expresarse.

Por otra parte, es común también que los terapeutas respondan *explícitamente* con el lenguaje de los procesos mentales exclusivamente, que respondan con pensamientos, ideas, recuerdos, asociaciones, interpretaciones, etc. Este paso de la 'regla básica' no rechaza la posibilidad de que respondamos con este tipo de lenguaje, pero nos invita a que tengamos una conciencia y disponibilidad de respuesta aún mayor, ya que podemos responder con el lenguaje de los sentimientos, e incluso con el de las sensaciones corporales.

Algunas respuestas del terapeuta propias del lenguaje emotivo podrían ser:
- *Me conmueve lo que me cuentas.*
- *Conforme atiendo a tu narración, experimento cada vez más y más frustración.*
- *Que alegría me da saber que lo lograste.*

Algunas respuestas de lenguaje sensorial-corporeo podrían ser:
- *Sentí un estremecimiento ante tus palabras.*
- *Mi estómago se tensa cada vez que me hablas de tu trabajo.*
- *Cuando veo la manera como estás viviendo esa situación, me produce cierta dificultad para respirar.*

Este tipo de preguntas no sólo aportan información sobre el proceso experiencial que co-construyen juntos en la relación terapeuta-consultante, sino que también muestran al consultante la gran gama de posibilidades de observación y análisis que puede realizar sobre su propio experienciar sintiente, sin imponerle una forma de expresión. Simplemente le modela las diversas formas posibles de observar su experiencia.

Evidentemente este paso compromete a la terapeuta con su propio proceso de desarrollo y observación de su propio experienciar sintiente. Ésta es una de las razones por la cual, durante el entrenamiento en **Terapia Existencial** se solicita a los candidatos a realizar un proceso intensivo de terapia personal (de orientación existencial para que los futuros terapeutas existenciales vivan un proceso de la misma línea que están aprendiendo). Y por la misma razón, entre otras, es importante que los terapeutas experimenten un proceso prolongado de supervisión de los encuentros terapéuticos que co-construyan.

3.- *Volvamos a poner atención* en el nuevo experienciar sintiente del consultante, que sigue en movimiento y de seguro ha sido influenciado y movido por la intervención de su terapeuta. *Este tercer paso es propiamente lo que llamamos la regla básica.* Se trata de indagar acerca de la forma cómo hemos influenciado a la experiencia del consultante al haberle preguntado, compartido o expresado nuestro propio experienciar sintiente.

Siempre influenciamos en la experiencia del consultante con nuestra experiencia. Incluso con nuestro silencio o intención de intervenir lo menos posible, eso influye de alguna manera sobre su experiencia. El tercer paso consiste en reconocer lo anterior e investigar fenomenológicamente sobre el impacto que produce nuestra forma de estar con él.

Las preguntas de este paso pueden ser las mismas que se mencionaron más arriba, pero en este momento se refieren específicamente a la experiencia del consultante, se trata de revisar explícitamente la influencia que tenemos sobre su experiencia. Algunas posibilidades de preguntas podrían ser:

¿Cómo te sientes con lo que te digo?

¿Cómo te hace sentir mi pregunta?

¿Lo que te estoy compartiendo, a qué te invita, o qué te inhibe?

¿Te sientes cómodo cuando te expreso esto?

¿Cómo experimentas mis comentarios?

¿Cuándo te comparto esto, te experimentas más cerca o más lejos de mi?

¿Qué sentías o pensabas mientras me escuchabas?

¿Cómo me experimentas cuando te digo esto?

¿Sientes que comprendo lo que me dices, o sientes que estoy perdido?

¿Cómo experimentas mi manera de estar contigo, sientes o piensas que te favorece?

Mi manera de estar contigo, ¿te estorba en algún sentido a expresarte?

¿Esperas que yo haga o diga algo que no estoy haciendo?

¿En qué medida estoy facilitando u oscureciendo tu experiencia?

¿Hay algo de lo que hago que te lleva a experimentar lo que me compartes de esa manera particular?

¿Hay algo que no hago y que de hacerlo te facilitaría más centrarte en lo que está ocurriendo?

Etcétera.

Es importante resaltar que las preguntas que se realizan para explorar la relación no están sujetas a juicios que señalen si lo que estamos haciendo *está bien o mal hecho.* Descubrir que por lo menos alguno de los involucrados se siente lejano con respecto al otro, es un dato para analizar, e investigar la forma como co-construimos dicha situación. En la perspectiva existencial no consideramos que la lejanía, por ejemplo, sea una señal de *resistencia* o de *evitación* por parte de alguno de los participantes en el encuentro terapéutico, sino simplemente una muestra de la manera específica en que *mutuamente co-construimos* nuestra manera de relacionarnos, nuestra *situación compartida*, y la forma como colaboramos para que dicha situación nos influya y construya, a su vez, a nosotros.

Hans Cohn (1997) realiza cuatro sugerencias para un enfoque relacional de la relación terapéutica que, en una terapia fenomenológico-existencial, el terapeuta debe tener siempre en mente:

> *1.- El cliente que encuentras como terapeuta, es el cliente que te encuentra a ti. No hay tal cosa como un cliente en sí mismo. Si dos terapeutas se encuentran con el mismo cliente, no es el mismo cliente.*
> *2.- Lo que el cliente te cuenta como terapeuta, te lo dice sólo a ti. A otro terapeuta le contaría algo diferente.*
> *3.- No hay una 'historia' que deba ser asumida, porque no hay una historia como tal. La historia de un cliente se despliega en el proceso de la interacción entre terapeuta y cliente.*
> *4.- Esto significa que no puede haber una 'evaluación', como si pudiera implicar una situación objetiva independientemente del tiempo, del lugar, y de la contribución del terapeuta evaluador.* (Cohn, 1997, p. 33,34).

En otras palabras, una perspectiva relacional de la relación terapéutica nos invita a ser conscientes de cómo influimos como terapeutas en nuestros clientes; y a reconocer que dicha influencia, además de mutua, está siempre cambiando y desenvolviéndose a través del tiempo. Trabajar desde este marco de referencia, implica el reconocimiento de que la relación terapéutica funciona como campo privilegiado de exploración de los esquemas y estilos relacionales que los participantes ponen en acción, así como de aquello que los motiva a hacerlo de esa particular manera, en vez de otra.

Si los dilemas humanos han surgido de procesos relacionales,
entonces los procesos relacionales y colaborativos
pueden constituirse como la principal herramienta de la terapia.

El Diálogo Terapéutico

La noción de <u>con</u> no puede ser sobre-enfatizada,
ya que describe los encuentros entre seres humanos
y su responderse el uno al otro, en su compromiso
recíproco con la activad social y la comunidad
que llamamos <u>terapia.</u>
Harlene Anderson.[89]

Otra perspectiva para acercarnos a la aplicación terapéutica del paradigma relacional, es a través de las ideas fenomenológico-existenciales con respecto a la promoción del diálogo en la existencia humana en general, y en la terapia en particular. Muchos de los pensadores existenciales se han interesado en reflexionar sobre lo que constituye el encuentro entre dos personas. La palabra más comúnmente usada para ello es: *diálogo*.

Al hablar de diálogo en la aproximación existencial es inevitable la referencia a Martin Buber (2006) y a Maurice Friedman (2002), ya porque el primero desarrolló una posición dialógica o dialogal del existencialismo, mientras que el segundo es el principal promotor de la terapia dialogal (basada en los principios buberianos)[90]: "Llamamos psicoterapia dialogal a la terapia que se centra en el encuentro entre el terapeuta y sus clientes." (Friedman, 1993, p. vii).

---

[89] (Anderson, 2007, p.45).

[90] En el capítulo dos del presente texto mencioné un poco en torno a este modelo de terapia existencial. En el estilo de la Escuela Mexicana de Terapia Existencial, se incorporan muchas de estas intuiciones con respecto a la relación terapéutica.

Buber fue un fuerte crítico de los psicologismos que tienden a restringir la realidad de la relación, a dos psiques individuales e independientes, aunque relacionadas. Criticó también a las terapias que elevan al individuo *per se*. Para él la relación entre la persona y lo otro –o *el* otro– ocupa el primer lugar, no sólo en cuanto a jerarquía de importancia, sino también cronológicamente, en su temporalidad. Lo importante no es lo que sucede *dentro de las mentes* de las partes de una relación, sino lo que sucede *entre* ellos. El *tipo* de persona que somos surge de la forma específica cómo nos relacionamos. Si nos relacionamos abiertos a la novedad y a la sorpresa, permitiéndonos ser influenciados e influir en aquello con o que nos relacionamos, estamos en el modo *yo-tú*, mientras que si nos relacionamos a través de aspectos preconcebidos, o cerrados a que el o lo otro nos transforme y nos influya, estamos en una relación *yo-ello*. El *yo* en sí mismo no existe, se trata siempre del *yo de la relación*, ya sea de la relación yo-tú o de la relación yo-ello.

Una relación terapéutica caracterizada por el *Yo-Tú* es una relación sujeto-sujeto, directa, mutua, presente y abierta; mientras que una relación terapéutica *Yo-Ello* es del tipo sujeto-objeto, donde uno se relaciona con el otro de una manera indirecta y no mutua, conociendo y usando al otro. Buber (1988) escribió: "El crecimiento más interno del *self* no se da, como quiere suponer la gente hoy en día, a través de nuestra relación con nosotros mismos, sino cuando nos hace presente el otro y sabemos que él nos está haciendo presentes" (Buber en Friedman, 2002, p. 9).

Una terapia relacional (como la existencial) es dialógica o dialogal, y por lo tanto se centra en el encuentro entre la terapeuta y su consultante.

> *El término dialógico o dialogal no se refiere al habla como tal, sino al hecho de que al nivel más fundamental, la existencia humana es inherentemente relacional. Por contraste, un modelo individualista de la persona coloca en primer lugar la existencia de*

individuos como entidades separadas, y entiende lo
relacional como un fenómeno secundario. Es difícil,
para la gente en el mundo moderno, aceptar que la
individualidad es sólo un polo de la realidad bipolar
y relacional. (Hycner R., 1993, p. 4).

La relación terapéutica consiste, en primer lugar, en una conversación co-construida entre los participantes del proceso terapéutico (o una serie de conversaciones sostenidas a través del tiempo y que constituyen *una* conversación en el sentido amplio). ¿Qué características tiene una conversación para poder ser considerada un diálogo y no simplemente dos monólogos que esperan turnos para expresarse?; y ¿qué características tendría que tener para poder considerarlo un diálogo terapéutico? ¿El diálogo es algo que requiere de tiempo para conseguirse?, ¿o puede ocurrir de manera espontánea desde el primer encuentro?

Estas y muchas otras preguntas resultan relevantes para los terapeutas existenciales.

También Merleau-Ponty (2000) reflexionó sobre el tema del diálogo:

> *En la experiencia del diálogo, se constituye entre*
> *el otro y yo un terreno común, mi pensamiento*
> *y el suyo no forman más que un solo tejido, mis*
> *frases y las del interlocutor vienen suscitadas*
> *por el estado de la discusión, se insertan en una*
> *operación común de la que ninguno de nosotros es*
> *el creador. Se da ahí un ser a dos, y el otro no es*
> *para mí un simple comportamiento en mi campo*
> *trascendental, ni tampoco yo en el suyo; somos, el*
> *uno para el otro, colaboradores en una reciprocidad*
> *perfecta, nuestras perspectivas se deslizan una*
> *dentro de la otra, co-existimos a través de un mismo*
> *mundo. En el diálogo presente, se me libera de mí*
> *mismo, los pensamientos del otro son pensamientos*
> *suyos, no soy yo quien los forma, aun cuando los*

> *capte en seguida de haber surgido o los preceda;*
> *mas, la objeción del interlocutor me arranca unos*
> *pensamientos que yo no sabía poseía, de modo que*
> *si le presto unos pensamientos, él, a su vez, me hace*
> *pensar.* (Merleau-Ponty, 2000, p. 366).

Wittgenstein propuso que las conversaciones y las relaciones interpersonales iban de la mano. El tipo de conversaciones que tenemos unos con otros, informan y forman el tipo de relaciones que mantenemos con ellos mismos, y viceversa. (en Anderson, 2007).

La palabra *diálogo* significa, literalmente: conversación. Si retrocedemos a sus raíces griegas, podemos encontrarnos con significados como *consideración verbal* o incluso *disputa* (van Deurzen, 2001). Resulta interesante que, en su raíz, la palabra *diálogo* no resulta opuesta a *monólogo*. *Dia* significa *a través* mientras que *logo* es el vocablo que se usa para designar al *hablar, palabra* o *significado*: por lo tanto, *diálogo* puede expresar *hablar a través* o *a través del habla*; llegar a ciertos significados vía el habla. Dicha definición no implica necesariamente la presencia de otra persona, por lo que la palabra *diálogo* no requiere que dicha actividad sea realizada entre dos o más sujetos de conversación, podría ser realizado por una sola persona. Al mismo tiempo, la palabra no implica que cuando dos o más personas se encuentren conversando, se esté realizando un diálogo[91].

Seguramente el lector del presente texto tendrá algunas experiencias en las que una conversación consiste simplemente en dos (o más) personas que expresan sus opiniones con respecto de algún tema sin detenerse realmente a escuchar, y mucho menos a comprender, lo que los otros expresan. Este tipo de conversaciones son comunes cuando hablamos de temáticas como religión, política, futbol, y en ocasiones ¡psicología, terapia, o filosofía! Tal vez precisamente por

---

[91] Gabriela Flores, miembro del *Círculo de Estudios en Terapia Existencial* y además comunicóloga, suele poner acento más que en el diálogo, en la *comunicación*. Explica: Un concepto básico cuando se estudia ciencias de la comunicación, es que

ello son temáticas que la mayoría de las personas prefieren evitar en las reuniones sociales, ya que a través de dichas charlas las personas dejan de escucharse y de estar verdaderamente abiertas a un diálogo. En estos casos casi podríamos hablar de una serie de monólogos que simplemente están esperando el momento adecuado en que el otro haga una pausa o guarde silencio para expresar la propia opinión.

John Shotter propuso realizar un cambio en la forma de entender estos conceptos. En lugar de hablar del *pensamiento dialógico* versus el *pensamiento monológico*, se podría hablar de *pensamiento con* versus *pensamiento acerca de*: el *pensamiento con* se refiere a una forma dinámica de relación reflexiva que envuelve tener contacto con otro ser vivo, con sus elocuciones, sus expresiones corporales, sus palabras, y sus obras. Mientras que el *pensamiento acerca de*, convierte a la otra persona en un objeto sin conciencia propia (Hoffman, 2007 a).

Otra forma de explicar esto sería que, en un diálogo, cambiamos el *hablar a* (el consultante *habla a* su terapeuta o grupo de terapia, el terapeuta *responde a, habla a* su consultante o grupo terapéutico) por el *hablar con,* que involucra a todos los participantes del diálogo.

En un diálogo (o en una conversación desde el *pensamiento con*), el énfasis no está puesto sobre ninguno de los participantes. La terapeuta no pone el énfasis en sí misma ni en su consultante, sino en el nosotros que van construyendo en conjunto. La terapia no es *centrada en el cliente* sino *centrada en la relación,* la atención se centra en lo que

---

ésta nunca es igual al diálogo. Comunicación proviene del latín *communicare/comunis* que significa *común*. Por lo tanto el objetivo es poner las ideas *en común*, para lo que, además, se necesita un código común o compartido. Si no se comparte, no es comunicación.

Dentro del ambiente de los estudios sobre la comunicación, se habla de que los psicólogos se siguen negando a estudiar esta ciencia profunda y detenidamente, mientras que los comunicólogos estudian antropología, psicología y sociología. Los sociólogos y antropólogos en cambio, ya se animaron a ser inter-disciplinarios con la ciencia de la comunicación. Realizar estudios sobre la comunicación en el ser humano es muy importante, ya que ésta nos hace felices, nos crea problemas, nos aleja, nos acerca, nos daña, nos sana, etc. (Flores, 2012. En comunicación personal).

ocurre entre las dos personas que "dejan de ocultarse de ellos mismos y del otro, en un encuentro sin reservas, al que van llegando sobre la base que está situada entre ellos, donde comparten una humanidad común." (van Deurzen, 2001, p. 49).

Una primer precondición para que un diálogo terapéutico se establezca, es que ambos participantes (consultante y terapeuta) deseen, o al menos tengan la disposición, para tal tipo de encuentro entre ellos, y se abran a compartir y al intercambio de sensaciones, pensamientos, sentimientos y cualquier otra información que emerja del encuentro.

Otra precondición para el diálogo parece ser entonces la disposición de parte de ambos para dejarse impactar por el otro; para ser transformado por ella o él, y surgir de manera novedosa posteriormente a dicha conversación. Una conversación ordinaria entre dos personas, caracterizada exclusivamente por el intercambio de información, donde ninguno de los participantes está disponible para ser transformado por el otro, aún cuando estén abiertos a escucharse, podría denominarse *duólogo*.

Cuando los terapeutas no comparten sus pensamientos con sus consultantes, se corre el riesgo de que sus *charlas internas* o *conversaciones privadas consigo mismos* durante la sesión, se conviertan en monológicas[92] en vez de dialógicas (o que favorezcan y promuevan el diálogo), lo que puede promover que las conversaciones con sus consultantes sean duólogos en vez de diálogos.

Por tanto, el diálogo requiere de una apertura y disponibilidad para ser transformado y transformar, para aprender y enseñar, para observar y para dejarse ser observado por el otro.

El diálogo en su propia naturaleza, envuelve incertidumbre e inocencia (un-knowing). El interés sincero en el otro requiere *no-*

---

[92] Es importante señalar que tanto los monólogos como nuestras *charlas con nosotros mismos* son actividades relacionales. En ambos procesos de experiencia se excluye la participación de los demás de manera directa, pero dicha exclusión es una forma de estar en relación con los otros. Además, el uso de un lenguaje aún cuando sea para hablar, implica la co-participación de toda una cultura.

saber todo sobre el otro, ni sobre su situación, o sobre su futuro; independientemente de que dicho saber surja a partir de una experiencia previa, de conocimiento teórico o por familiaridad. Creer que se conoce al otro, ya sea porque se han tratado en algún momento del pasado y/o del presente, o porque se conoce su *tipo* de persona –independientemente de que dicho conocimiento provenga de la propia historia, o de alguna teoría como el eneagrama, la astrología, o de teorías de la personalidad de origen psicológico–, puede impedirnos ser curiosos e interesados para conocer y aprender acerca de la unicidad de esta persona en particular. Así mismo, el diálogo requiere una actitud inocente hacia sus resultados y finalidades. Como el cambio de perspectivas y el diálogo son inherentemente transformadores, es imposible predecir cómo terminará el mismo, el rumbo que tome o la experiencia final de los involucrados. Por ejemplo, en un diálogo genuino, no podemos conocer de antemano las diversas formas como una historia puede y será contada, los giros que la narrativa puede tomar, o la versión final de la misma (Anderson, 2007).

Gadamer sugiere que hay 2 tipos de diálogos: a) aquellos que presentan una intención o dirección pre-establecida, previa al diálogo en sí, por al menos uno de los participantes; y b) diálogos cuya dirección e intención se va construyendo y va emergiendo a través del proceso del diálogo mismo. En este último tipo de diálogo, la conversación toma su propia dirección. Los participantes siguen a las palabras y a los significados, y no viceversa, son las propias palabras en intercambio las que conducen la conversación. Ninguno de los participantes puede conocer de antemano aquello que "saldrá" o resultará de la conversación (Spinelli & Cooper, 2012).

Aún cuando Gadamer considera que en Occidente hemos dado mucho mayor importancia al primer tipo de diálogo que al segundo, Ernesto Spinelli sugiere que en la **Terapia Existencial** buscamos generar el segundo tipo; esto requiere que los participantes tengan una disposición receptiva hacia cualquier posibilidad no vista anteriormente que emerja, así como la disponibilidad para renunciar a la seguridad que acompaña a la sensación de *hacer lo correcto*, o de asumir la posición de *experto*, o incluso la renuncia a intentar dirigir el proceso terapéutico hacia cualquier dirección previamente diseñada cultural, teórica, o personalmente por cualquiera de los participantes. En el diálogo los involucrados se re-crean el uno al otro, ya sea de forma temporal o de alguna manera más duradera y fundamental. Ninguno de los participantes emerge del encuentro sin alguna sensación de haber cambiado —personal e interpersonalmente—, y quizá también emerjan con un cierto sentido de las posibilidades de lo que uno y otro, y ambos, pueden llegar a ser (Spinelli & Cooper, 2012).

Algo importante a destacar es que, cuando hablamos de diálogo, no necesariamente nos referimos a una *conversación amistosa*, o a un intercambio plácido y pacífico donde los participantes comparten similitudes y descubren nuevas maneras de percibir la existencia. En un intercambio dialógico o dialogal, también se exploran las diferencias, los puntos de vista divergentes y los desacuerdos, lo que en ocasiones puede conducir a momentos incómodos para los participantes durante la sesión terapéutica. En un diálogo se permite que emerjan opiniones y puntos de vista diferentes. La exploración de las diferencias es también una fuente rica en posibilidades de aprendizaje y desarrollo, por lo que los terapeutas existenciales intentan permanecer abiertos a las oportunidades de este tipo de situaciones. De lo anterior podemos comprender que la labor terapéutica existencial no consiste en ser positivo, amable o empático. Estas son experiencias que pueden emerger en el encuentro, mas no se buscan a priori. La labor terapéutica está más cercana a buscar el equilibrio entre espontaneidad e intimidad, lo que implica la disponibilidad de la terapeuta a encontrarse con su consultante de formas más cooperativas que competitivas, lo que no implica tener que estar de acuerdo en todo ni ser empáticos. Lo que se requiere es un constante monitoreo de lo que va aconteciendo en la relación terapéutica. Es importante que la terapeuta ponga atención varias veces durante cada sesión a la experiencia de estar juntos, conversando y relacionándose. No necesariamente jalará la atención del consultante sobre estas cuestiones, mas estará disponible para hacerlo en el momento en que sea necesario, o que hipotéticamente potencialice la conciencia.

En vez de buscar de manera específica la *empatía*, los terapeutas existenciales intentan poner en práctica la *confirmación* del otro y la *inclusión* en sus experiencias. Cuando consideramos que *el otro tiene derecho a ser quien es, por el simple hecho de que nosotros tenemos derecho a ser quienes somos, y viceversa*, estamos confirmando al otro en nuestra existencia, a la vez que nos confirmamos a nosotros mismos a través de su existencia. La confirmación existencial siempre ocurre *a través de otro que es confirmado a la vez*.

Para Buber y la terapia dialogal propuesta por Maurice Friedman (2002), la confirmación consiste en la experiencia de que otro nos confirme en nuestra unicidad, y en la aceptación y apertura de la persona que podemos llegar a ser (Friedman, 2002). Para Buber, el diálogo requiere que cada persona reconozca en el otro características únicas e irrepetibles, por lo que, en vez de pensar: "¿en qué se parece esta persona o lo que me narra a experiencias previas con otras personas? o ¿en que se asemeja a lo que me informa la teoría?", como suele hacerse en otros modelos terapéuticos, el terapeuta dialogal se propone preguntarse: *¿qué es lo único de esta narración y de esta persona?; ¿qué es lo que la hace ser quien es y no nadie más?*

Practicamos la inclusión cuando consideramos que, si hubiéramos tenido las experiencias y contextos que nuestro consultante refiere, *muy probablemente experimentaríamos al mundo y a nosotros mismos de maneras semejantes*, y que el que tengamos experiencias diferentes es en muchos sentidos el resultado de aspectos contingentes que perfectamente podrían haber sido de otra manera. Esta idea aplica igualmente a la inversa: si nuestro consultante hubiera vivido nuestros contextos y nuestras experiencias, perfectamente podría estar sentado en un sillón trabajando como terapeuta y atendiendo a otros. Como expresa Yalom (1989): el rol de terapeuta es contingente, depende más de situaciones culturales, educativas, sociales o económicas, que de la fragilidad de la persona, de sus problemáticas, tensiones y dilemas, o de sus aspectos disfuncionales.

En términos buberianos, la inclusión implica *imaginar lo real*; experienciar el *otro lado* de la conversación. Estar abiertos a experimentar los sentimientos, pensamientos y creencias del otro (Friedman, 2002).

Para Friedman (2002), una terapia dialogal incorpora diferentes elementos, entre los que se encuentran:

1.- "Lo *intermedio* o lo *interhumano*, el reconocimiento de una dimensión ontológica en el encuentro entre las personas, o lo interhumano que suele pasarse por alto debido a nuestra tendencia a dividir nuestra existencia entre interno y externo, subjetivo y objetivo." (Friedman, 2002, p. 14).

2.- "El reconocimiento de *lo dialógico* —"Toda vida real es encuentro." (Buber, 1958, p. 11)— como el elemento esencial de la existencia humana donde nos relacionamos con los otros en su unicidad y su otredad, y no como simple contenido de nuestra experiencia." (Friedman, 2002, p. 14).

3.- El reconocimiento de que en toda relación, hay siempre un movimiento doble que por un lado nos distancia y aleja del otro, y por otro nos invita a acercarnos en la relación con él.

4.- La *sanación ocurre a través del encuentro*, entendiendo sanación no como un acto de reparación, sino de restauración de nuestra capacidad de vincularnos con nosotros mismos y con el mundo de maneras más abiertas e involucradas.

Para poder hablar de diálogo en la Terapia Existencial, es necesario que todos los participantes estén disponibles para ser transformados, no sólo aquellos que juegan el rol de consultantes, también los que se identifican con el rol de terapeutas. ¿Cómo podría un terapeuta no ser transformado por sus consultantes, después de pasar aproximadamente una hora con ellos a la semana hablando de cuestiones extraordinariamente íntimas? ¿Qué tipo de encuentro y conversación ofrecería, si no estuviera dispuesto a cambiar después de relacionarse con otro que le confiesa los aspectos más íntimos de sus experiencias cotidianas? Si el terapeuta no se abre a las posibilidades de ser impactado, movido, influido y transformado por el otro en el diálogo, estará generando una relación *yo-ello* (Buber, 2006). Para construir una relación *yo-tú*, es importante que el terapeuta se muestre abierto a que la historia y/o persona de su consultante lo *toque*, lo influya, lo afecte y lo transforme. Para ello necesita renunciar a sus intenciones de *provocar*, *transformar* o *reparar* algo en la persona de su consultante.

Un terapeuta que trabaje bajo estos lineamientos, *renuncia* a intentar *cambiar* a su consultante; ya sea que este intento se exprese como *enseñar*, *curar*, *sanar*, *guiar*, *mejorar*, o *promover su desarrollo y crecimiento*. También renuncia a ofrecer algún tipo de seguridad, consejo, o ayuda para ser más *real*, más *lógico*, más *maduro*, más *congruente*, o más '*auténtico*'. "Por bien intencionada que sea la urgencia de curar, la idea misma de 'curar' necesariamente propone la idea de poder." (Bateson en Anderson, 1999, p. 54). Una terapia que se inspira en la fenomenología existencial, propone que el terapeuta reconozca que cualquiera de estas intenciones le pertenece, para no intentar imponerla a su consultante.

La principal finalidad de la terapia según esta propuesta, consiste en la posibilidad de generar una relación *colaborativa* para la *exploración, descripción y clarificación* de lo que implica y significa ser-en-el-mundo, y la forma como ello se expresa en la relación terapéutica misma.

Al mismo tiempo, los terapeutas que trabajan con este modelo renuncian a trabajar desde una base de certidumbre y seguridad, no intentan permanecer en silencio y ocultar su persona de la mirada de su consultante; esto implica ampliar su estilo de trabajo para abrirse más allá de lo exclusivamente verbal y racional, y abrazar una práctica *corpórea*, que involucre a su ser de manera global: sensorial, motriz, emocional, interpersonal, cultural, histórico, psicológico, íntimo, axiológico, espiritual, etcétera. Al renunciar a la certidumbre, los terapeutas se colocan en una posición que les invita a desarrollar un estilo terapéutico que incluya un grado importante de improvisación y creatividad. Sin con ello decir que se trate de una labor poco profesional o poco fundamentada en estudios y reflexiones profundas sobre el existir.

Un estilo que promueva la improvisación del terapeuta no es sinónimo de un estilo improvisado. Los terapeutas existenciales desarrollan su improvisación sobre la base de un conocimiento y práctica de la fenomenología, de la filosofía existencial, y de varios *mapas terapéuticos* propios de la perspectiva existencial, algunos de los cuales se expondrán en el Volumen 2 de la presente obra. La improvisación en la Terapia Existencial se asemeja a la de los músicos de Jazz que, conociendo bastante bien su instrumento, las escalas y las reglas de la armonía, se permiten un buen grado de flexibilidad en su forma y estilo de tocar, mas siempre dentro de los marcos que la situación relacional les exige (los otros músicos y la pieza que están interpretando).

Evidentemente esta propuesta de actitud puede resultar muy amenazante para muchos terapeutas. Implica que en ocasiones se experiencíen momentos de extrema incomodidad, confiando en que atravesar de manera conjunta dichos momentos, puede resultar en sí mismo muy valioso para los involucrados.

El Arte de la Escucha[93]

> *Nunca ocultamos la verdad,*
> *siempre la mostramos de alguna u otra manera.*
> *Ser honesto no tiene que ver con decir la verdad,*
> *ser honesto es saber y atrevernos a escucharla.*

La primer tarea que una terapeuta existencial tiene cuando inicia un proceso terapéutico, es prepararse para escuchar, de la manera más óptima posible, a su consultante y sus reflexiones sobre sus experiencias.

La escucha como *práctica relacional no* es sólo una "herramienta comunicacional", sino un modo del *Dasein* que involucra directamente su *ser-con (Mitsein)*. Como mencioné anteriormente, Heidegger propone que la condición humana debe entenderse de manera no encapsulada, sino vinculada con su mundo tanto en la dimensión espacial como temporal. Esta forma de entender la situación humana, que llamó *Dasein*, cuenta con un aspecto fundamental de su *relación-con-el-mundo* que es su *relación-con-los-otros* a la que llamó: *Mitsein*. Se refiere a la relación con aquellos que son *semejantes* a mí, y al mismo tiempo *distintos*. Dicha situación me hace único (y a cada *Dasein* en el mundo), aunque siempre en relación con los otros.

Esta práctica relacional requiere que quien escucha esté *completamente ahí*, y completamente *con* el otro. Lo que implica estar presentes desde nuestro cuerpo entero y ser *todo oídos*. Escuchamos con todo nuestro cuerpo, no solo con los oídos: "nosotros escuchamos, no el oído" (Heidegger en Wilberg, 2004, p. 5).

Comúnmente se piensa que la escucha es únicamente el preludio para una respuesta verbal de la terapeuta que vendrá a continuación. Se considera que lo que comunica es la intervención verbal.

Para la posición existencial es importante recordar que la narración del consultante, tanto el contenido de la misma como el proceso y

---

[93] Todo lo que comento en este apartado sobre la escucha en Terapia Existencial, es igualmente válido para la escucha propia del *Coaching Existencial*.

la forma como la comunica, es *ya* una respuesta a la manera como experimenta estar siendo escuchado por su terapeuta.

Peter Wilberg (2004) realiza una serie de recomendaciones para los terapeutas que deseen entrenarse en la escucha como práctica relacional, desde una mirada Heideggeriana. Propone en primer lugar que los terapeutas escuchemos *corporalmente,* atendiendo no solamente a las palabras del consultante y a sus tonos y flexiones de voz, sino también a sus ritmos y pausas, a su cuerpo de manera global y no sólo a las expresiones de su rostro, y a la energía que se mueve entre los participantes del proceso terapéutico. Esta forma de escucha puede enriquecerse con las propuestas de Gendlin (1999) sobre el *Focusing.*

En un curso que tomé hace algunos años sobre las propuestas del proceso corporal (o Focusing), terminé un tanto desilusionado ya que dichas propuestas se presentaban como una especie de técnicas que el terapeuta debía conocer y aplicar a sus clientes. Me pareció una propuesta meramente técnica o un tanto simplista.

Sin embargo, y gracias a las aclaraciones de Greg Madison[94], entendí que las ideas de Gendlin son profundamente existenciales, y que las herramientas del Focusing, aun cuando los clientes de terapia pueden aprenderlas para promover su trabajo personal, pueden ser vistas principalmente como una herramienta del terapeuta para con su propio proceso corporal y, de esta manera, desarrollar mayor habilidad para la escucha como práctica relacional.

Esta forma de *escucha corpórea y relacional* puede:

> *Salvar el espacio que suele haber entre las terapias*
> *a través del habla y las terapias que involucran el*
> *contacto físico, el análisis y el trabajo corporal,*

---

[94] Greg es uno de los nuevos promotores de la escuela inglesa de terapia existencial. Es co-editor de la *Journal of Existential Analysis*, además de un buen amigo. Es también profesor visitante del Círculo de Estudios en Terapia Existencial, lo mencioné brevemente en el capítulo dos de este mismo libro. Para ver más sobre este autor, puede consultarse la página www.circuloexistencial.org en el menú de 'sitios de interés'.

*por ejemplo entre las terapias que se enfocan en
el sentido y aquellas que se enfocan en la energía.*
(Wilberg, 2004, p. 81).

En resumen, la propuesta de *Focusing* consiste en que la terapeuta
comience por *despejar un espacio* para poner atención a su propio
cuerpo, a cualquier sensación que experimente en su *proceso corporal*.
Gendlin (1999) sugiere que, al captar o registrar alguna experiencia
corpórea, es importante no detenerse en ella, no adentrarse más
allá del registro de la misma. Una vez captada la *sensación sentida*
es importante permitir que continúen emergiendo otras, sin fijar
ninguna de ellas en nuestra atención, como en una especie de atención
flotante o meditación que únicamente reconoce y registra las diversas
experiencias corporales que van emergiendo. La siguiente etapa
consiste en permitir que aparezca una o varias palabras, metáforas o
imágenes que de alguna manera simbolicen las experiencias corpóreas
que se presentan *durante el momento mismo de la sesión terapéutica.* A
esta etapa del proceso Gendlin le llama: *lograr un asidero;* por la forma
cómo se facilita sostener la experiencia corpórea cuando se le aporta un
nombre o imagen. Posteriormente, la terapeuta puede ir y venir entre
las palabras o imágenes y las sensaciones corporales, haciendo *resonar*
a unas con otras. A continuación puede preguntarse a sí misma: ¿qué
me ha provocado sentir precisamente esto y no otra cosa?, ¿qué hay en
nuestra comunicación o presencia que me influye para sentir más —o
menos— esto?, etc.; y finalmente dejarse *recibir* cualquier cosa que
aparezca como respuesta, sin detenerse demasiado en ella cuando no
parezca provenir directamente de la sensación sentida. (Gendlin E. T.,
1999). Quizá parezca algo demasiado complejo, pero con la práctica
termina siendo algo que se realiza en cuestión de un instante.

La propuesta del *Focusing* como forma de enfoque de la terapeuta,
y no necesariamente de sus consultantes, es una forma de aplicación
de la epojé fenomenológica. A través de esta forma de atención, la

terapeuta puede percatarse de sus propias reacciones a la narrativa y a la persona del consultante, antes de depositarlas sobre la relación como si se tratara de *comprensiones* de la experiencia del otro. Esta forma de atención de la terapeuta sobre sí misma y su cuerpo, se combina con la observación que realiza del proceso de su consultante, así como con la atención sobre el proceso de la relación misma.

En otras palabras, en el trabajo existencial-relacional, los terapeutas se desplazan entre tres diferentes áreas de atención durante una sesión terapéutica, variando según las circunstancias relacionales el orden y tiempo que dedica a cada una de ellas: A) sobre la narración del consultante, atendiendo no solamente a las palabras, sino también a sus silencios, a la expresión global que realiza la persona con todo su ser y su presencia. B) sobre su propio proceso experiencial, comenzando desde su propio cuerpo hasta incluir sus emociones, fantasías y pensamientos, realizando la epojé fenomenológica, promoviendo la descripción y horizontalización que se mencionaron anteriormente, e interviniendo desde la actitud del no-saber. Y C) sobre la relación terapéutica misma, lo que promueve o dificulta que ésta fluya o tenga un buen equilibrio entre espontaneidad e intimidad para que juntos co-construyan el mundo terapéutico, como revisamos anteriormente.

En cierto sentido, el entrenamiento para formar futuros terapeutas existenciales debe incluir la práctica de esta forma tripartita de poner atención, lo que puede iniciarse a través de reflexionar qué constituye la *escucha* desde una perspectiva existencial.

En la literatura y entrenamientos terapéuticos de la actualidad, suele hablarse de la escucha como algo que hacemos, cuando desde una postura existencial se trata de algo que *somos*. No consiste en estrategias o habilidades para lo que se conoce como *comunicación efectiva*, sino en una forma de ser/estar con el otro, con nosotros mismos, y para la relación. Escuchar al otro de manera existencial es escucharse a sí mismo al mismo tiempo. O para ser aún más exactos, es un asunto de escuchar a la relación, a lo que se va formando, desenvolviendo, desplegando y construyendo entre los participantes. No se escucha para poder responder, sino que la escucha es en sí ya una forma de respuesta que respeta y valora los silencios reflexivos, dándole la bienvenida a cualquier experiencia que surja entre ambos, y siendo capaz de sostenerla sin tratar de huir de ella. Es una escucha a la totalidad del evento emergente en el encuentro es decir, no sólo se escuchan las palabras, sino también los cuerpos —el propio y el del consultante—, se escucha la atmósfera que entre ambos generan, y no sólo escuchamos mientras el otro se expresa: somos escuchas antes y después de su expresión.

Una escucha existencial no es simplemente una actividad cognoscitiva, involucra al ser entero: sensaciones, emociones, creencias, ideas, pensamientos, proyectos, sueños y anhelos, movimientos corporales, tensiones faciales, cambios en el timbre o volumen de voz; así como también la historia y red relacional entera se expresan cuando una persona habla y escucha. Cada uno de nosotros al hablar transmite su cultura y su educación. Yo por ejemplo, al hablar hablo *mexicano*, y al hacerlo transmito no sólo expresiones de mi país y cultura, expreso también a la clase media en la que crecí, a mis relaciones familiares, mi escolaridad, los libros que he leído, las películas que he visto, y sobre todo, las relaciones interpersonales que he construido a lo largo de mi vida. Y sucede exactamente lo mismo al escuchar. Escucho con todo mi ser, por lo que ninguna persona escucha exactamente de la misma manera que otra.

La escucha existencial implica también la disponibilidad para ser tocado de forma íntima por la intimidad del otro, permaneciendo abiertos para respuestas emocionales ante sus narrativas. Para ello la terapeuta existencial requiere la habilidad para permanecer con su consultante de manera plenamente presente, aún cuando éste se muestre de formas vagas o difusas. De la misma manera, requiere de la habilidad para mantenerse monitoreando constantemente su propia experiencia del encuentro, tanto a nivel corpóreo como emocional y racional. Dicha habilidad se sostiene en un buen manejo del método fenomenológico, específicamente de la epojé, para conducir descripciones que toleren la incertidumbre de no-saber.

De la Perspectiva Unidireccional a la Recíproca

En el trabajo que ocurre en la relación terapéutica,
buscamos encontrar la fuente
no sólo de los problemas del cliente
sino de los problemas humanos en general,
e incluso también de los nuestros.
Si nos entregamos devotamente a esta búsqueda
con todo nuestro ser y con el espíritu correcto del perdón,
podremos llegar, de alguna manera,
a estar próximos a la fuente de la vida misma.
Emmy van Deurzen.[95]

Como hemos visto, el modelo relacional propone un enfoque terapéutico que impacta sobre la existencia de todos los participantes, no sólo de los consultantes sino también de sus terapeutas. Yalom (1984, 1989, 1997, 2002) propone que si la terapia no está sirviendo al terapeuta para su propio desarrollo, seguramente tampoco estará sirviendo al desarrollo de su consultante. Sería ilógico pensar lo contrario; cómo podríamos estar inmersos en una actividad de co-construcción y transformación, y no ser transformados en el transcurso.

Una confusión común entre los terapeutas que intentan trabajar desde una perspectiva relacional (sean o no de línea existencial), es creer que un trabajo recíproco es un trabajo de igualdad. Es importante recordar que reciprocidad e igualdad son dos formas diferentes de acercarse a una relación. Terapeuta y consultante están juntos por diferentes razones y desde diferentes roles. Los consultantes llegan a terapia generalmente

---

[95] (van Deurzen, 2001, p. 52).

en posiciones altamente vulnerables. Como mencioné antes, son ellos los que solicitan la ayuda, lo que implica reconocer su vulnerabilidad y posible desequilibrio en su vida, mientras que los terapeutas son los que ofrecen el servicio; los consultantes pagan, los terapeutas cobran; en la mayoría de las ocasiones, los consultantes *van a ver* a los terapeutas, se dirigen a un espacio que es donde el terapeuta realiza su labor; también en muchas ocasiones, para los consultantes es su primer experiencia de este tipo, mientras que los terapeutas tienen este tipo de experiencias comúnmente (aún cuando cada experiencia es única, la disposición para cada una de ellas es semejante en la conciencia de los terapeutas); y no debemos olvidar que, mientras los terapeutas tienen muchos o al menos varios consultantes, los consultantes tienen un sólo terapeuta. La importancia que suele ocupar la terapia en la vida de los consultantes no es la misma que comúnmente ocupa en la vida de sus terapeutas. Vale la pena que los terapeutas no olviden todo lo que implica para una persona *dar el paso* de consultar a un terapeuta, el enorme *salto de fe*[96] que implica abrir su vida a una persona extraña. Este es un privilegio que muy pocas personas pueden experimentar en sus vidas: ser investido de confianza y compañerismo por diferentes personas que apenas los conocen y que desean explorar, de la manera más honesta posible, lo que significa existir como seres humanos.

El concepto de reciprocidad cuestiona la idea de que los consultantes son los únicos *receptores* de la terapia; que solamente ellos obtienen beneficios emocionales o psicológicos, puesto que los beneficios que los terapeutas obtienen son exclusivamente de índole económico, y quizá en su sensación de sentirse útiles o de aportar algo para el bienestar de la humanidad" Como si los terapeutas fueran poseedores de un saber que aplican a la vida de las personas que los consultan, para ayudarles a

---

[96] Utilizo la expresión *salto de fe* en el sentido propuesto por Kierkegaard, que implica asumir que existe un enorme riesgo, pero que a la vez solo lanzándonos a dicho riesgo nos sostendremos a nosotros mismos. Si deseamos conservar nuestro confort y seguridad, quizá nos perdamos de aquello que conservamos en la *más peligrosa de las aventuras*: a nosotros mismos.

existir de una manera más agradable o saludable, tanto para sí mismos como para los que conviven con ellos.

El terapeuta estadounidense Sheldon Kopp (1929-1999) consideraba que parte de la tarea del terapeuta, es dejarle saber a su consultante que él también atraviesa por dificultades en la vida, y que el entrenamiento en terapia no lo convirtió en ningún tipo de *trascendido* o *iluminado*, y que seguramente atraviesa por muchos problemas, al igual que sus consultantes.

> *[El psicoterapeuta] debe encontrar medios para hacer conocer al paciente lo siguiente:*
> *Mi dolor duele como el suyo. Cada uno de nosotros tiene lo mismo que perder: todo lo que tenemos. Mis lágrimas son tan amargas y mis cicatrices tan permanentes como las suyas. Mi soledad es un dolor en mi pecho, igual que el suyo. ¿Quién es usted para creer que sus pérdidas significan más que las mías? ¡Qué arrogancia...! Me enfurece su ignorancia de mis sentimientos. Yo vivo en el mismo mundo imperfecto en el que usted batalla, un mundo en el cual, al igual que usted, debo vivir con menos de lo que me gustaría tener... Y asimismo, usted parece pensar que debe triunfar sin fracasos, amar sin pérdidas, alcanzar lo que sea sin riesgos de desilusiones y jamás parecer vulnerable o ni siquiera tonto... ¿Por qué? Mientras tanto el resto de nosotros a veces debemos caer, herirnos, sentirnos inadaptados y volvernos a levantar y seguir adelante. ¿Por qué se le ocurre que únicamente usted no debe pasar por estas cosas? ¿Cómo se volvió tan especial? ¿De qué manera ha sido elegido...? ¿Usted dice que lo ha pasado mal, que ha tenido una infancia desgraciada? Yo también. ¿Dice que no tuvo todo lo que necesitaba y deseaba, que no siempre se le comprendía o se le cuidaba? ¡Bienvenido al club!*

> *El analista debe ayudar al paciente a ver que la*
> *sesión representa para los dos una hora de sus vidas*
> *que no será recuperada más por uno que por el otro.*
> (Kopp, 1981, p. 222, 223).

En muchos modelos terapéuticos se considera que, cuando los aspectos de la vida personal del terapeuta influyen sobre su forma de trabajar e intervenir y relacionarse en el proceso terapéutico, está cometiendo un error, en ocasiones grave, que requiere de inmediato tanto de supervisión como de una revisión intensa en un proceso terapéutico al que el terapeuta asista como consultante. En este mismo sentido, un terapeuta que *permite* que su vida personal interfiera en su trabajo está fallando en la búsqueda de una especie de *neutralidad* u *objetividad*.

Sin embargo desde una posición fenomenológico-existencial, tal neutralidad u objetividad son imposibles, ya que el simple hecho de buscarlas manda ya un mensaje de que preferimos ocultar nuestros aspectos personales a la vista de los consultantes. En otras palabras, la búsqueda de que nuestra vida personal y preferencias no interfieran o no influyan en el proceso terapéutico, es ya una forma de influenciarlo que interfiere en el desarrollo de ciertos procesos y experiencias, mientras que promueve otras.

En la perspectiva existencial se busca generar una relación genuina que nos acerque al trabajo íntimo y espontáneo, lo cual genera una situación de incertidumbre que no siempre resulta cómoda para los participantes. Aún cuando podemos considerar tal intimidad útil para los procesos terapéuticos, no podemos asumir que todos los consultantes desean tal tipo de relación, o que la intimidad es siempre algo positivo, bueno, o deseable. Es mucho más seguro partir de que las personas solemos tener posiciones ambivalentes con respecto a la intimidad (van Deurzen, 2001).

Es posible partir entonces de que hagamos lo que hagamos (o dejemos de hacer lo que dejemos de hacer), nuestra propia personalidad, estilos y experiencias en la vida estarán presentes a cada momento de las sesiones terapéuticas, y las temáticas sobre las que giren nuestras conversaciones serán siempre compartidas. Como mencionaba Kopp, las luchas y dilemas de nuestros consultantes son siempre nuestras también. Es común que los terapeutas sientan que sus consultantes enfrentan las mismas problemáticas existenciales que ellos. No podría ser de otro modo.

Emmy van Deurzen no considera esto una complicación, sino incluso una ventaja: "Me parece que la esencia de un buen trabajo terapéutico consiste en ser capaces de engancharnos francamente con los problemas vitales que nuestros clientes enfrentan." (van Deurzen, 2001, p. 107). Todos confrontamos los mismos asuntos antes o después. Aquellos problemas que nuestros consultantes enfrentan, es muy posible que hayan sido nuestros propios problemas alguna vez, o quizá lo son ahora, o lo serán después; por lo que en vez de asumir la posición alejada o desinteresada, podemos reconocernos como co-investigadores, trabajando y analizando conjuntamente; o como *compañeros de ruta*:

> *Dado que los terapeutas, no menos que los pacientes, deben confrontar [los] supuestos de la existencia, la postura profesional de objetividad desinteresada, tan necesaria para el método científico, resulta inapropiada. Nosotros los psicoterapeutas simplemente no podemos derramar comprensión y exhortar a los pacientes a que luchen denodadamente con sus problemas. No podemos hablarles de usted y sus problemas, sino de nosotros y nuestros problemas [...] Todos estamos en todo esto juntos.* (Yalom, 1989, p. 27).

Mientras la terapia se apoye en un modelo médico de trabajo, y por ende se base en el paradigma salud *versus* enfermedad, los consultantes se considerarán *enfermos* y las intervenciones terapéuticas estarán encaminadas a *curar*; los terapeutas tenderán a cuidarse de cualquier forma de *contaminación* o *contagio* por lo que mantendrán *distancia* en las relaciones con sus consultantes. Si logramos cambiar hacia un paradigma que contemple nuestro trabajo como una investigación existencial, quizá sea más sencillo permitirnos, animarnos, a permanecer abiertos al encuentro con el otro, a ser tocados con su narración y a experimentar emociones ante los sucesos propios de la existencia, y entonces estaremos más abiertos a dudar y a maravillarnos con la existencia compartida (van Deurzen, 2001).

Cuando los terapeutas se apoyan en una perspectiva unidireccional del proceso terapéutico, reproducen el dualismo sujeto/objeto "que está tan generalizado en la estructuración de las relaciones de poder en la cultura occidental contemporánea." (White M., 1997, p. 164). En dicha postura se parte de la idea de que es posible que el trabajo se dirija y afecte a sólo uno de los participantes en el proceso. La fenomenología es en gran parte, un intento de escapar de este dualismo. Específicamente en términos terapéuticos, el intento de salir de dicho dualismo es también el deseo de evitar sus efectos. Según Michael White —terapeuta narrativo con posturas muy próximas a la fenomenología existencial—, un número importante de las personas que asisten a terapias no relacionales y unidireccionales, padecen sobre su personalidad los efectos que dicha posición dualista tiene, llegando a ciertas conclusiones sobre la vida en general y sobre sí mismas en particular:

> *"Comprenden" que están privados de los saberes y habilidades necesarios para abordar los problemas de sus vidas. "Reconocen" el hecho de que carecen del discernimiento personal para saber qué sería lo mejor para sus vidas. Se han "dado cuenta" de que carecen de las cualidades personales necesarias para salir de sus dificultades. Han "comprendido" que son un fracaso y una carga para la vida de los demás. Etc. (White M., 1997, p. 165).*

Como mencionamos anteriormente, Alan Watts consideraba que el principal problema de las terapias occidentales es que trataban de sanar la escisión (sensación de estar divididos o separados del mundo, de la vida, de otros, o de nosotros mismos) en que las personas viven, a través de métodos que transmiten una mirada que las escinde aún más.

Por otra parte, reconocer la perspectiva relacional y, por ende, recíproca del proceso terapéutico, implica que los terapeutas reconozcan y admitan —tanto de forma implícita como explícita— que el proceso les afecta y transforma, facilitando y promoviendo su aprendizaje y desarrollo tanto a nivel profesional (en las prácticas terapéuticas que desarrollen o en relación con su experiencia laboral de manera más amplia), como en sus relaciones interpersonales, su relación consigo mismos, los relatos que realicen sobre la existencia y su propia identidad, y en su vida en general. La reciprocidad explícita requiere que los terapeutas compartan con sus consultantes, en algunas ocasiones, las formas específicas cómo la terapia les está siendo de utilidad en sus propias existencias profesionales y personales. Esta explicitación de la manera cómo los encuentros terapéuticos afectan al terapeuta ha sido llamada *prácticas de recepción y devolución*:

> *Las prácticas de recepción y devolución no son una fórmula para la producción de una forma de egocentrismo del terapeuta, sino un antídoto contra ella. Cuando están informadas por la tradición de la práctica descentrada [relacional], estas prácticas de recepción y devolución presentan opciones hacia nuevas rutas en la exploración de los territorios de las vidas de las personas.* (White M., 1997, p. 185).

A la vez, esta forma de conceptualizar el proceso terapéutico "contradice la idea de que las personas tienen deficiencias en sus saberes, habilidades y cualidades personales que sólo pueden ser abordados recurriendo a las habilidades, saberes y cualidades del terapeuta." (White M., 1997,

p. 168). A partir de una concepción recíproca nos convertimos en una especie de anfitrión que recibe a un invitado especial en su casa; y al mismo tiempo somos visitantes del mundo personal de nuestros clientes, del cual ellos son nuestros anfitriones.

En un enfoque así, los participantes (ya sea que realicen el rol de consultantes o de terapeutas), experimentan un sentido de *pertenencia* hacia el proceso terapéutico, lo cual puede invitarlos a un mayor grado de *participación* y a *compartir* historias o narraciones más íntimas, lo que facilita que las personas se *apropien* de su experiencia y del proceso terapéutico mismo, y al apropiarse, se encuentren más disponibles para una *responsabilidad compartida* (Anderson & Gehart, 2007).

Berenstein (2004) también hace una diferencia entre el trabajo con una *visión del uno* a un trabajo con una *visión del dos*. En la visión del uno: el trabajo se constituye con uno que requiere elaborar sus conflictos internos y otro que permite y colabora en el conocimiento de aquel, con base a una fuerte relación de asimetría. Entonces se habla del despliegue de la *transferencia* del paciente sobre la persona del analista o terapeuta, que ha de ubicarse en una posición de neutralidad, poniendo en suspenso toda valoración, neutralizando en todo lo posible su presencia para dar lugar al despliegue del mundo psicológico del paciente.

En la *visión del dos*: se trata de dos sujetos que, sin omitir ni suprimir quien es cada uno, avanzan en la producción del vínculo entre ellos, para encontrarse y admitir que, a partir del encuentro, cada uno será un poco diferente de lo que era.

Como mencioné anteriormente, ya Minkowski (1885-1972), uno de los pioneros de la aplicación de la fenomenología-existencial a la psiquiatría, había sugerido el paso de una psicología en tercera persona —o psicología objetiva, que trata de definir la realidad humana como si describiera un objeto fijo e inmutable—, y de una psicología en primera persona —o psicología introspectiva, que se fundamenta en la auto observación de los propios procesos subjetivos—, hacia una psicología en segunda persona, basada en la observación y análisis de un *tú*, entendido como realidad interpersonal que se dirige hacia el encuentro con los otros.

> *El terapeuta que busca seguir el modelo fenomenológico-existencial, tiene como meta ganar un nivel adecuado de entrada al mundo vivo de su cliente. Sin embargo, esto requiere que el terapeuta sea, en muchos sentidos, un participante 'en' la relación, en vez de un observador desapegado que se mantiene en el 'exterior' del mundo psíquico de su cliente, haciendo comentarios o interpretaciones sobre el mismo. En la relación terapéutica, el terapeuta es 'el otro' de la experiencia actual de su cliente. De esta forma, el terapeuta se convierte tanto en el representante de los otros, hacia el cual el cliente manifiesta su forma de ser; como en 'la excepción a la regla', cuya manera de ser con el cliente le provee a este último la posibilidad de experimentar formas de ser novedosas.*
>
> *Este reto para el cliente reta a su vez al terapeuta de maneras significativas. La propia forma de ser del terapeuta, y los valores subyacentes, creencias y suposiciones que la mantienen, pueden ser profundamente sacudidos a través de los encuentros con los clientes.* (Spinelli, 1997, p. 7).

La Actitud del *No-Saber*

> *No-saber no significa*
> *que no sabemos nada,*
> *sino que estamos más allá*
> *del conocimiento absoluto.*
>
> Jaques Derrida.[97]

Entre las implicaciones de trabajar fenomenológicamente y de fomentar el diálogo recíproco entre los participantes de la terapia, la actitud de *no-saber* resulta fundamental.

Es importante subrayar que dicha actitud no significa que la terapeuta deba negar o rechazar sus conocimientos, simplemente se trata de que los reconozca y acepte que son *suyos y de la comunidad que los comparte*, mas no necesariamente deben ser compartidos por su consultante, por lo que conviene cuidarse de que se conviertan en prejuicios y se consideren reflejos de la realidad sobre la existencia del otro. No importa tanto tener ideas preconcebidas sobre nuestro consultante o acerca de las experiencias, asuntos y situaciones que nos narra, lo que realmente importa es lo que *hagamos* con ellas (Anderson, 1999). La actitud fenomenológica es entonces la principal herramienta fenomenológica.

A su vez, los terapeutas no deben convertirse en una especie de detective que desea descubrir la 'verdad'. En vez de ello, el reconocimiento y aceptación de la incertidumbre pueden ser considerados requisitos para la aplicación de la fenomenología en terapia. Una cierta disponibilidad para dudar de nuestras propias ideas y conocimientos, para no apresurarse en la comprensión del discurso del consultante, ni considerar que ya lo conocemos, así como para no validar ni valorar más nuestra opinión que la de los consultantes, sobre todo cuando dicha opinión se refiere a ellos; es el punto de partida para la aplicación de la fenomenología. En otras palabras, las reglas

---

[97] (en Anderson, 1999, p. 190).

mencionadas en el capítulo 3 (epojé, descripción y horizontalización), fundamentan la disponibilidad de la terapeuta para mantenerse sin creer que "sabe" lo que su consultante está experimentando y/o debería hacer a continuación. En vez de ello, la fenomenología invita a los participantes del proceso terapéutico existencial a compartir una indagación sobre su experiencia inter-relacional, y sobre aquellas experiencias que el consultante desee explorar en el marco de la relación terapéutica.

Por lo mismo las preguntas que la terapeuta existencial formula son *verdaderas preguntas*, no conoce las respuestas antes de formularlas, y surgen del encuentro mismo.

Lo anterior implica también una cierta disponibilidad para el riesgo: "La posición de no-saber es vulnerable; los terapeutas también corren el riesgo de cambiar" (Anderson, 1999, p. 187). Parte de asumir el riesgo de la incertidumbre, es la disponibilidad para ser guiado por su consultante, para dejarse enseñar por él/ella, y para que pueda aprender la forma como hace sentido para ellos la información que, a nosotros, puede parecernos absurda (como en el ejemplo del director teatral que comenté anteriormente) y sobre todo, para tolerar que ninguno de los participantes del proceso terapéutico sabemos a ciencia cierta lo que éste va a producir en nosotros o en nuestras existencias.

Sobre la Transferencia y la Contratransferencia[98]

> La mente humana individual no puede
> surgir ni sostenerse por sí misma, de forma
> totalmente independiente de otras mentes.
> Stephen A. Mitchell.[99]

En mi experiencia ofreciendo entrenamiento en terapia existencial, me enfrento a menudo con preguntas de los alumnos con respecto a los conceptos de *transferencia y contratransferencia*. Aun cuando se trata de conceptualizaciones propias del modelo psicoanalítico, me detendré en este capítulo para realizar algunas aclaraciones al respecto por el hecho de que los diferentes autores se refieren a estos temas de manera muy dispar. Por ejemplo, algunos pensadores como Irvin Yalom (quien evidentemente se apoya en perspectivas psicoanalíticas), consideran conceptos como el de la contratransferencia una parte importante del trabajo terapéutico; mientras que otros como Emmy van Deurzen apenas los mencionan, ya que parten de una conceptualización más directamente existencial de las relaciones humanas.

Desde el punto de vista existencial, la relación terapéutica es el verdadero factor transformador, y enfocarlo desde la postura de la transferencia equivale a distorsionar la terapia misma:

> *El hecho de contemplar la relación entre el terapeuta y el paciente, primordialmente en términos de la transferencia, niega la naturaleza verdaderamente humana y transformadora de la relación. Son muchas las pruebas que demuestran que lo que cura es la relación real; y contemplar la relación*

---

[98] Algunos de los siguientes puntos de este apartado fueron tomados de un artículo homónimo publicado en la revista *Figura/fondo* No.21 Primavera 2007. Revista del Instituto Humanista de Psicoterapia Gestalt, México.

[99] (2003, p.57).

> *terapéutica como un vehículo para transportar la mercancía curativa (el conocimiento profundo, el descubrimiento de los hechos prematuros de la vida, etc.) es confundir el recipiente con el contenido. La relación es la mercancía curativa, y, como ya sabemos, la búsqueda del conocimiento profundo y las excavaciones del pasado son tareas interesantes, aventuras aparentemente provechosas en las que se mantiene distraída la atención del paciente y del terapeuta, mientras, por otro lado, está germinando el verdadero agente de cambio, la relación.* (Yalom, 1984, p. 485).

Para Irvin Yalom, no tanto la transferencia sino la contratransferencia, recibe una importancia fundamental para el terapeuta:

> *Los mejores jugadores de tenis del mundo se entrenan cinco horas por día para eliminar toda debilidad en su juego. Los maestros del Zen aspiran siempre al estado de reposo de la mente, la bailarina, al equilibrio absoluto; y el sacerdote no hace más que examinar su conciencia. Todas las profesiones tienen dentro de ellas un reino de posibilidad en el cual quien la practica pueda buscar la perfección. Para el psicoterapeuta, ese reino, ese curso de inagotable autoperfeccionamiento del que nadie se gradúa recibe en la jerga profesional el nombre de Contratransferencia.* (Yalom, 1989, p. 111).

En otra parte, hablando de los terapeutas, dice:

> *Una de las tareas más importantes de la terapia es prestar atención a nuestros sentimientos más inmediatos, dado que representan datos de mucho valor.*

> *Si en la sesión se siente aburrido, irritado, confundido, excitado sexualmente o excluido por su paciente, considere esos sentimientos como una fuente importante de información.* (Yalom, 2002, p. 84).

Rollo May (1909-1994), uno de los principales voceros de este enfoque en Estados Unidos, consideraba que la transferencia podía ser una defensa cómoda y siempre útil para el terapeuta, porque puede servir para esconderse y protegerse de la ansiedad que provoca el encuentro directo con su cliente, además de que enfocarse en la transferencia "puede debilitar toda la experiencia y el sentido de la realidad durante la terapia; las dos personas que están en el consultorio se convierten en 'sombras', y también todos los demás en el mundo." (May, 2000; p. 119 y 120).

Desde su punto de vista, habría que enfocarnos en el encuentro, y entender la transferencia como la *distorsión del encuentro*.

May también describe que el encuentro terapéutico ocurre simultáneamente en varios niveles:

1.- El nivel de las personas reales.- En donde puedo alegrarme por ver a mi paciente, puesto que "el hecho de ver a otro alivia la soledad física que es patrimonio de todos los seres humanos". (May, 2000; p. 121); o de igual forma el cliente puede alegrarse de verme a mí.

2.- El nivel de los amigos.- Confiemos que el otro tiene un interés real en el encuentro.

3.- El nivel de la estima o afecto.- La capacidad de sentir preocupación por el bienestar ajeno.

4.- El nivel erótico.- May consideraba que el erotismo forma parte de cualquier relación humana y que era importante no negar este aspecto, sino aceptarlo como parte de nuestra naturaleza, como una de las formas de la comunicación, y que si el terapeuta no lo reconoce, se perderá uno de los recursos más dinámicos para el cambio en la terapia.

También reconoce que "si alguien siente, en la relación terapéutica, una atracción erótica activa, el otro también la sentirá. [...] [puesto que] no es posible que una persona sienta algo sin que la otra persona también lo sienta en alguna medida". (May, 2000; p. 121-122).

Yalom amplía esa idea:

> *Uno de los axiomas de la psicoterapia es que los sentimientos importantes que uno tiene hacia otra persona siempre terminan siendo comunicados por un canal u otro, verbalmente o no. Durante muchísimo tiempo he enseñado a mis estudiantes que si en una relación hay algo importante de lo que no habla, ya sea el paciente o el terapeuta, entonces no se hablará tampoco de ninguna otra cosa importante.* (Yalom, 1989, p. 142).

Todos los niveles de los que habla May son parte del encuentro real, y cada uno de ellos se podría ver distorsionado por la transferencia, pero esta última es una desviación que requiere ser señalada y corregida en aras de centrarnos en el encuentro real.

Como la relación terapéutica se desarrolla entre dos personas (o más en el caso de la terapia de pareja, familia o grupal), quienes se encuentran regularmente para compartir aspectos íntimos de la vida, es normal que aparezcan emociones en los participantes, incluso emociones intensas. Emociones como el amor y el odio pueden aparecer en la relación terapéutica de la misma manera que pueden aparecer en cualquier otra relación íntima. Aun si el amor u odio del consultante hacia su terapeuta están apoyados en experiencias infantiles o en pasiones de su pasado, *siguen siendo experiencias reales* hacia la figura de su terapeuta, reacciones reales a intercambios ocurridos (o ausentes pero deseados) en el trabajo terapéutico. De la misma manera, el amor y odio del terapeuta es también perfectamente natural e inevitable: los consultantes suelen decir, experimentar o hacer cosas, que son dignas de ser amadas u odiadas; y a la vez, por muy maduro o desarrollado que se encuentre el terapeuta en términos de su vida personal, inevitablemente es involucrado emocionalmente con las experiencias emotivas de sus consultantes.

De hecho se anima al consultante a explorar detenidamente sus experiencias emocionales intensas, en la seguridad del mundo terapéutico. Cabe aquí recordar que *permitirnos sentir emociones intensas hacia la otra persona es una cosa, y hacer algo al respecto es otra.* Los terapeutas podemos experimentar emociones intensas durante el proceso terapéutico, mas las analizamos como parte de la exploración del mundo terapéutico que estamos co-construyendo, no las fomentamos. Lo que distingue a la relación terapéutica de otras es que, por lo menos el terapeuta, está comprometido con la construcción del mundo terapéutico, por lo que es el responsable de mantener la relación en el ámbito profesional en todo momento, aunque no por ello debe sacrificar sus aspectos más humanos y sensibles.

Es posible entrever entre estos planteamientos, la idea fundamental de la visión existencial de que no hay división entre sujeto y objeto y, por lo tanto, tampoco entre sujeto y sujeto. A nivel de nuestras relaciones interpersonales, hay necesariamente una resonancia entre las personas que, afecta e influye a lo que cada uno de los involucrados es. De hecho, dicha resonancia co-construye a las personas, y si no la sentimos, es muy posiblemente debido a una falta de costumbre, o a un bloqueo de nuestra parte.

Fenomenológicamente hablando, no tiene ningún sentido hacer una distinción entre *relación transferencial* y *relación real.* La relación terapéutica es siempre real y es siempre mutua mas, como toda realidad, requiere de elucidación (Cohn, 1997).

En la **Terapia Existencial**, no es apropiado entender estos fenómenos relacionales como *proyecciones*, porque contiene ciertas suposiciones que no tienen cabida fenomenológica: 1.- la existencia de 2 psiques o egos; 2.- la posibilidad de depositar los contenidos de una de estas psiques sobre la otra. Desde una perspectiva existencial, una persona nunca puede ser una pantalla para las proyecciones de la otra (Cohn, 1997).

En palabras de Cohn (1997):

> *Un cliente no "transfiere" su experiencia pasada de mamá o papá al terapeuta, cubriendo la realidad del terapeuta en el proceso, sino que la forma como el cliente experimentó a su madre o padre estará presente en su experiencia de aproximarse a su terapeuta. Esto no ocurre como si fuera una reminiscencia del pasado, sino como un aspecto de la capacidad presente del cliente de experimentar a una persona de cierta manera —por ejemplo como una persona de autoridad cuya ayuda es aceptada con cierta suspicacia. Esta parte de la relación terapéutica no es menos real que cualquier otra cosa que se experimente en ella. La experiencia del terapeuta es igualmente influenciada. (Cohn, 1997, p. 27).*

Emmy van Deurzen (2000; 2001) propone que en la relación terapéutica, tanto cliente como terapeuta, se encuentran teniendo ciertas bases o fundamentos. El trabajo en la clarificación de los mismos, reemplaza las ideas de transferencia y contratransferencia. Dicha clarificación, no considera que estas bases sean *distorsiones*, ni que haya nada *erróneo*, regresivo o psicopatológico en ellas. Al mismo tiempo, elimina la atractiva pero ilusoria idea de que pueda haber una actitud neutral y libre de interferencias del terapeuta hacia su cliente. Una parte fundamental del trabajo consiste, entonces, en que el terapeuta parta de no negar dichas influencias y de estar constantemente dispuesto a explorarlas y clarificarlas junto con su cliente.

Es posible distinguir los siguientes tipos de influencias o fundamentos presentes en el encuentro terapéutico:

Fundamentos del terapeuta.

Actitud del terapeuta.- Son las bases que aportamos a la relación por la persona que somos y las experiencias vitales que tenemos. Debido tanto a nuestro temperamento, como a las experiencias que hemos vivido, tendemos a reaccionar y responder de ciertas maneras. Es natural tender a asumir que otros, en este caso el cliente, responderán a las mismas situaciones de manera similar a nosotros, aunque esto a menudo es falso.

Orientación del terapeuta.- Consiste en la influencia que como terapeutas tenemos debido a nuestros sistemas de creencias sobre lo "bueno y saludable", así como a nuestro marco de orientación y referencia teórico dentro de la psicología y terapia. Esta orientación coloca todo lo que escuchamos o vemos en una postura particular, la cual es necesariamente selectiva.

Estado mental del terapeuta.- Tiene que ver con los eventos que nos hayan ocurrido en el día mismo de la sesión con nuestro cliente, o en esa particular época de nuestra vida. Por ejemplo, no escuchamos igual a nuestro cliente cuando estamos atravesando un duelo o una separación que cuando nos encontramos esperando la llegada de un nuevo miembro a nuestra familia.

Reacción del terapeuta.- Se refiere a la inmediata respuesta al hecho de ser confrontados con este cliente en particular. Clientes diferentes provocan diferentes reacciones en nosotros. "Respondemos en la forma en que lo hacemos, no solo por lo que somos, sino también por lo que ellos son. La forma en que respondemos, entonces, puede enseñarnos lecciones acerca del cliente tanto como lecciones acerca de nosotros mismos". (van Deurzen, 2010, p. 222).

Fundamentos del cliente.

Actitud del cliente.- Al igual que el terapeuta, el cliente tiene sus propias actitudes hacia la vida y hacia los otros, las cuales seguramente se verán reflejadas en la actitud que muestre hacia la terapia o el terapeuta. Además, es importante tomar en cuenta que esta actitud será, al menos parcialmente, una reacción a nuestra propia actitud.

Orientación del cliente.- El cliente también cuenta con un sistema de valores y creencias que seguramente ejercerán una influencia sobre la relación terapéutica.

Estado mental del cliente.- Parte de la tarea del terapeuta existencial consiste en monitorear las fluctuaciones en el estado mental de su cliente en el transcurso de la sesión. ¿Cómo se modifica ante los diferentes eventos que se van suscitando?, ¿varía según los diferentes temas que va explorando o discutiendo?

Reacción del cliente.- Otra tarea del terapeuta consiste en poner atención a las reacciones del cliente ante sus intervenciones o comentarios (o a la falta de ellos). (van Deurzen, 2010).

La tarea terapéutica es un ir develando y analizando todo lo anterior, en aras de ampliar nuestra comprensión de los fenómenos relacionales que se produzcan durante el proceso terapéutico.

Parte fundamental de esta tarea, consiste en la revisión explícita de los sentimientos presentes *aquí y ahora* durante la sesión, en todos los involucrados (el enfoque es igual tratándose de terapia de grupo). Se considera que, al ser los problemas humanos básicamente relacionales, terminarán por manifestarse en el aquí y ahora de la relación terapéutica.

De todo lo anterior se sigue que, en aras de co-construir un buen encuentro terapéutico (que signifique una situación de crecimiento para los involucrados), parte importante de la tarea terapéutica consiste en involucrar al cliente en la relación, explorando los obstáculos que presente para mantener un buen grado de intimidad con nosotros como sus terapeutas. Yalom (1984, 1997, 2002) y Spinelli (2005) sugieren que se preste atención a ello por lo menos una vez en cada una de las sesiones o, incluso, hacer de esto uno de los principales métodos utilizados en el proceso terapéutico.

Uno de los principales aspectos del trabajo terapéutico relacional consiste en mantener una continua reflexión y análisis sobre la relación entre consultante y terapeuta, ya sea de manera explícita o que permanezca en la conciencia del terapeuta para poder ser utilizado cuando resulte conveniente el proceso. Dicho análisis promoverá nuevos estilos de vinculación, los cuales generarán nuevas experiencias, lo que conducirá a que ambos expandan su repertorio relacional no sólo en el mundo-terapéutico, sino en el mundo amplio de la existencia cotidiana.

Lo anterior se puede explorar realizando abiertamente preguntas como las que propone Yalom:

> *¿Cómo nos está yendo hoy?; ¿Cómo experimentas el espacio entre tu y yo?; ¿Cuál es tu experiencia de mí en este momento?; ¿Cómo te experimentas a ti mismo mientras estás conmigo?; o inclusive pidiéndole al cliente que se proyecte hacia el futuro, por ejemplo: Imagine una media hora a partir de ahora: está en el auto volviendo a casa, pensando en la sesión. ¿Cómo se va a sentir hoy con respecto a usted misma y a mí? ¿Cuáles serán las frases silenciadas o las preguntas informuladas de nuestra relación hoy?* (Yalom, 2002, p. 32).

Además, si se procura que el cliente se involucre profundamente con su terapeuta, también se alienta a que el terapeuta haga lo mismo, y que permita que el paciente le importe. Después de todo, durante el proceso terapéutico se comparten momentos intensos de intimidad y de reflexión, lo que difícilmente deja sin afectación a todos los participantes:

> *Es triste pensar en estar con otras personas durante tanto tiempo y sin embargo no dejar que nos importen lo suficiente como para que nos influyan y nos cambien. Lo insto a que permita que sus pacientes le importen, a que permita que entren en su mente, lo influyan, lo cambien, y a no ocultarles*

*ese hecho. [...] La apertura del terapeuta engendra
la apertura del paciente.* (Yalom, 2002, p. 45 y 48).

Un aspecto importante para que el terapeuta se sienta cómodo durante un trabajo terapéutico relacional –y que implique involucramiento emocional–, es que vigile que ciertas áreas de su vida se encuentren lo mejor abastecidas que sea posible. En mi experiencia personal como terapeuta y como formador de terapeutas, me he encontrado con que, cuando los terapeutas experimentan carencias en alguna de las siguientes cinco áreas, suelen recargarse demasiado en sus consultantes, o permanecen en una postura fría y lejana, en su deseo de mantenerse y mantener a sus consultantes *seguros* en la relación. He llamado a estas áreas los *cinco presupuestos,* por la analogía económica de la importancia de contar con un buen presupuesto de dinero para realizar ciertas tareas:

1.- *Presupuesto económico.-* Cuando los terapeutas atraviesan por etapas de crisis económica, en ocasiones pueden empezar a recibir más gente de la que su energía y atención les permiten, lo que repercute en que se experimenten cansados con la mayoría de sus consultantes. Otra opción es que, en aras de mantener a sus clientes, se comporten condescendientes para evitar que a sus consultantes se les despierten deseos de dejar de asistir a terapia.

2.- *Presupuesto Sexual.-* Todos tenemos necesidades eróticas y sexuales, en diferente grado y de maneras distintas a lo largo de nuestra vida. Cuando los terapeutas pasan por un momento de carencia o frustración con respecto a su sexualidad, pueden sentirse envidiosos hacia sus consultantes cuando éstos atraviesan buenos momentos en esta área de su existencia. Otra opción es que el terapeuta le *busque la sonrisa a las hormigas*; en otras palabras, que aspectos que su consultante le presenta con un bajo o nulo nivel de erotismo, el terapeuta lo escuche exagerando dicho aspecto, o lo acentúe cuando no es el principal interés de su consultante.

3.- *Presupuesto amoroso*.- de la misma manera que en los presupuestos anteriores, todos requerimos sentirnos queridos y con relaciones interpersonales que nos expresen de manera implícita y explícita su amor hacia nosotros. Cuando los terapeutas sentimos que este presupuesto nos falta, es común que tengamos una perspectiva pesimista de la vida, y actuemos con facilidad de manera amarga, sobre todo ante las experiencias amorosas de los consultantes. Otra opción es que juguemos el rol de las *buenas y amorosas personas*, esperando recibir afecto de parte de nuestros consultantes, y que en el extremo se los demandemos explícitamente.

4.- *Presupuesto de reconocimiento social o narcisista*.- es común que los terapeutas deseemos sentirnos reconocidos (al igual que el resto de los seres humanos); que deseemos ser vistos de manera positiva por otros, que nos miren como *buenos terapeutas*, inteligentes, generosos y con amplias habilidades. En ocasiones este presupuesto puede abastecerse en experiencias más allá de la terapia, a través de conferencias y cursos, o por vía de alguna otra actividad que realicemos, aun si no es del ámbito de la terapia. Cuando este presupuesto está por debajo de nuestras necesidades, los terapeutas podemos esperar recibir reconocimiento de nuestros consultantes, por lo que empezamos a comportarnos de maneras que intuimos o imaginamos que les agradarán, dejamos de decir cosas que podrían confrontarles, o somos sobre-permisivos con los límites del encuadre.

5.- *Presupuesto de control y certidumbre*.- Aún cuando los terapeutas existenciales reconocemos dentro de nuestro marco teórico el aspecto de la incertidumbre básica de la vida, y podemos desear aceptarla como un aspecto inalienable de la existencia, en ocasiones los niveles de incertidumbre en nuestra cotidianidad llegan a niveles fuertemente angustiantes. En esas ocasiones los terapeutas pueden conducir las conversaciones terapéuticas hacia los aspectos que les están preocupando, incluso si no son los temas más relevantes para sus consultantes en el momento. Otra opción común, es que los terapeutas comiencen a dar consejos y sugerencias sobre lo que los consultantes deberían hacer. Como si no soportaran la incertidumbre en la vida de sus consultantes, cuando ellos mismos no alcanzan a tolerarla en sus propias vidas.

Es por el movimiento y el fluir constante de la existencia, que en ocasiones hay poco que podemos hacer para evitar que estos presupuestos disminuyan importantemente en nuestras vidas. Lo importante es que seamos conscientes de ello para que podamos recurrir a alguna red de apoyo emocional (la supervisión, la terapia personal del terapeuta, o grupos de colegas con quienes poder hablar de estos asuntos de manera íntima y honesta) que nos ayude a atravesar dichas crisis.

Capítulo 6 Terapia Existencial: propuesta post-Cartesiana

Podría decirse que para las personas
no puede haber separación:
sólo amenaza de separación.
David Winnicot[100].

La palabra post-Cartesiana se refiere a una forma de aproximación al conocimiento que es característico de la llamada posmodernidad, la cual consiste principalmente en el intento de trascender el llamado 'dualismo cartesiano' que ya describimos en el capítulo 4. Me parece que ambos términos —tanto *'posmoderno'* como *'post-Cartesiano'*— aplican al menos parcialmente para describir aspectos fundamentales del estilo terapéutico de la *Escuela Mexicana de Terapia Existencial,* ya que ésta es una propuesta inestable, contextual y situacional, indeterminada o en flujo, en permanente cambio y evolución, que cuestiona y reta muchas de las perspectivas clásicas de la llamada 'modernidad'; como ya hemos visto a lo largo del presente texto y seguiremos revisando en el Volumen 2. Antes de cerrar este primer volumen, quisiera dedicar un espacio para intentar acercarnos un poco más a lo que implica una propuesta post-Cartesiana de la **Terapia Existencial.**

El Paradigma Relacional: modelo post-Cartesiano

El paradigma relacional impregna cada vez más el campo de las terapias contemporáneas y posmodernas (como las llamadas 'terapias de tercera generación'). Al mismo tiempo, no sólo resulta congruente con las propuestas post-Cartesianas y del posmodernismo, sino que también se presenta como una necesidad ante el individualismo progresivo y exacerbado de la cultura occidental de hoy en día. Además

---

[100] (en Mitchell, 1993).

de las propuestas posmodernas, también el movimiento feminista ha promovido una perspectiva más relacional de la terapia. No podemos olvidar que hoy en día, nuestro campo profesional se encuentra principalmente representado por mujeres. Lewis Aron (2013) nos comenta al respecto:

> *(...) Una cantidad enorme de mujeres ingresó a la profesión de la psicoterapia, mientras el número de hombres fue declinando continuamente. Philipson señala que el cambio desde un modelo basado en los impulsos a uno relacional se debe al restablecimiento del género en el campo. Aunque en la mayoría de sus escritos los analistas relacionales no reconocen la influencia directa del género, ésta se aprecia en los principales cambios acaecidos en el psicoanálisis desde el origen de este modelo. Muchos de los artículos escritos en la década pasada sobre teoría y práctica relacional fueron influenciados indirectamente por el feminismo y por el arribo de mujeres a las profesiones relacionadas con la salud mental. Así, estas contribuciones ponen gran énfasis en la mutualidad entre el paciente y el analista y reconocen la dimensión intersubjetiva del tratamiento. Los aportes centrados en la psicología de dos-personas, en el constructivismo social y en el analista visto como parte intrínseca del sistema en estudio fueron, al menos en forma indirecta, teñidos por la crítica del feminismo a los ideales masculinos de una ciencia objetiva y a la falta de concurrencia con el objeto de investigación [... así como la crítica a] la idealización de la independencia y del sí mismo aislado de la cultura. (Keller, 1985; Flax, 1990; en Aron, 2013).*

Otro enfoque terapéutico: la terapia Gestalt, también se apoya en el paradigma relacional. Se acerca a esta propuesta en términos de lo que denomina el *campo organismo-entorno*. Este concepto es un modelo relacional que engloba tanto al organismo fisiológico como al entorno físico y social que le rodea. Para este enfoque, el Self no se encuentra *del lado del organismo* en dicha ecuación, tampoco se trata de una sustancia o de un ente que pueda ser sujetado, encontrado o perdido. Se entiende más como una *función* del campo que *ocurre en la frontera* entre el organismo y el entorno. Una frontera que por un lado separa o, mejor dicho, distingue; pero al mismo tiempo une. Para poder distinguir hace falta la comparación y diferenciación con lo otro. El Self para la Terapia Gestalt entonces, es un fenómeno de frontera, es la experiencia misma de vivir en el límite. Desde este marco conceptual, la experiencia humana es una función relacional, una acción en movimiento, un proceso en devenir que se despliega con base a la manera como el organismo y el entorno se encuentran o *contactan*. Resulta evidente la similitud entre el marco gestáltico y el existencial, quizá por ello es que este enfoque mereciera ser considerado más del lado de las *terapias existencialmente orientadas* que, como suele pensarse, dentro de la tercera fuerza o psicología humanista.

Así mismo en el campo del psicoanálisis, la analista belga Luce Irigaray (n. 1930) se refiere a la vinculación interpersonal como *serdos* (Irigaray, 1998). Su propuesta es interesante porque muestra como, en lugar de buscar el romántico *tú y yo somos uno mismo*, podemos reconocer que cada uno de nosotros es siempre *más de uno,* y que en cada relación, sobre todo en las relaciones de intimidad o que intentan construir una intimidad (como la relación terapéutica), la constitución de cada uno de los participantes está marcada por la participación del otro.

En este mismo momento, yo aquí sentado escribiendo estas palabras, no soy independiente de mis relaciones con otros. Por un lado no puedo evitar imaginármelo(a) a usted, lector o lectora, en el preciso momento en que pasa su mirada por estas palabras; por lo que mi manera de expresarme al escribir está constituida en parte por lo que imagino de usted. Si imagino que quizá no está logrando captar lo que quiero decir, recurriré a un ejemplo, o a decirlo de otro modo, para expresarme de una forma en donde imagine que usted me entiende.

De la misma forma, mi expresión está inmersa en una enorme cantidad de relaciones e impregnada por ellas. Mientras escribo y me expreso, soy consciente de que lo hago en el idioma español. Con lo cual transmito también toda una cultura y una forma de pensar. Así mismo, lo hago en un estilo particular, que responde principalmente a la cultura mexicana de finales del siglo XX y principios del XXI. Siendo aún más estricto, mi estilo particular de expresión incluye mis relaciones familiares, amistosas, y con colegas dentro del campo profesional de la psicología y la terapia. Cuando me expreso en estas líneas, toda mi red de relaciones me influye en la elección de las palabras, en el estilo en el que las expreso (o intento hacerlo), e incluso en los conceptos y marcos de referencia en los que me apoyo.

Las ideas que trasmito, ¿son completamente mías? Lo cierto es que podemos reconocer en ellas algunas de las ideas de Heidegger, Sartre, Spinelli, van Deurzen, y muchos otros pensadores del mundo existencial. Incluso las palabras que utilizo ahora, ¿son mías?, ¿son del papel en el que se encuentran impresas? ¿o pertenecen ahora a usted, lector o lectora mientras las lee y las incorpora a su experiencia? Ken Gergen expresa estas ideas de una forma muy clara:

> *Conforme lees estas líneas, no es claro: <u>Tú</u> eres el lector, este libro está <u>ante</u> ti, y <u>yo</u> soy el escritor. Tenemos entonces, tres entidades, —tú, yo y el libro— cada una separada y distinta. Pero reconsidera, mientras escribo estoy usando palabras que no me pertenecen; las estoy tomando prestadas de incontables fuentes y te las presento. ¿Son estas palabras, entonces, verdaderamente mías —como única expresión de mi ser independiente, o son algo*

más y en cierto grado incluso tuyas? El momento específico en el que yo el autor específicamente inicio y acabo se torna borroso [...] pero detengámonos un poco; ¿precisamente quién eres tú en esta situación? Conforme estas palabras llegan a tu conciencia, ¿no se encuentran definiendo quién eres tú en este momento? ¿no son en este momento tus palabras? ¿O eran ya tuyas desde antes? [...] en el momento de la lectura, no hay una clara distinción ni separación entre mi, el libro y tú. [...] No sólo estamos unidos juntos, sino que estamos también entrelazados con un mundo que nos precede sin un evidente final. Y cuando hagas este libro a un lado y hables con otros, te llevarás todo esto hacia el futuro. (Gergen K. J., 2009, p. 29). (Destacados en el original).

Desde un marco intersubjetivo, podemos hablar de *mundos experienciales* o *mundos de experiencia:* "hablamos de mundos subjetivos, mundos de experiencia, de universos personales." (Stolorow, Atwood, & Orange, 2002, p. 31).

En contraste con la división interior-exterior que sostiene la mente cartesiana, el concepto de un mundo psicológico propone una clase de hábitat doble. Esta posición resulta compatible con las ideas de figura/fondo de la psicología de la gestalt, así como con las ideas de la dependencia del observador para la actividad organizadora de la percepción, así también con la propuesta de Wittgenstein de una imagen del mundo como un campo visual, en la cual el sujeto Cartesiano no existe, este mundo experiencial reemplaza al sujeto Cartesiano. Un conocedor no puede ser un objeto en el mundo. En vez de ello, el mundo experiencial parece a la vez estar habitando y ser habitado por el ser humano.

> *La gente vive en mundos, y los mundos viven en la gente. La gente vive en sus mundos familiares, en capas de cultura e historia y lenguaje, y dando por hecho rutinas y respuestas (Schutz, 1970). [...] al mismo tiempo, el mundo que uno es, lo habita a uno: uno está organizado por, y es el organizador de la gestalt de experiencia que es un mundo, y uno nunca se aleja de él, nunca es una mente aislada.*
> (Stolorow, Atwood, & Orange, 2002, p. 34-35).

Al re-emplazar la mente cartesiana por el concepto de mundo experiencial, las ideas que la conciben como una cosa, un *algo*, o una sustancia, dejan paso a concebir la mentalidad como experiencias organizadas inter-personalmente:

> *La teoría relacional está basada en el cambio de la clásica idea, de que es la mente del paciente la que está siendo estudiada (donde se piensa que la mente existe de manera independiente y autónoma dentro de las fronteras del individuo), hacia la noción relacional de que la mente es inherentemente diádica, social, interaccional, e interpersonal. Desde una perspectiva relacional, al investigar la mente, el proceso analítico necesariamente conlleva un estudio del campo intersubjetivo.* (Aron en, Stolorow, Atwood, & Orange, 2002, p. 78).

Sin embargo, aun hablar de *mundos experienciales* sigue sin ser del todo exacto para describir la naturaleza procesual y en movimiento de la condición humana. Este término, junto con muchos otros que se usan actualmente para referirse a la persona humana o a la relacionalidad, pueden fácilmente restringir, encasillar, imponer cierta forma de pasividad, o dar el carácter de *terminado* o *completo* a aquello que intentan designar. Como si se tratara de una estructura o de una entidad encapsulada. Volvemos a enfrentarnos con las dificultades del lenguaje para describir una condición móvil, abierta, constantemente en proceso de llegar a ser, estando siempre *a punto de ser* y al mismo tiempo siendo, en continuo *devenir.* Términos como *ser-ahí, ser-en-el-mundo, figura/fondo,* etc., remueven la sensación de proceso, movimiento e indeterminación, transmitiendo una sensación estática. Como si termináramos describiendo una fotografía, cuando anhelábamos describir un video.

Ernesto Spinelli (2007) consciente de esta dificultad, acuñó el término *Worlding (mundeando)*, añadiéndole la terminación *ing* al sustantivo que se usa en inglés para la palabra *mundo.* Como sabemos, tal terminación agrega el carácter de presente continuo a los verbos en la lengua inglesa[101]. Aun cuando la palabra *mundo* no es un verbo, Spinelli intenta subrayar el carácter de acción en movimiento a través de agregar dicha terminación.

En vez de hablar de *mundos experienciales*, quizá sería más conveniente usar el *mundeando experiencialmente.* Con todo lo incómodo que puede ser, quizá al usar un vocablo novedoso paulatinamente vayamos integrando su significado, hasta que llegue el momento en que no sea necesario estarnos recordando constantemente todo lo que tal expresión significa.

Concebir la condición humana desde la fenomenología-existencial nos lleva a pensarla como: *un flujo activo, un continuo proceso siempre en marcha, siempre cambiante, lingüísticamente evasivo y fundamentalmente inter-relacionado.*

Sin embargo, cada vez que nos referimos a este *mundeando experiencialmente,* lo hacemos desde un particular punto de vista,

---

[101] Esta misma dificultad del lenguaje se presenta con palabras como *yo, sí mismo* o *Self,* siendo esté último ya un anglicismo. Estos términos se utilizan como sustantivos, lo que les imprime un carácter fijo y separado de lo otro. En inglés el uso del vocablo *being,* al tratarse de un verbo en presente continuo, al menos aporta la sensación de algo en movimiento. Lamentablemente no he encontrado un vocablo de uso común en español que represente la característica siempre cambiante de la condición humana, por lo que me veo en la necesidad de recurrir a neologismos.

desde una perspectiva específica. ¿Cómo podría ser de otra manera? El asunto es que, al hacerlo así, imponemos sobre esta condición una serie de limitaciones estructurales que encasillan la actividad procesual y la presentan como si pudiera separarse de las relaciones que la conforman (como en el ejemplo que mencioné anteriormente, en el capítulo 4, acerca de la relación entre la silla y el sentarse), imponiendo características que nos llevan a pensarla como si se tratara de un objeto o cosa.

Spinelli sugiere llamar a esta inevitable acción humana como *perspectiva o mirada del mundo (worldview),* la cual expresa la consecuencia estructural de todas las reflexiones humanas sobre el mundeando experiencialmente (Worling). Al hacer esto, el intento de expresar la existencia relacional a través de la estructura esencialista de la perspectiva del mundo, se impone una inevitable escisión entre la experiencia del ser en proceso, y lo experienciado un instante anterior, entre el *siendo* y lo que *ha sido*. (Spinelli, 2007).

La perspectiva del mundo está, a su vez, co-construida inter-relacionalmente a través del mundeando experiencialmente[102], por lo que dicha perspectiva es, también, un proceso relacional en movimiento. No es estática, *sólo aparenta serlo.*

El *Mundeando* construye a la *perspectiva* del mismo; esta última influye en la permanente construcción del mundeando, generando un ir y venir complejo y rico en posibilidades.

El análisis del proceso relacional a través del cual se va co-construyendo la *perspectiva del mundo*, y la revisión del grado con el que ésta refleja al *mundeando experiencialmente*, es una parte fundamental de la **Terapia Existencial**, por lo que dedicaremos una atención especial en el segundo volumen de la presente obra.

Otra manera de acercarnos a la comprensión de la condición relacional, es a través del concepto de *rizoma* propio de la botánica.

---

[102] Soy consciente de que el uso de expresiones novedosas y largas puede confundir, cuando lo que se intenta es aclarar. Espero que el lector sea paciente con el uso de estos términos.

A mi parecer, el mejor ejemplo de lo que constituye un rizoma es el pasto o césped que todos conocemos. Aunque a simple vista lo que observamos son muchas pequeñas hojas verdes que salen de la tierra, esto no significa que se trate de muchas diferentes plantas. En realidad, todas esas hojas pertenecen y surgen de *una misma planta*. Si observamos por debajo de la superficie, podemos observar cómo cada una de las hojas que surgen, provienen de una misma raíz. Su individualidad es sólo aparente, aunque cada hoja sea única e irrepetible en estricto sentido, cada una proviene de un mismo campo relacional compartido. Y es este campo relacional el que informa y alimenta a las hojas, por lo que es previo a ellas, aunque cada hoja le transmite a la raíz información sobre el oxígeno y la luz que hay en la superficie.

Desde la perspectiva relacional *la condición humana es rizomática*. Cada uno de nosotros provenimos de un mismo campo relacional (o mundeando experiencialmente), del que surgimos con nuestras particularidades específicas. "La conciencia individual es, de hecho, una parte o subsistema de una mayor conciencia inter-relacional." (Midgley en Spinelli, 2010, p. 15).

Esta visión, el paradigma relacional de la condición humana, es una invitación a reconocernos en el mundo, no como personas o entidades independientes, sino siempre surgiendo de relaciones. En vez de concebirnos como entidades separadas que se relacionan, podemos empezar a pensarnos como focos específicos de la matriz o red relacional. Como hemos visto, lo relacional en la visión fenomenológico-existencial no se refiere a una acción que puede o no aparecer, o a una situación en la cual dos o más entidades pre-existentes interactúen, sino al origen mismo de esos seres humanos particulares, que emergen de esa forma específica sólo posteriormente.

Esto no significa olvidar o abandonar todo lo que la perspectiva individualista nos ha enseñado. Simplemente nos señala que cada uno de esos aprendizajes los hemos construido juntos, a través de nuestros vínculos y estilos de relacionarnos.

Los pensamientos, emociones, intuiciones, fantasías, percepciones, intenciones, recuerdos, sensaciones, etc.; son modalidades de experiencia y son siempre relacionales. No se encuentran ni en nuestro interior ni en el exterior de nosotros, sino siempre en el *entre*, en la relación misma que nos envuelve y de la cual emergemos momento a momento.

La exposición de estos conceptos podría continuar. Después de todo, los planteamientos relacionales son complejos y nunca terminamos de comprenderlos en su totalidad. Su naturaleza se *escapa entre nuestros dedos* y al final, nos vemos obligados a seguir reconociendo su misterio. Paradójicamente, son *el corazón mismo* de la **Terapia Existencial**.

Como mencionamos anteriormente, el filósofo inglés Allan Watts (1915-1973) consideraba que el principal problema de las terapias en Occidente, es que deseaban sanar la escisión en el ser humano, a través de una perspectiva que provocaba aún más escisión. Opinaba que el paradigma mismo en que la terapia moderna se apoya, contempla al ser humano escindido de sí mismo. Por ello, aunque pudieran ser de utilidad, los beneficios de las terapias occidentales son limitados, porque nunca llegan a ofrecer un verdadero espacio para la transformación. (Watts, 1992).

Esta crítica se contrarresta –al menos en parte– a través del paradigma fenomenológico y relacional, donde se piensa al ser humano completamente en vinculación (no separado y por ende no escindido) con todo su mundo y, por lo tanto, no escindido en cuanto a sí mismo (a diferencia de concebir al ser humano como partido o dividido en consciente vs inconsciente).

En esta misma línea, Berenstein (2004) opina que la actitud terapéutica ha de ser diferente si se la piensa desde lo intrapsíquico, unidireccional y/o individualista o se hace desde lo vincular, relacional e intersubjetivo. Algunos otros opinan que no es necesario un cambio de paradigma para reconocer los aspectos relacionales del proceso terapéutico y de la realidad inter-humana y existencial. En mi opinión esto no es del todo real, porque corresponden a dos diferentes niveles epistemológicos para comprender la realidad y discernir el tipo de intervención adecuada para trabajar con nuestros clientes. *Se trata de distintos niveles lógicos.* El paradigma relacional puede incluir y estudiar la mayoría (si no es que en su totalidad) de los fenómenos que la perspectiva intrapsíquica estudia, pero no sucede lo mismo a la inversa.

Es como si quisiéramos estudiar el fenómeno de los diferentes niveles de la marea en los océanos y mares del mundo. Desde una perspectiva individualista e intrapsíquica (en este caso "intra-mundo"), podemos observar el aumento en el volumen del agua; la forma como las costas sufren deslaves como resultado de dicho incremento; las variaciones en el comportamiento de la flora y fauna marina como consecuencia del mismo fenómeno; lo que nos conduciría, sin duda, a la comprensión de aspectos importantes de este fenómeno.

Si por otro lado estudiáramos el mismo fenómeno desde una perspectiva relacional, no dejaríamos de lado las observaciones que nuestros colegas anteriores realizaron; simplemente lo haríamos tomando en cuenta la influencia de la luna y los otros planetas del sistema solar sobre el volumen de las aguas de los mares.

En la perspectiva individualista podemos estudiar al planeta tierra y nada más; en la perspectiva relacional podemos estudiar al planeta tierra desde la perspectiva de su posición y de ser parte del sistema solar completo, tomando en cuenta las influencias que los diferentes planetas tienen entre sí; lo cual no excluye que sigamos estudiando al planeta tierra.

> *La mejor forma de entender a las personas no es en aislamiento, sino en el contexto de sus relaciones con otros, pasadas y presentes, internas y externas, reales y fantaseadas. Debería ser aparente inmediatamente, aunque rutinariamente no se capta, que tal perspectiva incluye a las*

*personas individuales, pero vistas desde un contexto
particular.* (Mitchell, 2003, p. 107).

El argumento que apuesta por un modelo híbrido que combine el paradigma relacional con el intrapsíquico, solamente demuestra la incomprensión del paradigma relacional. Cuando hablamos del paradigma intrapsíquico es como si mencionáramos: azul, rojo y amarillo. Mientras que cuando hablamos del paradigma relacional es como si dijéramos: colores, olores y sonidos. No tiene ningún sentido combinar ambos paradigmas ya que, al mencionar *colores,* ya están incluidos el azul, rojo y amarillo, sólo que se encuentran en un contexto más amplio. La propuesta de *mezclar* ambos paradigmas parece asumir que para el paradigma relacional… ¡el individuo queda fuera! Por ello dicho argumento propone una síntesis de ambos paradigmas. Para que *nada quede fuera.* Pero esta propuesta olvida que el individuo ya está incluido en el paradigma relacional. ¿Cómo podría no estarlo? Si ¡justo los individuos son el resultado de las relaciones! La búsqueda de un modelo que combine ambos paradigmas persigue una buena causa, la inclusión, pero al precio de una incoherencia epistemológica.

Para afinar un poco más esta distinción de paradigmas, personalmente prefiero el uso del término *particular* al típicamente utilizado: lo *individual.* La *individualidad* es un término que suele utilizarse para referirse a algo que, aun siendo indivisible o sin división para consigo mismo, está separado de lo demás. Mientras que el término *particularidad* es más fácilmente asociado con aquello que no tiene doble, que está más allá de comparación, que es único e irrepetible. Es por ello que, al referirme a la experiencia humana que resulta de la red relacional que somos, prefiero decir que surge *nuestra particularidad*, a decir que aparece *nuestra individualidad.*

Lo que he mencionado aquí muestra la complejidad del paradigma relacional. Los datos que requerimos para llegar a una mediana (o mínima) comprensión de la realidad son infinitos; requieren de una mayor disponibilidad por parte de la terapeuta para reconocer y aceptar la incertidumbre; para reconocer con humildad que sabemos mucho menos de lo que nos gusta aceptar; que el proceso terapéutico es un camino siempre novedoso, en el que ni el consultante ni la terapeuta pueden saber con certeza a donde los llevará, o por qué caminos los conducirá, o con qué tipo de sorpresas se enfrentarán. Todo ello requiere de una mayor energía sin duda. Así como de una cierta disponibilidad para tolerar la angustia que aparezca –la cual siempre es más fácil de sobrellevar en una relación cercana, cálida y con apoyo–. Pero vale la pena el esfuerzo. Es una mirada renovada que nos recuerda cómo no solamente padecemos por la influencia de otros, sino que también podemos regocijarnos gracias a ellos.

El paradigma relacional es una promesa de nuevas posibilidades. Posibilidades de encuentro y evolución que no podríamos siquiera sospechar desde una mirada que no contemple la condición humana como una red o matriz relacional, como un rizoma del que emergen las individualidades. "¿Por qué la búsqueda del ser relacional es tan importante? Porque no se trata de un ejercicio de gimnasia teórica, sino una invitación a explorar nuevas y más prometedoras formas de vivir." (Gergen K. J., 2009, p. xxvii).

> *Si cambiamos de una posición "tú o yo"*
> *a una que considere la opción "tu y yo",*
> *nos encontraremos en un movimiento*
> *que nos lleve a una gran revolución*
> *en todas las formas de comportamiento social,*
> *partiendo desde las pequeñas interacciones de grupo*
> *como las familias y los vínculos de pareja,*
> *hasta la industria, la educación, los gobiernos y,*
> *ultimadamente, a las interacciones entre naciones.*
> Ernesto Spinelli.

Después de todo, ¿qué sería de la verdadera felicidad si no fuera compartida?

Podemos cerrar esta sección con un fragmento del poema *Piedra de Sol,* del premio Nobel Mexicano Octavio Paz (1914-1998):

> *Para que pueda ser, he de ser otro,*
> *salir de mí, buscarme entre los otros,*
> *los otros que no son si yo no existo,*
> *los otros que me dan plena existencia.*
> Octavio Paz.

Las Teorías como Pretensiones de Verdad

> *Mi deseo es en este momento*
> *que dejemos de hablar sobre terapia*
> *y en vez de ello hablemos de eso como un arte humano*
> *el arte de participar en los vínculos con otros.*
> *Tom Andersen*[103].

La gran mayoría de las terapias surgen de una serie de discursos formados por ideas y suposiciones sobre la naturaleza humana, sobre las condiciones de la existencia, sobre lo que puede considerarse óptimo y disfuncional o patológico, y sobre los métodos o estrategias para ir, desde un estado de disfuncionalidad, hasta uno cercano a la plenitud o bienestar (y a la inversa).

Algunos de estos enfoques intentan generar en sus consultantes condiciones que les ayuden a mantener alejado de su experiencia cualquier tipo de sufrimiento o angustia. Esto es porque, dentro de sus concepciones sobre la realidad, consideran este tipo de experiencias como *negativas* y *no propias* de la condición humana. Dichas ideas y suposiciones se sustentan en alguna *teoría de la personalidad,* sobre la cual desarrollan sus concepciones.

---

[103] En (Hoffman, 2007, p. 77).

Los discursos de las diferentes teorías de la personalidad y terapéuticas se caracterizan por ser *pretensiones de verdad:*

> *Pretensiones que se adscriben el estatus de realidad objetiva y que se consideran universales, y se ocupan de 'hechos' referidos a la naturaleza de la vida que pueden encontrarse en todas las personas, sin consideración de la cultura, la circunstancia, el lugar, la época y demás.* (White M., 1997, p. 155).

Basándose en dichas pretensiones, los diferentes enfoques terapéuticos desarrollan tecnologías para *ayudar* a los consultantes a tener una *vida mejor.*

> *Estas tecnologías están informadas por la preocupación moderna por el autogobierno del yo y es en este sentido que son tecnologías de poder. Estas tecnologías incitan a las personas a la autovigilancia y, efectivamente, las reclutan para controlar la reproducción en sus propias vidas de las "verdades" de la naturaleza humana, y según las normas que estas "verdades" defienden.* (Ídem, p. 157).

Muchas de las *pretensiones* de verdad propias de las terapias contemporáneas, refuerzan el dualismo sujeto/objeto y promueven el paradigma intrapsíquico que estudiamos en el capítulo anterior, en contraste con la propuesta relacional. Suelen ser *esencialistas,* ya que consideran al ser humano desde la perspectiva de una esencia fija e inmutable.

Así mismo, las terapias basadas en la introspección, o "psicoterapias orientadas-al-insight", "asumen una comprensión de la subjetividad similar al sujeto trascendente de Kant, y posteriormente refuerzan esta cosmovisión a través de los medios en que se desarrolla el proceso terapéutico." (Al-Shawi, 2011, p. 3).

> *El encuentro psicoterapéutico reconstruye en vez de descubrir el self del cliente. Más allá, esta reconstrucción implica una "absorción" de parte del cliente del marco filosófico de su terapeuta, y que se caracteriza por ciertas concepciones sobre la forma de conocer y sobre la realidad. Como consecuencia, las psicoterapias orientadas-al-insight pretenden lograr un autoconocimiento a través del descubrimiento, cuando en realidad se trata de la absorción del cliente en una cosmovisión preconcebida.*
>
> *(...)*
>
> *(...) la negación a reconocer esta diferencia indica cierto fascismo epistemológico que está enraizado en una valorización de conceptos que sugieren igualdad e identidad. (...) yo sugiero una concepción del conocimiento como construcción donde la locación y la corporeidad sean tomados en cuenta como elementos constitutivos de la construcción del conocimiento. Esta concepción implica una construcción del conocimiento como una producción que permanece siempre parcial, incompleta y en flujo.* (Al-Shawi, 2011, p. 3).

Como hemos visto en la cita anterior, es cierto que en muchas ocasiones las diversas terapias terminan induciendo *formas de pensar sobre sí mismos* en los consultantes, en vez de realmente estarlas 'descubriendo'. Los pacientes que asisten a psicoanálisis terminan pensando de sí mismos en términos de 'impulsos', 'inconsciente', 'mecanismos de defensa', etc. Los que asisten a terapias cognitivos-conductuales, rápidamente comienzan a pensar sobre sí mismos y la realidad en términos de 'pensamientos irracionales', 'distorsiones cognitivas', entre otras ideas similares. Aquellos que tienen por terapeuta a uno que se identifique con la corriente humanista, pensarán sobre sí mismos en términos de 'potenciales no desarrollados', 'búsqueda de autenticidad', etc.; y lo anterior será además visto no sólo como normal sino como indicador de que la terapia está teniendo buen efecto. Y de hecho lo tiene, sólo que el efecto esta enmarcado en la adopción de un nuevo marco de referencia, una nueva forma de pensar sobre sí mismo, sobre los demás y sobre el mundo, que les permite sentir que la experiencia –que en ocasiones es caótica– adquiere cierto *orden*.

En vez de tratarse, entonces, de un verdadero 'descubrimiento', se trata de una co-creación, una co-construcción epistemológica. Podríamos decir que terapeuta y consultante creen que están juntos descubriendo una serie de verdades sobre el consultante –que obviamente resulta congruente con la 'realidad' establecida a priori por el marco de referencia teórico del terapeuta–, cuando más bien *están inventando una manera de verse a sí mismos, al mundo y a la realidad*.

La **Terapia Existencial** no está exenta de esta posibilidad. Los consultantes de este enfoque pueden terminar pensando sobre sí mismos en términos de la angustia negada o aceptada, del reconocimiento a sus temores a la finitud o a la incertidumbre, etc. Después de todo, se trata de una situación que ocurre naturalmente cuando conversamos repetidamente con otros: nos influenciamos mutuamente con nuestras cosmovisiones. Por ello es importante para este modelo de terapia que los terapeutas reconozcan su influencia sobre los consultantes, y que estén dispuestos a dudar de sus propias pretensiones de verdad. Si el terapeuta muestra a su consultante que está dispuesto a dudar de sus propias certezas, incluso aquellas a las que más se abraza porque fueron acuñadas por sus filósofos, terapeutas o maestros favoritos, abre en el consultante la posibilidad de hacer lo mismo con sus propias certezas. Esto es parte de lo que intenta una metodología fenomenológica y hermenéutica, estar constantemente abiertos al examen y cuestionamiento de nuestra visión del mundo, nuestras creencias y marcos de referencia favoritos.

> *Las pretensiones de verdad son vistas, a menudo,
> como el producto de luchas de poder en las cuales
> la verdad sirve al interés de aquellos que ostentan
> el poder mayor. Por lo tanto, en sus formas más
> radicales, la distinción entre verdad y propaganda es
> indeterminada para los posmodernistas. La verdad
> posmoderna es contingente, plural, fragmentada,
> discontinua, caleidoscópica y siempre-cambiante.
> El discurso posmoderno rechaza las metanarrativas
> totalizadoras o narrativas maestras del modernismo
> del siglo XIX, las que implican el ser científico
> y objetivo, pluralista a favor de; descripciones
> explicativas descentradas. La teoría posmoderna
> provee una crítica a la "representación", es decir,
> a la creencia de que nuestras ideas y teorías
> espejan o reflejan la realidad. Por lo contrario,
> el posmodernismo toma la posición relativista en
> cuanto a que las teorías proveen perspectivas solo
> parciales de sus objetos y enfatiza que nuestras
> teorías son mediadas histórica y lingüísticamente.
> Una variedad de teorías posmodernas ha tratado de
> entender la realidad en términos construccionistas
> y contextualistas, con un foco en la construcción
> social y lingüística de la perspectiva de la realidad.
> Por lo demás, estas teorías son críticas de la noción
> de un sujeto racional y unificado y hablan, por lo
> contrario, de un sujeto social y lingüísticamente
> descentrado y fragmentado.* (Aron, 2013).

En el capítulo tres de este mismo libro, expuse la perspectiva existencial
sobre el ser humano, una mirada novedosa que propone un acercamiento
distinto de la condición humana. Una aproximación relacional,
procesual y no dualista. Sin embargo, esto no evita que las perspectivas
existenciales sean, a su vez, nuevas pretensiones de verdad. Si somos
leales a los principios fenomenológicos, debemos aceptar que *no
sabemos* cual es la realidad de la condición humana, aunque podemos

reflexionar y analizar nuestras experiencias de la misma.

Ernesto Spinelli (2007) comenta que todos los terapeutas, incluyendo los existenciales, suelen caer en lo que denomina el *efecto Dumbo*. Si recordamos la película animada de Walt Disney —basada en el cuento infantil homónimo de Helen Aberson—, Dumbo era un pequeño elefante del cual se burlaban otros elefantes por sus enormes orejas (son ellos quienes le llaman Dumbo, en referencia a la palabra en inglés *dumb*, la cual se usa despectivamente para decir tonto). Un amigo del cachorro, el ratón Timoteo, empeñado en ayudarle a recuperar la autoestima le regala una pluma de cuervo, diciéndole que es mágica y gracias a ella podrá volar. Dumbo sostiene su *pluma mágica* con la trompa y comprueba que efectivamente es capaz de volar. Sin embargo, en el momento de realizar un truco para el circo, a medio vuelo pierde la pluma y se precipita violentamente hacia el suelo. Justo antes de impactarse contra el piso, el ratón le anuncia la verdad: que en realidad la pluma no es mágica y que él siempre ha sido capaz de volar gracias a sus enormes orejas. Dumbo agita entonces sus orejas y comprueba que sus vuelos no requieren de otra cosa más que de sí mismo.

Spinelli recurre a esta metáfora para señalar cómo los terapeutas solemos pensar que nuestros recursos técnicos y tecnológicos *son* los que nos hacen *buenos terapeutas*, cuando en realidad se tratan de *plumas mágicas*. Dichas "plumas" pueden ir desde una estrategia metodológica y técnica muy elaborada para trabajar terapéuticamente con ciertas condiciones o asuntos de la existencia de los consultantes, hasta aquellos pequeños rituales que realizamos para sentirnos plenamente en el rol terapéutico. Una terapeuta amiga mía me confesó en una ocasión que, antes de cada sesión con alguno de sus pacientes, se colocaba los anteojos y se recogía el cabello. Otro colega me comentó que el suele lavarse las manos antes de cada sesión. Algunos terapeutas buscan que en su consultorio se encuentren colgados todos los diplomas de cursos, diplomados o talleres que hayan tomado; algunos otros utilizamos un cierto tono de voz y una postura corporal distinta a la cotidiana, cuando nos encontramos en sesión terapéutica.

Para la perspectiva existencial, lo más importante no se encuentra en el *hacer* del terapeuta, sino en el *ser*. Por ello se considera que muchos (si no es que todos) de los recursos técnicos y rituales, no son más que plumas mágicas que los terapeutas utilizan para sentir que están realizando un trabajo profesional y valioso, mientras que la verdadera situación terapéutica se va construyendo: la relación entre los participantes se constituye como la principal fuerza del proceso terapéutico. En la Terapia Existencial nos proponemos estar atentos principalmente al encuentro y el estilo particular de relacionamiento que se va desplegando entre terapeuta y consultante al transcurrir las sesiones.

Otra manera de plantear la perspectiva anterior es a través del cuento Zen del gato en el monasterio:

En un monasterio que meditaba tranquilamente todos los días, en algún momento llegó a vivir un gato que, de pronto, a la hora de la meditación vespertina, comenzaba a hacer ruido y a querer jugar con los monjes que se disponían a realizar su práctica meditativa. Después de varios intentos infructuosos por alejar al gato o tranquilizarlo, decidieron solicitar consejo al monje director del monasterio. Éste les sugirió que, unos minutos antes de la meditación, amarraran al gato, realizaran su práctica, y posteriormente procedieran a desamarrar al animal y a jugar con él durante unos minutos. Los monjes hicieron caso del consejo del monje superior o encargado del monasterio y durante un tiempo no hubo ningún problema. Al paso de los años, el director murió y llegó un nuevo monje de otra ciudad para hacerse cargo de la dirección del monasterio. A su llegada, solicitó le informaran de las actividades que realizaban normalmente los monjes, los cuales le hablaron de las labores de aseo, de las visitas a las comunidades cercanas, de su estudio de las escrituras sagradas, de su práctica meditativa, y ... por supuesto, del gato que había que amarrar unos minutos previos a su meditación. El nuevo director les aconsejó que siguieran con sus rutinas cotidianas, para de esta manera no tensar más el orden que ya había sido afectado por la muerte del monje superior anterior. Al cabo de unos años, el gato murió, y lo primero que hizo el director fue solicitar a los monjes que consiguieran un nuevo gato, porque era importante poder amarrar a un gato unos instantes antes de la meditación.

De esta manera se había establecido el ritual del gato, que los monjes de dicho monasterio continuaron realizando por siglos, adquiriendo un nuevo gato cada vez que moría el anterior. Siglos después, los teóricos de la meditación reflexionan y escriben libros enteros sobre la importancia de tener un gato amarrado para la meditación; existen debates y discusiones acaloradas sobre la raza del gato que se debe amarrar, o sobre el tipo de árbol que sea más fiel al "árbol original" donde se le amarraba. Hoy en día existen estudios de especialización sobre los diversos "tipos de nudos" posibles, y seguidores de la meditación alrededor del mundo siempre tienen un gato amarrado a la hora de su práctica.

Es muy probable que muchas de las actividades que los terapeutas realizamos cotidianamente sean gatos amarrados. Independientemente del modelo de nuestra preferencia, solemos aprender acciones, técnicas, métodos, frases, preguntas y formas de hacer terapia, que quizá fueron útiles para determinados contextos, para relaciones específicas, pero que no pueden generalizarse o universalizarse, ya que la condición humana se resiste a ello: cada persona es única e irrepetible. Lo principal de un ser humano es, para la mirada existencial, aquello que lo hace único, aquello que lo hace ser él/ella y no otra persona. Por ello las teorías existenciales suelen referirse a la *existencia* y no a las *personas*. Lo que nos interesa como terapeutas existenciales, es realizar una investigación fenomenológica conjunta con nuestro consultante, acerca de sus formas cotidianas de enfrentarse a las condiciones existenciales compartidas por todos. En términos fenomenológico-existenciales: *sus respuestas ónticas a los asuntos ontológicos.*

En la perspectiva fenomenológico-existencial se busca ser, en primer lugar, consciente de los distintos 'gatos' que buscamos amarrar aun cuando ya no sea en absoluto necesario. En segundo término, buscamos ser capaces de inventar una nueva forma de terapia con cada nueva relación, estableciendo nuevas rutas y formas de relacionarnos con cada nuevo consultante que solicita nuestros servicios, promoviendo un análisis e investigación fenomenológica conjunta. Aun siguiendo ciertos lineamientos del método fenomenológico y teniendo ciertos mapas que nos apoyan en la reflexión y análisis, los terapeutas existenciales intentan permanecer lo suficientemente abiertos a la incertidumbre y el asombro hacia lo novedoso y misterioso de la existencia.

Ante la enorme cantidad de teorías diferentes para hacer trabajo terapéutico, el futuro terapeuta puede sentirse desconcertado por no saber cuál es la mejor, o la correcta. En ocasiones los terapeutas terminan echando mano de un enorme número de recursos teóricos, técnicos, o metodológicos provenientes de distintos marcos de referencia, en su intento de brindar un mejor servicio a sus consultantes; pero esto no siempre se realiza con la suficiente reflexión, lo que a menudo conduce a errores epistemológicos que lejos de ayudar, confunden. En la mayoría de las ocasiones, tales intentos resultan en un eclecticismo técnico que, lejos de promover una integración coherente y enriquecida, parecen presentar una disciplina absolutamente confusa, fría y vacía; donde lo importante es contar con un gran abanico de posibilidades técnicas, independientemente del mapa de la realidad humana que estos presenten. La dificultad con la integración de diferentes modelos de pensamiento en psicología, estriba en que cada uno de ellos presenta una imagen muy diferente de lo que significa *ser humano*, y en ocasiones estas imágenes se contraponen entre sí. Después de todo, las teorías en la psicología general, y en la terapia en particular, intentan acercarse al estudio y comprensión de los aspectos *subjetivos* de la existencia humana, por lo que *objetivarlos* y conjuntarlos en una sola aproximación parece imposible.

> *Las teorías no son datos, observaciones ni descripciones: son esquemas organizativos; son maneras de arreglar y disponer los datos, las observaciones y las descripciones. ¿Para qué elegir? Se pregunta el ecléctico. ¿Por qué no conservar todas las teorías por su posible utilidad? Al sumarse las observaciones se enriquece nuestra perspectiva; puede ser que se enriquezca si sumamos nuevas maneras de organizarlas, aunque también puede ser que no, según la compatibilidad de los esquemas organizativos. Al mezclar teorías puede lograrse una riqueza, una sutileza y una complejidad mayores, o también un conjunto discordante de fragmentos, una serie de perspectivas parciales que no configuran una visión más amplia y coherente. Aunque elegir es difícil, a veces es imprescindible.* (Mitchell, 1993, p. 27).

La teoría fenomenológico-existencial es un esquema organizativo, un mapa que nos ayuda a recorrer el territorio, donde las diferentes pretensiones de verdad que compartimos, son los gatos que amarramos y las plumas mágicas que conservamos preciadamente. No tiene ningún sentido discutir si esta teoría es mas cierta o falsa que cualquier otra; resulta con mayor sentido preguntarnos qué posibilidades nos abre o cuáles nos cierra, cómo nos hace sentir, y qué tipo de encuentros promueve con nuestros consultantes:

> *En lugar de preguntar por la verdad última, las preguntas importantes se refieren a las implicaciones para nuestras vidas juntos. ¿Cómo funciona un determinado conjunto de ideas para contribuir*

> *al bienestar humano; cuáles son sus ventajas y desventajas; lo conducen a una mayor libertad o dominación; sostienen el planeta, o lo destruyen; y así sucesivamente. Éstas son, evidentemente, las cuestiones de valor; las mejores. Mientras hablamos juntos sobre el mundo estamos creando nuestro futuro. Si es así, ¿qué futuro deseamos para el mundo? De la misma manera, no tienes que preguntar si un aria de ópera es verdadera o falsa, aunque sí puedes preguntar acerca de cómo el aria se desempeña en los asuntos humanos.* (Gergen K., 2011).

Dentro de la mirada existencial en terapia, existen a su vez un buen número de enfoques diferentes —algunos de los cuales se mencionaron en el capítulo 2 de este mismo libro—, y aunque existen *sanos desacuerdos* entre estos puntos de vista, también existen puntos en común que facilitan el diálogo y el intercambio entre los representantes de los diferentes modelos. Estos intercambios tienen como principal propósito el diálogo de perspectivas, para amplificar nuestra propia manera de ver el mundo, nuestra forma de entender los procesos terapéuticos y de relacionarnos con los demás y con nosotros mismos. No se busca aprender nuevas técnicas, puesto que se trata de un enfoque que no persigue objetivos específicos para los cuales las técnicas resulten útiles.

Desde mi punto de vista, la simple acumulación de técnicas en este campo no sólo no es deseable, sino que ni siquiera es posible, ya que como mencioné anteriormente, una de las características de la Terapia Existencial en general, es su desconfianza por las técnicas en sí mismas.

Uno de los aspectos fundamentales de la orientación existencial en terapia es, en concordancia con la fenomenología–existencial: el respeto, tolerancia, y aprecio por las diferencias y la variedad de perspectivas. Por ello la diversidad de estilos, perspectivas y modelos se ve como una ventaja. Es posible crecer a través del *diálogo y el encuentro con las diferencias*, sin tener que *integrarlas* en nuestra perspectiva. Paralelamente la orientación existencial se asocia con una actitud que rechaza la homogenización y los sistemas unificados, en favor de formas de pensamiento autónomas que valoran la inter-subjetividad y las diferencias particulares propias de la multiplicidad de los contextos sociales, históricos y culturales (Cooper, 2005). La variedad de estilos es parte de la riqueza del enfoque. El no integrarse en un enfoque *idealmente* unificado y solitario permite que las diferencias sigan aflorando y expresándose; y que la terapia siga creciendo hacia múltiples ramas, y de esta manera ofrezca cada vez más frutos. Como expresan van Deurzen y Adams: "Es crucial para la futura libertad de la terapia existencial, que ninguna forma específica o estilo de terapia existencial sea vista como la forma estándar o el enfoque definitivo de practicarla." (van Deurzen & Adams, 2011, p. 3). Y en palabras de Harlene Anderson:

> *Cada terapeuta aplica esta filosofía en sus relaciones terapéuticas de una manera única, adaptada a su personalidad y su bagaje de experiencias, y a las características singulares de cada situación terapéutica [...] Lo que un terapeuta dice y hace cambia de un cliente a otro y de una sesión a otra.* (Anderson, 1999, p. 142).

Como mencioné en la introducción, la propuesta específica que aquí planteo, que denominamos *Escuela Mexicana de Análisis y Terapia Existencial*, es sólo una alternativa que intenta enriquecer el diálogo entre las múltiples propuestas.

La actitud fenomenológica de apertura a las diversas posibilidades hace falta en nuestro mundo actual. Una posición que permita reconocer otras perspectivas como válidas e inclusive valiosas. Practicando una *horizontalización* fenomenológica que facilite acercarnos a las distintas propuestas, aprendiendo unos de otros, y abriendo el espacio y el tiempo para sostener las diferencias que pueden ser entendidas como variedades de aproximación a la comprensión de la experiencia humana.

Actualmente hay cada vez más voces que exclaman nuevos puntos de vista. Tal vez es buen momento para dejar de competir por lograr ser *LA* mejor opción en terapia. La convivencia armoniosa de la poli-diversidad es posible. Coloca a la existencia por encima de cualquier intento de clasificación, puesto que siempre habrá más y nuevas perspectivas por conocer, aprender y compartir. Quizá son buenos tiempos para aprender a co-existir de manera apasionada, de manera conjunta y colaborativa, y a celebrar las diferencias –por lo menos entre las múltiples propuestas para acercarse a la terapia–.

Cuando una persona con conocimientos de algún otro enfoque terapéutico desea comprender los planteamientos de la propuesta existencial, suele tener varias dificultades, ya que la mayoría de las personas nos acercamos a conocer lo novedoso equiparándolo con lo ya conocido. El problema es que, como se trata de paradigmas tan diferentes (y, de hecho, como mencionamos en capítulos anteriores, se trata de paradigmas que corren contra la visión tradicional de la realidad), suele ser particularmente complicado llegar a una cabal comprensión de la nueva propuesta. Muchas de las críticas que me he encontrado al intentar enseñar el modelo existencial surgen de una incomprensión basada en este tipo de dificultades. Las personas desean comprender la mirada existencial a través de lentes psicoanalíticos, humanistas, cognoscitivistas, o de otra índole.

Una analogía que podemos hacer es la siguiente: en el deporte conocido como basquetbol, hay dos equipos que se enfrentan con el objetivo de introducir la pelota por un área específica, perteneciente al espacio de la cancha de juego que defienden sus oponentes; mientras intentan evitar que el equipo contrario introduzca la pelota en el área que ellos defienden. En el futbol se trata más o menos de lo mismo. Pero las reglas y condiciones de cada uno de estos deportes son muy diferentes entre sí. Mientras que en el basquetbol los jugadores toman el balón con las manos y lo rebotan contra el piso para poder avanzar con él hacia la meta buscada —la cual se encuentra aproximadamente a 3 metros de altura y tiene un diámetro apenas superior al del balón—, en el futbol los jugadores patean el balón para pasárselo unos a otros y buscar hacer la anotación en una meta que mide considerablemente más que el balón —y que tiene a un jugador del equipo contrario dedicado a evitarlo—. Cada uno de estos deportes es perfectamente lógico y comprensible dentro de su marco de reglas y condiciones. Si de pronto un jugador de basquetbol empezara a patear el balón, o los jugadores del equipo de futbol se pasaran el balón con las manos y lo rebotaran contra el piso, sentiríamos que algo ilógico y sin sentido está ocurriendo. Pensaríamos que se trata de una broma, de una violación al reglamento, o que los jugadores no saben jugar.

Sucede lo mismo con las condiciones que plantea cada enfoque terapéutico. Si observamos a un terapeuta existencial con los ojos de un psicoanalista (por mencionar sólo una opción de entre las múltiples posibles), seguramente pensaríamos que el terapeuta ha incurrido en un número importante de fallas y errores, y sucedería lo mismo a la inversa. Por ello es importante partir de reconocer los fundamentos de un enfoque para acercarnos poco a poco a su comprensión.

El Terapeuta Existencial

Sólo cuando las personas dejen de intentar
ser curadas de la vida o dejen de tratar de cambiarla
entonces estarán verdaderamente vivas.
Emmy van Deurzen.

Thomas Szasz fue un fuerte crítico de los objetivos y alcances que suelen adjudicársele a la terapia. En sus escritos, que suelen estar cargados de una intensa ironía, define a la terapia como una *empresa filosófica y no médica* (en concordancia con lo que expuse en el primer capítulo de este mismo libro), se refiere a ella como una *forma específica de conversación* y no como un tratamiento ni mucho menos una forma de cura de las supuestas enfermedades mentales. Consideraba a estas últimas una *invención fantasiosa que producía más daño que ayuda y que mantenía las estructuras opresoras del poder dominante.* Sugería referirnos a dichas condiciones humanas simplemente como *problemas del vivir*:

> La psicoterapia individual es un tipo particular de conversación entre dos personas. Sin embargo, si se la llamara simplemente "conversación", una parte podría no considerarse enferma o deducir el pago sobre impuestos sobre la renta, y la otra parte podría no considerarse como médico o prevenir a otros de entablar tales conversaciones.
>
> En resumen, la "bendición" médica que convierte a la conversación en psicoterapia es como la bendición sacerdotal que convierte el agua en "sagrada" o como la bendición rabínica de pickles para convertirse en kosher: todos ellos transforman algo ordinario en algo extraordinario y así legitimizan a quienes lo controlan –ya sea algo terapéutico, sagrado o kosher– dominando y explotando a las multitudes que quieren tener acceso a ello.
>
> Los arquitectos diseñan casas, no hogares; hogares son lo que las personas crean, o fracasan al hacerlo, fuera de sus casas.
>
> Igualmente, los psicoterapistas (sic) procuran conversación no curación; la "curación" (de almas, actualmente llamada "psicoterapia exitosa") es lo que los clientes que se enrolan en tales conversaciones crean, o fracasan al hacerlo, fuera de sus contactos con su psicoterapista. (Szasz, 1987, p. 128).

Concuerdo con Szasz en que la terapia es un tipo específico de conversación, mas ello no la hace una forma *simple* de conversación, sino por lo contrario, es una forma especial de la misma, que requiere de un entrenamiento serio que se acompañe de reflexiones profundas sobre la propia persona del terapeuta y sobre la condición humana del ser-en-el-mundo. Sin embargo, estoy de acuerdo en que dicho entrenamiento no requiere de manera indispensable, de una preparación previa en medicina o psicología. Cualquier persona adulta, con un buen nivel de compromiso y dedicación podría formarse y ser un excelente terapeuta. En lo personal conozco algunos artistas (pintores y escultores), comunicólogos, diseñadores, pedagogos, e inclusive ingenieros y administradores; que realizan un trabajo terapéutico ejemplar, porque son gente comprometida que atravesó por *procesos serios de formación y constantemente se encuentran actualizándose y/o en grupos de supervisión*. La formación académica previa no garantiza un buen desempeño como terapeuta, al menos no como terapeuta existencial. En mi experiencia como formador de terapeutas, me encuentro con que son precisamente los psicólogos a los que más trabajo les cuesta entender cabalmente el estilo terapéutico existencial.

Un requisito fundamental para ser un buen terapeuta existencial es estar preparado para asomarse en los dilemas existenciales más profundos, tanto aquellos que se viven en carne propia como aquellos que nos recuerdan o nos muestran nuestros consultantes:

> *Es imposible ser un buen psicoterapeuta existencial a menos que se tenga la voluntad y la habilidad para mirar hacia ti mismo antes de mirar hacia las vidas de otros. [...] pero la voluntad para conocerte a ti mismo no es suficiente, debes estar preparado para enfrentar la complejidad de la vida y para sortear con sus paradojas y dificultades.* (van Deurzen & Adams, 2011, p. 27).

He escuchado muchas veces que para la práctica de una terapia tan profunda e intensa se requiere un buen grado de madurez, lo cual sin duda es cierto, pero es importante no olvidar que la madurez no es necesariamente un asunto de edad. Algunas personas jóvenes tienen una gran sensibilidad que los lleva a vivir con gran intensidad, lo que promueve que desarrollen rápidamente un alto grado de madurez. Otros jóvenes han pasado por grandes tormentas emocionales en su existencia, lo cual les ha hecho madurar apresuradamente. La madurez necesaria para la práctica de la Terapia Existencial es aquella que permite al terapeuta sostenerse ante situaciones contradictorias, dando cabida a toda clase de emociones, actitudes, opiniones, pensamientos, creencias y experiencias que se presentan de forma contradictoria. Paul Tillich proponía que la clave de la madurez es ser capaz de tolerar una buena cantidad de *no-ser* dentro de sí, entendiendo el no-ser como la capacidad de dudar y permanecer en la incertidumbre, de sentir temor y angustia, de sentir contradicciones y vacíos. Todas estas características colaboran para que la persona sea un buen terapeuta existencial, pero no pueden aprenderse en ninguna escuela de formación. Tienen que ser experimentadas en la vida misma. Emmy van Deurzen (2011) comenta que hay ciertas experiencias vitales que promueven dicha madurez y que facilitan el desarrollo de habilidades terapéuticas para la orientación existencial:

- Comprometerse con la crianza de una familia, o estar a cargo de personas que dependen de nosotros a través de relaciones cercanas e íntimas, es un buen entrenamiento para desarrollar la actitud abierta para descubrir la naturaleza del amor.

- Ser padre/madre o padrastro/madrastra permite a la persona ver la vida desde varios puntos de vista, tanto desde la perspectiva del hijo como la del padre. Muchas personas tienen poca experiencia académica y no muy altos niveles de escolaridad, pero una gran experiencia práctica en esta área.

- Estar o haber estado inmerso en la sociedad desde varios ángulos diferentes, en diferentes trabajos, diferentes estudios académicos, diferentes clases sociales, etc., brinda en definitiva ventajas.
- Experiencias de cruce o cambio de cultura es también un excelente forma de estirar la mente y la propia perspectiva de lo que significa ser humanos. Pasar algún tiempo viviendo en otro país es una buena forma de apreciar que hay diferentes maneras de vivir. La gente que ha tenido que ajustar su forma de percibir y relacionarse con el mundo, especialmente cuando esto incluye un cambio en el lenguaje, ha tenido experiencias extraordinariamente importantes para cuestionarse creencias e ideas previas, y abrirse a nuevas perspectivas y culturas.
- Las personas que llegan a la terapia como una segunda carrera, son a menudo especialmente adecuados para desarrollar un buen estilo terapéutico existencial, debido a que han tenido la experiencia de desear cambiar la dirección de sus vidas, y han tenido la valentía y el coraje para realizar dicho cambio.
- El aspecto más importante para convertirse en un buen terapeuta existencial, es haber atravesado un buen número de encrucijadas en su vida personal. Nada abre más a una persona a los misterios y las posibilidades de ser, que ser testigo del nacimiento, el sufrimiento y la muerte.
- Muchos terapeutas existenciales han despertado por primera vez su interés hacia las dificultades humanas y los caprichos de la vida después de haber enfrentado una crisis en su propia vida. Lejos de que la adversidad sea vista como algo negativo, se considera la condición para la clase de madurez que se requiere para que alguien asuma el rol de terapeuta existencial —y por ende el de facilitador de

una investigación honesta sobre la existencia— con gran efectividad. El concepto del *sanador herido* es una buena manera de representar lo anterior.

Todos estos puntos son especialmente importantes para un terapeuta que trabaja con un modelo relacional. En los modelos intrapsíquicos suele proponerse que los terapeutas se mantengan desapegados de sus consultantes, para alcanzar cierta 'objetividad' en sus observaciones e intervenciones, manteniendo cierta 'abstinencia' del proceso; lo cual resulta no sólo imposible, sino incluso indeseable desde una perspectiva fenomenológica, existencial y hermenéutica y, por ende, relacional:

> *La tradición de abstinencia, desapego y objetividad como métodos que provocan frustración, ansiedad e insight , se basa en una relación autoritaria entre analista y analizando. El terapeuta es la figura de autoridad incuestionada que cura por razón de su entrenamiento prestigioso y de su insight superior. Hábilmente identifica y erradica las resistencias de los pacientes a través de oportunas y bien articuladas interpretaciones, permitiendo así el surgimiento de la memoria y la renuncia a los deseos infantiles. Sin embargo, el terapeuta del modelo relacional evita tal relación de autoridad en favor de una "relación real" entre terapeuta y cliente. El terapeuta es mucho más un participante, en el encuentro terapéutico, que un observador. Ella no solo reconoce su propia contratransferencia como un componente normativo de la terapia, sino que la utiliza como un significado para descifrar aquello que su cliente está experimentando. Más que enfatizar la interpretación, ella privilegia la relación terapéutica como algo curativo, y no tan jerárquico, en su naturaleza.*
> (Philipson, 1993, p. 115; en Aron, 2013).

Es por ello que un buen comienzo en la formación de un terapeuta existencial, es el propio compromiso con la revisión constante y honesta de su propia existencia. Por ello se sugiere que para ser terapeuta, hay que comenzar por ir a terapia.

Alcances y Propósitos de la Terapia Existencial

En esta sección expondré algunos de los propósitos y alcances de la Terapia Existencial. Me parece importante aclarar que cuando nos refiramos a los *propósitos*, estaremos señalando aquello *para lo cual la relación terapéutica se establece*, las aspiraciones que se encuentran presentes desde el principio del proceso terapéutico. Cuando se mencionen los *alcances*, se trata de situaciones que *posiblemente ocurran* cuando una persona se compromete en una terapia existencial prolongada, mas no son en ningún sentido objetivos específicos ni rígidos, ni tampoco metas concretas trazadas a priori.

Muchos de los equívocos que encuentro con frecuencia en el entendimiento de la **Terapia Existencial**, consisten en la *confusión entre propósitos y alcances*. Si los confundimos, fácilmente podemos concebir a este enfoque terapéutico como una perspectiva directiva, con metas específicas a conseguir, lo cual no es el caso. Por ello me parece importante exponer estos dos aspectos por separado.

Como hemos mencionado anteriormente, este enfoque terapéutico no parte de ideales que se intentan alcanzar, ni de perspectivas teóricas acerca de cómo deberían ser las personas aun antes de conocerlas. No se buscan aspectos como autenticidad, congruencia, autorrealización, desarrollo de potencialidades, cambio de conductas, desarrollo de la conciencia, o transformaciones de la personalidad. Estas metas, así como cualquier otra, son vistas con sospecha, ya que son partes de sistemas teóricos, sociales o ideológicos que apuntan a ideales de funcionamiento. Para la Terapia Existencial, los propósitos se encuentran en la línea de los quehaceres conjuntos: en la fenomenología existencial y hermenéutica. De tal forma que el propósito fundamental de la terapia existencial consiste en el foco sobre el *proceso terapéutico* mismo y no en su finalidad. *El camino es la meta.*

Propósitos:

Los propósitos de la terapia no consisten en *hacer algo* como animar al consultante a cambiar o a buscar una mejor manera de vivir; sino en ayudarle a examinar, describir y clarificar la forma como experimenta su *ser-en-el-mundo*; de tal manera que sea capaz de elegir el estilo de vida que tiene actualmente, o que explore si desea algún otro, e identifique las limitaciones necesarias e innecesarias para embarcarse en un proceso de transformación. Dicho de otro modo, la Terapia Existencial no se interesa por promover el cambio en sí mismo –que de cualquier forma está ocurriendo, ya que lo único que no podemos detener es el cambio–, sino que se involucra y compromete con la exploración de lo que significa cambiar, en qué momentos o en qué circunstancias un cambio sería deseable, y por cuales razones se buscaría, así como se interesa por las habilidades necesarias, dificultades y limitaciones para llevarlo a cabo.

Para lograrlo, es necesario que el terapeuta renuncie al rol de *cambiador, sanador,* o *curador*; que no busque *enseñar, educar, promover felicidad, o promover autenticidad*; así mismo que renuncie al rol de *guía, gurú, maestro,* o cualquier otro que indique que posee un conocimiento mayor o mejor que el del cliente sobre la vida o sobre lo que el cliente sabe sobre sí mismo.

Anderson (1999) comparte este punto de vista:

> *Creo que una terapeuta ni resuelve problemas ni arregla nada. La exploración del problema en el curso de la terapia lleva a su disolución, no a una solución. Los problemas no se resuelven sino que se disuelven en el lenguaje. Desde mi punto de vista, lo importante es el proceso por el cual uno habla*

acerca de algo, no su contenido. (Anderson, 1999, p. 134).

La finalidad no es resolver los dilemas, sino enunciarlos cada vez con mayor claridad y reconocer la *naturaleza dilemática de la existencia*. El terapeuta existencial puede, en ocasiones, cuestionar los deseos de su consultante de evadir las paradojas y tensiones, aun si esto resulta incómodo o perturbador. No porque tenga como propósito que su consultante deje de intentar evadir sus dificultades, sino simplemente *para mantener una actitud abierta hacia la exploración de cualquier situación o temática*, incluso cuando no sea fácil o reconfortante.

Para ello invita a examinar las creencias asumidas y no cuestionadas sobre la existencia en general, analizando los polos o polaridades de las mismas, retando aquello que a simple vista parezca contradictorio e inconsistente en la narrativa que le presenten; de nuevo, no porque exista una exigencia de que los discursos debieran ser completamente congruentes y consistentes de acuerdo con "*X*" lógica –generalmente cuando los terapeutas interpretan que hay alguna incongruencia en la narrativa de su consultante, lo hacen siguiendo los lineamientos de la lógica de su preferencia, o de la lógica que dicta algún sistema teórico que les parece "válido"–, sino porque dichas situaciones dan la oportunidad de explorar aspectos anteriormente insospechados, dando la posibilidad de descubrir nuevas posibilidades de experiencias y nuevos procesos de significación. Es común que, si el terapeuta permanece junto a su consultante el tiempo suficiente describiendo y clarificando alguna situación que pueda parecer "incongruente", termine sorprendido por alcanzar a comprender la lógica y la congruencia que dicho aspecto sostenía. Sólo resultaba incongruente para la lógica que intentaba imponer, y al abrirse a nuevas formas de lógica, aquellas experimentadas y sostenidas por su consultante, nuevos aspectos de la experiencia de este último estarán disponibles para ser más y mejor comprendidos.

Parte del trabajo también consiste en ayudar al consultante a encontrar sus principales y más centrales valores, aquello por lo que está dispuesto a vivir e incluso a morir (Cooper, 2003).

La terapia no es vista entonces como solucionadora de problemas, ni como apoyo para salir y acabar con duelos y/o crisis, ni como entrenamiento en habilidades interpersonales o emocionales y de conducta. Se trata más de un *encuentro de perspectivas,* un *análisis conjunto de la existencia y los dilemas cotidianos,* y una *revisión de las diversas formas y estilos de relación* que la persona desarrolla y despliega a lo largo de su vida. Todo lo anterior enmarcado en una *relación profundamente emocional* que generalmente, poco a poco, va construyendo una *intensa intimidad colaborativa.*

Diferentes autores señalan sutiles diferencias en los propósitos de la Terapia Existencial, para ejemplificar, podemos señalar los siguientes:

- Para Emmy van Deurzen, parte de los propósitos consiste en ampliar la perspectiva de sí mismo y del mundo que nos rodea; facilitando encontrar claridad sobre como proceder en el futuro, tratando de aprender las lecciones del pasado y creando algo valioso para vivir en el presente (van Deurzen, 2001).

- Para Irvin Yalom, consisten en clarificar las diversas maneras de enfrentarnos a los hechos dados simplemente por existir, y animar a la persona a enfrentarlos: como la inevitabilidad de la muerte propia o de nuestros seres queridos, la libertad de construir la vida que deseamos, nuestra soledad existencial, y la pregunta constante por el sentido, en un universo que no nos ofrece ninguna respuesta a los interrogantes por el sentido de la vida (Yalom, 1989).

- Para Ernesto Spinelli, consisten principalmente en ofrecer un espacio para examinar, confrontar y clarificar las formas cómo entendemos la vida, los problemas encontrados a través de existir y los límites impuestos a las posibilidades inherentes del ser-en-el-mundo (Spinelli, 1989).

La *Escuela Mexicana de Psicoterapia Existencial* reconoce que los propósitos que señalan Emmy van Deurzen e Irvin Yalom son posibles (y quizá incluso deseables), mas sólo como *alcances,* y no como metas trazadas a priori, ya que implican sutilmente la búsqueda de un cambio en la existencia de la persona (ya sea crear algo valioso para vivir en el presente, o promover que la persona enfrente la realidad de su propia muerte). Por otra parte, los propósitos que señala Ernesto Spinelli se acercan más a la intención de los terapeutas existenciales de la escuela mexicana, ya que se refieren al proceso terapéutico mismo, y no a intenciones específicas para la vida de los consultantes.

Otros propósitos propios de esta línea de pensamiento dentro de la Terapia Existencial son:

- Explorar la *perspectiva del mundo,* a través del análisis de las diferentes maneras que tenemos de construir significados.
- Clarificar la forma cómo nuestra perspectiva del mundo se entrelaza con los criterios socioculturales imperantes en nuestro momento y lugar histórico, sometiéndose o rebelándose a los discursos dominantes del momento; de-construyendo las posibilidades que se abren y se cierran ante dichas narrativas de la existencia.
- Atender y describir la ocurrencia o falta de ocurrencia de *momentos/acontecimientos apropiadores.*

En cuanto al último punto, podemos recordar la importancia que asigna Heidegger a la apropiación del ser-en-el-mundo[104]. La palabra que él usaba para lo que normalmente se expresa en español como autenticidad es *eigenlichkeit,* la cual no refiere exactamente lo que solemos entender por autenticidad. La palabra alemana *eigen* denota *propiedad,* el acto

---

[104] Una introducción a estas ideas ya se realizó en el capítulo dos y tres de la presente obra. El lector interesado también puede consultar *Filosofía Existencial para Terapeutas y uno que otro curioso,* editorial LAG.

de volver algo propio. No se trata de la propiedad con la que nos involucramos con los objetos que volvemos nuestros, como cuando decimos: *"esta computadora es mía"*. Se trata de una propiedad más intima, una que hace referencia de manera directa a nuestra identidad, como cuando decimos: *"este es mi rostro"*.

Apropiarse significa, en estos términos, que la persona reconozca su ser como propio, que se adueñe de si misma. Mas adueñarse de sí misma implica reconocer que sus circunstancias son suyas, que es ella quien las carga y quien participa en su co-construcción. En otras palabras, es un término que denota también *responsabilidad*. Se trata de adueñarse de sí de una forma no encapsulada, sino como *ser-en-el-mundo*. En otras palabras, adueñarse de sí implica adueñarse del mundo, reconocer el mundo como propio, como co-constituyente de nuestro ser; así mismo significa reconocer a los otros como propios también, debido a nuestra característica de *ser-con-otros*.

En terapia de grupo por ejemplo, en ocasiones los miembros refieren estarse *aburriendo* con los acontecimientos del grupo o con la narración de alguno de los miembros en particular. En dichos momentos, pueden solicitar que se establezca una regla que impida que un sólo miembro monopolice la sesión. Desde el punto de vista del acontecimiento apropiador, dichas personas podrían *apropiarse* de la sesión en particular. Su experiencia hasta el momento pareciera decir que no es sentida como 'propia', que "no la sienten *suya*" sino que la experimentan *ajena* y por lo tanto, están *enajenados*, lo que se expresa como 'aburrimiento'. Una forma posible de trabajo sería atender a la manera cómo permitieron que tal situación ocurriese:

¿En qué momento comenzaron a sentirse ajenos?

¿Cómo es que no hicieron nada al respecto?

¿Qué necesitarían para sentirse involucrados y hacer la sesión suya, incluso si no dijeran nada durante toda la sesión?

¿Qué se requiere para que dejen de apropiarse?

La persona que está participando, ¿se percató de cómo los

demás se desconectaban?
    De ser así, ¿le importa?
    ¿Cómo lo hace sentir?
    ¿Cómo cree que participa y colabora con tal situación?
    ¿Cree que le gustaría hacer algo al respecto?
    ¿Qué le gustaría hacer o proponer a los demás?
    ¿Esta situación o alguna parecida, les ocurre alguna vez en
sus vidas?
    Etcétera.

Preguntas como éstas y otras similares pueden motivar el trabajo en grupo terapéutico y hacerlo de pronto muy involucrado e interesante para todos. Ocurre lo mismo con el terapeuta que se aburre en sesión. Creo que a todos los terapeutas que trabajamos ordinariamente con sesiones uno-a-uno, tarde o temprano nos ocurre que nos sentimos aburridos ante una persona y su narración. Podríamos aplicarnos exactamente las mismas preguntas. Podríamos hacer estas preguntas en voz alta, para invitar a nuestro consultante a reflexionar colaborativamente sobre las mismas.

    Cuando logramos que la sesión terapéutica sea *nuestra, muy nuestra,* podríamos hacernos las mismas preguntas también. Independientemente del tema del que estemos hablando, ¿experimentamos que estamos apropiados de la situación?, y si es así, ¿cómo lo hicimos?, y ¿en qué situaciones preferimos permanecer des-apropiados?

    Esta última pregunta es igualmente válida para cualquier otra situación en la vida. Cada aspecto que el consultante narra sobre su existencia, ¿lo narra de una manera apropiada (de 'propiedad', no de 'correcto')?, o ¿lo hace de forma desapegada? Es importante subrayar que no hay un juicio moral detrás de estas posibilidades. Tanto la apropiación como la no apropiación son posibilidades de nuestra existencia como seres-en-el-mundo que pueden ser perfectamente válidas, e incluso necesarias. En la Terapia Existencial no se busca que las personas involucradas (el terapeuta también), *se apropien de cada experiencia todo el tiempo.* Más bien se trata de atender la forma cómo ocurren una u otra de estas experiencias; y a qué nos conduce cada una de ellas en la situación en particular:

   ¿Qué posibilidades nos abre o nos cierra estar apropiados o des-apropiados en una situación específica?
   ¿Desearíamos que fuera diferente?
   ¿Qué hacemos para mantenerla de esa manera o para cambiarla?

Sutilmente, el simple hecho de hacernos estas preguntas es una forma de *apropiarnos de la situación,* pero no porque esto sea mejor que des-apropiarnos, sino simplemente porque la principal herramienta del trabajo terapéutico existencial es precisamente la apropiación de la existencia, en orden de poder examinarla apasionadamente.

   La mejor forma que el terapeuta existencial tiene para hacer uso de esta herramienta es realizar una exploración fenomenológica de la narrativa de su consultante y de los eventos propios del encuentro interpersonal, como hemos visto anteriormente en este libro, y se verá con mayor detalle en el volumen 2.

Alcances:
   En cuanto a los alcances de la **Terapia Existencial**, Ernesto Spinelli (2001) considera que la terapia tiene muy poco que ofrecer si la comparamos con vivir la existencia de manera comprometida.

> *De hecho, hablando más plenamente, lo que la psicoterapia me ha proporcionado como cliente ha sido mínimo comparado con lo que he obtenido en muchas otras actividades en las que me he involucrado a lo largo de mi vida. Cuando lo coloco junto a mis experiencias de visitar y vivir en países extranjeros, de envolverme en movimientos*

> *sociopolíticos, de leer y escribir ficción y poesía, de meditación, de inmersión en la música o en una particular canción, de grabar y explorar mis sueños o de observar los sueños de otros proyectados sobre una pantalla de cine, o emergiendo de una piedra esculpida, y, sobretodo, de permitirme a mí mismo amar a otros y dejarme sentir amado por ellos, lo que he ganado con mi terapia personal permanece apenas significativo.* (Spinelli, 2001, p. 158,159).

Lo anterior no significa que la terapia no tenga ninguna utilidad y que deba ser desechada de inmediato. Más bien implica que podemos encontrar su valor en una perspectiva que trasciende el utilitarismo y la búsqueda de eficacia. Reconociendo que en algunas ocasiones acompaña y apoya la posibilidad de alcanzar metas que los consultantes se trazan, mas no por ello consideramos que esa sea su función principal.

Debido a sus fundamentos filosóficos, suele proveer al cliente de un espacio privilegiado para explorar dilemas humanos centrales para la existencia, como la muerte y finitud, y con ello la angustia provocada por la temporalidad y la incertidumbre en la existencia; la libertad y la elección, la búsqueda de sentido y propósito en la vida, la culpa, la vergüenza, etcétera.

Es importante subrayar que, para esta perspectiva, el sufrimiento o la infelicidad no son vistos como un mal o una enfermedad, sino como un aspecto esencial de toda vida humana; inclusive como un *buen* aspecto, que junto con el dolor y el esfuerzo forma parte de los contrastes necesarios para también poder captar todo el gozo y la maravilla de la vida.

Como hemos visto, se requiere de los contrastes para realizar una clara conciencia. Sin obscuridad no existiría la luz, así como sin frío no tendría ningún sentido hablar del calor. Por ello la evitación del sufrimiento no puede ser un objetivo, ni posible ni deseable, para la terapia o para la vida misma. Las pérdidas y las ganancias en la vida requieren ser balanceadas una contra la otra. La vida nunca es cuestión de simplemente obtener las cosas buenas evitando las malas. Todas las elecciones requieren que renunciemos a algo. No hay positivos sin negativos. No hay luz sin sombra (van Deurzen, 2001).

Para Emmy van Deurzen (1998), si podemos cambiar nuestra forma de pensar acerca de la relación terapéutica, para verla más como una investigación existencial, entonces podremos permitirnos o incluso exhortarnos a nosotros mismos, a estar abiertos a la posibilidad de dudar y maravillarnos por los misterios de la existencia. Para esta autora, dentro de los posibles *alcances* de la Terapia Existencial se encuentran:

- Proporcionar una sensación de vivir la vida y no de ser vividos por ella.
- Darse cuenta de que somos capaces de enfrentarnos a lo más duro de la vida, lo que promueve que reconozcamos nuestra fuerza.
- Dar la bienvenida, en vez de huir de los retos de la existencia.
- Responder a dichos retos de formas más constructivas y/o satisfactorias.
- Experimentar el espectro completo de posibilidades de ser, en vez de quedarse estancado en patrones.
- Redescubrir la pasión por la vida.
- Ir más allá del miedo a la vida y descubrir que está llena de promesas y que, ultimadamente, merece la pena vivirse.

Me parece importante subrayar que se trata de 'alcances' posibles, y no de 'objetivos' ni 'propósitos'. Son aspectos que pueden aparecer como añadidura dentro del proceso terapéutico existencial. Aunque no se trate de transformaciones que afecten necesariamente la conducta de los consultantes, y probablemente muchos de los dilemas que los condujeron a solicitar terapia continúen estando presentes, la gran mayoría de las personas pueden encontrar dichos alcances altamente valiosos.

En síntesis, el apoyo que el terapeuta existencial ofrece consiste en facilitar la exploración profunda y el análisis de los dilemas y paradojas propias de la existencia, así como de nuestra forma de enfrentarnos a ellas. Para ello ayuda al cliente a describir en detalles cada vez más específicos, su experiencia cotidiana de ser-en-el-mundo. Al no contar con técnicas (como mencionamos en el primer capítulo), la Terapia Existencial se basa en la *investigación fenomenológico-existencial-hermenéutica conjunta* es decir, en la conversación y el interés de parte del terapeuta en la experiencia (inter)subjetiva de su consultante y su relación con el mundo. Ser testigos y reconocer la relevancia de las luchas con su existencia, es el aspecto fundamental de una terapia orientada existencialmente (van Deurzen, 2001).

Dentro del campo existencial de la terapia, no suelen verse especializaciones para el trabajo con problemas específicos como si ocurre en otros enfoques terapéuticos. Problemáticas como las adicciones, trastornos de la conducta alimentaria, psicosis, víctimas de violencia o personas violentas, etc., son enfocadas en la Terapia Existencial con los mismos criterios de investigación que cualquier otro asunto que se explore. Una especialización podría promover la idea de que hay técnicas y métodos existenciales específicos según el problema. O que los conocimientos teóricos podrían hacer que el terapeuta *sepa cómo curar o manejar el problema* y, como vimos anteriormente, el papel del terapeuta no consiste en intentar cambiar la problemática, sino en explorarla, conocerla de manera más amplia, vislumbrar sus implicaciones y las formas como se sostiene; sabiendo que es el otro quien más sabe de su vida.

Lo anterior no implica que informarse esté contraindicado. Únicamente advierte a los terapeutas que toda la información que acumulen sobre un área problemática específica nunca será suficiente para conocer plenamente el asunto, y que es conveniente que la suspenda fenomenológicamente (*epojé*) para no considerar que los conocimientos, experiencias e ideas que se adquieran, son realmente capaces de explicar el fenómeno que se investiga.

Como opina Harlene Anderson, asumir que podemos aprender como enfrentarnos a una problemática sería como creer que todas las personas que se enfrentan a dicha situación son iguales, y que su experiencia no tiene variaciones:

> *Creo preciso abandonar el pensamiento que enfoca los sistemas y problemas humanos referidos al individuo, la familia, las topologías grupales y las categorías nosológicas. Semejante universalización modernista oscurece la complejidad, singularidad y riqueza de los acontecimientos y de la gente involucrada. Suelen preguntarme, por ejemplo: "¿Cómo trata el abuso infantil?, "¿Cómo trata los desordenes de la alimentación? El supuesto implícito en estas cuestiones es que cada uno de estos problemas se presenta siempre con las mismas características.* (Anderson, 1999, p. 117).

Como ya hemos visto, la actitud del *no*-saber se refiere al intento de permanecer tan abierto como sea posible a lo que se presente en nuestra experiencia relacional (Spinelli, 1997). Implica que el consultante sepa que su terapeuta está dispuesto a encontrarse con la totalidad de su humanidad, y desde su humanidad completa, lo cual incluye reconocer que su terapeuta es falible (y que de hecho se equivoca con frecuencia), parafraseando a Nietzsche: *humano y nada más que humano.*

Inicialmente el consultante podría sentirse desconcertado; sin embargo, es una buena oportunidad para revisar su creencia de que otros tienen más experiencia y conocimientos sobre lo que significa existir, y que incluso saben más de sí mismo que él.

Lograr ver al terapeuta con defectos y fallas, con fragilidad y vulnerabilidad, tan humano como ellos mismos[105], puede despertar

---

[105] Me refiero, evidentemente, a una situación que ocurre esporádicamente. Sin perder de vista que la relación terapéutica tiene como principal propósito atender a la

en los consultantes sentimientos de compasión o interés profundo hacia el otro (en este caso el terapeuta), lo que les puede llevar a redescubrir su capacidad para conectarse profundamente con otros, a sentirse empoderados y confiados en sus habilidades para relacionarse interpersonalmente, y a experimentarse reconocidos en su capacidad de inspirar confianza.

> *Podría objetarse que los clientes esperan certidumbre; que pagan a un experto para que les dé respuestas, y que no aceptarán a un terapeuta que adopte esta postura filosófica e invite a participar. En mi experiencia, esto no es un problema. He encontrado que a los clientes no les resulta difícil relacionarse en forma colaborativa.*
>
> *[...]*
>
> *Es una desgracia cuando la terapia llega a un punto en que los clientes sienten que los expertos creen conocerlos mejor de lo que ellos se conocen, y el saber de los expertos produce descripciones suspicaces y tratamientos peyorativos.* (Anderson, 1999, p. 151).

Mi propia experiencia de más de 20 años trabajando como terapeuta y específicamente más de 15 años de practicar como terapeuta existencial, me lleva a confirmar la cita anterior. Normalmente intento, durante los primeros tres encuentros con cada nuevo consultante (y a veces

---

existencia del consultante, y no a la del terapeuta. Si el terapeuta muestra su fragilidad, inseguridad, o algún error, lo hace siempre dentro del marco del Mundo-Terapéutico, y por lo tanto se muestra disponible para hacer de dicha situación parte del proceso terapéutico mismo, explorando lo que tal situación produce, tanto en la persona del consultante como en la experiencia de éste con respecto a la terapia. Si el terapeuta no está logrando mantener su experiencia emocional, por incómoda y dolorosa que sea, en favor del proceso terapéutico y de la exploración de la experiencia de su consultante, requerirá de revisar la situación en algún proceso de supervisión, o en su propia terapia personal, tan pronto como sea posible.

es necesario replantear estos puntos en etapas avanzadas del proceso terapéutico), dejar muy en claro mi papel como acompañante y co-investigador fenomenológico. Advierto a las personas que me consultan que no puedo darles respuestas a los dilemas de sus vidas, ya que ni siquiera tengo respuestas a mis propios dilemas; que probablemente no sepa cómo ayudarles a transformar la situación que les aqueja, y que probablemente no pueda darles recomendaciones que les lleven a evitar sus problemas. También me esfuerzo por compartirles que, si están dispuestos a ingresar en la aventura de la Terapia Existencial junto a mí, yo haré lo posible por acompañarles de una manera honesta y abierta, que deseo poder permanecer a su lado incluso en los momentos más difíciles que podamos atravesar, que haré un esfuerzo para ello, para mantenerme tomándoles metafóricamente de las manos en los momentos de extrema vulnerabilidad; que estoy dispuesto a ser un testigo de sus experiencias, de su historia, de sus emociones, pensamientos, fantasías y anhelos; que haré lo posible por ofrecerles mi estar *realmente presente* y que, no estando exento de los mismos dilemas y complicaciones, les compartiré desde una posición de *compañeros de equipo,* mi perspectiva emocional y racional de su situación.

En mi experiencia, casi sin excepción la mayoría de las personas que me consultan encuentran esta perspectiva interesante y se comprometen al proceso terapéutico conjunto[106].

La observación de este aspecto se refleja en que *no importa tanto de qué se hable* en las sesiones de terapia, sino de *cómo se hable.* Parte importante del trabajo en Terapia Existencial consiste en poner atención a la forma, el ritmo, la entonación, la expresión corporal y la corporalidad general que acompaña al diálogo; ya que a través e estos aspectos comunicamos muchas cosas que escapan a la comunicación

---

[106] Solamente un hombre hace algunos años, cuya problemática estaba relacionada con una incapacidad para mantener relaciones sexuales debido a que perdía la erección, me dijo que "aunque le interesaba mucho mi propuesta, iría en busca de otro terapeuta que le asegurara resultados", ya que en esos momentos "lo que más necesitaba era de alguien que le diera alguna certeza de que iba a volver a 'funcionar'". Confieso que ante su honestidad, sólo pude decirle que lo comprendía, que yo en su lugar seguramente haría lo mismo.

verbal. "*¿Cómo dialogamos?*", se convierte, entonces, en una de las preguntas que los terapeutas de esta perspectiva tienen presente de manera constante, reconociendo que su persona (género, edad, estilo, etc.) ejercerá alguna influencia en el consultante y su forma de narrar sus experiencias, incluso en qué sienta cómodo para compartir, y qué no.

La Terapia Existencial como encuentro interpersonal

> *En la tragedia de la condición humana,*
> *cualquier salvación surge del reconocimiento*
> *de que somos compañeros de ruta,*
> *que compartimos la futilidad y la pasión por la vida.*
> Irvin Yalom.

Como ya mencioné en el capítulo quinto, referente al *paradigma relacional y su aplicación a la relación terapéutica*, la base principal de la **Terapia Existencial** se encuentra en el encuentro interpersonal entre el consultante y su terapeuta:

> *Este encuentro, que es el corazón mismo de la psicoterapia, es un afectuoso encuentro humano entre dos personas, una de las cuales (por lo general, aunque no siempre, el paciente) está más problematizada que la otra. Los terapeutas tienen un rol dual: deben observar y al mismo tiempo participar en la vida de los pacientes. Como observador, uno debe ser lo suficientemente objetivo para dar la necesaria guía rudimentaria al paciente. Como participante, uno debe entrar en la vida del paciente; el encuentro afecta y a veces cambia al terapeuta.*
>
> *Al escoger entrar plenamente en la vida de cada paciente, yo, el terapeuta, no sólo quedo expuesto a las mismas cuestiones existenciales de mis pacientes sino que debo estar preparado para enfrentarlas con las mismas reglas de investigación. Debo asumir que saber es mejor que no saber, que aventurarse es mejor que no aventurarse, y que la magia de la ilusión, por más rica y atractiva que sea, finalmente debilita al espíritu humano.* (Yalom, 1989, p. 26).

El encuentro interpersonal en la Terapia Existencial es de tipo colaborativo, donde los participantes intentan relacionarse sin las clásicas distinciones jerárquicas de la terapia tradicional. En vez de tratarse de un terapeuta investigador que analiza a su paciente, se trata de un terapeuta y su consultante que "participan como co-investigadores para crear lo que descubren." (Anderson, 1999, p. 31).

Este modelo de terapia, no intenta cambiar la hipotética estructura intrapsíquica del consultante individual, sino clarificar las formas de involucramiento y relación que se despliegan en el encuentro del ser-en-el-mundo. Se busca analizar el campo de la intersubjetividad y la comunicación, y la forma cómo éstos van formando la identidad de los participantes. Por ello el espacio terapéutico no es el *mundo interno* del consultante, sino el área de interacción, el *entre*, el espacio/tiempo donde ocurre el encuentro entre el terapeuta y el consultante (Cohn, 1997).

El paradigma relacional se expresa principalmente en el estilo de involucramiento y trabajo *con* y *desde* la relación terapéutica. No significa *hablar sobre* la relación —aunque esto sea necesario y útil en algunas ocasiones—, sino que se refiere a la forma de estar del terapeuta, su forma de estar presente *con* y *para* el otro.

El *estar con* el consultante se refiere a la disposición del terapeuta para conocer, en medidas crecientes de profundidad, la perspectiva del mundo de su cliente, aceptando las diferencias y similitudes con sus propias perspectivas, y realizando cuestionamientos y verificaciones que les permitan a ambos tener un panorama más amplio de las temáticas que conversen juntos. Tiene que ver, entre otras cosas, con la precisión con la que el terapeuta capta la perspectiva del consultante.

Estar para el consultante se refiere a la disponibilidad del terapeuta para ser *tocado y movido (afectado e influido)* por la existencia de su cliente; por sus narraciones y por la experiencia del encuentro mismo. Se refiere al intento del terapeuta por considerar la perspectiva de su consultante válida y valiosa, permitiéndose *sentirla*. Estos puntos se profundizarán en el Volumen 2 de la presente obra.

> *Más allá de las habilidades y reglamentos, me parece que es la manera como el terapeuta responde a la presencia del otro que es el cliente lo que hace toda la diferencia. [...]*
> *Mis clientes me recuerdan una y otra vez, que lo que ellos obtienen de mí es, en primer lugar y lo más importante, el mí/yo [terapeuta] que ellos experimentan que está ahí con ellos. Lo que les digo, lo que discutimos, el conocimiento que yo tenga está muy por debajo en términos de lo significativo para sus vidas.* (Spinelli en Cooper, 2003, p. 118).

Hacia la Posmodernidad en la Terapia

Los aspectos revisados en este primer volumen permiten situar a la **Terapia Existencial** como un enfoque posmoderno. El posmodernismo no es, en estricto sentido, una escuela de pensamiento ni un movimiento intelectual unificado. Al igual que la perspectiva existencial, se compone por un gran número de voces presentes en todas las disciplinas del saber humano desde la ciencia hasta las artes. Surgió como una crítica a los ideales y concepciones propias de la modernidad, por lo que se ganó el nombre de *movimiento posmoderno*. Históricamente hablando, el término 'posmodernidad' surgió en relación con la literatura y la arquitectura en los 60's y 70's (Jameson en Loewenthal & Snell, 2003).

Algunos ven en Nietzsche, quien murió en 1900, o en Kafka fallecido en 1924, los primeros pensamientos posmodernos, sin embargo es hasta la segunda mitad del siglo XX cuando esta forma de pensamiento ganó popularidad. Jean-Francois Lyotard aportó una definición al término 'posmodernismo' que enmarca lo que este movimiento representa. Lo definió como una posición radicalmente escéptica y una actitud mental de cuestionamiento, lo que conducía a la "muerte de las grandes narrativas". Por 'grandes narrativas' se refiere a perspectivas como el Marxismo, el psicoanálisis Freudiano y cualquier otra ideología que pretenda conocer la realidad o cómo funciona (Jameson en Loewenthal & Snell, 2003). En muchos sentidos se trata de críticas a la forma de entender la realidad que es conocida como "dualismo cartesiano" y todo lo que éste implica.

La cosmovisión de la modernidad es herencia de la filosofía desarrollada por Descartes en la Europa del siglo XVII. Ya hemos detallado algunas de las ideas de esta perspectiva en el capítulo cuarto de este mismo libro. Algunas de sus repercusiones intelectuales en el siglo XVIII se observan en el movimiento cultural e intelectual conocido como 'La Ilustración'.

La Ilustración se caracteriza, entre otras cosas, por una profunda fe en el progreso, una intensa búsqueda de explicaciones y la expectativa de poder encontrarlas, por la confianza en las capacidades de la conciencia humana, y en la posibilidad de llegar a explicar la realidad a través de sistemas científicos. Se apoya en la creencia de que existen valores y verdades universales que trascienden las diferencias culturales e históricas. Esta ideología:

> *[...] se encuentra presente en la idea de que, como humanos, somos autónomos e inherentemente dirigidos hacia la salud, como se observa claramente, por ejemplo, en la visión humanista de Carl Rogers con respecto al mundo del counseling y la terapia.*
> (Loewenthal & Snell, 2003, p. 4).

En muchos sentidos, las críticas realizadas por autores existencialistas a las perspectivas: cartesiana, de la Ilustración, y moderna; son parte del inicio del movimiento posmoderno. Así mismo los movimientos ecológicos, feministas, libertarios, lingüistas, anti-violencia, 'queer', etc. que surgieron en el siglo XX, son parte de este movimiento hacia la posmodernidad.

Este movimiento reta las ideas modernas centradas en el ego y en la persona, y al hacerlo, estimula que nuevas alternativas se desenvuelvan.

Los filósofos que lo han desarrollado, sugieren entre otras cosas que los seres humanos siempre estamos *'sujetos a'*. Por ejemplo, para Lacan estamos sujetos al lenguaje, para Levinas estamos sujetos al otro y a la diferencia, para Foucault estamos sujetos a relaciones de poder, para Derridá estamos sujetos a la indecidibilidad (la incapacidad de 'ser dicho') y al diferimiento del significado, para Kristeva, estamos sujetos a fuerzas extrañas, disruptivas y potencialmente creativas. (Loewenthal & Snell, 2003).

> *El pensamiento posmoderno tiende a favorecer la diversidad, multiplicidad e incertidumbre, sobre los sistemas, las ideologías y las generalizaciones; el juego, la decoración y la idiosincrasia, sobre la coherencia y la transparencia; la ironía y el cuestionamiento, sobre la sabiduría recibida o la autoridad establecida. Tendrá sospechas sobre cualquier noción de progreso histórico o de patrones. Cuestionará la supremacía de la razón y de la conciencia, ofreciendo en su lugar una visión 'descentrada' de lo que es un ser humano (...) verá la 'autonomía' y la 'totalidad' como ilusiones; somos desplazados, divididos, fracturados, cambiables, nuestros mensajes para los demás nunca llegan a un significado final consensuado, siempre permanecen resbalosos y con lecturas variadas. (Loewenthal & Snell, 2003, p. 5).*

Para L. Hoffman, en el posmodernismo hay una serie de concepciones modernas que se derrumban, por ejemplo, se derrumba la idea de:

> *[...] un sujeto autónomo; la de que las palabras se corresponden con cosas que existen en el mundo real; la creencia en rasgos esenciales y verdades fundadoras. Con respecto a la terapia [...] este*

> *cambio en las creencias cuestiona la dicotomía
> entre el experto y el que no lo es, y la estructura
> jerárquica correspondiente; la "voz del cliente"
> gana en importancia y la idea de la terapia como
> una "sociedad conversacional" pasa a primer
> plano.* (Hoffman, 1999, p. 15).

En la cita anterior podemos observar cómo los planteamientos posmodernos fueron también planteados por la fenomenología-existencial de la primera mitad del siglo XX.

También el teórico de la comunicación y terapeuta Paul Watzlawick (1921-2007) se inscribe en una línea semejante. Para él esta forma de pensamiento:

> *No crea o explica ninguna realidad "allá afuera";
> muestra que no hay adentro ni afuera, que no hay
> un mundo objetivo enfrentando al subjetivo; que
> la división sujeto-objeto (esa fuente de incontables
> "realidades") no existe, que la aparente división
> del mundo en pares de opuestos es construida por
> el sujeto, y que la paradoja abre el camino hacia la
> autonomía.* (en Anderson, 1999, p. 55).

En las terapias modernas, el terapeuta es considerado un experto objetivo y técnico, con capacidad y obligación de permanecer neutro frente a sus consultantes y las problemáticas que le plantean, conocedor de lo normal y lo patológico, y con habilidades para realizar diagnósticos adecuados que distingan a un estado del otro; un profesional que posee un saber especializado que le permite establecer estrategias y *planes de trabajo* para conducir a sus clientes hacia estados de mayor armonía consigo mismos y con el mundo. Sobre su persona recae la responsabilidad de *mejorar* a su paciente, sea lo que sea que se entienda por mejorar.

> *La terapia modernista es un proyecto liderado por el terapeuta, influido por las verdades dominantes de la cultura y que conduce a posibilidades determinadas por el terapeuta. Estas verdades se expresan en diagnósticos, objetivos, y estrategias de tratamiento que se determinan a priori y se aplican indiscriminadamente. [...].*
>
> *El discurso modernista promueve la noción dualista y jerárquica del cliente como sujeto de indagación y observación, y coloca al terapeuta en la posición superior de experto. En este discurso, los participantes son entidades estáticas separadas –cliente y terapeuta– y no participantes que interactúen en una empresa conjunta. El aspecto relacional de la noción del individuo-en-relación pasa a segundo plano.* (Anderson, 1999, p. 66).

Por su parte, las terapias que se enmarcan en la posmodernidad (como la existencial) suelen poner a la relación en el primer puesto, considerándola el origen y raíz de cada una de las experiencias humanas. Cuestionan los discursos fijos y deterministas, ya sean culturales, históricos, *científicos*, o aquellos que sean producto de la historia familiar específica de los consultantes. Rechazan el dualismo clásico entre un mundo real y externo *versus* un mundo interno, subjetivo y "menos real"; y consideran a la incertidumbre, lo impredecible, y el misterio; los aspectos más amplios y generales de la existencia.

Una forma de resumir las críticas posmodernas es a través de mostrar las *tres grandes muertes* que propone esta forma de pensar (Ward, 2009):

1.- *La muerte de la historia.-* En el posmodernismo hay un fuerte escepticismo hacia la idea del progreso; así mismo hay fuertes críticas hacia la forma cómo los historiadores modernos escribieron o narraron la historia, favoreciendo las perspectivas de ciertos grupos en el poder o subrayando ciertas direcciones establecidas a priori. Esto dio como consecuencia la historia cultural, de las ideas y otras.

Este planteamiento se compagina con las propuestas de la perspectiva existencial que colocan un mayor énfasis en el aquí y ahora, constituyéndose como un enfoque *a-histórico y a-causal*.

2.- *La muerte del 'hombre'*.- Para la mirada posmoderna la forma cómo entendemos a las personas y a la humanidad es una invención histórica y sociocultural, y promueven la idea de movilizarnos hacia una etapa post-humana de la existencia.

En la mirada existencial que expuse en el capítulo cuatro, pudimos ver como, para esta perspectiva, la idea tradicional de 'hombre' o 'persona' se ve fuertemente cuestionada en pro de una perspectiva más amplia, que contemple a la condición existencial como una *red de relaciones en proceso evolutivo*, como un *mundeando experiencialmente*.

3.- *La muerte de lo real*.- El posmodernismo abandona la búsqueda de una verdad universal y absoluta, que generalmente está más allá de nuestra vista; mostrando preferencia por verdades locales, temporales, y evidentes u obvias. También se relaciona con las reflexiones filosóficas sobre las relaciones entre la realidad y las representaciones, postulando que la realidad está co-construida por signos.

En los planteamientos fenomenológico-existenciales se nos invita a reconocer que *no sabemos* cual es la realidad, y que hay una diferencia entre nuestras experiencias y las formas que tenemos de representarla a través de la reflexión. Como expresa el poema de Fernando Pessoa: *Tengo tanto sentimiento*, que expusimos en el capítulo cuarto de este mismo libro.

Las terapias tienen mucho que aprender de este movimiento en filosofía. Entre otras cosas, nos anima a tener un sano escepticismo y a cuestionar la ortodoxia teórica, nos invita a la apertura, a escuchar diversas posibilidades de una misma historia, y a mirar lo que antes no podíamos. Subraya la importancia de poner al consultante en primer lugar y enfatiza la intersubjetividad y lo que emerge del *entre*. Al alertarnos de que el lenguaje nunca es estático, sino que siempre está cambiando, facilita que tomemos en cuenta nuestras palabras y gestos como actos intersubjetivos, cargados de nuestra historia colectiva y de nuestra cultura; y al recordarnos que siempre somos sujetos-de-un-contexto-y-de-una-situación, reta la omnipotencia tanto de consultantes como de sus terapeutas, invitando a ambos a la humildad, lo que puede inducir en nosotros la posibilidad de maravillarnos. (Loewenthal & Snell, 2003).

Como podemos ver, los postulados fundamentales de la **Terapia Existencial,** al menos del estilo que se propone y desarrolla en la *Escuela Mexicana de Terapia Existencial*, específicamente en el *Círculo de Estudios en Terapia Existencial*, de México, se encuentran en concordancia con algunas de las ideas básicas del movimiento posmoderno, lo que provoca que este enfoque terapéutico pueda ser considerado parte de dicho movimiento, y lo catapulta para ser una opción importante dentro del campo de las reflexiones sobre la condición humana en el siglo XXI.

Hemos llegado al final de nuestro recorrido introductorio de las bases teóricas y filosóficas que inspiran a esta propuesta terapéutica. Continuaremos la reflexión en el Volumen 2 y 3 de esta obra, acentuando aspectos más prácticos y de la aplicación específica de esta conceptualización.

Como mencionamos desde la introducción, la invitación a la perspectiva de Terapia Existencial que aquí presentamos, no intenta promulgarse como la principal, ni como la 'mejor'. Su intención es más la de sumar una voz al rico coro de voces que forman el concierto de las terapias; en particular a la sección coral de las terapias existenciales. Ojalá podamos aportar algo a las otras voces, de la misma manera que ellas han aportado tanto para nosotros, en ocasiones enriqueciendo la extensión de nuestra tesitura, otras veces facilitando que nuestro sonido sea más afinado. Y sobretodo, ojalá que esta voz inspire a otras para que el concierto siga creciendo en riqueza y variabilidad. Quizá el reconocimiento de la infinita cantidad de opciones posibles, para acercarnos a la comprensión de la experiencia humana, nos sorprenda abriéndonos cada vez más hacia el asombro y admiración por su inefable misterio.

Referencias

Al-Shawi, H. H. (2011). *Reconstructing Subjects. A philosophical Critique of Psychotherapy.* Amterdam, Netherlands: VIBS.

Alemany, C. (1997). *Psicoterapia Experiencial y Focusing.* Bilbao: Desclée de Brouwer.

Anderson, H. (1999). *Conversación, Lenguaje, Posibilidades.* Buenos Aires: Amorrortu.

Anderson, H. (2007). Dialogue: People Creating Meaning with Each Other and Finding Ways to Go On. En H. Anderson, & D. Gehart, *Collaborative Therapy* (págs. 33-41). New York: Roulledge.

Anderson, H., & Gehart, D. (2007). *Collaborative Therapy.* New York: Routledge.

Aron, L. (2013). *Un Encuentro de Mentes.* Santiago de Chile: Ediciones Universidad Alberto Hurtado.

Becker, C. S. (1992). *Living and Relating. An introduction to Phenomenology.* Newbury Park, California: SAGE.

Binswanger, L. (1972). *Tres formas de la existencia frustrada.* Argentina: Amorrortu.

Binswanger, L. (1973). Artículos y Conferencias Escogidas. Madrid: España.

Blázquez, F. C. (1995). *Marcel.* Madrid: ediciones del Orto.

Boss, M. (1958). *Psicoanálisis y Analítica Existencial.* Barcelona: Ediciones Científico Media.

Bruckner, P. (2011). *La paradoja del amor.* México: Tusquets.

Buber, M. (1994). *Yo y Tú.* Buenos Aires: Nueva Visión.

Buber, M. (2006). *Yo y Tú. Y otros ensayos.* Buenos Aires: Lilmod.

Caponnetto, M. (1979). *Angustia neurótica, angustia existencia e inquietud cristiana.* Retrieved 2010 08-Agosto from http://members.fortunecity.es/mariabo/angustia_neurotica.htm

Castanedo, C. (2005). *Psicología Humanística Norteamericana.* México: Herder.

Cavallé, M. (2006). *La sabiduría recobrada. Filosofía como terapia.* Madrid: Ediciones Martínez Roca.

Cavallé, M. (2007). *Arte de vivir, Arte de pensar.* España: Desclée de Brouwer.

Clínica, (s.f). En Wikipedia. Recuperado el 08 de Junio de 2016 de: https://es.wikipedia.org/wiki/Cl%C3%ADnica.

Coderch, J. (2010). *La práctica de la psicoterapia relacional.* Madrid: Ágora Relacional.

Cohn, H. (1997). *Existential thought and therapeutic practice.* London: Sage.

Cooper, M. (2003). *Existential Therapies.* London: Sage Publications.

Cooper, M. (2005). Therapeutic Background. En E. van Deurzen, & C. Arnold-Baker, *Existential Perspectives on Human Issues* (pp. 15-24). New York: Palgrave Macmillan.

D´Athayde, T. (1949). *Existencialismo.* Buenos Aires: Emecé.

Diamond, S. A. (1996). *Anger, Madness, and the Daimonic.* New York: SUNY Press.

Dublin, J. E. (1997). Gestalt Therapy, Existential-Gestalt Therapy and/versus "Perls-ism". En E. W. Smith, *The Growing Edge of Gestalt Therapy* (págs. 124-150). Highland, NY: The Gestalt Journal Press, Inc .

Dunn, J. (2004). La intersubjetividad en psicoanálisis: una revisión crítica. En L. Glocer, *El otro en la trama intersubjetiva.* Buenos Aires: Asociación Psicoanalítica Argentina.

Durán, E. G. (2000). *Psicología Fenomenológica.* Madrid: Biblioteca Nueva.

Echeverria, R. (2003). *Ontología del lenguaje.* Chile: J. C. Sáez.

Echeverria, R. (2011). *Ética y Coaching Ontológico.* Buenos Aires: Granica.

Feinmann, J. P. (2009). *La filosofía y el barro de la historia.* Buenos Aires : Planeta.

Ferlic, D. (2010). Reactions to the current status of existential psychotherapy today. *International Journal of Existential Psychology & Psychotherapy* , 1-7.

Frankl, V. (1991). *El hombre en busca del sentido.* Barcelona: Herder.

Friedman, M. (1993). Preface. En R. Hycner, *Between Person and Person. Toward a Dialogical Psychotherapy"* (págs. vii-xii). New York: The Gestalt Journal Press.

Friedman, M. (2002). Martin Buber and Dialogical Psychotherapy. *Journal of Humanistic Psychology* , 7-36.

Fromm, E. (1956). *Psicoanalisis de la Sociedad Contemporanea.* México: Fondo de Cultura Económica.

Fullat i Genís. (2005). *Verdad.* Barcelona: Universitat de Barcelona.

Gadamer, H.-G. (2001). *El Lado Oculto de la Salud.* España: Gedisa.

Gendlin, E. (1997). Existencialismo y Psicoterapia Experiencial. En C. Alemany, *Psicoterapia Experiencial y Focusing* (págs. 31-56). Bilbao: Desclée de Brouwer.

Gendlin, E. (1999). *Focusing.* Bilbao: Mensajero.

Gergen, K. (2006). *El yo saturado.* Barcelona: Paidós.

Gergen, K. (2007). Las consecuencias culturales del discurso del déficit. En K. Gergen, *Construccionismo Social. Aportes para el debate y la práctica* (pp. 281-310). Bogotá: Uniandes-Ceso.

Gergen, K. (2007). *Construccionismo Social. Aportes para el debate y la práctica.* Bogotá: Uniandes-Ceso.

Gergen, K. (2009). *Relational Being.* New York: Oxford University Press.

Gergen, K. (20 de Diciembre de 2011). *Socioconstruccionismo.* Recuperado el 28 de agosto de 2012, de Construccionismo Social. Net: www.construccionismosocial.net/2011/12/gergen-por-que-no-soy-un.html

Heidegger, M. (2007). *Los seminarios Zollikon de Martín Heidegger.* (A. Y. Xolocotzi, Trans.) México: MoRELIA editorial.

Heidegger, M. (2009). *Ser y Tiempo.* Madrid: Trota.

Heinemann, F. (1956). *¿Está viva o muerta la filosofía existencial?*

Madrid: Revista de Occidente.

Hernando, A. (2012). *La Fantasía de la Individualidad.* Buenos Aires: Katz.

Hoffman, L. (1999). Prólogo. En H. Anderson, *Conversación, Lenguaje y Posibilidades.* Buenos Aires: Amorrortu.

Hoffman, L. (2007 a). The Art of Withness: A New Bright Edge. En H. Anderson, & D. Gehart, *Collaborative Therapy* (págs. 63-79). New York: Routledge.

Hycner, R. (1993). *Between Person and Person. Toward a Dialogical Psychotherapy.* New York: The Gestalt Journal Press, Inc.

Hycner, R. (2009). Preamble to a Relational Approach: A Plea for Existential Fluidity. En L. Jacobs, & R. Hycner, *Relational Approaches in Gestalt Therapy* (pp. 7-9). New York: GestatPress.

Hycner, R., & Jacobs, L. (1995). *The Healing Relationship in Gestalt Therapy.* New York: The Gestalt Journal Press, Inc.

Irigaray, L. (1998). *Ser Dos.* Buenos Aires: Paidós.

Jacobs, L. (2005). The Inevitable Intersubjetivity of Selfhood. *International Gestalt Journal , 28* (1).

Jacobs, L., & Hycner, R. (2009). *Relational Approaches in Gestalt Therapy.* New York: Gestalt Press.

Jacobsen, B. (2007). *Invitation to Existential Psychology.* Wesr Sussex: Wiley.

Josselson, R. (2007). *Irvin D. Yalom. La Psicoterapia y la Condición Humana .* USA : Pinto Books.

Jung, C. G. (2002). *Recuerdos, Sueños, Pensamientos.* Buenos Aires: Seix Barral.

Kaufman, C., Gondry, M. (Escritores), & Gondry, M. (Dirección). (2004). *Eterno resplandor de una mente sin recuerdos* [Película]. Estados Unidos de América.

Kenn, S. (2000). Prólogo. En E. Becker, *La Negación de la Muerte* (págs. 9-16). Barcelona: Kairós.

Kierkegaard, S. (1941). *El Concepto de Angustia.* México: Colección

Austral.

Kierkegaard, S. (2008). *La enfermedad mortal.* Madrid: Trotta.

Kopp, S. B. (1981). *Guru. Metáforas de un Psicoterapeuta.* Barcelona: Gedisa.

Kruger, D. (1999). *J.H. van den Berg.* Retrieved 2010 08-Agosto from EXISTENTIAL-PHENOMENOLOGY PAGE : http://mythosandlogos.com/vandenBerg.html

Laing, R. D. (1964). *El yo dividido.* México: Fondo de Cultura Económica.

Laing, R. D. (1973). *Percepción Interpersonal.* Buenos Aires: Amorrortu.

Laing, R. D. (1974). *El yo y los otros.* México: Fondo de Cultura Económica.

Laing, R. D. (1977). *La política de la experiencia.* España: Crítica.

Lander, N. R., & Nahon, D. (2005). *The Integrity Model of Existential Psychotherapy in Working with the "Difficult Patient".* New York: Routledge.

Le Bon, T. (2001). *Wise Therapy.* London: Continuum.

Loewenthal, D., & Snell, R. (2003). *Post-modernism for Phychotherapists .* East Sussex, Uk: Routledge.

Lozano, V. (2006). *Hermenéutica y Fenomenología.* España: Edicep.

Luypen, W. (1967). *Fenomenología Existencial.* Buenos Aires: Carlos Lohlé.

Maturana, H. (2005). Realidad: la búsqueda de la objetividad o la persecusión del argumento que obliga. En M. Pakman, *Construciones de la experiencia humana* (pp. 51-138). Barcelona: Gedisa.

May, R. (1967b). Análisis y significado del movimiento existencial en psicología; y Contribuciones de la psicoterapia existencial. In E. A. R. May, *Existencia, una nueva dimensión en psiquiatría y psicología* (pp. 19-122). Madrid: Gredos.

May, R., Angel, E., & Ellenberger, H. (1967). *Existencia.* Madrid:

Gredos.

Martínez Robles, Y. A. (1999). Los atributos existenciales como una metaestrategia psicoterapéutica. *Figura/Fondo. Revista del Instituto Humanista de Psicoterapia Gestalt*, 71-96.

Martínez Robles, Y. A. (2007). Sobre la transferencia y la contratransferencia. *Figura/Fondo. Revista del Instituto Humanista de Psicoterapia Gestalt,, Primavera* (21), 35-58.

Martínez Robles, Y. A. (2008). *Filosofía Existencial para Terapeutas y uno que otro curioso.* México: LAG.

Martínez Robles, Y. A. (octubre de 2010). El Paradigma Relacional en la Psicoterapia Existencial. *Revista Latinoamericana de Psicología Existencial. Un enfoque comprensivo del Ser,* Octubre, 25-35.

Martínez Robles, Y. A. (2011). Irvin Yalom. En Y. A. Martínez Robles, & S. C. Signorelli, *Perspectivas en Psicoterapia Existencial. Una mirada retrospectiva y actual* (pp. 193-212). México: LAG.

Martínez Robles, Y. A. (2011). La escuela Inglesa de Terapia Existencial. En Y. A. Martinez Robles, S. Signorelli, *Perspectivas en Psicoterapia Existencial. Una mirada retrospectiva y actual* (pp. 213-256). México: LAG.

Martínez Robles, Y. (2011). Sobre la integración de los modelos en Psicoterapia Existencial. En E. M. (comp), *Las Psicoterapias Existenciales.* Bogotá, Colombia: Manual Moderno.

Martínez Robles, Y. A. (2012). *Filosofía Existencial para Terapeutas y uno que otro curioso (4a edición ampliada).* México: LAG.

Martínez Robles, Y. A., & Signorelli, S. C. (2011). *Perspectivas en Psicoterapia Existencial. Una Mirada Retrospectiva y Actual.* México: LAG.

Merleau-Ponty, M. (2000). *Fenomenología de la percepción.* Barcelona: Península.

Misiak, H., & Sexton, V. S. (1973). *Phenomenological, Existential and Humanistic Psychologies. A Historical Survey.* New York: Grune & Stratton.

Mitchell, S. A. (1993). *Conceptos relacionales en psicoanálisis. Una integración.* México: Siglo Veintiuno.

Mitchell, S. A. (2003). *Relationality. From Attachment to Intersubjectivity.* New York: Psychology Press.

Minkowski, E. (1927). *La Esquizofrenia.* México: Fondo de Cultura Económica.

Minkowski, E. (1973). *El Tiempo Vivido.* México: Fondo de Cultura Económica.

Montiel Montes, J. J. (2003). El Pensamiento de la muerte en Heidegger y Pierre Teihlard de Chardin. *Utopía y Praxis Latinoamericana, 8* (21), 59-72.

Moran, D. (2004). *Introduction to Phenomenology.* London: Routledge.

Morin, E. (2004). *La mente bien ordenada.* Barcelona: Seix Barral.

Nicol, E. (2004). *La agonía de Proteo.* México: Herder.

Perls, F. (1994). *Sueños y Existencia.* Santiago: Cuatro Vientos.

Polster, E., & Polster, M. (1976). *Terapia Gestaltica.* Buenos Aires: Amorrortu.

Onfray, M. (2009). *La inocencia del devenir.* Barcelona: Gedisa.

Orange, D. M. (2010). *Thinking for Clinicians.* New York: Routlege.

Ruiz de la Presa, J. (2007). *Alteridad: un ecorrido filosófico.* México: ITESO.

Real Academia Española. (s.f.). *Diccionario de la Real Academia Española.* Recuperado el 04 de 09 de 2012, de Diccionario de la Real Academia Española: lema.rae.es/drae/?val=nosológico

Robine, J. M. (2002). *Contacto y Relación en Psicoterapia.* Chile: Cuatro Vientos.

Romanella, A., & Geltman, P. (1996). *Psiquiatría y Psicoterapia Fenomenológica.* Buenos Aires: Sinopsis.

Romero, E. (2000). *El Inquilino de lo Imaginario- Formas Malogradas de Existencia.* San Pablo-Santiago: Editorial Norte-Sur.

Romero, J. (2007). El buen saber de la terapia filosófica. In M. Cavallé, *Arte de vivir, Arte de pensar.* España: Desclée de Brouwer.

Schoch de Neuforn, S. (2000). *La Relación Dialogal en Trerapia Gestalt.* Madrid: Los Libros del CTP.

Szasz, T. (1987). *Herejias.* México: La Red de Jonás.

Stawman, S. (2009). Relational Gestalt: Four Waves. En L. Jacobs, & R. Hycner, *Relational Approaches in Gestalt Therapy* (pp. 11-36). New York: GestaltPress.

Stern, D. (1985). *La vida interpersonal del infante.*

Stern, D. (2004). *The present moment in psychotherapy and every day life.* New York: W. W. Norton.

Stolorow, R. D., Atwood, G. E., & Orange, D. M. (2002). *Worlds of Experience* . New York: Basic Books.

Stolorow, R. D, & Atwood, G. E. (2004). *Los contextos del Ser.* Barcelona: Herder.

Saldanha Erthal, T. C. (1993). *Terapia Vivencial. Un Abordaje Existencial en Psicoterapia.* Buenos Aires: LUMEN.

Sartre, J. P. (1979). *Un teatro de situaciones.* Buenos Aires, Argentina: Losada.

Sartre, J. P. (1989). *El existencialismo es un humanismo.* Madrid: Edhasa.

Sartre, J. P. (1996). *A puerta cerrada.* Buenos Aires: Losada.

Sartre, J. P. (1998). *El Ser y la Nada.* México: Losada.

Shotter, J. (2005). El lenguaje y la construcción del sí mismo. En M. Packman, *Construcciones de la experiencia humana* (págs. 213-225). Barcelona: Gedisa.

Silva, C. (2001 octubre). *Revista Chilena de neuro-psiquiatría. v.39 n.4.*Retrieved2010 1-septiembre from http://www.scielo.cl/scielo.php?pid=S071792272001000400010&script=sci_arttext

Spinelli, E. (1994). *Demystifying Therapy* . Great Britain : PCCS Books .Spinelli, E. (1997). *Tales of the Unknowing.* New York: New York University.

Spinelli, E. (2001). A Reply to John Rowan. In K. J. Schneider, J. F. Bugental, & J. F. Pierson, *The Handbook of Humanistic*

Psychology (pp. 465-472). Thousand Oaks: SAGE.

Spinelli, E. (2001). *The mirror and the hammer.* London: Continuum.

Spinelli, E. (2005). *The Interpreted World. An introduction to Phenomenological Psychology.* London: Sage.

Spinelli, E. (2007). *Practising Existential Psychotherapy. The Relational World.* London, UK: SAGE.

Spinelli, E. (2015). *Practising Existential Therapy. The Relational World.* (2nd edition). London, UK: SAGE.

Spinelli, E. (2016). Relatedness - Contextualising Being and Doing in Existential Therapy. En *Existential Analysis. Journal of the Society for Existential Analysis*, 2 (27).

Spinelli, E., & Cooper, M. (2012). A dialogue on dialogue. En G. Madison, *Existential Therapy* (pp. 141-157). London: SAGE.

Tillich, P. (1969). *El coraje de Existir.* Barcelona: Estela.

Valle, R. K. (1989). An introduction to existential phenomenological thought in psychology. En R. V. Halling., *Existential phenomenological perspectives in psychology.* New York: Plenum press.

van Deurzen, E. (1995). *Existential Therapy.* London: Society for Existential Analysis.

van Deurzen, E. (2001). *Paradox and Passion in Psychotherapy. An existential approach to therapy and counselling.* West Sussex: Wiley.

van Deurzen, E. (2005). Philosophical Background. En E. van Deurzen, & C. Arnold-Baker, *Existential Perspectives on Human Issues* (págs. 3-14). New York: Palgrave Macmillan.

van Deurzen, E. (2008). *Psychotherapy and the Quest for Happiness.* London: SAGE.

van Deurzen, E. (2010). *Everyday Mysteries.* London: Routledge.

van Deurzen, E., & Adams, M. (2011). *Skills in Existential Counselling and Psychotherapy.* London: SAGE.

van Kaam, A. (1966). *Existential Foundations of Psychology.* Garden

City, New York: Image Books.

Varela, F., Thompson, E., & Rosch, E. (2011). *De cuerpo presente.* Barcelona: Gedisa.

Volpi, F. (2009). *prólogo a Feinmann; J.P. (2009) La Filosofía y el Barro de la Historia.* Buenos Aires, Argentina: Planeta.

Watzlawick, P. (1981). *Teoría de la comunicación humana.* Barcelona: Herder.

Watts, A. (1992). *Psicoterapia del este, psicoterapia del oeste.* Argentina: Kairós.

Watts, A. (1999). *La sabiduría de la inseguridad.* Barcelona: Kairós.

Ward, G. (2009). *Teach Yourself Postmodernism.* London: Hodder & Stoughton.

White, M. (1997). *El Enfoque Narrativo en la Experiencia de los Terapeutas.* Barcelona: Gedisa.

White, M. (1997). *Guias para una terapia familiar sistémica.* Barcelona: Gedisa.

Wilber, K. (1980). *El Proyecto Atman.* Barcelona: Kairós.

Wilber, K. (1995). *Gracia y Coraje.* Barcelona: GAIA.

Wilberg, P. (2004). *The Therapist as Listener.* Sussex: New Gnosis.

Yalom, I. (1984). *Psicoterapia Existencial.* Barcelona: Herder.

Yalom, I. (1989). *Verdugo del Amor .* Buenos Aires: Emecé.

Yalom, I. (1997). *Desde el Diván.* Buenos Aires: Emecé.

Yalom, I. (2002). *El Don de la Terapia.* Buenos Aires: Emecé.

Yalom, I. (2009). *Mirar al sol.* Buenos Aires: Emecé.

Yontef, G. (2009). The Relational Attitude in Gestalt Practice. En L. Jacobs, & R. Hycner, *Relational Approaches in Gestalt Therapy* (pp. 37-59). New York: GestaltPress.

Círculo de Estudios
en Terapia **Existencial**

Somos un grupo de personas dedicadas a la investigación, estudio, reflexión, profundización, exploración y difusión de la Visión Existencial en la Terapia.

Desde su formación en noviembre del 2002, el Círculo de Estudios en Terapia Existencial tiene como principal actividad el Programa de Formación en Terapia Existencial; así como el Diplomado en *Conversaciones Poderosas* (Especialización en Filosofía Existencial y Coaching Existencial para la Vida y el Desarrollo Humano) y la organización de talleres con invitados internacionales de renombre en el campo de la Terapia de Orientación Existencial; así como sede y/o participación en los Congresos Internacionales que traten sobre la visión Existencial de la psicología, la Terapia y el Coaching.

Mayores informes: www.circuloexistencial.org

Terapia Existencial

La Terapia Existencial, en especial la que se promueve en la Escuela Mexicana de Análisis y Terapia Existencial, es un enfoque terapéutico en constante evolución. Fundamenta su acercamiento al ser humano y su situación, inspirándose en las reflexiones de la Filosofía Existencial y Fenomenológica. Consiste en una metodología de trabajo fundamentalmente descriptiva y colaborativa, que reconoce a la situación humana como envuelta en una constante incertidumbre y riesgo. Su aplicación se apoya en la Fenomenología Existencial y en la Hermenéutica Post-Cartesiana, por lo que su práctica se inscribe dentro de los enfoques relacionales e intersubjetivos, desarrollándose así entre los modelos posmodernos y de vanguardia. Es un enfoque que mira los problemas o asuntos que emergen y provocan estrés o angustia como la consecuencia de las dificultades encontradas por el hecho de vivir como ser-en-el-mundo, y no como indicadores de una enfermedad o trastorno mental. Parte de una visión que se acerca al ser humano como *totalidad existencial,* es decir, sin estar separado ni dividido de su medio físico ni social, ni mucho menos atravesado por divisiones internas, como la clásica división cartesiana entre la mente y el cuerpo; tampoco divide o separa a la razón de la emoción, ni el ser del hacer.

No se propone como un enfoque 'reparador', 'corrector del déficit', o aleccionador haca una 'mejor forma de vida'; en vez de ello, se propone un acercamiento, a través del diálogo y la conversación honesta, a la comprensión de nuestra manera de relacionarnos con el mundo, con los otros y con nosotros mismos, asi como a la contemplación del *misterio* que habitamos en nuestra existencia.

PROGRAMAS DE FORMACIÓN

Todos nuestros programas se llevan a cabo en formato de una vez por semana durante cuatro horas, ya sea en horario matutino (10am a 2pm), o vespertino (6pm a 10pm).

Iniciamos formaciones 2 veces por año, una en primavera y la otra en otoño.

La convocatoria inicia en Noviembre para los cursos que comienzan en Febrero, y en Junio para los que inician en Agosto.

Para mayores informes: www.circuloexistencial.org

DIPLOMADO EN CONVERSACIONES PODEROSAS

(Especialización en Filosofía Existencial y Coaching Existencial para la Vida y el Desarrollo Humano).

Este Diplomado es el programa básico del Círculo Existencial y funciona como propedéutico del programa de Formación en Terapia Existencial. Tiene un acento práctico, orientado al desarrollo y promoción de *Conversaciones Poderosas* en los diferentes contextos donde las personas se encuentran: conversaciones potencialmente transformadoras para todos los involucrados, que se experimenten estéticas, y que amplíen nuestras perspectivas. Esto se busca a través del estudio teorico-práctico de la Filosofía y Fenomenología Existencial, así como del desarrollo de habilidades para el Coaching Existencial aplicado en la vida personal y profesional.

Dirigido a:
Psicólogos, terapeutas y profesiones afines. Personas interesadas en desarrollar *Conversaciones Poderosas* en diferentes contextos, y promover el desarrollo humano desde una perspectiva existencial en su desarrollo personal y profesional. Personas con interés y compromiso en la reflexión sobre la existencia.

Duración:
Dos semestres y cuatro módulos de fin de semana.

FORMACIÓN EN ANÁLISIS Y TERAPIA EXISTENCIAL

La formación en Terapia Existencial que ofrece el Círculo Existencial es nuestro programa principal. Consiste en una preparación completa en este tipo de trabajo, y cuenta como entrenamiento para terapeuta de la *Escuela Mexicana de Análisis y Terapia Existencial.* Puede ser cursada por cualquier persona que se interese en enriquecer sus posibilidades de *Conversaciones Poderosas* desde un marco existencial, fenomenológico y hermenéutico, aun cuando se encuentra encaminada al entrenamiento de profesionales de la Terapia Existencial.

Dirigido a:
Psicólogos, terapeutas y profesiones afines. Personas interesadas en promover el desarrollo humano desde una perspectiva existencial en diferentes contextos o en su desarrollo personal y profesional. Personas con interés y compromiso en la reflexión sobre la existencia.

Requisito:
Haber cursado a satisfacción el *Diplomado en Conversaciones Poderosas* o equivalente (para informes sobre las equivalencias dirigirse a la página web del Círculo Existencial).

Duración:
Cuatro semestres y cuatro módulos de fin de semana.

FORMACIÓN EN TRABAJO EXISTENCIAL CON GRUPOS

Dirigido a:
Terapeutas existenciales interesados en la opción terminal en Trabajo Existencial con Grupos.

Requisitos:
Haber cursado a satisfacción el Diplomado en *Conversaciones Poderosas* o equivalente; y semestres 1 y 2 de Formación en Terapia Existencial.

Propósito:
Revisar y practicar algunas de las principales propuestas de la Visión Existencial, aplicadas al Análisis y Terapia de grupos, así como también a las Conversaciones Poderosas con grupos académicos y cafés filosóficos.

Duración:
Tres semestres con dos intensivos de fin de semana.

CERTIFICACION INTERNACIONAL EN COACHING EXISTENCIAL

El **Coaching Existencial** consiste en un acompañamiento reflexivo y dialogal, que utiliza La forma de *Conversaciones Poderosas* que la perspectiva existencial propone para clarificar las experiencias y amplificar la perspectiva de las posibilidades. Está dirigido a las personas que están buscando un espacio apropiado para la reflexión y el análisis sobre un área específica de su vida, o para aquellos que no tienen el tiempo o el deseo de comprometerse con una terapia de mediano o largo plazo. Por tales características, es particularmente aplicado en espacios empresariales y de la vida laboral, ya que ésta suele caracterizarse por la necesidad de enfocarse sobre objetivos específicos, por la necesidad de tomar decisiones a corto o inmediato plazo, y/o por la búsqueda de una re-organización de las prioridades y los métodos para conseguirlas. Por ello mismo, es también un estilo de *Conversaciones Poderosas* que resulta aplicable al ámbito deportivo, pastoral, vocacional, entre otros.

El **Círculo Existencial** de México es un organismo autorizado por la FICE: Federación Internacional de Coaching Existencial, para ofrecer la certificación internacional en esta práctica.

Los interesados en obtener la Certificación Internacional en Coaching Existencial deberán cursar primero el **Diplomado en** *Conversaciones Poderosas,* y posteriormente cursar seis meses de módulos intensivos para completar su certificación.

Redes sociales
Facebook: Círculo de Estudios en Terapia Existencial
Twitter: circuloexistenc
Web: www.circuloexistencial.org